本书被教育部评为

全国教师教育优秀课程资源

高等学校小学教育专业教材《小学教育学》

编审委员会

主任委员　黄　济　吕　达

副主任委员　劳凯声　王　莉

委　　员（按姓氏拼音排序）

从立新　黄正平　蒋　凯　刘立德

邱开金　阮成武　檀传宝　王工斌

主　　编　黄　济　劳凯声　檀传宝

编 著 者（按姓氏拼音排序）

从立新　黄　济　黄正平　劳凯声

刘慧珍　刘立德　邱开金　阮成武

申振信　檀传宝　王工斌　张莉莉

高等学校小学教育专业教材

小学教育学（第三版）

黄　济　劳凯声　檀传宝◎主编

人民教育出版社
PEOPLE'S EDUCATION PRESS
·北京·

图书在版编目（CIP）数据

小学教育学 / 黄济，劳凯声，檀传宝主编. —3版. —北京：人民教育出版社，2019.2
（2025.1重印）
高等学校小学教育专业教材
ISBN 978-7-107-33459-7

Ⅰ. ①小… Ⅱ. ①黄… ②劳… ③檀… Ⅲ. ①小学教育—教育学—高等学校—教材
Ⅳ. ①G620

中国版本图书馆 CIP 数据核字（2019）第 034419 号

高等学校小学教育专业教材 小学教育学（第三版）

出版发行 人民教育出版社
（北京市海淀区中关村南大街 17 号院 1 号楼 邮编：100081）
网 址 http://www.pep.com.cn
经 销 全国新华书店
印 刷 北京天宇星印刷厂
版 次 2019 年 2 月第 3 版
印 次 2025 年 1 月第 15 次印刷
开 本 787 毫米 × 1 092 毫米 1/16
印 张 27.25
字 数 480 千字
印 数 170 001 ~ 180 000 册
定 价 39.80 元

第三版说明

本书是高等学校小学教育专业教材，自 2000 年首版以来，已在全国广泛使用，获得了高师院校小学教育专业师生和广大小学教育工作者的热诚欢迎，并被教育部评为全国教师教育优秀课程资源。

为了更好地服务于国家小学教育事业的发展，在 2007 年第二版的基础上，我们展开了为期一年多的修订工作。这次修订，主要完成的工作包括以下两个方面。

首先，与时俱进，更新、修改了有关章节的一些理论表述。比如绪论部分对“教育学的研究对象”的表述，原来是比较抽象的“教育”，这次已经改为更为具体、准确的“教育问题”。第一章“教育的功能”部分，增加了一段“总而言之，教育与社会发展、教育与人的发展的关系问题，一直是教育学研究的基本问题；教育的社会发展功能、人的发展功能是教育的基本功能。当然，在现实生活中教育两大功能的实现经常处于十分复杂的局面。因此，近年来学术界有关教育的正向与负向功能、显性与隐性功能的研究，大大丰富了人们对于教育功能的认识”，以帮助读者更全面、准确地理解教育功能。第六章增加了劳动教育的相关论述。类似修改，在许多章节中均有一定体现，在此不一一罗列。

其次，联系实际，调整、更新了有关政策法规的资料文本。教育政策、法规文本虽然主要是本书的引用材料，但是 2018 年全国教育大会对教育方针的最新政策表述以及义务教育各科课程标准等重要文件文本的及时更新，不仅有利于相关教育观念的说明与理解，更有利于与课程论、教学论等高师院校小教专业的其他课程建立有机联系以及教育学理论的学以致用。本次修订对相关章节逐一进行了认真梳理、更新，希望对大家的实际教与学有所助益。

需要说明的是，在当代社会，教育理论或者教育政策、教育实践都处在不断变革的进程之中。即便作者团队认真修订、更新，挂一漏万或许仍然难免。因此，本书的合理使用应当与当代教材及其使用的教育观念变革联系在一起，即我们应当将教材内容视作教、学双方的对话文本，而非必须强制灌输的有关教育活动的金科玉律。

本次修订工作的具体分工如下：檀传宝（绪论、第一章、第五章、第六章），劳凯声（第二章、第十三章），刘慧珍（第三章、第九章），李敏（第四章、第十章），丛立新（第七章、第八章），王工斌（第十一章），张莉莉（第十二章、第十四章）。全书修订由劳凯声、檀传宝总负责。檀传宝、李敏实际承担了本次修订的统稿工作。

广西河池学院黄白教授等实际使用《小学教育学》的一线教育工作者为本次修订提供了许多十分中肯、宝贵的建议。人民教育出版社教师教育中心刘立德、韩华球同志为修改、统稿做了大量工作，韩华球同志更是多次参加本书的修订会议，并对修订工作提出了诸多具体、细致的宝贵意见。在此一并表达由衷感谢。

本次修订完成时，本书第一主编黄济教授已经离世四年。作为老一代教育学家，也作为我们的恩师，黄济先生对本书的贡献至为重要。我们谨此表达对黄济教授的无限缅怀和敬意！

小学教育学教材的修订是一项重要且挑战性极大的工作。由于我们的水平有限，本书的疏漏仍然在所难免。诚恳希望广大读者朋友继续批评指正，以使这本为大家喜爱的《小学教育学》在以后的岁月更臻完善。

编　者

2019 年 2 月

第二版说明

本书是2000年出版的教育部规划教材《小学教育学》的修订版。

初版《小学教育学》由于适应当时教师教育的最新发展需求，并体现了较强的学术性和时代性，出版后受到了相当广泛的欢迎，并被教育部评为全国教师教育优秀课程资源。在使用本书过程中，广大一线教师创造了不少丰富的教学经验，提出了进一步完善教材的具体意见。根据人民教育出版社的建议，我们制订了本书的修订计划；经过一年多时间的认真劳作，终于推出了这本修订版。

本次修订，在保持基本内容稳定的基础上，我们主要进行了以下两项具体调整。第一，更新了一些内容。一方面依据教育政策的变动以及教育实践的需要，对德育、课程、教学、教育法等有关章节的部分内容及其表述进行了一些调整；另一方面对学校咨询与辅导、教育测验与评价等章节则适当增加了一些反映最新研究成果的材料。第二，进一步完善教材内容呈现方式。为了增强教材的可读性，提高师范生学习的积极性，采取增加案例以及辅助说明等措施，使得教材形式更加活泼。此外，我们对部分章节在结构上做了适当调整，在统一教材风格上也有了较大的改进。

为了提高研讨和修改工作的效率，本次修订工作主要是由参加原书编写的北京师范大学教育学院和教育部课程教材研究所的同仁们完成的，但是我们仍然对所有参加本书初版编写工作的其他作者表示由衷的敬意和谢意。在本书修订过程中，北京师范大学教育学原理专业的博士研究生李敏同学协助主编完成了大量琐碎但是重要的协调、联络及部分文稿的修改工作。修订工作得到了人民教育出版社吕达、魏运华、刘立德和韩华球等同志的大力支持。我们在这里一并表示诚挚的感谢。

教育学教材的编写对于教育学者来说始终是一项重要而富有挑战性的工

作。我们希望这次修订能够对基础教育新课程改革背景下小学教师专业化有所贡献，更希望广大教育学工作者尤其是本书的使用者及时反馈意见，以便在下一次修订的时候能够使得这本教材更加完善。

编　者

2007 年 5 月

第一版说明

本书是在总结以往教育学课程教材建设经验的基础上，由人民教育出版社教师教育课程教材研究开发中心（简称教师教育中心）组织编写的，供全国培养小学教师的高等院校使用。

从适应我国师范教育进一步改革和发展的需要出发，本书较之以往的教育学教材，在体系和内容上都做了较大变动。首先，为了使师范生树立正确的教育观念，掌握教育学原理的基本知识，本书适当加强了学术性，提高了理论水平。其次，加强了时代性，力求反映教育理论和教育实践的新成果，向师范生提供一些教育现代化的信息。如对教育学中两大基本问题（教育与社会发展的关系、教育与人的发展的关系）未列为专章来写，而是将其思想渗透到有关章节中，以突出反映现代教育的特点和学生的主体地位；为了落实我国全面发展的教育目的和推进素质教育，增加了“教育的组成部分”一章，系统阐述德、智、体、美各育的内容和联系，并使其与“教育目的”一章衔接起来；还增加了“学校”“课程”“学校咨询与辅导”“教育测验与评价”“教育法”等章节，以体现教育发展的新趋势和时代发展对人民教师素质的新要求。在“教学”等章节，简要介绍了国内外教育教学改革和实验的思想流派，为师范生提供了可资借鉴的参考资料。在“学校”一章，还探讨了学校教育、家庭教育和社会教育的关系，渗透了“教育是一个系统工程，全社会都要来关心、支持教育”等重要思想。

本书具体分工如下：黄济（绪论、第一章第一、二节），黄正平（第一章第三节），劳凯声（第二章、第十三章），刘慧珍（第三章、第九章），申振信（第四章），檀传宝（第五章、第六章），丛立新（第七章、第八章），邱开金（第十章第一节），阮成武（第十章第二节），王工斌（第十一章），张莉莉（第十二章、第十四章），刘立德（图片说明文字）。全书由黄济、劳凯声、檀传宝担任主编并负责统稿。

人民教育出版社教师教育中心刘立德、蒋凯同志为修改、统稿也做了大量工作。他们还参与了全书思考题和教育实践活动的设计，并选编了插图。教育部师范教育司委托人民教育出版社邀请有关专家与编者一起召开了本书统稿、审稿会。

本书的编写得到了教育部师范教育司和人民教育出版社有关领导和同志的大力帮助；有关师范院校、教育科研机构的教师和专家对教学大纲和教材编写提出了宝贵意见，对此，我们深表谢意！在编写本书时我们还参考或引用了相关的教材和论著（已在书中相应位置注明），对这些教材和论著的作者，我们也在此一并致谢！

由于本书编写时间较短，加之我们的水平所限，其中的缺点甚至错误在所难免，诚恳地希望得到批评和指正，以便使之日臻完善。

编　者

2000 年 2 月于北京师范大学

目录

绪 论

【内容提要】绪论主要阐明了什么是教育学、为什么要学习教育学和如何学习教育学这三个问题。通过本部分内容的学习，我们将了解教育学在教师教育中的地位和作用，明确教育基本理论素养是教师的基本素质之一。

第一节　教育学的产生与发展

一、教育学的发展历程概述

教育学的研究对象，简言之就是教育问题。教育学就是研究教育问题、揭示教育规律的科学。教育学的发展与教育实践的发展密切相关，同时需要其他相关学科如哲学、心理学、社会学、文化学等学科的参与。

在教育尚处于萌芽和经验阶段，作为总结教育经验、具有一定理论体系的教育学是不可能出现的，教育学还没有成为独立学科。古代的教育思想常常是同哲学、政治、伦理、宗教等思想混杂在一起的，如中国古代的《论语》和西方古代的《理想国》等，虽然这些著作包含了不少有关教育的论述，但都不能称为教育专著。世界上最早的教育专著，应属中国的《学记》(一般认为成书于先秦)；西方最早的教育专著当推古罗马昆体良（约 35—95）的《雄辩术原理》，但它们尚不具备比较完整的教育学体系。

孔子（前 551—前 479）

1623 年，英国学者培根（1561—1626）发表了《论科学的价值与发展》一文。在对科学的分类中，培根首次把教育学列为一门独立学科。这时已经是资本主义发展的初期，科学分类已有了相当的发展。

孔子是我国春秋末期的思想家、教育家，儒家学派创始人。在中国教育史上第一个创办大规模私学，提出“有教无类”的教育宗旨，打破“学在官府”的限制，推进了文化下移。相传他培养的弟子达 3 000 人，身通六艺者 72 人。他还整理、编订了《诗经》《尚书》《礼记》《周易》《春秋》等，并以之为教材教育弟子。

其言论在他去世后，由他的弟子和再传弟子整理而成《论语》一书（其中也记载了孔子部分弟子的言行），为儒家经典之一，是研究孔子思想的重要资料。该书对孔子学而不厌、诲人不倦的教师人格，因材施教、循循善诱、不耻下问、身体力行、学思结合、温故知新等教育教学方法都有重要的记述。孔子已被列为世界文化名人。

随着资本主义经济的发展和科学的进步，教育事业和教育科学也得到长足的发展，一批教育专著相继问世。就其大者而言，捷克教育家夸美纽斯（1592—1670）在1632年写成的《大教学论》被认为是最早的具有比较完整体系的教育学著作。德国哲学家康德（1724—1804）于1776年在哥尼斯堡大学首次讲授教育学，使教育学作为一门课程在大学里开设。德国教育家赫尔巴特（1776—1841）又把伦理学和心理学引入教育学，于1806年发表了著名的《普通教育学》，该书被认为是第一部现代意义上的教育学著作。他在伦理学基础上建立起教育目的论，在心理学基础上建立起教育方法论，形成了“传统教育”思想和教学模式。这个以班级授课制为基础，在教师的主导下系统地传授知识，即以教师、书本和课堂为中心的“三中心”教学模式，对近代世界各国的教育理论和实践有着深远的影响。

夸美纽斯（1592—1670）

夸美纽斯是捷克教育家。年轻时被选为捷克兄弟会牧师，并主持兄弟会学校。在捷克人民反抗德意志天主教会统治的“三十年战争”（1618—1648年）爆发后的第十年，他被迫流亡国外，继续从事教育活动和社会活动。他猛烈地抨击中世纪学校教育，主张“把一切事物教给一切人”。他首创了班级授课制，提出统一学校制度，普及初等教育，扩大学科门类和内容，强调从事物本身获取知识。他从教育要“遵循自然”的前提出发，论证了教学的直观性、系统性、自觉性和巩固性等原则，还编写了各种教科书。主要著作除《大教学论》

外，还有《母育学校》《世界图解》《语言和科学入门》《泛智学校》等。

19 世纪末，"新教育运动"出现，对"传统教育"脱离实际和忽视儿童等缺点予以抨击。以美国教育家杜威（1859—1952）为代表的实用主义教育流派，发表了《学校与社会》等著作，强调"教育即生活""社会即学校""从做中学"等教育和教学原则，提出了以儿童为中心的"活动教学"，形成了"现代教育"思想和教学模式。"传统教育"与"现代教育"之争，是世界近代教育史上具有代表性的两种教育思想流派和教学模式的论争，对教育理论和教育实践的发展都有不可忽视的作用。

19 世纪中叶，马克思主义诞生。马克思、恩格斯、列宁等马克思主义经典作家对教育问题进行了比较系统的论述，为教育学的发展提供了重要的原理和科学的方法论基础。20 世纪以来，苏联和我国的教育学家根据并运用马克思主义基本原理（包括教育原理）对现代教育的若干问题进行研究，出现了杨贤江的《新教育大纲》（1930 年）、凯洛夫主编的《教育学》（1939 年第一版，1947 年修订，1948 年再版，1956 年第三版）等很有影响的著作。马克思主义教育原理成为社会主义国家教育学学科建设的指导思想。

综上所述，教育学发展过程中存在着"源"与"流"的关系问题。教育学发展的"源"在教育实践。教育实践不仅是教育理论的源泉，而且是检验教育理论正确与否的标准。但当某一教育理论形成之后，就成为影响以后教育思想发展的"流"，成为既有的思想体系，反过来指导教育实践的发展。尔后的教育实践总是要在一定的教育理论指导下进行，经过实践对原有的教育理论做补充、修改或者突破，甚至否定原有的教育理论，进而提出新的思想体系。教育学就是在这样的实践和理论相互作用、不断反复的螺旋式上升中向前发展的。

教育学发展到今天，逐步形成一个庞大的学科群，小学教育学就是这个庞大的学科群的一个分支，也是教育学科中的一门基础学科。关于教育学的体系和内容，由于观点不同和理解上的差异，在内容和编排上也各有千秋；但就其基本方面来说，什么是教育（教育的本质），为什么而教育（教育目的），教育什么（教育内容），怎样教育（教育方法），教谁（学生），谁教（教师）诸问题，是教育学所必须要讲的。

二、我国当代教育学发展的趋势和任务

我国当代教育学发展的总趋势是多样化。

从教育学学科的层次来看，有各级各类的教育学，从学前教育学到高等教育学，从普通教育学到职业教育学，门类相当齐全。

从边缘或交叉学科的性质来看，有教育哲学、教育社会学、教育政治学、教育经济学、教育文化学、教育法学、教育美学，以及教育技术学、教育统计学、教育卫生学、教育生态学，等等。

从教育学自身理论体系来看，有教育原理、教学论、课程论、德育原理、教育管理学，等等。

上述教育学科的发展，一方面反映了当代社会和科技发展向教育提出的要求，以及现代科技手段的应用对教育理论和教育实践所起的巨大的推进作用；另一方面也反映了对人的发展研究的深入，以及教育学与其他学科关系的发展日益密切。

我国自清末“废科举，兴学校”之后，从日本引进西方“传统教育”思想和教学模式，当时的译著和自著，基本上属于“传统教育”的范畴。从20世纪20年代前后开始，美国对中国的影响加强。经过留美学生的宣传和“五四”新文化运动时期杜威来华讲学，实用主义教育思想在中国广为传播，对中国教育的影响很大。但在教育实践中还是“传统教育”的教学模式在被广泛地应用。新中国成立后，这套教学模式在全面学习苏联教育的基础上又得到了某种程度的强化和发展。当前，改革“传统教育”的思想和模式，既要实事求是地肯定其有利于系统地传授文化知识的积极因素，又要批判其忽视学生学习中主体作用的消极因素，这是我国当代教育学学科发展和教育改革面临的一项重要任务。

党的十一届三中全会以来，在改革开放方针指导下，广大教育学工作者解放思想，实事求是，在教育理论和实践方面进行了大胆探索，取得了丰硕成果，如对教育本质、教育与生产力之间的关系等教育基本问题进行了重新研究和讨论；教育专著和论文大量出版和发表，仅以教育学为名的著作和教材，就编写出几百种之多，教育类论文更是难以计数；教育教学实验方兴未艾，如重视学生智力和能力发展的实验、集中识字实验、主体教育实验、自学辅导实验、情境教育实验等；课外校外活动的积极开展，学校的整体改革大力推进；普教与职教关系的合理调整，城乡教育改革与发展更呈现出燎原之势。所有这些，都为建设中国特色社会主义教育体系和教育学学科建设做出了重要贡献。我国当代教育学科的发展出现了前所未有的大好形势。

第二节　教育学在教师教育中的地位与作用

一、教育学的地位

教育学在教师教育课程体系中占有重要的位置，是基础学科和必修学科之一。对于学习者来说，掌握教育基本理论和培养从事教育实践的能力，将为成为一名合格的人民教师奠定基础。因为一名合格的教师不但要学好学科专业知识，成为合格的“经师”，而且要学会育人，加强师德修养，成为合格的“人师”。教育学课程的教学在这方面担负着重要的任务。在师范学校中，教育学的开设，虽然就其内容来说，往往见仁见智，但就其地位来说，却是没有任何疑义的。从开始设师范学校一直到今天，教育学始终是师范学校的一门主要学科。

在我国近代，教育学作为一门课程开设，是与师范学校的设立同时进行的。1904 年 1 月 13 日（光绪二十九年年底），清政府颁布了《奏定学堂章程》。其中的《奏定初级师范学堂章程》就明确规定了有关教育学科开设的要求：

> 先讲教育史。当讲明中国外国教育之源流，及中国教育家之绪论，外国著名纯正教育家之传记，使识其取义立法之要略。但外国历代教育家立说亦颇不同，如有持论偏谬易滋流弊者，万万不可涉及。
>
> 次讲教育原理。当讲明心理学之大要，及中国现在教育之宗旨，及德育智育之要义，并讲辨学（日本名论理学）及教授法之大要。
>
> 次讲教育法令及学校管理法，当据现定之教育法令规则，讲学校建置、编制、管理、卫生、筹集经费等事，宜兼讲关系地方治理之大要。
>
> 次则实事授业。当使该师范生于附属小学堂练习教育幼童之法则。盖初级师范学堂，在解说小学教育之理法不可过驰高远，以实能应用为主。其在附属小学堂实事授业，则以次使师范学生教授幼童；而师范各科教员及附属小学堂之堂长与教员，务须会同督率师范生，监视其授

业，品评其当否，且时自教授之，以示模范。

在其所附的课表中，对教育学科在五年开设的课程做了具体规定：第一年，教育史；第二年，教育原理；第三年，教授法；第四年，教育法令，学校管理，实事授业；第五年，同第四年。

综上所述，该章程有以下内容值得肯定。

第一，对教育学科在五年开设的课程做了具体的规定，其中包括教育原理、教育史、教授法、教育管理以及实事授业（即教育实习）等。教育学科的学习比较全面，并贯彻了理论与实践相结合的原则。

第二，在“教育原理”一科中，包含了心理学和论理学（即逻辑学）等方面的内容，其中对教育之宗旨及德育、智育的学习尤为重视。

第三，对教育法令和学校管理的规定，也颇为详尽，同时提出要兼讲有关地方治理之大要。

第四，在教育实习的问题中，其规定也颇为详细，要求能结合实际、“以实能应用为主”；对实习方法、指导实习的教师以及实习学校的教员和校领导等都提出了具体要求，以加强实习指导。

这一章程虽然是以日本为蓝本的，但在当时来说，有这样的具体规定，实属难得，直到今天仍不失其参考价值。

二、教育学的作用

教育学的作用主要有以下几个方面。

（一）使学习者掌握教育基本理论，指导教育实践

理论是行动的先导。没有实践的理论，是无根基的理论；没有理论的实践，是盲目的实践。从理论与实践的关系来说，实践是基础，理论来源于实践；但教育经验一旦形成教育理论，就又反过来指导教育实践。在我们过去的教育工作中，经常出现忽左忽右、忽轻忽重的问题，其中一个重要原因是教育理论上的偏颇导致了教育实践中的盲目。如对教育本质及教育功能的理解，常常是取其一点而不顾其余，在重视教育的政治功能和文化功能时，则忽视教育的经济功能和生产功能；在重视教育的经济功能和生产功能时，则又忽视教育的政治功能和文化功能；而且经常以教育的社会功能取代教育应有的人的发展功能；或在人的发展中只注意共性，而忽视个性；如此等等。所有这些片面性的出现，常常是与理论上的偏颇和不彻底有关。

另外，缺乏教育理论的指导就会使教育实践如盲人骑瞎马，无所适从。无数经验教训说明，什么时候有正确的教育理论指导，按教育规律办事，教育工作就取得成效，教育事业就发展，社会主义建设就前进；相反，什么时候没有正确的教育理论做指导，违背了教育规律，教育工作就受到挫折，教育事业就停步不前，甚至倒退，社会主义事业的发展也会遭遇阻碍。因此，学习教育理论，掌握教育规律，科学地指导教育实践，是学习教育学的首要任务。

（二）使学习者树立正确的教育观，提高鉴别能力

要树立正确的教育观，首先需要有正确的指导思想和方法论。马克思主义的辩证唯物主义和历史唯物主义是我们从事教育工作和进行教育科学研究的正确的指导思想和科学的方法论。在当今世界文化多元化发展的趋势下，我们的教育科学也应是开放的，要博采众长，为我所用。但是博采众长，不是无批判地兼收并蓄，而是要从我国社会和教育的实际出发，运用马克思主义的立场、观点和方法，有分析、有批判地学习和引进。在当今世界教育改革的浪潮中，教育派别林立，体系各异，各有千秋。对待各种教育流派，我们既不能不加批判地全盘引进，也不能死守一隅、故步自封。因此，有分析、有批判地学习教育理论，正是创造性学习的正确态度。

多元化是当代世界文化的发展趋势之一，但对任何一个教育流派来说，都有自己的主导思想，都有自身的哲学基础和教育思想渊源。我们学习各种教育理论时也应有我们自己的主导思想、哲学基础和基本的价值取向。我们要以科学发展观来建设有中国特色社会主义的教育体系。

总之，在当今世界文化多元化发展的趋势下，教育思想理论界往往也会出现鱼龙混杂的情况，这就需要我们有鉴别地进行创造性学习，取其精华，去其糟粕，以增加营养并增强抵抗力。

（三）使学习者巩固专业思想，献身教育事业

通过教育理论的学习，加深对科教兴国战略意义的认识。21世纪是人才竞争的世纪，而人才的培养，基础在教育。因此世界上一些比较发达的国家，都把教育的改革与发展放在首要的地位。我国是一个发展中的国家，要变人口大国为人力资源强国，关键在于提高全民素质。要造就数以千万计的各类专业人才和数以亿计的合格劳动者，关键是普及和提高教育。小学教育又是教育事业的基础工程，小学教师的素质直接关系着小学教育的质量。国家的未来，民族的希望，寄托在一代新人身上，而肩负着培养一代新人任务

的就是教师。因此，教师的责任是重大的，使命是光荣和艰巨的。教育学课程的教学就是要提高教师对所肩负的光荣而艰巨的任务的认识。

陶行知（1891—1946）

陶行知是我国近代著名教育家、社会活动家。曾留学美国，师从杜威、孟禄等。历任南京高等师范学校教授、东南大学教授、教务主任、教育科主任、中华教育改进社主任干事、生活教育社理事长、中国民主同盟教育委员会主任委员等职务，先后创办南京晓庄师范学校、重庆育才学校和社会大学等学校。在对待外国教育和传统教育问题上，他认为："去与取，只问适不适，不问新与旧。""外国的经验，如有适用的，采取他；如有不适用的，就回避他。本国以前的经验，如有适用的，就保存他；如不适用，就除掉他。"他毕生倡导和推行生活教育，提出"生活即教育""社会即学校""教学做合一"等重要主张。毛泽东称他为"伟大的人民教育家"。有《陶行知全集》《陶行知教育论著选》《陶行知教育名篇选》等传世。

教育学是理论科学，还是应用科学，一直是一个有争议的问题。教育学不能没有理论，但教育学确实是一门应用性很强的科学。要当好一名教师，不但要有教育理论知识和正确的教育观，懂得教育规律，而且需要具备运用知识于教育实践的技能技巧和善于组织学生活动的各种能力。学习者要通过教育实习等途径来初步掌握教育和教学的技能技巧，提高从事教育工作的兴趣；要通过接触和了解教育对象（小学生）以增强对儿童的认识和热爱，树立献身教育事业的责任感。专业思想要在理论和实践的结合中树立，要在提高兴趣和责任感的过程中巩固。

第三节　怎样学习教育学

学习教育学要注意以下几点。

一、坚持以马克思主义为指导

这个问题，在前面已约略提及，现在再做些具体说明。坚持以马克思主义为指导，第一，要学习马克思主义创始人和我国老一辈无产阶级革命家有关教育问题的论述（这在后面的有关章节中将要涉及）。第二，要以马克思主义的立场、观点和方法来回答当代教育实践中提出的新问题。如教育社会化和现代学校的功能问题，现代人的素质结构与人才培养问题，物质文明与精神文明的关系及其协调发展问题，信息网络和现代化教育手段的广泛应用问题等，都需要我们用马克思主义原理来研究和回答。

二、坚持理论与实际相结合

理论联系实际是马克思主义认识论的一条基本原则。从实际出发、实事求是，是中国共产党一贯坚持的思想路线。邓小平教育理论的形成就是坚持理论与实际相结合的典型例证。例如，邓小平关于教育在社会主义现代化进程中的战略地位，教育必须同国民经济发展的要求相适应，科学技术是第一生产力，教育必须与生产劳动和科技的发展趋势相结合，教育要贯彻“三个面向”和培养“四有人才”，要尊重知识、尊重人才，知识分子是工人阶级的一部分，教师的劳动应当受到尊重等论述，都是马克思主义教育原理与当代中国实际相结合的产物，为建立有中国特色的社会主义教育体系奠定了理论基础。

三、坚持学习与研究相结合

教师不应是墨守成规的教书匠，而应是不断创新的教育工作者。创新是一个民族进步的灵魂，是国家兴旺发达的不竭动力。这就要求同学们在学习时要开动脑筋，认真思考，力求做到“举一反三”“闻一知十”。要深入实际，在学习知识的同时，要从实际中去捕捉提炼出新问题进行研究。教育实践活动中往往有许多矛盾、问题不断出现，这就要求同学们把学习知识与研究问题很好地结合起来，为将来在实际工作中继续提高打好基础。新中国成立以来，尤其是改革开放以来，已经涌现了一大批勇于探索、锐意改革的教育家，他们都是坚持学习与研究相结合的榜样，其成长经验值得我们认真借鉴。

四、注意教育学与其他相关学科的联系

目前在师范院校中，除开设“小学教育学”外，还有“心理学教程”与“各科教学法”等，有的学校还开设“中外教育史话”“中外著名教育家”“中外教育名著评介”等选修课或讲座。小学教育学的学习，应当与学习其他教育学科很好地联系起来，互相配合，互相补充。如心理学是教育学的基础，各科教学法又是教学论部分的延伸和具体化。学习教育学，如能和这些有关学科联系起来，就会使我们对教育现象及其本质的认识、教育技能的掌握和运用，更加全面、完善。

总之，教育学是一门研究人的培养的科学，研究对象的复杂性、多面性和随机性比较突出，也为教育学的教学带来了较大的困难。这就要求师范生要以更大的主动性和更为辩证的思维方法来学习和研究。

思考题

1. 什么是教育学？师范院校的学生为什么要学习教育学？
2. 学习教育学必须注意哪几个方面？

教育实践活动

1. 有人认为不学教育学照样能教好学生，请就这一问题开展讨论。
2. 与已经学过教育学的高年级学生座谈学习教育学的方法和体会。

第一章

教 育

【内容提要】本章主要介绍了教育的产生与发展，阐明了教育的概念、功能、现代教育的基本特征，进而论述了我国如何建立有中国特色的现代化的社会主义教育体系，并说明小学教育的地位和作用，以提高学习者从事小学教育的责任感。

第一节　教育的产生与发展

一、教育的起源

要回答什么是教育，首先要考察教育是怎样起源的。在教育史上关于教育的起源主要有如下三种不同的主张。

（一）生物起源说

其代表人物是法国哲学家、社会学家勒图尔诺（1831—1902）和英国教育家沛西·能（1870—1944）。勒图尔诺在《动物界的教育》一书中明确提出教育的生物起源说，认为动物界就有教育活动。他把动物对其后代的哺育和爱护等本能活动都说成是教育活动，证明教育在人类出现之前即已存在，不只是人类所特有的社会活动。沛西·能在他的《教育原理》一书中也持这种主张，他认为："高等动物如狗和猿，它们的生活在许多方面是我们的模型。"① 在我国的古代，也有"乌鸦反哺，羔羊跪乳"等谚语和故事，用以劝导人们要报答父母的养育之恩。近年来也有人在教育起源问题上，提出"前身说"，即认为在人类社会产生之前，在古猿中已经有了教育活动。所有这些主张，其基本错误是混淆了动物的本能活动与人类社会教育活动的界限，忽视教育的社会性。

（二）心理起源说

其代表人物是美国教育家孟禄（1869—1947）。他用心理起源说批判生物起源说，他认为在原始社会中尚未有独立的教育活动，教育起源于儿童对成年的"无意识的模仿"②。模仿毫无疑问是教育中的一个重要因素，但人类的模仿与动物的本能活动的区别还在于它的意识性和目的性。教育也不单是模仿，因此单纯从模仿来说明人类教育活动的起源，仍然不够科学、

① 转引自叶澜著：《教育概论》，人民教育出版社 2006 年版，第 6 页。

② ［美］孟禄著：《教育史课本》，1923 年版，第 1、5、9 页。

全面。

（三）劳动起源说

劳动起源说是在批判生物起源说和心理起源说的基础上，在马克思主义唯物史观指导下形成的。苏联和我国的教育学者大都持这种观点。它从恩格斯《劳动在从猿到人的转变过程中的作用》一文中“劳动在一定意义上创造了人类本身”这一基本命题出发，推演出人类教育起源于劳动或劳动过程中所产生的需要。其基本观点如下。

第一，教育是人类社会的活动，为人类社会所特有，不能与动物的某些本能活动相混淆，而抹杀教育的社会性特点。

第二，教育是有目的、有意识的活动，不是或主要不是无意识的模仿，有意识和有目的性是教育的本质特点之一。不能把人类有意识的教育活动与动物无意识的本能活动相混淆。

第三，在原始的教育中，传递生产劳动经验虽不是全部，但仍属教育活动的主要内容，这不仅因为生产劳动是制约其他社会活动的决定因素，而且如语言与交往等的发展也与生产劳动有着密切的关系。

第四，学校教育的产生，无疑是人类社会生活特别是文化有了较大的发展之后的产物。这时在日常生活中已经不能完全完成教育的任务，需要有专门的机构和专门的人员来从事这项工作。不过当时这种教育已渐渐为某些社会阶层所独占，而不是全社会成员所共享，社会也已开始步入阶级社会，教育也就具有阶级性的特点了。

第五，教育要实现社会需要，无论是生产需要，还是生活需要，或是文化需要，都要在人的培养规格上体现出来，而且最终要通过人的培养来实现为社会服务的目的。因此，讨论教育的起源，也不能忽视人的发展的需要问题，这便涉及教育基本功能的理解问题。

二、教育的功能

在前面阐述教育的起源时，更多的是讲教育的社会制约性和教育的社会功能。教育的功能究竟有哪些？从不同的视角出发，对教育的功能就会有不同的理解。但是概而言之，教育的功能不外是社会发展功能和人的发展功能两大方面。在世界教育史中，长期存在着社会本位与个人本位之争（详见第五章），也反映出教育的两大功能。

（一）教育的社会发展功能

教育的社会发展功能，主要是指教育对社会发展的反作用。生产力发展水平制约着教育的发展水平，教育又反过来促进社会生产力的发展。历史上出现五种不同的生产关系，就有五种不同类型的教育。一个国家通过它制定的教育方针政策来影响甚至控制教育，教育又反过来为特定政治制度服务，对社会政治、经济等发挥了重要的作用。教育是文化的组成部分，同时又对文化的继承和发展起重要作用，经济、政治对教育的影响，往往又是通过文化的发展反映出来。教育还有民族性和地域性的特点，它对于民俗的传承和发展也起着重要作用。

中国古代非常重视发挥教育的社会政治功能。《学记》指出："建国君民，教学为先。""欲化民成俗，其必由学乎。"汉代思想家董仲舒在其《举贤良对策》中，总结中国教育发展的历史经验，向汉武帝提出建议："古之王者明于此，是故南面而治天下，莫不以教化为大务。"

总之，教育具有重要的社会功能，这是教育的本质特点之一。教育能够促进社会生产，巩固经济基础；教育可以成为社会政治文明进步的手段，影响民主法治建设；教育能够保存、传递以至创造人类文化；教育还可以起到保护环境、促进世界和平的作用；等等。因此，教育的社会功能是多方面的。

（二）教育的人的发展功能

教育的人的发展功能，主要是指教育对人的发展的推进和形成作用。人的发展规律制约着教育的方方面面。一方面教育要适应人的身心发展的规律（本书第三章将有详细阐明，在此不赘述），另一方面教育对人的身心发展起着重要的促进作用。在传统教育中长期存在着对个体发展忽视的现象，现代教育重视这一问题，是教育发展史上的一大进步。但如何科学地阐释人的发展和辩证地阐明人的发展与社会的关系，仍是我们当前教育研究中的重要课题。

社会发展与人的发展是在相互制约、相互影响的过程中进行的。人的基本特点是社会性，人的发展一刻也离不开社会；人又是社会的主人，社会是在每个个体和群体的推动下不断前进的。教育的基本特点是造就人，教育的社会功能也需要通过培养出一定的人来实现。科学地解决人的发展，也正是实现社会发展的前提。

总而言之，教育与社会发展、教育与人的发展的关系问题，一直是教育学研究的基本问题；教育的社会发展功能、人的发展功能是教育的基本功能。当然，在现实生活中教育两大功能的实现经常处于十分复杂的局面。因此，近年来学术界有关教育的正向与负向功能、显性与隐性功能的研究，大大丰富了人们对于教育功能的认识。

三、教育的发展历程

教育自产生之日起，就随着人类社会的发展而发展。在不同的社会历史阶段，由于生产力发展水平不同，生产关系和政治制度不同，地域和民族不同，教育就有不同的性质和特点。

关于教育发展阶段的划分，就其大者而言，有两种不同的划分主张：一是以社会形态来划分，二是以生产力发展水平来划分。

（一）以社会形态来划分教育的发展阶段

社会发展从古至今经历了五种生产关系，因而也就有五种不同的教育。

1. 原始社会的教育

原始社会是人从动物界分离出来的第一个人类社会，大约经历了一百万年的漫长历史时期。在原始公社制度建立之后，人类才开始有组织的社会生活，这时的教育还没有从社会生活中分离出来成为专门的事业，教育活动是在共同的劳动和社会生活中进行的。原始社会生产力水平很低，教育的水平也很低。青少年儿童在与年长者共同劳动中学习劳动技能，在共同的生活中学习生活规范，还在部落间的冲突中学习军事斗争经验。原始社会的教育是和生产劳动和社会生活紧密结合在一起的。当然，在原始社会的不断发展过程中，教育也在不断地发展和前进着。

2. 奴隶社会的教育

奴隶社会是人类历史上第一个阶级社会，社会成员主要被分成奴隶和奴隶主两大阶级，其间还有自由民等。这时已经出现了学校和教师，但学校教育为奴隶主阶级所享用，奴隶不被当作人来看待，更谈不上接受学校教育。中国古代有“学在官府”之说。我国奴隶社会的学校，已有庠、序、校、学等不同等级和不同性质的名称；礼、乐、射、御、书、数已成为当时学校的学习内容。奴隶及其子女，无权进入这些学校学习，只能在繁重的劳动中学习生产经验和劳动技能，奴隶社会制度下的教育具有鲜明的阶级性。在我国的春秋战国时期，由于当时体脑分工和百家争鸣，创建了我国古代的灿烂文化，为后世文化教育的发展奠定了基础。

西方奴隶社会的教育主要以雅典和斯巴达的教育为代表。斯巴达的教育以军事教育为主，目的是将奴隶主的子女培养成为身体健壮的武士；学习内容有赛跑、跳跃、角力、掷铁饼、投标枪“五项竞技”。雅典是一个商业较为发达的国家，它对教育的要求，除体育竞技外，还要学习哲学、文法、修辞三门学科，即所谓“三艺”，注意人的和谐发展，以培养将来准备担任国家要职的人才。奴隶是无法进入这些学校学习的。古代的雅典，是西方文化日后发展的发源地。

3. 封建社会的教育

中国曾是一个长期封建统治的国家。在封建社会中，由于生产力的发展，奴隶转化为占有少量土地的农奴，社会的主要矛盾是地主阶级和农民阶级的矛盾，但其中也分为不同的阶层，因而封建社会教育的基本特点是其封建的等级性，不同身份的人受不同的教育。在中国封建社会的长期发展中，中国古代文化已达到相当高的水平，在教育制度上有官学、私学、书院等多种形式。教育内容为经、史、子、集等，其中“四书”“五经”影响最大，是最主要的教材。全社会盛行“学而优则仕”，从察举到科举，是晋升的主要路径。

西方封建社会的教育主要是教会学校和骑士教育。欧洲中世纪的教育，几乎全部控制在教会手中，教育的内容主要是神学，教育的目的则是培养僧侣与信徒。只有在一些设备简陋的教区学校中，农民子弟才可以学到读、写和宗教的初步知识。骑士教育也称“武士教育”，是欧洲中世纪世俗封建主的教育。教育内容主要是“武士七技”（骑马、游泳、投枪、击剑、打猎、下棋、咏诗）和宗教教育，目的是培养效忠封建领主和善于作战的武士。

4. 资本主义教育

由于中国的资本主义发展较晚，在这一部分中主要介绍西方国家。文艺复兴时期是资本主义发展的启蒙阶段。在资本主义社会，科学技术的发展和应用机器的大工业生产，使生产力得到快速的发展和提高。在教育上，从制度、内容和形式方面都提出了新的要求，如普及义务教育，实施班级授课制的集体教学模式，利用现代教学内容和手段，培养出具有初等文化水平的劳动者和有较高文化水平的各种专门人才。经过几百年的发展，资本主义教育的范围已经大大扩大，学校的形式也日益多样化。但是，由于资本主义自身固有矛盾的存在，贫富悬殊和种族歧视等现象仍未根本消除，文化教育上的不平等仍然是一个十分突出的问题。

5. 社会主义教育

社会主义公有制的确立，打破了教育上的阶级限制，为实现教育平等创造了基本条件。社会主义国家以马克思主义为指导，传授现代化的先进科学知识，提升了教育的科学性；加强了国家对教育的领导，强化了教育的统一性；学校完全脱离宗教的控制，实现了教育的非宗教性。社会主义教育被称为人类历史上最先进的教育。我国目前处于社会主义初级阶段，正在探索建立有中国特色的社会主义教育体系。

以上这种以生产关系划分社会制度，并以五种社会制度来划分教育发展阶段的做法，其教育的不同性质和特点是非常鲜明的。但在不同的国家中，这五种社会制度的具体体现及发展水平并不是完全相同的，比如，有的国家其奴隶社会和封建社会的界限并不十分清楚；而资本主义与社会主义的关系，在现代社会中也表现得极为复杂。为此，在注意教育在不同社会阶段中的特殊性时，对各阶段之间的联系性也应引起重视；在强调生产关系（即经济基础）对教育的直接决定作用时，生产力对教育的最终决定作用也不应忽视。因此，除了用生产关系为标准来划分社会发展阶段外，还可以以生产力为标准来划分社会发展阶段。

（二）以生产力发展水平来划分教育的发展阶段

根据生产力的发展水平，人类社会可以划分为以使用手工工具为标志的小生产的古代社会和以使用现代机器为标志的大生产的现代社会。与此相对应，也可以把教育划分为古代教育和现代教育两个发展阶段。古代教育除原始社会教育外，包括奴隶社会教育和封建社会教育；现代教育，包括资本主义社会教育和社会主义社会教育。同属于古代教育，奴隶社会的教育和封建社会的教育，无论在教育内容上，还是在受教育对象上，均有很大的差异。同属于现代教育的资本主义教育与社会主义教育，在教育制度、内容、方法等方面既有共性，又存在着性质和指导思想等方面的重要差异，对于这点也应更加重视。

但是，以生产力的发展水平为标准来划分教育的发展阶段为古代教育和现代教育，其最大的特点是，克服了过去在社会主义教育与资本主义教育的关系问题上，只看到它们之间的差异性，而忽视其间的共同性的片面观点，为社会主义教育走向现代化广开了发展之路（见下节“现代教育”）。

综合以上对教育的起源、教育的功能和教育的发展历程的分析，可以对教育的概念做如下界定。

教育有广义与狭义之分。从广义而言，凡属教育者对受教育者所施加的影响，都是教育，包括家庭教育、社会教育和学校教育几个方面的影响。从狭义而言，专指学校教育。教育学对教育所下的定义，也是就学校教育而言。与家庭教育和社会教育相比，学校教育不仅有专门机构和专业人员，而且有很强的目的性、组织性和系统性。因此，关于教育的概念，就学校教育而言，是指根据社会的需要和个体身心发展的特点，在教育者的指导下，充分发挥受教育者学习的主动性，使其在德、智、体、美、劳诸方面（或身心两方面）全面发展的社会实践。这个定义，有利于把社会需要与个体发展有机结合起来，把教育者与受教育者的双边关系有机结合起来，充分发挥受教育者的主体作用，以促进其生动活泼地创造性学习和全面和谐地发展。

第二节 现代教育

现代教育是相对于以使用手工工具为标志的小生产的古代教育而言的，它是大工业生产水平下的现代化教育。

一、现代教育的基本特点

现代教育是大工业生产方式出现之后的产物，它随着社会的发展、生产与科技水平的提高而不断更新其内容和形式。就其主要特点而言，有以下几个方面。

（一）生产性

现代教育的生产性主要体现在教育与生产劳动相结合。马克思主义早就指出，教育与生产劳动相结合是提高生产、改造现代社会、培养全面发展的人的主要的或“唯一方法”。现代教育的生产性主要表现在通过教育与生产劳动相结合，使现代科技与现代生产相结合，以促进生产与科技双向发展。从个体发展来说，使劳动者把学习现代科技理论与从事现代化生产劳动实践结合起来，以实现体力劳动与脑力劳动的逐步结合，从片面发展走向全面发展。从社会发展来说，教育与生产劳动相结合就是使教育事业同国民经济发展的要求相适应，使生产加速发展，使综合国力不断增强。所以，教育与生产劳动相结合是现代社会和现代教育发展的必然趋势和普遍规律，也是现代教育的主要特点。

（二）民主性

现代教育的民主性体现在世俗化、普及性和公平性上。教育已从古代教育为少数人特别是为剥削阶级所垄断和主宰，而走向为越来越多的人所享受和利用。在多数现代国家中，由于普及教育的年限越来越被延长，加之教育机构的多样化，教育由过去的一次性教育逐渐向终身教育的方向发展。“教育机会均等”已经不是一句空洞的口号，而是在不断地付诸实践。人人不仅可以受教育，而且能够参与教育管理，正如《学会生存——教育世界的今天和明天》一书所说：教育民主化不仅要把更多的教育给予更多的人，也要有更多的人参加教育管理。① 在学校内部，师生的平等关系，学校的民主管理，都是现代教育民主化的不可缺少的内容。

（三）科学性

现代教育从内容到手段都在现代科学技术的推动下，越来越向科学化的方向发展。通过科学的教育内容和方法，使学生系统地学习科技知识（包括基础知识和专业知识），掌握综合技术、专门技术和现代科技手段，培养运用知识于实践的能力，养成探求真理、创新精神和献身科学的思想。现代学校教育坚持理论与实际相结合的教育方法，既重理论学习，又重观察、实验、操作和社会实践。拥有前所未有的现代科技手段，更是教育信息化时代的重要特征。而在知识经济时代，为了防止科学主义走向极端和当代科学发展所产生的某些负面影响，使科学教育和人文主义教育互相结合起来，也是当前全面实现现代教育科学性的必要措施。

（四）革新性

马克思很早就指出了现代大工业生产不断革新的特点。20 世纪的后半期，生产与科技的发展更是日新月异，大家用“知识爆炸”来形容当代科技发展的大趋势。为了使教育跟上科技发展的步伐，现代教育改革的浪潮席卷全世界，探索新模式的教育教学改革和实验，如雨后春笋，不可胜计。现代教育的不断创新推动着教育不断向高级阶段发展，使教育不断地逼近理想目

---

① 联合国教科文组织国际教育发展委员会编著，华东师范大学比较教育研究所译：《学会生存——教育世界的今天和明天》，教育科学出版社 1996 年版，第 108 页。

标。对现代人的素质结构的设计，成为教育研究中的热门话题。联合国教科文组织在提出“学会生存”之后，又提出要“学会关心”；除指出现代人应有竞争意识之外，更强调要善于与人合作，追求“全球共同利益”。所有这些，都是现代教育与现代人不可缺少的素质，体现着对一代新人的要求。

二、我国教育现代化的指导方针

为了全面实现教育的现代化，我国加快了教育改革的步伐。在《中华人民共和国教育法》和《中国教育改革和发展纲要》的基础上，教育部制定了《面向21世纪教育振兴行动计划》，于1999年2月由国务院批准在全国贯彻执行。1999年6月，改革开放以来的第三次全国教育工作会议召开，发表了《中共中央国务院关于深化教育改革全面推进素质教育的决定》。2004年3月，国务院批转了教育部制定的《2003—2007年教育振兴计划》。2010年6月，中共中央、国务院颁布了《国家中长期教育改革和发展规划纲要(2010—2020年)》。2018年9月，全国教育大会更加明确提出了“加快推进教育现代化、建设教育强国”等奋斗目标。上述重要法规和举措，都对我国全面实现教育现代化做出了有力部署。现将全面实现我国教育现代化的指导方针，从下述三个方面做些说明。

(一) 贯彻“三个面向”

1983年，中国改革开放的总设计师邓小平为北京景山学校题词：“教育要面向现代化，面向世界，面向未来。”在“三个面向”中，面向现代化是基础，要面向现代化，就必须放眼看世界，从中国的国情和实际出发，来学习世界上一切先进的东西，为我所用。历史证明，闭关自守，故步自封，是

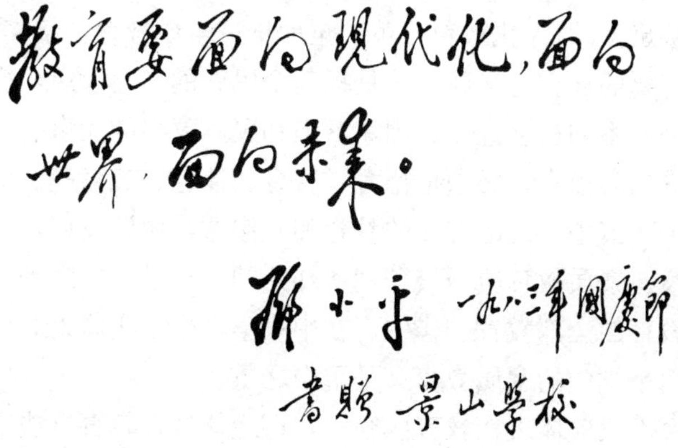

没有出路的。科技的发展，越来越缩小了国与国间的距离，要在世界上立住脚跟，只有走改革开放之路，落后了就要迎头赶上去。当然，面向世界也有一个正确处理民族化与国际化的关系问题，也有一个批判地吸收、创造性学习的问题。数典忘祖和食而不化的倾向都必须防止。世界已进入信息化和知识经济的时代，科技飞速发展，在教育内容及教育模式和教育方法方面，都在不断地提出新的要求和出现新的模式。计算机要从娃娃抓起，教劳结合要反映科技发展的新趋势，这些都是邓小平根据科技发展和国际形势提出的重要论断。教育是“百年树人”的事业，所以，教育要面向未来，要有前瞻思想。只看眼前，急功近利，是做不好教育工作的。但我国又是一个人口众多、经济尚未发达而且各地发展极不平衡的大国，在制定教育政策时，既要从现实的国情出发，又要考虑到世界的发展趋势和社会发展的未来。

（二）实施科教兴国

在当今世界，以高新科技为基础的综合国力的竞争，越来越取决于人才的培养。党的十一届三中全会以来，我国对教育事业的发展给予了高度重视。中国共产党历次全国代表大会的决议都指出：必须坚持把教育摆在优先发展的战略地位，努力提高全民族的思想道德和科学文化水平，这是实现我国现代化的根本大计。为此，必须使科教兴国成为全国人民的共识和实际行动，切实把教育优先发展摆到战略地位上，使全社会都来关心和参与教育事业的发展，千方百计地加大教育投入、提高教育的质量和效益，努力建构现代化的社会主义教育体制，使教育为建设富强民主文明和谐的社会主义国家服务。

（三）推进素质教育

党的十九大报告明确指出：“要全面贯彻党的教育方针，落实立德树人根本任务，发展素质教育，推进教育公平，培养德智体美全面发展的社会主义建设者和接班人。”深化教育改革，全面推进素质教育，培养适应21世纪现代化建设需要的社会主义新人，是提高全民族的文化素质，变人口负担为人力资源，是关系到社会进步、国家富强和民族复兴的大事。

全面推进素质教育，必须把德育、智育、体育、美育等有机地统一在教育活动的各个环节中，使诸方面的教育相互渗透，协调发展，以促进学生全面和健康成长。素质教育应当贯彻到从幼儿园、小学、中学到大学，从普通教育到职业教育的全部教育工作中。在中小学学生中实施素质教育是其中的重要环节，而小学中的素质教育又是重中之重。

素质教育不仅应体现在教育内容中，还应体现在教育方法中。要根据学生身心发展的特点，运用启发式的教育方法，使学生生动活泼地、积极主动地发展。充分发展学生学习的主体性，应是实施素质教育的关键所在。

总之，全面实现我国教育的现代化，应该落实科教兴国的战略地位，以“三个面向”为指针，抓住推进素质教育这个中心环节，为培养具有创新精神、开拓思想、实践能力和崇高理想的一代新人而努力奋斗。

第三节 小学教育

小学教育的重要性，一是决定于小学教育在整个教育中的基础地位，二是决定于小学教育在儿童发展中的启蒙作用。本节从这两个方面分别加以说明。

一、小学教育的基础地位

> 邓小平同志指出：“现在小学一年级的娃娃，经过十几年的学校教育，将成为开创二十一世纪大业的生力军。中央提出要以极大的努力抓教育，并且从中小学抓起，这是有战略眼光的一着。如果现在不向全党提出这样的任务，就会误大事，就要负历史的责任。”①

小学教育是整个教育事业的基础，要提高整个教育事业的质量，必须从小学教育做起。小学教育的基础地位具体表现如下。

（一）小学教育在整个教育体系中的基础地位

一个国家的学校教育体系大都分为若干阶段。我国的学校教育体系，一般包括初等教育、中等教育、高等教育三大阶段。其中初等教育（小学教育）和中等教育（中学教育）都属于普通基础教育，其连贯性很强，但每个阶段又有其独立的性质和任务。“九层之台，起于累土。”小学教育是各级各

---

① 中共中央文献研究室编：《邓小平论教育》，人民教育出版社 2004 年第 3 版，第 166—167 页。

类教育的基础。从个人来讲，完好的小学教育，为其身心健康发展奠定了基础，同时也为其接受中等教育提供了基本条件。从一个国家来看，只有小学教育普及和提高了，中等教育、高等教育才能逐级普及和稳步提高。从这个意义上讲，小学教育具有为高一级学校打基础、为培养各级各类人才打基础的性质。

（二）小学教育在实施义务教育中的基础地位

2006 年修订的《中华人民共和国义务教育法》规定，国家实行九年义务教育制度。义务教育是国家用法律形式予以规定，要求适龄儿童必须接受，国家、社会、学校、家庭必须保证的，强制、免费和普通的国民基础教育。义务教育是面向全体公民的教育，是面向未来的事业。义务教育的普及程度、质量优劣，直接关系到我国经济和社会发展所需的亿万劳动者的素质和各级各类人才的质量，关系到社会全面进步的程度和我国的国际声誉及形象。小学教育是九年义务教育的第一阶段，在实施义务教育中负有直接的重大责任。小学教育的健康发展将有利于从根本上杜绝新文盲的产生，从而保证接受教育成为每一个公民的权利和义务目标的实现。

总之，小学教育为提高国民素质奠定基础，为培养各级各类人才奠定基础，为儿童一生的发展奠定基础。

二、小学教育的启蒙作用

从人生发展历程来看，小学阶段是最重要的，是长身体、长知识最旺盛的时期。小学生好奇心强，求知欲旺盛，思维敏捷，对什么问题都要问个为什么，他们像海绵吸水那样，不断地吸收各种知识。小学生记忆力强，善于背诵，对感兴趣的事物，能够牢记在心。小学生模仿力强，容易做到习久成性，在儿童时代养成的好习惯，可以牢固地保持一辈子；相反，小学阶段养成的不良习惯，到中学和大学时纠正起来就很困难。因此，在小学阶段，不仅要让学生学到知识，发展智力，还要在学习上对他们进行严格的训练，养成良好的学习习惯；在思想品德上要有严格的要求，养成良好的行为习惯，以达到习如性成的目的。小学的基础打得好，会影响学生以后的学习和成长，甚至会影响他们的一生。

我国古代对童蒙教育十分重视，许多教育家主张“养正于蒙”。《周易·蒙卦》的彖辞中就有“蒙以养正，圣功也”的记载，成为以后家教和蒙学的指南。历代教育家都重视蒙学教育以至蒙学教材的编纂。最具代表性的蒙学教材有“三、百、千、千”（即《三字经》《百家姓》《千字文》《千家诗》）、《弟子规》等。其中，王应麟所编的《三字经》，总共一千余字，从识数到识字，从常识到历史，从典故到人物，无不具备，而且用三字韵语写成，朗朗上口，易读易记，是一本典范的儿童教材，为中国封建社会后期的启蒙教育长期采用。另外，朱熹所编的《童蒙须知》也有一定影响。该书共分“衣服冠履”“语言步趋”“洒扫涓洁”“读书写字”“杂细事宜”五个部分，对学生的行为都有具体要求和规定。这些教材对我们今天编写小学教材仍有重要参考价值。在童蒙教法上，我国古代也有比较丰富的经验，如注意从儿童实际出发，提出了以身作则、文道结合、启发诱导、潜移默化、防微杜渐、长善救失、因材施教、教学相长等原则和方法。还出现了王守仁的《训蒙大意》、王筠的《教童子法》等童蒙教育专著，给后人留下了宝贵的教育遗产。

小学教育是儿童接受学校教育的开端。在这个阶段，儿童将发生三个方面的具有人生启蒙意义的转化：一是由游戏为主的学习活动向有目的、有计划的学习活动转化；二是由个体和松散的群体活动向有组织、有规律的集体活动转化；三是由口头语向书面语转化。这些转化可以使儿童突破时间和空间的限制，拓宽认识范围，从而对于促进全面发展产生重大影响。由此可见，儿童思想品德的形成、知识能力的发展和身体素质的增强，都将在小学教育阶段正式起步。

总之，小学阶段是儿童发展最易受影响的时期，是儿童向少年过渡，从不成熟到逐步成熟，身心发展的关键时期。因此，这一时期的教育，在人的一生发展中起着重要的启蒙作用。

（一）在身体素质方面的启蒙作用

小学是儿童身体迅速发展的时期，儿童的身体比起幼儿来虽强健得多，但与繁重、持久的学习任务相比还是弱的，因而关心儿童的身心健康，增强儿童的体质在小学教育中十分重要。

在儿童进入小学的最初一年，尤其要注意不要使儿童一进入学校就产生惧学、厌学的心理。对儿童健康的关注、保护以及增强儿童体质的意识与措施应贯穿于小学教育乃至各级学校教育的全过程。这一任务在儿童时期之所以尤其重要，是因为儿童还不懂也不会意识到要保护自己的身体和各种器官，小学教育工作者在这方面的责任就更为重大，稚嫩的身体可以锻炼得结实，也容易受到损伤。近些年来，我国小学生近视率的升高，心血管、神经性疾病的增多是不可轻视的问题。在小学期间，教育儿童养成良好的作息习惯和清洁卫生习惯是对身体健康的积极保护。此外，小学生自我保护意识与能力都相对弱小，教育工作者应当特别注意采取针对性的措施，加强安全教育，依法保护他们的身心健康和合法权益。

（二）在学习知识方面的启蒙作用

小学时期的儿童正处在智慧潜力逐步显现并迅速发展的时期，小学教育的一个重要任务应当放在启迪儿童智慧发展上。除教学内容外，读、写、算和手工操作的技能技巧的训练对儿童智力的发展和今后学习能力的发展具有重要的意义。儿童手工操作往往被忽视，然而具有发展创造能力的人一般在小学期间就有种种表现，动手能力的训练错过了这一时期，收效就较慢。而最为重要的是学生熟练掌握、运用书面语言的能力。在学习过程中，教师应着重培养学生的学习自主性，包括合理安排学习时间，独立完成作业，检查、订正作业错误，努力克服学习中的困难。小学生自信心的发展是与能否克服困难密切相关的，也与教师的评价相关。因此，小学教师在指导、帮助学生学习的过程中，对他们进步与独立性的关心和鼓励比什么都重要。教师要相信学生会成功，并善于通过多种方法使学生在学习中逐渐学会运用自己的力量去获取成功。

创新是一个民族进步的灵魂，是国家兴旺发达的不竭动力。创新成果的产生依存于创新思维和创新能力，而这种思维和能力，必须从小培养，从学生时代开始养成。因此，小学教育在呵护、培养儿童的好奇心、求知欲，帮助儿童自主学习、独立思考，保护儿童的探索精神、创新思维，以及开发儿童的潜能等方面都具有重要的启蒙作用。

（三）在思想品德方面的启蒙作用

进入小学的儿童，随着生活范围的不断扩大，会遇到越来越多的道德问题。小学生道德品质的发展关键是要认真做到言行一致、校内外一致。言行不一致的存在，是因为小学生缺乏坚强的意志，以及习惯或道德行为的形成需要一定数量与强度的实践训练。因此，小学思想品德教育的重点是培养小学生良好的道德观念和行为习惯，即文明行为的养成教育。我们如果能够长期地对小学生进行严格要求、反复训练，就会在他们的头脑中建立起一系列的条件反射，形成道德行为上的高层次的动力定型，做到习惯成自然，为小学生日后的学习和工作奠定坚实的基础。

小学阶段组织与安排好儿童的课外、校外活动，开展适合儿童特点的劳动锻炼，发挥班级、儿童组织的作用，可以培养儿童较宽广的认知兴趣和关心集体、关心他人、团结协作的精神，为儿童提供展现个性才能和进行主动选择的机会，使儿童形成健康愉快的心理状态和自主能力，实现生动活泼主动地发展。

三、小学教育的基本特征

小学教育是一项规模宏大的教育奠基工程，除具有一般教育的特点外，还有其自身独具的基本特征。

（一）全民性

小学教育的全民性，从广义上说，是指小学教育必须面向全体公民。这样，才能彻底扫除文盲，从整体上提高全民族的文化素质。从狭义上讲，是指小学教育必须面向全体适龄儿童。

小学教育的全民性是世界各国教育改革的共同趋势，几乎所有国家都在努力创造条件，确保每个人接受初等教育的权利。1989 年 11 月，联合国教科文组织第 25 届大会确定“争取全民基础教育”计划，要求最大限度地扫除文盲和普及初等教育。1990 年 3 月，在泰国召开了世界全民教育大会，会议主题是“使人人都有享受教育的机会”，会议通过的《世界全民教育宣言——满足基本学习需要》反复强调的就是使人人享有受教育权利，向所有的人提供接受教育的机会。

在社会主义新时期，我国的小学教育是全民教育，这是社会主义现代化建设，提高整个中华民族的素质，使全国各民族的所有儿童都接受社会主义教育的需要。为了保证这一全民性质，国家特别对女童的教育、贫困地区和少数民族地区儿童的教育给予特别的关心，采取了特殊政策；对于残疾儿童的教育也给予了特殊的关注，专门加以保障。2006 年，我国修订了义务教育法，也是对实现基础教育全民性的有力保证。

（二）义务性

小学教育面向全体适龄儿童，任何未成年的公民，不论其种族、民族、性别、肤色、语言、社会经济地位的差异，只要达到一定的年龄（6—7 岁），都必须接受小学教育。因此，小学教育在整个教育中具有义务教育的性质，对于每个公民来说，教育机会是均等的，是应当享有的权利。《中华人民共和国义务教育法》规定："国家实行九年义务教育制度。""凡具有中华人民共和国国籍的适龄儿童、少年，不分性别、民族、种族、家庭财产状况、宗教信仰等，依法享有平等接受义务教育的权利，并履行接受义务教育的义务。""各级人民政府及其有关部门应当履行本法规定的各项职责，保障适龄儿童、少年接受义务教育的权利。"

义务教育是国家用法律形式规定的对适龄儿童和青少年实施一定年限的普及的、强迫的、免费的学校教育。这里的"义务"一词包括：(1) 国家有设立学校以使人民享受教育的义务；(2) 父母或监护人有使学龄的子女或被监护者就学的义务；(3) 全社会有排除适龄儿童和青少年入学受教育的种种不良影响和障碍的义务。因此，义务教育要求国家、家庭、社会必须给予保障。对受教育者来讲，既是应享受的权利，又是应尽的义务。《中华人民共和国义务教育法》对于经费保障、资源配置、学校安全、教育收费等方面都做了明确的规定，以保证义务教育的有效实施。

小学教育是义务教育，根据《中华人民共和国义务教育法》的规定，它又是强制的和免费的："义务教育是国家统一实施的所有适龄儿童、少年必须接受的教育，是国家必须予以保障的公益性事业。实施义务教育，不收学费、杂费。""适龄儿童、少年的父母或者其他法定监护人应当依法保证其按时入学接受并完成义务教育。"由于小学教育是依国家法律而实施的基础教育，因而它具有强制性。

（三）全面性

小学教育是向儿童实施德、智、体、美、劳全面发展的基础教育。小学教育既不是就业定向的职业技术教育，也不是培养高层次专门人才的专业教育。它是面对全体儿童实施普通的基础知识和基本技能的教育。在此基础上发展他们的能力，培养他们高尚的思想道德品质和提高他们的身体心理素质，使他们具备公民应有的基本素质，为他们进一步深造创造条件。小学教育是培养各级各类人才的前提。小学教育是向全体儿童进行的最基本的知识、技能教育，帮助他们学会如何做人，奠定学习、生活和进一步发展的基础。从某种程度上讲，全面性是专业性的预备。只有保证小学教育的质量，才能确保高一级学校的教育质量。儿童接受小学教育的年龄阶段，是人生历程的巨大变化时期，是人的智力、能力和良好习惯形成的最佳时期，小学教育的每个方面都不可偏废。

对于我国今天的小学教师来说，我们面对的是共和国新一代的儿童，从事的是神圣的社会主义教育事业，我们一定要把所肩负的神圣任务完成好。面对正在发展的小学生，我们不仅要一般地了解他们的年龄特征和个性特点，而且要具体地掌握儿童在小学阶段的身心发展过程，针对每个儿童和其身心在不同阶段的特点（详见第三章），做细致而艰苦的教育工作，并且把学校教育与家庭教育和社会教育密切结合起来，为社会主义建设培养合格的各类人才，为祖国的未来造就全面发展的一代新人。

思考题

1. 历史上有哪几种教育起源观？谈谈你的看法。

2. 教育的本质特点是什么？怎样正确理解教育的概念？

3. 试阐述现代教育的基本特征。

4. 略述小学教育在整个教育中的基础地位和在儿童发展中的启蒙作用。

5. 谈谈作为小学教师的光荣职责。

教育实践活动

1. 组织集体参观本校或本地的现代教育设施。

2. 调查本地义务教育实施情况，特别是小学生厌学情况，撰写一篇调查报告。

第二章

学 校

【内容提要】本章主要阐述了学校的产生与发展、学校文化、学校管理，以及学校与家庭和社会之间的关系等内容。通过本章的学习，我们将了解学校作为一种组织的性质、特点以及它是如何运作的。

第一节 学校概述

一、学校及学制

（一）学校的定义及其功能

在人类社会发展的早期，随着社会的发展和人类知识的不断丰富，传授知识的活动就已经从社会的生产和生活活动中分离出来，形成专门的活动领域，从而出现了专门的教育机构和教师职业。由此可见，学校是一种古老的、广泛存在的社会组织。它始于人类知识及其传播的专门化要求，是有计划、有组织、有系统地进行教育教学活动的重要场所，是社会生活中最常见、最普遍的一种组织形式。教育教学活动就是由许许多多不同类型和不同层次的学校教育机构来实施的。

作为对社会成员进行教育、培养的社会机构，学校的基本功能是利用一定的教育教学设施和选定的教育内容实施教育教学活动，培养社会所需要的合格人才。为此，学校应根据社会的经济、政治及文化发展的要求，选择有教育价值的知识对学生进行教育，使之具有符合社会要求的良好的行为道德倾向，培养他们向社会学习和为社会服务的能力，并具有为社会发展和人类进步而贡献力量的认识和责任感。学校要启迪学生的智慧，由简而繁，由易而难，循序渐进地教育学生学习现代科学技术，吸收优秀的民族文化，掌握从事社会物质生产和精神文明建设所需要的各种知识、技能和技巧，充分做好参加社会生活的准备。

为了实现上述功能，学校应当具备下列基本条件：与学生数量相适应的校舍、场地及其他基本教学设施；有符合法律规定要求的，按编制标准配备的教师队伍；有按规定标准配置的教学仪器、图书资料和文娱、体育、卫生设施和器材。

（二）学校的制度化与现代学制的产生

现代社会的发展产生了对人才数量和规格的新要求，从而形成了现代社会特有的学校制度。这种制度要求废除封建社会培养、选拔人才的做法，扩大受教育机会，广泛培养人才；要求打破传统的学校体系，同社会的人才需求结构相适应，把学校教育机构联系、统一和协调起来，形成一个幼儿、青少年、成人教育纵横贯通，学校、社会、家庭密切配合的一体化学校教育机构网，即现代学校教育制度，一般简称学制。

学制是由纵向的学校级别和横向的学校类型构成。前者反映学校体系的不同阶段及其相互关系，后者反映学校体系的不同功能及其相互关系。在现代社会之前，学校主要是由其教育对象的出身阶层和社会经济地位等因素来划分的，承担不同教育功能的学校教育机构之间并不一定衔接，从制度和组织形式看，其特点是规模狭小，制度不完善、不系统，还没有形成统一有序、分工明确的各级各类学校系统。从学校教育机构内部看，教学活动的组织形式主要是个别教学和自学，没有统一的教学计划、大纲、教材和质量标准，其组织是不严密和不系统的，也还不可能代替家庭，成为人才培养的主要形式。现代学制是在普及和发展教育的基础上产生的，社会生产力的发展对人才培养的数量和规格的新要求推动了统一学校、建立学制的进程，使之从一开始就具有一种教育对象逐步扩大和教育机会逐步均等的发展趋势。

现代学制首先产生于欧洲，其发展是依照两条路线进行的。一条是自上而下的发展路线，以最早的中世纪大学及后来大学为顶端，向下延伸，产生了大学预科性质的中学，经过长期演变，逐步形成了现代教育的大学和中学系统。另一条是自下而上的发展路线，是由小学（及职业学校）到中学（及职业学校），并上延至今天的高等职业学校。前者是学术性的现代学校系统，后者是大众职业性的现代学校系统。这一发展的结果导致在 19 世纪末和 20 世纪初在欧洲形成了所谓的双轨制。

现代小学的发展比大学和中学要晚得多。在文艺复兴以前，欧洲的许多国家存在着一类学校，叫行会学校和基尔特学校，主要学习本族语的读写、计算和宗教，这是欧洲城市最早的初等学校。文艺复兴时期，当时的教会又办起了许多类似的学校，这些教育机构可视为现代小学的前身。到 18 世纪末至 19 世纪的一百多年里，欧洲发生了以蒸汽机的发明和广泛使用为标志的工业革命。这场革命要求劳动者必须具有初步的读写算的能力和一定的自然与社会常识，这就推动了以劳动人民子女为主要对象的小学教育的广泛发展。到 19 世纪后半叶，英、德、法、美、日等国均颁布了普及初等教育的义务教育法，小学由此得到广泛发展。

在小学逐步普及的基础上，从19世纪中叶到20世纪中叶的约一百年时间里，科学技术的进一步发展对国民素质提出了更高的要求。这一要求促进了普及教育年限的延长。在许多发达国家，义务教育先后延长到了8—9年。延长的这部分教育即现在的初中教育，实施初中教育的学校一般叫中间学校，即现在的初级中学。在欧洲各国，这类学校最初只是小学的延伸，并不能与高等学校相衔接。与大学相衔接的高级中学是由古典文科中学演变而来的。上述两种学校系统在办学形式、教育对象、教育内容、教育水平等方面是完全不同的，这就是典型的双轨学制。当然，双轨学制并不是唯一的学校发展模式。在美国，并没有发生类似欧洲的发展过程，群众性学校由初级中学继续上延到高中，形成了所谓的单轨学制。

总之，在统一学校系统的过程中，各种不同功能的学校从纵横两个方面开始逐步衔接和贯通，形成了现代学制的三种类型：双轨学制、单轨学制和介于二者之间的分支学制。

（三）现代学制变革与学校的大众化

西欧各国曾经实行严格的双轨学制，但随着义务教育的上延、教育机会均等原则的实施，双轨学制从小学开始向上逐步并轨，义务教育已经延长到了中学的第一阶段。这就使原先不分段的义务教育分成了两段，新发展起来的初级中学与传统的完全中学在学术水平上有很大差距，导致机会分配上的不均等。于是许多国家采用了各具特色的做法，试图来克服原有双轨制的不公平问题。在许多国家，初中的两轨已经合并，传统的双轨学制事实上已经不复存在。这种并轨还在上移，如英国的高中正在通过综合中学实行并轨。这说明，随着普及教育的发展，双轨学制必然要逐步过渡，最终走向机会均等的单轨学制。从当前看，综合中学是双轨学制并轨的一种较为成功的形式，因而综合中学化就成了现代中等教育发展的一种重要趋势。①

近几十年来，现代学制的变革仍在向更深刻的方向发展。一方面，由于科学技术的飞速发展，知识的创新周期和陈旧周期都大大缩短了。因此，一个人不论受过多么高深的教育，都必须适时补充和更新自己的知识，为此需要重新回到学校再次接受教育。如果不能不断地更新知识，就不能适应现代社会的需要。另一方面，由于劳动生产率的不断提高以及社会的文明进步，

---

① 黄济、王策三主编：《现代教育论》，人民教育出版社1996年版，第286—292页。

个人的劳动时间从总体上看在不断减少，这就使现代社会能更多地满足每个人的精神追求和兴趣需要，为人的多方面的发展提供更大的可能性。为此，在 20 世纪中期之后，教育大众化和民主化的要求就成为世界各国学制改革的一个主旋律，构成了现代学制改革的一项重要内容。这不仅仅表现在传统学制的延伸，双轨学校的并轨或融通方面，还表现在许多新的教育形式和教育机构如回归教育、终身教育、成人教育、函授教育、业余教育、远程教育、网络教育、企业职工培训、老龄教育等都得到了广泛的发展并在学制系统中占有一席之地。这些新的教育形式和机构不仅是对传统学制的一种重要补充，更是一种改造。新的学制形式具有开放性、大众性以及和社会生产、社会生活密切联系的特点。可以这样说，随着教育机会的逐步均等化，现代学制正由传统的封闭的精英模式向开放的大众模式过渡，现代学校正由职前准备教育向终身教育过渡。

（四）我国现代学校及学制的产生

我国现代学校及其制度不是从本国文化土壤中生长出来的，而是从西方引进的。鸦片战争之后，为谋求振兴，清政府开始推行洋务运动，在教育上则模仿西制，开办了一系列新式学堂。1901 年，清政府明令全国书院改为学堂，在省城的改为大学堂，在各府和直隶州的改为中学堂，在州县的改为小学堂。但当时还没有形成正式的学制。

中国教育史上第一个学制系统产生于 1902 年，这就是《钦定学堂章程》，又称“壬寅学制”。这一学制虽经正式颁布，但并未全面实行。1904 年 1 月，清政府又颁布了《奏定学堂章程》，通常称为“癸卯学制”，这是我国第一个正式实施的学校教育制度。1905 年 8 月，清政府看到大势所趋，决然下诏，停止科举，从此新式学校得到更加迅速的发展。

1912 年中华民国成立后，针对清末教育的弊端，进行了学制改革，颁布了“壬子癸丑学制”。之后，经过多年的探索，最终于 1922 年颁布了“壬戌学制”。这是在总结民国建立以来学校发展的经验教训，借鉴西方国家学制基础上制定的，因而是一个较为成熟的现代学校系统，一直沿用到新中国成立。该学制首次规定的中小学六三三分段，至今仍被广泛采用。

新中国成立后，于 1951 年颁布了《关于改革学制的决定》，我国学制发展开始走上了一个新纪元。

新中国的学制吸收了当时各方面经验中的合理因素，具有以下特点。

(1) 继承了我国单轨学制的传统，使各级各类学校互相衔接，保证了劳动人民子女受教育的权利。

(2) 职业教育学校在学制中占有重要的地位，体现了重视培养各种建设人才和为生产建设服务的方针。

(3) 把工农干部的速成教育和工农群众的业余教育纳入学制系统，贯彻了面向工农开门的方向，突破了传统的学校定义并使学校的功能有了较大的扩展。

(4) 加强了普通教育、职业教育和成人教育三类学校的联系和结构的完整性。

其后，我国的学制经历了几次大的变动，其中既有经验也有教训。1976年，在结束了十年浩劫之后，教育也和其他领域一样，着手重建和发展被破坏了的学校系统：延长了中学的学习年限；恢复和重建了中等专业学校和中等技术学校，创办了职业高中；恢复了高等学校专科和本科两个层次；扩大了高等专科学校的规模；恢复和重建了很多“文化大革命”中被迫解散的学校、系、科和专业；建立了学位制度，完善了研究生教育制度；恢复和重建了各级各类成人教育机构。我国的学校教育走上了正轨。

（五）我国现行学制

我国现行学制的结构纵向分为四个等级，横向分为若干不同的类型，现分述如下。

(1) 幼儿教育（幼儿园），招收3—6岁的幼儿。

(2) 初等教育，主要指全日制小学教育，招收6—7岁儿童入学。学制为5—6年。在成人教育方面，则以成人初等业余教育为主要形式。

(3) 中等教育，指全日制普通中学、各类中等职业学校和业余中学。全日制中学修业年限为6年，初中3年，高中3年。职业高中2—3年，中等专业学校3—4年，技工学校2—3年。属成人教育的各类业余中学，修业年限适当延长。

(4) 高等教育，指全日制大学、独立设置的学院、专科学校、研究生院和各种形式的成人高等学校。

高等学校招收高中毕业生和同等学力者。专科学校修业为2—3年，大学和独立设置的学院为4—5年，毕业考试合格者授予学士学位。成人高等学校修业年限适当延长，学完规定课程经考核达到全日制高等学校同类专业水平者，承认学历，享受同等待遇。条件和设备较好的大学、独立设置的学院和科学研究机关设研究生院。硕士研究生修业年限为2—3年，招收获学士学位和同等学力者，完成学业授予硕士学位。博士研究生修业年限为3年，招收获硕士学位者和同等学力者，完成学业授予博士学位。在职研究生修业年限适当延长，完成学业者也可获相应学位。我国现行学制系统如图2-1所示。①

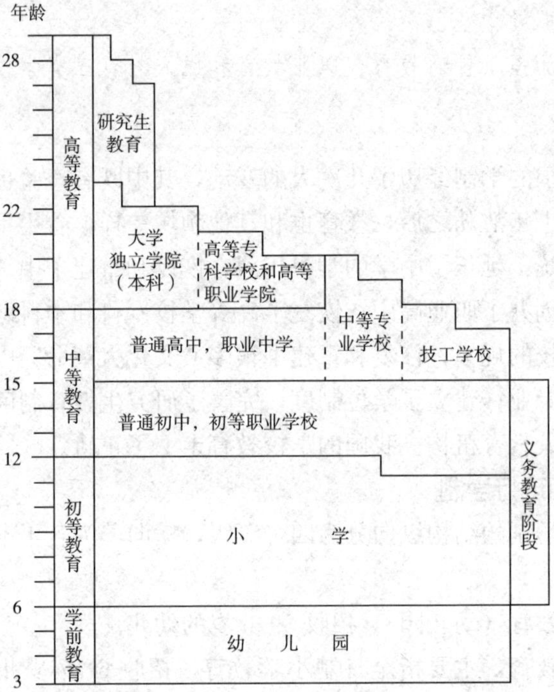

图2-1 我国现行学制系统

二、学校的公益性特点

（一）学校与企业的区别

1. 设置目的不同

学校的设置目的不同于企业。设置学校的根本目的是培养德、智、体、

① 参见杨汉清主编：《比较教育学》（第三版），人民教育出版社2015年版，第230页。

美、劳全面发展的各级各类人才，提高全民族的素质。而企业则是以营利为目的的生产和经营单位，追求最大化的剩余价值是其发展的动力。

2. 调节手段不同

学校的经费来源不同于企业。学校的经费来源是多渠道的，其中公立学校的主要部分来源于国家的财政拨款。国家出于公益性要求，拿出一部分财政收入用行政的办法分配到各学校及其他教育机构，这种资金的使用，与企业的借贷资金不同，是无须偿还的。而企业则必须要拥有直接从事经济活动的资产，并以这种资产为基础，进行经营性活动，经过不断地周转而实现增值。

3. 与政府之间的关系不同

学校与政府之间的关系也不同于企业。由于学校的办学活动涉及受教育权利问题，因此，在遵循教育规律，自主办学的同时，政府必须对其权力和行为做出必要的限制。国家应根据社会整体利益的需要，加强对学校的宏观指导和管理。而企业则不然，构成企业的基本条件之一就是必须拥有自主经营权和法人财产权，否则就不能称之为企业。国家虽然也会用计划的手段对企业进行宏观控制，但在大多数情况下是通过市场来进行调节的。

4. 产出不同

学校的产出也与企业不同。学校向社会提供的，是一种社会公共服务或者公共产品。这种服务或者产品是每个人全面发展身心、实现自我价值而不可缺少的前提条件。这种教育服务或者产品不是一般意义上的商品，一般不能在市场上通过等价交换来获得。因此，教育服务或者产品不能以营利为直接目的，不能直接通过市场来实现其价值。而企业生产的产品是要进入流通领域进行商品交换的，作为商品，它必然以追求利润为直接目的，以商品生产者和经营者的特殊利益作为出发点和归宿，通过市场来实现产品的价值。

（二）学校公益性的两个具体表现

1. 任何组织和个人都不得以营利为目的创办学校及其他教育机构

教育的目的不是为个人或小群体谋求利益，获得利润，而是为了造福他人、社会乃至整个人类，是从文化、精神、体质、社会、环境等方面开发人的潜能，为社会及其每个成员的生存和发展创造各种基本条件。如同国防、治安、消防、环境卫生、市政建设等一样，教育作为一种产品或服务是社会每个人都需要消费的，要维护教育活动及其成果对于人与社会存在和发展的基本价值。

2. 教育必须与宗教实行分离

宗教是一种唯心主义的意识形态，相信超自然实体即神灵的存在并主宰着自然和社会，因而对其崇拜和敬畏。宗教包括有关的信仰、信念、特殊的宗教仪式和行为规定，如吟诵经文、祈祷、斋戒、膜拜等。它们同宗教的组织设施以及专门的神职人员等因素结合在一起，形成一股强大的社会力量。因此，教育与宗教的分离是体现教育公益性的一个重要方面。由于宗教的社会根源和认识根源的长期存在，我国宪法和教育法在规定宗教信仰自由、保护正常的宗教活动的同时，禁止任何人利用宗教进行破坏社会秩序、损害公民身心健康、妨害教育制度的活动。这是排除宗教对教育教学活动非法干预和渗透，维护学校及其他教育机构的正常秩序，保护未成年学生身心健康的重要举措，是保证学校公益性的重要标志。

学校的公益性还涉及教学语言文字和课程设置等一系列问题。

公益性原则不仅体现在公立学校，同时也体现在私立学校中。私立学校存在于世界上绝大多数国家，构成了现代学制的重要一支，因此各国政府都不能对其放任不管。为了加强对私立学校公益性的检查和监督，可以说从校内到校外都形成了一套有效的法律调整机制。许多西方国家在各自的宪法中规定了私立学校的权利，或者在特别法中对私立学校做出规定。私立学校的法律地位本应允许其独树一帜，但事实并非如此。在欧洲大陆国家，私立学校只有符合国家有关课程设置方面的要求，才能得到国家的补助和国家对其考试和学位的承认。美国最高法院尽管在1926年的法林顿判例中曾裁决，各州无权约束和限制私立学校的自由，但绝大多数州的法律仍然要求私立学校课程必须与公立学校等同。当然，各国都有其独特的做法，对私立学校的控制制度也不尽相同。大体说来，英国更强调严格把关的注册，美国更强调地区评估组织一类中介机构的合格评估，而欧洲大陆国家则更强调对学校活动的监督。通过各自不同的做法，各国保证了私立学校被并入公共教育系统。此外，各国还重视对私立学校财务的管理和监督，如在美国，私立学校内部的财务收支是公开的，并且有多方参与，在校内检查的基础上接受校董事会的定期审查，同时还要接受政府的监督。其中非营利性学校每年都要向税务部门报告收支情况，接受税务部门的检查，若发现有营利性的问题即予以惩处。营利性的学校对其营利所得的使用也要受到政府有关部门的严格监控。总之，政府对私立学校财务的控制，不是管经费具体如何使用，而是检查学校的收支是否清楚。

第二节 学校文化

学校是现代社会中的一种最重要的社会组织，与文化有着千丝万缕的联系。从学校的建筑、校园的布局、学校的管理、人际关系，到学校的教育目的、内容、方法等，都是社会文化的折射，都反映着浓厚的文化色彩。今天我们研究学校问题，不能不研究学校的文化特质，研究学校文化与社会文化的互动关系。

一、什么是学校文化

学校是现代社会中最常见的一种社会组织，学校活动是整个社会在文化活动中最具有效力的一种文化活动，学校的文化功能是其他任何社会组织所不能比拟的。现代学校的一个重要功能就是将上一代的文化内容经过价值批判和取舍，去粗取精，去伪存真，传播给下一代。为了达成学校教育的以上功能，学校必须充分地利用各种因素，形成具有自身独特的价值观、信念、手段、语言、环境和制度的文化特质。

一所学校的文化特质，既具有随社会文化的发展、变迁而发展、变迁的共性，同时，又会因其构成或具体环境的不同而具有区别于其他学校的个性。学校中这种共性与个性统一的文化特质我们称之为学校文化，它是指由学校成员在教育、教学、科研、组织和生活的长期活动与发展演变过程中共同创造的、对外具有个性的精神和物质共同体，如教育和管理观念、历史传统、行为规范、人际关系、风俗习惯、教育环境和制度以及由此而体现出来的学校校风和学校精神。

学校文化是一种独特的文化，它的存在使学校的所有成员，尤其是学生受到规范及影响。那么，学校文化是如何形成的呢？

学校文化的形成来自两个方面。一是教育者根据社会的特定要求及社会的主流文化的基本特征精心设计和有意安排的文化，即为了使学生顺利地完成社会化过程，学校和教师必须对进入学校领域的各种复杂的社会文化因素，进行精心取舍、组织，建立适宜的文化环境。这是学校文化的一个重要来源。二是学生亚文化，主要是由学生团体中的各种习惯、风俗、民约、传统、时尚、规范、语汇、价值观念等构成的。这种文化就其本源而言是成人文化的一种反映，但其内容则与成人文化有别，是区别于社会主流文化的一种亚文化。学校文化最终要表达的是这样一些内容：教育的理想或追求；对学校功能及其社会责任的理解；对人性的理解；对学习、工作的态度以及对集体的看法；等等。

学校文化如果从其形式来看，可以分为物质文化、制度文化和精神文化三类。学校物质文化是指学校物质环境所构成的一种文化。学校制度文化是指学校中的规范所构成的一种文化。学校精神文化包括学生文化和教师文化，主要是以人或人际关系为基础构成的文化形态。同时学校精神文化往往要通过物质文化和制度文化体现出来。下面主要阐述学校物质文化和学校制度文化。

二、学校物质文化

学校所处的物质环境，如学校建筑、校园布局、教学设备、图书馆等，都属于学校物质文化的范围。学校物质文化对学生身心的健康发展，知识、技能的掌握，世界观、人生观和价值观的培养，以及创造性、主体性的养成等，都会有直接或间接的影响。比如，学校环境是否使教师和学生产生和谐、稳定、安全的感受，学校建筑、布局是否体现以人为本，是否突出学生的主体性，校园环境是否具有审美价值，是否具有教育性，学校的藏书及其他视听条件是否健全等，都会对学校文化产生一定的影响。随着教育的日益普及，一个人一生中有相当大的一部分时间是在学校中度过的，因此，学校环境对健全人格的养成就具有非常重要的影响。下面以学校建筑为例来说明学校物质文化对学生的影响。

学校建筑包括校舍、校园和运动场地及其附属设备，是一所学校教育环境的硬件部分，是开展教育教学活动须臾不可缺少的前提条件。学校的功能在于提供一种经过选择的教育环境，使学生可以按既定的目标完成他们的身心发展，而好的学校建筑体现了教育学的、卫生学的、建筑学的、工艺学的、经济学的，以及习惯上的要求，自有它特殊的理念、性质、功能、原则和风格。学校建筑应该有利于健康人格的塑造，应该是社会文化的象征、时代精神的表达。这是因为学校建筑具有潜移默化、不可替代的教育作用。学校建筑作为一种造型艺术，不仅提供了师生活动的空间，而且蕴含着某种哲学和文化的理念，学生置身其间，能激发潜能，表现自我，感悟其深邃的文化传统和哲学思想，进而改善行为、陶冶性情、涵养气质，最终能顺利地投身于社会、服务社会。为了充分发挥学校建筑的教育功能，学校建筑在设计和营造时都应以学生为对象，考虑教育的实际需要，如学生的人数、性别、年龄、体形、兴趣以及学习的特点等，使融洽的人际关系、严肃的学习氛围融为一体，为学生主体性、创造性的充分发挥提供最好的空间。

三、学校制度文化

学校中的传统、仪式和规章，一般统称为学校制度文化。学校制度是学校组织对其内部各类成员的一种行为规定。不同的出发点，会有不同的规定，从而形成不同的制度文化。比如，西方国家的中小学在行为规定上比较强调灵活，认为自由的环境有利于学生的发展。而东方国家中小学则比较强调管束，认为严格的环境更有利于学生的成长。这体现了东西方两种不同的文化背景。总之，一所学校要实现自己的培养目标，要开展有序的教育教学活动，就要有合理的工作程序，要有成规可循，形成一个和谐有序的环境，很多工作就需要逐步制度化，从而形成学校的制度文化。学校制度的种类很多，针对不同的组织成员和不同的活动要求有不同的制度，但若从形式上看，则可以分为传统、仪式和规章三类。

（一）学校传统

这是一种学校在较长时间内形成的、影响所有成员的价值取向和行为方式的定势。学校中的传统无论是合理的还是不合理的，都会在学生群体中一届届地传递下去。在学校中，师生关系、领导关系、读书风气、考试风气、交往时的语汇、语境、逻辑、价值态度、上课方式、应试方式等经过时间的积淀都有可能形成某种传统，甚至学校运动会上的啦啦队行动方式、低年级学生对高年级学生的态度、学生社团的组织方法和行为表现等，都可以是学校传统的一部分。学校传统的影响一般不是通过强制性的要求实现的，而是通过文化传承的影响实现的。

（二）学校仪式

这是学校的某种固定化的活动程序和形式。一所学校中所存在的仪式表现在学业方面的，有开学典礼、毕业典礼等；表现在体育运动方面的，有运动会、体育比赛的各种仪式；其他还有升旗仪式、周会、诵校训、唱校歌等。学校仪式的多寡及其所包含的内容常随学校的性质及目标而有别。学校仪式一般是在学校的要求下产生，具有一定程度的强制性，是教师教育学生的一种有效的工具。

（三）学校规章

这是学校中的一种制度化了的行为规范。如学生守则、教学规范、学校工作常规等。学校规章的制定者一般是办学者或教师，代表他们的意愿和办学理念。规范的对象不仅包括学生，也包括学校的教职员工。

我国宋代大哲学家、教育家朱熹所订立的白鹿洞书院学规在教育史上特别受到推崇，内容如下："五教之目为父子有亲，君臣有义，夫妇有别，长幼有序，朋友有信。为学之序为博学之，审问之，慎思之，明辨之，笃行之。修身之要为言忠信，行笃敬，惩忿窒欲，迁善改过。处事之要为正其谊不谋其利，明其道不计其功。接物之道为己所不欲，勿施于人，行有不得，反求诸己。"其内容十分丰富，包括了教育的目标、内容、方法以及学生的学习要求、行为规范等。

一所学校的制度文化是在办学过程中逐步形成的，是该学校特色的鲜明表现。学校制度文化对学校中每个成员，包括学生和教师、管理人员都会有一定的规范和制约作用。独特的学校制度会对学生人格的养成产生不可磨灭的影响。

第三节　学校管理

一、学校管理概述

学校管理是学校活动的一个重要领域，它是学校管理者在一定社会环境条件下，遵循教育规律，采用一定的手段和措施，带领和引导师生员工，充分利用校内外的资源和条件，有效实现学校工作目标而进行的一种组织活动。学校管理是以学校作为管理对象的活动，其指导思想、组织机构、活动内容以及方式都要受它所处的社会大环境以及学校本身所具有的功能的影响，学校管理者必须根据学校所处社会的需要以及本身功能上的特点去管理学校。因此，学校管理会有时代、民族和国家的区别，同时也会和其他领域的管理有所区别。

学校管理同其他领域的管理一样，也是由管理者、管理手段和管理对象三个基本因素组成的。学校的管理者主要是指学校的正、副校长以及各个职能部门的负责人员。学校的教职员工在一定意义上也可以看作学校的管理者，他们在校长的领导下，共同参与管理学校。学校的管理手段主要包括学校的组织机构和规章制度。学校的组织机构是根据组织原理和工作需要建立起来的，中小学校的管理机构一般设有教导处、总务处、办公室等，教育教学组织设教研室、年级组、教育科学研究室等。规章制度是学校管理保持内部和谐、稳定和步调一致所必需的行为规范、规定。学校的组织机构和规章制度是学校决策、计划、组织、控制、领导和创新的必要保证。学校的管理对象是指学校的人、财、物、事（工作）、信息、时间和空间等，上述要素是学校管理活动的客体或被管理者。

二、沟通是学校管理的基本途径

（一）沟通的内涵

沟通是信息在发送者和接受者之间进行交换的过程。在一所学校中，各种事务的决策、计划、组织、控制、领导和创新要能够有条不紊地进行，沟通是必不可少的途径。

可以这样认为，学校目标的实现、学校气氛的营造、职权职责的明晰以及学校效能的发挥等几乎都取决于组织的沟通，因此，沟通在管理活动中应占有中心地位。一个完整的沟通过程应当是这样的：首先，发送者必须确定信息的内容，即确定自己的思想。其次，发送者对思想进行编码，即根据所选择的传递媒介要求，把思想转换成言语、文字或其他信号；经过编码的信息进入传递通道，由信息载体（如声频、视频、光电信号、公文信函、人员等）将其发送给接收者；接收者感知到信息的到达，并对之进行解码和领会。最后，接收者对信息的理解又反传给发送者，亦即发送者得到了对他所传递的信息的反应，这就是反馈。只有当接收者得到并理解了信息的内容时，沟通才算实现。只要在沟通过程中的任何一个环节上遇到干扰，使信息传递受阻或造成差错，就算不上沟通。

（二）沟通在学校管理中的作用

1. 信息传递

这是沟通的最直接的目的，所有其他目的都是通过达到这一目的才得以实现的。沟通把信息载向学校系统的上下左右，使学校成为一个既有分工，又有合作，权责明确，运行有序的系统。

2. 控制

学校对其下属的机构以及全体师生实施统一的指挥和协调，离不开沟通渠道。学校的机构系统实际上就是正式的沟通渠道，上级的指令通过它层层下达，下级的情况通过它层层上报，学校通过这一机构系统可以达到有效的控制。

3. 激励

在学校中，沟通是一种激励的工具。及时的工作领导，对工作绩效的评估的肯定，奖励出色的行为，对下属提供培训深造的机会等，这些沟通方式都是为了达到激励的目的。

4. 情感交流

沟通可以满足人们社会交往的需求。通过正式的或非正式的沟通渠道，人们彼此之间交流情感，交换对于学校内一系列问题的看法，有助于提高个人的参与感、满意感。

（三）学校管理中沟通的两种形式

1. 正式沟通

正式沟通是指按照学校机构设置的渠道所进行的信息传递。一般可以分为下行、上行、平行、斜向几种渠道。下行沟通是学校组织机构自上而下的命令、指示、审批、拒绝、批复、批转等；上行沟通是学校组织机构自下而上的请示、汇报、申请、建议、请求、申诉等；平行沟通是同级机构间的交流、协商；斜向沟通是不同级别机构之间的联络、协调。

2. 非正式沟通

非正式沟通是指在正式沟通之外的信息传递，一般有三种渠道：个人之间的自发交往、非正式的接触或聚会、社会传闻（小道消息）。非正式沟通是普遍存在的社会现象，这类沟通具有两面性。从积极方面看可以作为正式沟通渠道的补充，缓解组织内部出现的某些紧张关系，并作为试探性的信息发布和搜集反馈的渠道。但是其消极作用也是不容忽视的，比如信息的误传、误导所引起的不良后果以及虚假信息、不良信息所引起的误会和是非争端，还有别有用心的人利用这类渠道散布谣言等，都会对学校管理产生或大或小的消蚀作用。

（四）学校管理中沟通的三类障碍

1. 主观方面的障碍

这是指信息的发送者或接收者（沟通行为的主体）由于个性或主观意识方面的原因而对信息沟通产生影响。这些主观方面的原因一般有：学识、个性、知觉选择性等。行为主体的学识、经验常常会影响和制约信息编码、译码的准确度，如文件起草的水平常因学识和经验的不同而有高低之别；同一信息对不同的接收者会产生不同的理解和意义，如对同一个管理要求，有人会从积极的方面去理解，有人则会从消极的方面去理解。主体的知觉选择性会对沟通的质量起直接的作用，因为人们往往是以自己的信念、态度、价值观为标尺来筛选信息，接受那些符合自己期望的信息，忽视甚至拒绝那些自己不熟悉、不喜欢的信息。如教师往往对商业信息不感兴趣，某些领导对下边的批评性信息经常会忽视或者排斥，这就是知觉选择性的表现。

2. 客观方面的障碍

这是指接受信息的条件和可能与实际的信息量不对称所造成的沟通障碍。如果信息量过大，超过了接收者的能力，许多信息就会被搁置，从而影响沟通。如管理中时有出现的“文山会海”，本意是要传递信息，加强沟通，但因信息量过大，结果适得其反，阻碍了信息传递，影响了沟通的质量。又如一个教师如果面对上百个要求辅导的学生，则他的沟通能力再强恐怕也难以满足每个学生的愿望。

3. 沟通渠道方面的障碍

沟通媒体（如电话、电脑网络、各种教具等）技术上的问题，有可能使沟通受到阻碍。沟通的主要工具是语言符号，在使用时有可能出现语义学方面的问题，如有些语词的表达会出现歧义，有些专业术语、符号对行外人来说陌生难解，都会造成沟通上的问题。此外，沟通的中间环节过多也会使信息在传递过程中丢失或变形。

（五）克服沟通障碍的方法

第一，在信息发送者和接受者之间建立彼此信任、相互尊重的良好关系。双方对于信息沟通都应抱积极态度，排除各种人为的障碍。

第二，使用恰当的、准确的语言文字。发送者应使用准确、简要、明白、通俗的语言文字来传递信息，使对方尽可能全面准确地了解所要沟通的内容。

第三，选择最佳沟通媒体。发送者应根据不同内容、不同场合，区别使用不同传递手段，以求最佳效果。必要时可采用多种沟通渠道，以避免可能出现的干扰，如先口头通报，然后再追加书面文件。

第四，注意信息的时效性。信息发送要及时、适时，发晚了有可能贻误时机，发得不适时有可能降低信息的效果。

第五，重视对信息的反馈。发送者发出信息后应及时了解对信息的反应，通过反馈确定信息传递的效果。如果反馈表明信息接收有误，应做适当调整并重新开始沟通过程，如果反馈结果良好，则可以继续进行下一个沟通过程。

三、学校绩效是学校管理的目标和尺度

学校绩效是指学校功能发挥所产生的实际效果，是管理有效性的重要标志。一所小学的绩效一般包括学校工作任务完成的情况、工作效率的高低、工作效益的好坏等，同时还包括学校所有成员知识技能、工作态度和工作成果等各个方面的基本状况，以及由以上诸方面所反映的学校组织及其人员的素质、对环境变化所表现出来的适应能力和对社会需求的满足程度等。

我们如何来评价一所小学的绩效呢？国内外学者对此有着不同的看法，大致有以下几种理论观点。

目标模式。这是一种分析学校绩效的较普遍和传统的方法，由教育主管机关制定一套学校绩效的指标体系，通过学校工作的最后结果来检验学校的绩效，达到标准就是绩效高，反之就是绩效低。

投入—产出模式。这种模式注重效率，认为绩效应以较少的资源投入培养数量较多、质量较好的人才为标志。因此把社会各方对学校的投入（包括资金、师资水平、学生原有水平、学生家庭经济背景、学校领导能力和作风等）进行统计学的处理后作为基础，预测学生未来在校期间的学习成绩，并把它与学生的实际成绩相比较，其结果就是学校绩效的标度。

需求满足模式。这种模式注重需求的满足程度，认为学校绩效的高

低取决于学校工作能在多大程度上满足各主要的相关群体的正当需求，如学校的上级主管部门、校长、教师、家长、学生等，因为学校的活动要受到这些群体的支配或影响。

环境适应模式。它强调学校应不断变换自己，适应环境，主动迎接环境的挑战，获得外界的认可，并求得功能的有效发挥。这一模式注重社会的政治、经济和文化要求，注重学校对外部环境变化的适应能力，并以此为依据来衡量学校的绩效。

学校内质优化模式。它侧重学校本身的因素对于学校绩效的影响，认为学校功能的发挥取决于学校的办学思想、组织的健全程度、制度的完备程度以及领导机构的决策领导能力等。

以上几种模式代表了对于学校绩效的不同价值取向，各有各的优点和不足。把这些模式的合理方面加以综合，就能对学校绩效产生更全面的理解。①

学校的绩效只有经过评估才能量化并加以比较，才能成为衡量学校工作的尺度。因此，绩效评估是学校管理的重要组成部分。绩效评估的总体目的在于提高绩效。具体地说，通过绩效评估，学校可以对教职员工的工作绩效做出评定，并据此决定工资报酬的级别，决定工作岗位以及升迁等；通过绩效评估，学校可以更确切地掌握教职员工的基本素质及其他情况，以便按其特点进行培训，更合理地开发他们的潜能；通过绩效评估，学校可以获得人力资源规划、财务预算、教学工作安排等方面较为准确的信息，从而为学校的改革和发展提供决策的依据；通过绩效评估，学校可以增强学校教职员工的公平感和成就感，调动他们的积极性、创造性，激励他们为实现学校目标而努力工作。

四、我国小学管理的基本内容和方法

（一）我国小学管理的基本内容

1. 思想品德教育管理

思想品德教育管理的任务是加强和改善对品德教育工作的领导，组织和

---

① 参见陈孝彬主编：《教育管理学》，北京师范大学出版社 1999 年版，第 318—319 页。

提高品德教育师资队伍，强化和规范品德教育工作，保证实现小学思想品德教育的目标。

小学应成立思想品德教育领导小组，健全德育工作的职能机构和少先队组织，分析研究思想品德教育工作的形势和问题，统一布置、统一指挥、协调校内各部门之间的德育工作，协调学校、家庭和社会力量做好对小学生的德育工作。

小学应健全德育工作制度，制定德育标准，提高德育质量。学校应按照《中小学生守则》（2015 年修订）的要求，制定切实可行的规章制度，如《小学生一日生活常规》《课堂常规》《爱护公物规则》《班队活动制度》《三好生表彰办法》等。学校应使德育工作有明确的目标，并定期或不定期地进行检查和评比。

学校应加强校园文化建设，优化育人环境，创造良好的精神风貌。

2. 教学工作管理

教学工作是学校的中心工作，以教学为主是办好学校的基本规律，学校领导必须以主要精力和时间抓好教学。

教学工作管理应坚持正确的教学方向，贯彻执行国家的教育方针和小学的培养目标，促进儿童在德、智、体、美、劳全面发展。

小学管理应严格教学常规、教学程序、教学环节和教学评价的管理，应建立权责分明的规章制度，强化备课、授课、实验、作业以至于批改、辅导、考试考核、课外活动等各环节的管理。重视课外活动和课堂教学的有机结合，组织好课外活动。重视教学评价，建立完善的包括评价模式、评价方法以及评价结果处理的教学评价管理体系。

3. 教务行政管理

小学的教务行政包括招生、编班、报到注册、填报有关报表、制定与执行各种规章制度、检查各部门工作计划的执行情况、检查各科教学进度、组织期中和期末考试、统计师生出勤和参加各种教学活动的情况、组织教学评价工作、组织教材的预订和发放、协助校长安排和落实教学任务、安排调课、代课、听课、检查学生课业负担、管理和充实教学仪器设备、办理学生转学、休学手续、整理和保管教学档案和学籍档案等。

4. 总务工作管理

小学的总务工作是一项复杂、细致而又具体的工作，对学校开展教育教学活动，提高学校工作的效率，创造和谐有序的学校工作环境起着重要的保证作用。总务工作应为教育教学服务，为师生生活服务，努力改善办学条件，提供必要的教学条件和生活设施。总务工作管理包括校产管理、财务管理、生活管理等方面。

（二）我国小学管理的基本方法

为了实现学校的教育目标和任务，学校管理必须采用一定的方式和手段。方法是管理理论转化为管理活动的必要中介和桥梁。管理方法是指各种能够实现管理职能，达到管理目标，确保管理活动顺利进行的手段、途径和措施。一般来说，学校的管理方法可以分为以下几类。

1. 行政方法

这是指依靠行政组织和领导者的权力，通过强制性的行政指令等手段直接对管理对象施加影响，按行政系统进行管理的方法。

2. 法律方法

这是指运用法律这种由国家机关制定或认可并受国家强制力保证实施的行为规范来进行管理的方法。

3. 教育方法

这是指通过对正确的精神观念的宣传教育，从真理性方面启发人们的理想，使之成为人们行动的动机，从而为实现学校目标而自觉努力的方法。

4. 经济方法

即物质效益的方法，是指把物质作为激励动力，按照经济规律的要求，运用经济手段来实施管理。

5. 学术方法

这是对学校中的教学研究等学术工作进行管理时运用的方法。对这类工作的管理不应采取简单的行政命令手段，而应贯彻“百花齐放，百家争鸣”的方针。

五、国家对小学的管理和监督

在我国，小学是国家教育行政的重要对象，其内容之广泛远胜于其他教育领域。由于中小学是各个地方政治、经济、文化的一个重要组成部分，学校工作不能不考虑其所在地方的条件和需要。同时由于教育工作是教师与学生间的一种教与学的精神活动，很难以划一的标准来加以规范，国家对学校的管理和监督就具有某些不同于其他领域的特点，主要通过宏观的政策、法律、经费、督导等方法来进行控制和监督。

（一）学校课程计划的编制和颁行制度

小学课程计划是国家根据规定的教育目的和培养目标制定的有关学校教学内容的文件。课程计划的行政作用就在于为小学规定基本的内容要求和法定的质量标准，以达到对学校教育事实上的控制。

我国对教学内容的管理几十年来经过数次变化，形成了目前的中央集中领导和地方分权相结合的体制。具体地说，中央一级主要负责制定有关方针、政策，编制课程计划和课程标准。各省份可以根据当地情况和需要对课程计划做必要的调整。学校非经上级主管部门批准，不得随意改变课程计划和课程标准。1999 年，第三次全国教育工作会议颁布的文件正式提出：我国基础教育试行三级课程、三级管理，即国家课程、地方课程和学校（校本）课程。

课程计划和课程标准是体现人才培养规格的基本要求，又是学校组织教学工作的主要依据。为了保证培养人才的整体质量，对学校教学内容提出统一的基本要求并进行标准化管理是必要的。因此，课程计划和课程标准等文件，从本质上说应是一种具有法律效力的规范性文件。但由于各地在经济、政治、文化、办学条件、师资水平等方面的不同，课程上的多样性和一定程度的灵活性又是必要的。由于教学活动是一个最具个性特征的精神活动过程，给予学校乃至教师以一定程度的选择和决定的余地也是必不可少的。我国课程计划的编制充分考虑以上各方面的因素，实行统一性、确定性与多样性、灵活性的结合。我国小学课程计划规定的学校教育目标、学科设置、教学总时数和教学通则采取统一的基本要求，在全国一体执行。同时，教学要求、教学要点、教学方法等乃至地方课程、学校（校本）课程的开发和实施，则有一定的机动性，给各个地方、各个学校和教师具体的课程实施留有更充分的余地。

（二）教科书的编写、审定和使用管理制度

教科书是根据规定的课程标准编写和审定的，系统反映学科内容的教学用书。教科书是学校教学内容的主要依据，是实现法定教育目的的重要工具，是师生教与学的主要材料，也是学校考核教学成绩的主要标准，因此具有法定约束力。同课程计划的编制和颁行一样，我国教科书编写、审定和使用的责任、权限主要集中在国家。1986 年，我国对中小学教科书提出了在统一基本要求的前提下，实行多样化的方针，给予地方和学校以一定的选择权。鉴于我国地域广阔、情况复杂，除有一套或几套全国统一的基本教材

外，各地区还可以适当编写地区性的补充教材。为了推动小学的教学改革和实验，也允许改革、实验地区和单位根据小学课程标准自编教材，在规定的范围内实验。由于教材具有相对稳定性，不可能完全适应各种环境变化的需要，为了提高教学质量，教师在使用教材时，可以对其内容和编排顺序做适当调整，并利用现实生活中的生动事例补充教材。小学教材需经教材审定机构审查通过后，方可正式出版发行。经全国中小学教材审定委员会审查通过的教材，可在全国范围供选用；经省级中小学教材审定委员会审查通过的教材，可在本省（自治区、直辖市）范围内供选用。为了加强国家对教材事业的管理，国务院于2017年成立了国家教材委员会。

（三）学校的学籍管理制度

小学的学籍管理包括成绩评定、升级和毕业等项内容，是学校的一项重要工作。学生学习成绩的评定，传统的方法是采用以学业考试成绩为主要依据的绝对评价方法。为了使评价趋于客观、可信，现在一般实行绝对评价与相对评价相结合的方法，对学生在校学习情况进行综合的评定。根据我国有关中小学学籍管理的基本制度，小学学生成绩分为学习成绩、操行成绩和体育成绩三类，一般按百分制或等级制评定。

2013年，我国首部全国性中小学生学籍管理办法《中小学生学籍管理办法》出台，这标志着全国统一的学籍信息管理制度正式建立。该办法规定，以学生居民身份证号为基础进行编码，从幼儿园入园或小学入学初次采集学籍信息后开始使用，一人一号，籍随人走，终身不变。与之相配合，全国中小学生学籍信息管理系统已全部建成。该系统全国联网运行，为每名学生建立全国唯一的电子学籍档案，对学籍注册、学籍档案管理、学籍异动、升级、毕业、成长记录等进行全程信息化管理，实现全国范围内学生流动情况的实时监控与管理。

（四）教师人事管理制度

根据我国法律的规定，小学教师是履行教育教学职责的专业人员。2003年9月，人事部、教育部印发的《关于深化中小学人事制度改革的实施意见》指出：全面实施教师资格制度，严把教师队伍入口关。凡在中小学专门从事教育教学工作的人员必须依法取得教师资格证，未取得教师资格证的人员应调整出教师队伍。努力拓宽教师来源渠道，择优聘用具备教师资格的毕业生和社会上具备教师资格的人员到中小学任教。

为了充分调动和发挥教师为教育事业服务的积极性和创造性，激励教师不断提高政治思想觉悟、文化业务水平和履行教育教学职责的能力，我国建立了统一的中小学教师职务制度。教师职务分为初级职务、中级职务和高级职务。各种级别的教师职务都有一定的任职条件和职责要求。教师职务逐步实行聘任制，聘任教师职务必须经过教师职务评审机构从政治思想、文化专业知识水平、教育教学能力、工作成绩和履行职责等方面进行评审，认定具备担任相应职务的条件，由学校或县以上教育行政部门进行聘任。聘任教师职务应有一定的任期，每一任期一般为三年，可以续聘。学校应对被聘教师进行定期或不定期的考核，建立考核档案，为教师职务的评审和聘任提供依据。

为了进一步加强小学教师队伍建设，保证和提高教师素质，我国教师人事制度正在改革之中。如何充分发挥教师的作用，改变教师队伍分布、结构不尽合理的状况，使教师队伍得到充实和加强，这些仍是有待解决的问题。

第四节　学校、家庭与社会

随着现代社会的发展，“学习社会化，社会学习化”正逐步成为现代社会和现代教育发展的重要趋势。现代教育不仅在时间上将扩展到一个人的终生，而且在空间上将扩展到全社会。在这种趋势下，学校、家庭、社会将构成儿童成长的一体化环境，对小学生的身心健康发展产生重要影响。整个社会要担负起教育的责任，学校要向全社会开放。因此，研究学校、家庭、社会的教育影响及其相互关系，在家庭和社会密切配合下开展学校工作，对实现小学教育的培养目标有着特殊的意义。

一、学校、家庭、社会在儿童身心发展中的作用

（一）学校在儿童身心发展中的作用

一个孩子的成长和发展要受到他所处环境的各种因素的影响，其中学校对儿童施加的影响是他们成长和发展的主要的和决定性的因素。这是因为学校可以有意识地对各种影响个人身心发展的因素进行选择和组织，系统地发

挥主导作用。当然，学校对小学生身心发展的影响是受多方面因素制约的，因此这种影响就不是单向的。

首先，学校工作的指导思想会直接影响学生的发展。我国学校教育的目标是培养有理想、有道德、有文化、有纪律的新一代，但由于学校工作的指导思想不同，实际效果也就有很大差别。例如，有的学校把学校工作以教学为中心的指导思想片面地理解为以智育为中心，只教书不育人，放松对学生的思想政治教育和品德教育，使一些学生缺乏理想，讲实惠、贪小利，甚至受到腐朽思想的影响。也有些学校片面追求升学率，随意增加学生学习负担，不仅对后进生放任不管，就是对少数高才生的培养，也只把注意力放在如何获取高分上。所有这些做法都对学生身心各个方面的健康发展造成消极的影响。

其次，学校的教育水平（主要是指学校领导和教师的职业素养的高低）会直接影响学生的发展。有的学校领导和教师不懂教育学和心理学，缺乏教育专业的基本知识和素养；有的教师经常使用专制的手段，例如打骂、体罚学生，或是采取讽刺、挖苦和其他简单粗暴的方法对待学生，侮辱学生人格和尊严，造成学生发展上的障碍。

最后，学校与社会、家庭的联系程度会直接影响学生的发展。学校只有加强同社会、家庭的联系，依靠各方面的力量对学生共同施加良好的影响，才能对学生的身心发展起促进作用。如果学校不管校外教育，缺少对社会情况和学生校外生活的了解，缺少社会、家庭的配合，那么学校教育对学生发展的作用就会受到影响。

（二）家庭在儿童身心发展中的作用

家庭是以婚姻、血缘关系为基础而建立起来的社会基本单位，是影响儿童发展的最初的也是重要的因素。一个人从出生受到的最初影响就是家庭影响。家庭结构、家庭职能、家庭关系、家庭伦理道德等方面形成的家庭特点，会极大地影响生活在其中的孩子。

2015 年，教育部印发了《教育部关于加强家庭教育工作的指导意见》，强调要充分认识加强家庭教育工作的重要意义，进一步明确家长在家庭教育中的主体责任，充分发挥学校在家庭教育中的重要作用，加快形成家庭教育社会支持网络，完善家庭教育工作保障措施，为每一个孩子营造适合健康成长和全面发展的家庭环境，构建学校教育、家庭教育和社会教育有机融合的现代教育体系。

研究我国现阶段的家庭影响是一个十分复杂的问题，尽管社会倡导平等、团结、互助、和睦的家庭关系，要求为孩子创造一个良好的家庭环境，但传统的家庭伦理道德观念、父母的不良行为举止、专制主义的家长作风等也在一些家庭中残存，对子女的发展起着相反的作用。具体地说，家庭的结构特点、家庭的稳定性、父母的思想意识、文化素养、言谈举止、家庭成员之间的关系，特别是父母与子女之间关系的亲密程度、父母的威信、参与子女教育的自觉性及其教育方式、生活资料和发展资料的数量和质量等都会对子女的身心发展产生程度不同的影响。

国外学者把家庭关系和家庭教育分为如下四种类型。第一种是独裁型。这是一种专制的形式。儿童的独立性、主动性和自尊心在这种家庭中会受到严重的压制。第二种是保护型。这种类型虽然也是出于强制和严格服从，但形式不同。这种家庭处心积虑地保护孩子免遭困难，过分地保护、溺爱孩子，使孩子的个性受到严重损害。第三种是和平共处型。在这种家庭中每个人各自做自己的事，各自面对自己的问题和困难，面对自己的成功和失败，很少有感情的交流和互相间的帮助。这种家庭使儿童世界和成人世界互相隔阂，造成沟通上的问题，对孩子的发展也是很不利的。第四种是合作型。在家庭成员的合作气氛中，孩子的自我中心倾向逐步得到克服，获得社会交往的有益经验。这种家庭在共同的生活中有一致的生活目标和道德价值标准，并且有积极的信息沟通和感情上的交流。儿童在这种家庭环境中受到积极的移情作用，对周围的人和事逐步学会采取一种积极的态度，从而使个性获得良好的发展。

由于实施过三十多年的独生子女政策等原因，我国独生子女家庭较多，已经进入了少子化时代。这对提高我国人口素质、优化家庭教育环境产生了重要影响。但新的家庭关系同时也带来了一些儿童发展上的问题。如父母在经济生活上过多给予子女，在感情生活上过度依恋子女，在日常生活中过分照顾子女。这些做法有可能对孩子的发展带来不利的影响。

总之，家庭是儿童成长和发展的重要场所，不仅父母应为自己的孩子创造一个良好的家庭环境，学会用科学的教育思想和教育方法来教育自己的孩子，而且全社会都应该重视家庭教育，普及家庭教育知识，倡导健康的家庭生活，帮助家庭解决实际的困难和问题，提高家庭生活的质量，保护孩子的身心健康。

家庭教育的主要任务如下。

（1）根据子女情况，制订家庭教育的计划和措施，并与学校密切配合做好教育工作。

（2）加强对子女的思想品德和健康人格教育。

（3）为子女的学习创造良好条件。

（4）保护子女的身心健康，增强他们的体质。

（三）社会在儿童身心发展中的作用

影响儿童身心发展的不仅有学校和家庭，社会也是一个重要的因素。对一个小学生的发展影响最大的社会因素主要有社会群体、社会道德、大众传媒等。

1. 社会交往

人是社会性动物，一个人出生以后，在生活、学习、工作的各个发展阶段和各个方面都要进行社会交往，加入许多群体组织，甚至同时加入几个群体组织，成为不同群体的成员。就个人发展而言，加入群体能够满足人的社会交往需要，满足自尊的需要，增强自信感和力量感，获得安全感等。总之，加入群体能满足人的多方面的心理需求，从而促进个人的身心发展。一个小学生，随着年龄的增长，他的交往会从学校、家庭扩展到社会，加入到社会不同的群体之中。这种群体与学校中的正式群体不同，这种群体中的交往是在情投意合的基础上自愿结成的非正式社会群体，是自发的、没有形式化组织的群体。它以人们之间的性格、指向、兴趣、感情等心理的、精神的因素为基础，因此具有很大的内聚力和吸引力，对儿童的成长影响极大。这种影响有两方面的作用：如果形成的基础是健康的，则对儿童的发展起促进的作用；如果它是在不健康的思想影响下形成的，则会对儿童的发展产生消极的影响。由于儿童身心各方面尚未成熟，同什么人来往，参加何种群体带有很大的偶然性，同时这种交往由于彼此年龄相仿，又有共同的语言和兴趣，感情纽带较牢固，一般不易摆脱，对其成长产生较大影响。因此，我们应当重视小学生的社会交往，既不应一概否定，又不能任其自由存在和发展，而应当有意识地指导儿童正确地择友和发展朋友交往。

2. 社会道德

道德是调整人们之间以及个人和社会之间关系的行为规范的总称，它包括伦理思想和在伦理思想指导下人的行为所体现的风格、情感、情操等。道德是依靠说服、示范、社会舆论、人们的信念、习惯、传统以及教育来起作用的。作为一种精神力量，它影响着个人的心理和意识，调节着个人的行为。尤其是在小学生的发展过程中，建立人与人之间在生活、学习、劳动和日常交往中的相应的道德关系，是他们社会化的重要内容。但是由于社会环境本身的复杂性，一个儿童在社会生活中不仅会受到先进道德意识和社会风气的影响，也有可能受到没落道德意识和社会风气的侵蚀。例如，学生在学校中受到的是讲文明礼貌、守社会公德的教育，但在社会上他们可能见到少数人的不道德的言行，因而受到不良影响，使他们中的一些人沾染不良习气，甚至走上违法犯罪的道路。因此，为了保护儿童的健康发展，就应当在大力宣传先进道德的同时优化社会环境，清除一切没落道德的残余，创造良好的社会风气。

3. 社会文化

社会文化在这里主要包括音乐、美术、戏剧、文学等种类的艺术作品，电视、电影、互联网络、图书、期刊、报纸、音像制品等各种形式的大众传媒，以及图书馆、博物馆、青少年活动中心、影剧院、游乐场、歌舞厅、游戏厅等文化娱乐场所。艺术是社会意识的一种特殊的、从审美角度认识与评价现实的形式。它对社会生活的各个方面加以概括、凝练，以独特的方式再现出来，因而是对儿童进行思想、道德、人文和审美教育，引导他们正确认识社会生活的重要手段。艺术作品的主要特点是具有鲜明的形象性、暗示性、感染性和模仿性，在接受者的意识中创造出独特的“第二现实”，因而具有强烈的说服作用和鼓舞作用。特别是文学、影视、戏剧作品所塑造的形象鲜明的人物，往往成为儿童爱戴和崇拜的对象和理想的化身。大众传媒的功能是利用各种现代社会传播手段传递各种文化价值、社会道德意识和其他社会信息，许多艺术作品和人物形象就是通过大众传媒而在社会上广泛传播的。大众传媒在传播速度和空间范围方面远比传统的传播手段优越得多，因此有着广泛的社会影响，对儿童来说尤其如此。文化娱乐场所是儿童游戏娱乐并从中接受教育的主要场所，它寓教于玩，对儿童有着特别的吸引力。

社会文化对儿童的影响是双重的，它既能改变、净化和鼓舞人的灵魂，也能损害、压抑和毒害人的灵魂，对成长中的小学生尤其如此。例如，渲染色情、暴力的影视作品、书刊、游戏等通过种种非法的渠道在社会上的流传，将直接腐蚀和引诱青少年走上危险的道路。某些思想内容不健康、格调低下的艺术作品、文化娱乐形式对儿童的健康发展起着消极的影响。互联网络的飞速发展，使各种不同意义的信息未加区分和筛选地呈现在儿童面前，使儿童难以辨别良莠。因此，在发挥社会文化的教育作用的同时，社会应当干预儿童所接触的社会文化环境，引导他们健康地发展。

根据以上所做的分析，社会教育的主要任务如下。

（1）组织校外社会文化教育场所，对儿童实施德、智、体、美、劳诸方面的教育。通过丰富多彩、适合儿童的校外活动，补充、加深校内教育，为儿童在全面发展的前提下发展各种特殊才能提供更多更好的机会和条件。

（2）在学校和家庭的配合下，组织好小学生的寒暑假生活及节假日的活动。应组织他们参加各种有意义的活动，让他们得到积极的休息，促进他们的身心健康成长，使他们能以充沛的精力投入新的学习生活。

（3）为学校培养科技、文艺、体育、美术等学生骨干，推动学校的课外活动。同时为国家积极发现和培养各方面专业人才。

（4）组织学生参加社会公益活动，使学生通过活动了解社会、接触社会，树立服务社会、服务群众的观点。

（5）开展各种家庭服务，如设立校外儿童活动站，为儿童的校外活动提供场所，帮助双职工子女解决午饭等。

二、学校教育、家庭教育与社会教育的相互配合

为了使教育保持一致性，学校教育不能仅限于学校内部，而应对来自校内外的各种影响个人身心发展的因素进行选择和组织，以实现小学教育的培养目标，保证儿童的健康发展。

（一）学校对家庭教育的指导

由于学生的家庭情况各不相同，不同家庭的孩子所受教育也就有很大的不同。学校在指导和协调家庭教育方面承担着繁重的任务。学校与家长应当在教育儿童的过程中建立互相沟通、互相理解和互相配合的紧密联系，建立起共同的教育目标，协调好学校与家庭两方面的教育力量。学校对家庭的指导并不单纯是提要求、发告示，而应予以热情的关心帮助，有针对性地提出教育措施，帮助家长解决实际问题。尤其应注意与学习成绩不佳学生家长的联系。许多学生成绩不佳与家庭因素有很大的关系，如家庭生活习惯不良、

营养状况差、家庭关系恶化、父母的不良影响等，都可能造成学生学业上以及身心发展方面的问题。只有了解造成成绩不良等发展问题的家庭原因，才可能有针对性地做好工作。

学校对家庭教育的指导大致有以下几类情况。

（1）一般性指导，指向家长宣传国家教育政策法规，普及教育学和心理学知识，提出家庭教育的一般要求和建议。

（2）针对性指导，针对当前学校教育或家庭教育中存在的问题进行分析，找出原因，分别提出学校教育或家庭教育应采取的教育措施，以及实施的途径和方法。

（3）分类指导，针对不同年龄、不同类型的学生以及不同类型的家庭进行分别要求、分类指导。

（4）个别指导，针对每个学生的家庭情况进行个别深入细致的指导，帮助分析学生情况，制订教育措施，总结经验教训。

学校教育与家庭教育相互配合的方法有以下几种。

（1）互访，包括教师访问家长和家长访问教师。其中尤其应强调班主任的家访工作。班主任的家访工作是学校工作的一个重要方面。通过与家长的联系，了解学生家庭的情况及其在家庭中的表现，有利于学校更好地做好学生工作。在做家访工作时，事先应有准备，根据学生的特点和家长的情况，选择好家访内容，确定家访目的。家访应是一种经常、自然、相互理解和尊重爱护的方式。

（2）家长会，这是学校与家庭取得联系的较为普遍的方式。学校每学期应召开一至两次家长会，一方面加强学校与家长的沟通，向家长汇报学校工作情况，交流教育经验，互相配合共同做好对学生的教育工作，同时应对家长进行教育学知识的普及工作。开家长会的同时可以举办学生思想品行、学业成绩展览会，组织文艺演出、表扬优秀学生等，让家长了解孩子在学校的情况。此外，学校在采取比较重大的教育措施时，也要召开全校性的家长会征求家长意见。

（3）家长委员会，这是学校与家长互相联系和配合的经常性组织。家长委员会由家长民主选举产生，由有教育经验、关心学校教育、热心社会工作的有威信的家长担任委员，代表全体家长与学校配合工作。

（二）学校教育与社会教育的配合

学校教育与社会教育应紧密联系，互相配合，把学校教育扩展到全社会，这是现代社会对学校提出的新要求。

学校应主动了解、研究社会，把与社会教育的互相配合和支持列入学校重要工作的议事日程。学校应定期开会讨论、研究学校教育与社会教育问题，并有专人与校外青少年社会教育机构保持联系。学校可邀请校外教育组织的领导和教育工作者参加学校研究教育工作的重要会议。校外的社会教育组织也应有专人与学校保持联系，主动了解学生在校内的表现，向学校汇报学生在校外活动中的表现。

学校教育与社会教育相互配合的主要途径如下。

首先，学校应积极鼓励和支持学生参加校外社会教育机构组织的活动，关心了解学生在校外活动中的表现。

其次，学校应经常向校外教育机构提出建议和意见，给予具体的指导；应经常向有关部门反映意见和要求；应向学生家长广泛宣传校外教育的重要意义；应动用学校的人力和物力，为校外教育机构的活动提供可能的帮助和支持。

再次，学校应利用各种社会机构为学生提供的活动条件对学生施加影响。学校应充分利用各种社会机构所提供的条件，如少年宫、博物馆、图书馆、影剧院、广播电台、电视台、科普机构等，丰富和补充学校教育，使学生在这些场所中学习在学校中学不到的知识，培养能力，发展智力，开阔眼界。

最后，学校应通过社区教育委员会的组织形式沟通学校与社会的联系。近年来，教育的社区化已成为一种趋势。社区教育委员会是以学校为中心，由一所学校联合所在社区的部分企业、事业单位和党政机关或团体部门共同组成的。社区教育委员会有助于学校与社会各界的互相沟通、理解和支持，有助于及时反馈有关儿童教育的信息，共同做好教育工作。该组织还可以互通有无，充分利用教育资源，动员社会各界力量，筹集教育资金，宣传教育理论，形成尊师重教的良好风气。社区教育委员会沟通了学校与社会的联系，协调了学校教育与社会教育对儿童的影响，实现了学校、家庭与社会的一体化，同时还有助于解决社区对教育需求与教育服务社区之间的矛盾，改变教育与社区经济发展相脱节的现象，逐步实现学校为振兴社区经济服务的目标。

思考题

1. 一所学校应具备怎样的基本条件？怎样理解学校的公益性？

2. 什么是学校文化？学校的制度文化对学生的发展有什么影响？

3. 国家对小学的管理和监督包括哪些方面？

4. 家庭教育的主要任务是什么？

5. 为什么说全社会都要关心教育？学校教育、家庭教育和社会教育应如何互相配合？

教育实践活动

1. 请调查一所小学是如何进行管理的。

2. 考察本地区社会文化娱乐场所及其对少年儿童的影响，写出简明报告并在全班进行交流。

3. 考察本地区留守儿童或流动人口儿童接受教育的实际，思考如何在学校教育中采取针对性的教育对策。

第三章

学　生

【内容提要】本章主要的学习目的，是理解儿童发展概念的基本含义、了解儿童发展的规律性特点，以及儿童发展观对教育实践的影响等方面的内容。通过本章的学习，我们将获得对正确的儿童发展观的认识，理解和把握儿童发展的规律，并借此进一步明确学生在教育活动过程中应有的地位。“学生”和“儿童”这两个词有所不同，本章的“儿童”主要是指在接受小学教育的“学生”。

第一节　历史上不同的儿童发展观

对儿童的认知是教育的前提，其也在很大程度上决定了如何对儿童进行教育。对教师和教育工作者而言，儿童发展观也是其教育理念的关键性内容。儿童发展观除了儿童发展的概念以外，还包括儿童人性特点、儿童发展的性质、影响儿童发展的因素和儿童发展的价值等重要内容。历史上曾对教育产生过一定影响的不同儿童发展观，其分歧也主要源于对上述问题所得出的不同认知。除了受到人类认识水平和认知视角的影响外，儿童发展观念的形成和演变，也受不同时代社会环境的影响。历史上曾对教育产生过一定影响的儿童发展观，可以概括为三大派别：遗传决定论、环境决定论与辐合论。

一、遗传决定论

人性，被普遍地看作人类与其他生物种类相区别的、由人类个体所表现出的类化特征。这种类化特征除了人类共性之外，在人类内部，每个人在展示这些类化特征时，还同时展示出了个体的特殊性。例如，运用语言的能力是人与动物的区别之一，但就单个人而言，在语言的实际运用中，还存在着表达能力高低的差别，语调语速的差别等。人类思想的繁荣更揭示了人类在其本质特点之一——思维能力展现过程中的个体差异性。那么这种个体间的差异是如何产生的呢？有人认为，人性个体的差异是由个体的遗传素质或人的自然素质中的某些特点所决定的。这种主张被称之为遗传决定论。在这一类思想中，有代表性的观点包括基督教的“原罪说”、柏拉图的人分三等论。

（一）基督教的“原罪说”

这是西方中世纪教育史上一种典型的儿童观，它视儿童为生而“有罪”的人，赎罪就是人生的目的，教育就是帮助儿童尽快赎罪的手段。“原罪说”扼杀了儿童活泼的天性、灿烂的童年。在中世纪基督教学校中，儿童与成人的差别被忽视了，学生被要求严格地按学校内刻板的作息方法学习，完全没有游戏和自由活动的时间。学生被迫重复着枯燥的读书、劳动、唱赞美诗等活动，若有违规行为，还要受到体罚。

（二）柏拉图的人分三等论

这种儿童观认为，儿童发展的目标及个性的差别，早已由人性的自然素质所决定了。柏拉图认为上帝造人是采用了金、银和铁三种不同的材料。金质者最为高贵，他们的发展目标是治学和管理国家，因而他们需要接受最高等级的教育；而银质者，其发展目标是武士，只需接受初等教育就足够了；铁质者的天资最差，没有什么发展前途，无须接受教育。铁质者需要的不是才能的开发，因为他们没有才能的天赋条件，他们只需掌握某种劳动的技能，养成服从的品性就足够了。

我国古代儿童观是围绕对人性的认识展开的，主要有三种代表性的观点。以孟子为代表的性善论认为，人具有基本道德的萌芽，即善端，包括恻隐、羞恶、辞让、是非之心。儿童的发展就是让这些本来存在的萌芽能够生长。孟子主张注重教育内容对儿童的影响，其目的是引发儿童固有的良知、良能。以荀子为代表的性恶论认为，人对物的欲求是人性，而人性是恶的。荀子这种对人性的看法，导致了他注重教育对儿童的改造和外塑功能。由于上述观点对善恶的肯定与否定过于绝对化，难以解释现实中人的发展差异复杂多样的事实，韩愈等又提出了性三等论。韩愈认为，“学而愈明”为上等，“可导而上下”为中等，而下等品性的人，只有用刑罚来控制他们的行为。

遗传决定论使人们相信，“龙生龙，凤生凤，老鼠生儿会打洞”。这种观点不仅为当时的统治阶级放弃民众教育、实行等级教育制度找到了理论依据，也为个别教育者推卸自己的责任找到了借口。这种观点的另一重要危害，是可能在社会中形成某种宿命论。如果这种遗传决定论的观点在社会中广泛流传，个人和社会不仅会忽视教育对人类发展的作用和意义，而且，会导致人们放弃任何有助于人类进步的手段和途径，使得人类社会的发展裹足不前或严重停滞。

二、环境决定论

随着时间的推移，遗传决定论对于儿童发展的解释能力越来越受到人们的质疑，人们把探索的目光转向了自然生物因素之外的环境。心理学的崛起和不断积累的研究成果，使人们越来越关注外在刺激因素对儿童发展的影响作用。于是，环境决定论在教育的发展过程中逐渐占据了主导地位。环境决定论认为，真正在儿童的发展中起着绝对影响作用的力量，是儿童生活环境和后天所获得的教育引导。环境决定论虽然否定遗传生物因素在儿童发展中的决定性作用，但仍忽视儿童自己的主观能动性，认为儿童的发展是受外在于儿童主观控制的某种因果关系的制约。

（一）环境决定论的代表人物及其主要观点

环境决定论的代表人物是英国教育家洛克和美国心理学家华生。洛克主张"教育万能"，他在《教育漫话》中指出，儿童犹如一块"白板"，到他们长大成人后，是好还是坏，有用还是无用，感到幸福还是痛苦，主要是由他们所受的教育决定的。"人类之所以千差万别，就是由于教育之故"。采信"白板说"，在教育领域中造就了教育的神话和教师的绝对权威，所以在现实的教育中，我们常常会听到这样的说法：学生是一张白纸，教师可以在上面画最新最美的图画。

华生注重对环境因素与儿童行为产生过程的探索，从刺激—反应机制形成过程的研究中，他发现了外界刺激的性质对于儿童行为影响的重要意义，提出了环境决定儿童发展的观点。他说："给我一打健全的儿童，更给我一个特殊的环境，我可以运用特殊的方法，把他们加以任意改变，或者使他们成为医生、律师、艺术家、大商家，或者使他们成为乞丐和盗贼。"在华生的眼中，儿童生活于其中的环境，就像一个模具，儿童个体的发展，完全取决于这个模具的形状。而这一模具的形状，则取决于提供给儿童的、完全可被控制的学习与训练的内容。

（二）怎样正确认识环境决定论

环境决定论否定人的生物遗传素质在儿童发展中起决定作用，确信在儿童发展过程中，是其后天的生活经历和环境影响在起决定作用，因而环境决定论又被称为养育论。

环境决定论关注儿童生长的环境条件、后天教养内容和教育方法在儿童成长与发展中的重要作用。就这一点而言，应该承认，与遗传决定论相比较，它发现了对儿童发展影响力更大的一项变量。因此，环境决定论对儿童教育实践的影响也远远大于遗传决定论。在某些时候，环境决定论给利用教育对儿童发展进行影响与控制的做法，提供了合理与合法性的理论依据。环境决定论在教育领域的影响直接导致了传统教育实践具有重视教师权威、书本知识和学校纪律等特点。其目的就是希望通过控制儿童学习活动的环境、内容和方式来达到控制儿童发展的目的。“严师出高徒”“棍棒底下出孝子”等谚语在我国广为流传，就是环境决定论潜移默化地影响人们选择教育方式的结果。环境决定论在肯定了儿童发展的可塑性的同时，也将儿童个体在发展过程中的地位，牢牢地固定在失去自主性的被动塑型地位上。

三、辐合论

辐合论也称为二因素论。这种儿童发展观肯定先天遗传和后天环境两种因素对儿童发展都有重要的作用，并且强调二者的作用各不相同，不能相互替代。

遗传决定论与环境决定论各执一端，相互否定，使得人们在教育实践中难以全面把握对儿童发展具有影响作用的各种因素，所以在教育实践过程中，常常会造成对儿童个体发展的消极影响。20 世纪 50 年代前后，这两种相互对立的儿童发展观，逐渐放弃排斥对方，开始走向相互包容。德国心理学家施太伦，在其所著的《早期儿童心理学》一书中，明确地提出儿童心理的发展是受环境和遗传两种因素共同影响的，“即所谓的合并原则”。

辐合论认为，心理的发展不是单纯地靠天赋本能的逐渐显现，也不是单纯地对外界影响的直接接受或反映，而是其内在品质与外在环境合并作用和相互影响的结果。但并非所有肯定这两个儿童发展因素的学者，都同意“发展等于遗传与环境之和”的简单判断。一些学者对二者的影响作用的特点和差异做出了具体分析。美国心理学家吴伟士认为，虽然儿童的发展是其遗传和后天环境共同影响的结果，但是这两种因素在儿童的发展中所起的作用是不同的。在儿童发展的不同阶段上，这两种因素的影响力的大小也有明显的差别。儿童的发展就其发生学的意义而论，遗传的制约性要大于环境因素的力量，随着儿童生物机体成熟程度的提高，环境对儿童发展的影响则越来越重要。也有一些学者将环境因素进一步划分为自然环境和社会环境因素，又将后者拆分为社会文化、家庭和学校教育等若干因素，以期更加精确地把握环境对儿童发展的可能性影响，并利用各种因素去提高儿童发展水平与发展速度。在当代教育实践中，辐合论对教育活动有着非常重大的影响，儿童心理学理论被确定为教育者必备的知识，儿童心理发展的规律，也被视为必须遵循的某些教育原则的理论依据。同时，在教育实践中也加强了对教育内容、方法选择方面的控制，加强了对学校教育环境的设计与控制。但遗憾的是，无论是遗传决定论、环境决定论，还是辐合论，以及在此基础上形成的多因素论，都没有对这些影响因素如何转化为儿童自身素质的机制做出科学的解释，当然也就无法说明，作为发展主体的儿童自身在其发展过程中的作用和意义。

瑞士心理学家皮亚杰在其1968年出版的《结构主义》和1970年出版的《发生认识论原理》等著作中，以儿童的认识能力的发展为基本线索，探讨了儿童发展过程中遗传、环境和儿童自身作用的关系问题，得出了具有说服力，也具有广泛影响的结论。在皮亚杰的理论中，儿童的发展是以发展主体的自我调节为机制的自我演变过程。这一自我调节过程得以产生的基础是儿童健全的神经系统。但这种遗传素质只是儿童发展的必要条件，而不是儿童发展得以产生的动因，更不能预定发展结果，而且遗传素质在儿童发展中的重要性，会随儿童的生理成熟的提高而降低。儿童发展的环境因素，也是儿童发展的重要条件，但是环境因素作为客观存在，也不能自动对儿童发展产生影响。环境因素对儿童的作用，产生于儿童主体与环境的相互作用活动之中。也就是说，只有儿童把环境因素选作自己的反应对象，借此来构造或改变自己的认识结构和反应方式时，这一环境因素对儿童发展才是有意义的。在遗传、环境和儿童主体的活动这三者之间，唯有儿童的活动才是其发展的真正起因。所以皮亚杰认为，儿童的发展是一个不断演变的建构过程，在这一过程中，儿童主体的活动是第一性的，是发展的根本原因，遗传与环境因素只是儿童发展的必要条件。从上述简单介绍的文字中，我们可以看到，皮亚杰非常重视儿童的自主能动的自我调节功能在儿童发展中的关键作用，并清楚地阐述了遗传因素、环境因素和儿童活动三者的关系及其各自在儿童发展中的意义。皮亚杰的研究成果，为现代儿童发展观奠定了心理学的理论基础。

推动儿童发展理论走向更为科学方向的学者，还有美国的哲学家杜威。他也是著名的教育理论家，是进步主义教育理论的代表人物之一。杜威反对传统教育脱离实际生活，脱离儿童经验，把儿童当作知识内容的容器置于被动地位的倾向，提倡关注儿童的参与、以儿童为中心的教育。杜威认为，在儿童的发展过程中，作为发展的主体，儿童对教育活动的参与和体验是影响其发展尤其是社会性发展的最为重要的因素。因为儿童的发展，不只是作为生物体的各种能力水平和活动效率的提高，更重要的是受社会文化影响的社会性特点的形成与发展。这种发展，不是自然成熟和强迫灌输与训练所能奏效的，必须依赖儿童的自我参与和自我体验。即便在教室中，我们亦开始认识到：在仅是教科书和教师才有发言权的时候，那发展智慧和性格的学习便不会发生；不管学生的经验背景在某一时期是如何贫乏和微薄的，只有当他有机会从其经验中做出一点贡献的时候，他才真正受到教育；最后，启发是从授受关系中，从经验和观念的交流中得来的。从强调儿童的主体性地位出发，杜威提出了“教育即生长”的著名论断。教育的根本点在于儿童的成长与发展，教育就是要尊重儿童的个性，围绕儿童的兴趣、需要等进行组织，让儿童成为活动的主体，处于教育活动的中心地位。唯有如此，儿童才能真正地从教育中形成自己的感受和经验，才能从这些感受和经验的积累、变化中，进行比较、判断和选择，从而把某些经验内化到自己的知识、行为结构中，形成自身的发展高度和发展特点。从儿童的发展取决于儿童与外在环境相互作用这一角度出发，杜威又把儿童的发展看作其经验的改组和改造过程，他主张让儿童从实际参与的活动中学习，即“做中学”，教育就要不断地为儿童的活动创造条件、调动儿童活动的积极性和创造性。所以在杜威看来，真正对儿童发展有益的教育，是能为儿童提供良好经验和连续性经验的活动。从这一角度而言，杜威认为“教育即经验的改造”。

与皮亚杰的心理学比较起来，杜威的儿童发展观在注重儿童作为发展主体的地位同时，更强调环境条件，尤其是教育情境对儿童发展的作用。主张根据儿童的兴趣和能力，设计教育活动，尽量去除教育过程中各种脱离生活、脱离儿童的内容与形式，以及可能对儿童发展产生阻碍的各种因素，让儿童的发展更适合其个性需求、更贴近社会生活。杜威的这种思想，对20世纪初进步主义教育在世界范围的兴起起到了极大的促进作用。

皮亚杰和杜威的思想，推进了儿童发展观的进步与成熟。皮亚杰的贡献在于明确地揭示了儿童主体协调机制在连接刺激与反应的关键性作用，突出了儿童发展过程中儿童的主体地位和作用。而杜威则在肯定儿童主体重要性的同时，指出了环境条件的特点对于儿童主体发展的意义，提出对环境，尤其是对教育这一特殊的儿童生活环境的改造与控制，使其能适应儿童发展的倾向，满足儿童发展的需求。

第二节 儿童发展及其特征

一、儿童发展的内涵

综合考察历史上不同的儿童发展观，概括儿童发展观的最新进展，人们普遍认为正确的儿童发展观主要包括以下几方面的内容。

（一）儿童的发展以个体的生物遗传素质为基础

个体的生物遗传素质，指的是儿童个体从亲代的遗传基因中得到的、具有人类和个体特性的生物机体因素。正是这一生物因素所特有的对内外环境刺激的自我调节机制，不停地创造了儿童生命过程中的种种变化。但是，遗传素质为儿童的发展只提供了一种潜在的可能性，我们说它只是一种潜在的发展可能性，是因为遗传素质所具有的发展能力，并不会确定地转变为儿童发展的现实。

一方面，儿童的身体和心理的发展变化，都离不开必要的外界条件的刺激与支持。身体的发展要从外界吸收营养，而心理的发展，更需要有适当的外界刺激，才能调动起儿童机体的自我调节机制，使儿童的生理和心理能力获得某些发展。

另一方面，遗传素质转变为发展现实的过程，也并不是一种完全取决于外在影响性质的过程，遗传素质自身蕴含着生物特点的自身演变规律。外界刺激并不能改变儿童机体的成熟规律，恰恰相反，这些规律却在一定程度上，制约着外部刺激可否转变为儿童发展。只有那些顺应了儿童发展规律、可以与儿童自我调节机制产生相互作用的外在刺激，才能在儿童的发展过程中起作用。所以，旨在引导儿童发展的教育活动，就必须把尊重儿童发展的规律作为教育实践的重要原则。

（二）儿童的发展蕴含于儿童主体的活动之中

儿童的发展既不是一种先天存在于儿童机体内等待发现和发掘的结构或

功能，也不仅仅是完全由外在环境刺激的性质所决定的一种反应模式。儿童的发展，是作为一个兼具生物和社会性个体的儿童，运用自我调节机制的活动结果，也就是说，儿童主体的活动是儿童发展的源泉。

在这里我们所说的儿童主体活动，是儿童依据自我调节的能力水平，对与自己有关系，也有意义的内外刺激进行反应的过程。在这一反应过程中，主体原有的发展水平和主体赋予外界刺激的意义，是制约活动的关键性因素。新生儿对语言内容不会产生反应；食物对饥饿的人更有意义。能够引起儿童反应的外界刺激，是那些儿童认为与己有关，愿把它们和自己原有的反应结构联系起来——或纳入原有结构，或用以改变原有结构的外部刺激。把外部刺激与自己原有反应结构之间建立联系，是儿童活动的实质。强调这一点，是为了避免一种常见的误解，即把儿童所参与的外在于儿童的客观活动过程，看作儿童发展的根源。事实上，这种外在活动只是刺激的形式，儿童与这种刺激形式的相互作用过程，才是儿童主体的活动。所以，坐在教室里的学生，虽然都参加了课堂教学这一活动过程，但只有那些对课堂活动内容进行加工——认知、思考，与自己原有经验建立联系等，课堂活动才会对他们的发展产生影响。这也是我们提倡教育活动要调动学生的积极性、注重学生的感受和发挥学生的主体性等原则的原因。

（三）实现发展是儿童的权利

实现发展是儿童的权利，这种教育观念在当代已经成为一种世界性的共识。以往人们对儿童生存的关注，主要集中在儿童的生命保护和健康保障方面。1989 年，联合国大会通过的《儿童权利公约》明确提出了儿童“发展的权利”问题，同时也提出了实现这一权利的保障措施。儿童发展的权利越来越受重视，也得到很多的支持，重要措施之一就是向他们提供教育机会。1990 年，“世界儿童问题首脑会议”通过的《儿童的生存、保护和发展世界宣言》指出：“最优先地重视儿童的权利、儿童的生存以及儿童的保护和发展。”“为所有儿童，不论他们的背景和性别，提供教育机会；使儿童做好准备以参与生产性就业和终身学习的机会，即通过职业培训，使儿童能在一种支持性的、培育性文化环境中长大成人。”

获得发展是儿童的基本权利，接受学校教育成为实现儿童发展权的重要保障，在这一前提下受教育也就当然地成为儿童的权利之一。《中华人民共和国未成年人保护法》第十四条规定：学校应当尊重未成年人的受教育权利，不得随意开除未成年学生。承认和尊重儿童的发展权、受教育权，有助于我们理解学生在实践中的地位、作用等问题，有利于处理好教师与学生、教学内容与学生发展、教育活动与学生发展等的关系。

（四）把握儿童发展需要澄清的几个问题

第一，儿童的发展不是简单的“变化”两个字就可以概括得了的。变化是一个中性的概念，只表明儿童的状况在不同的时间和空间条件下前后的差异，并不一定表明变化的意义。即变化在儿童的生长过程中，既可表现为进步，也可表现为退步。但发展是一个有方向、有价值选择成分的概念，即只有儿童身心的发展是沿着由简单到复杂、由初级到高级的序列演变时，我们才将这种变化称之为发展。而且其心理方面的变化，尤其是社会思想和行为方式方面的变化，则是以社会文化的主流价值及其发展趋势，作为儿童社会性行为的发展方向。

第二，儿童的发展是其生理成熟与生活的社会环境条件相互作用的过程，而不是一个单纯的生理成熟过程。人与动物的根本区别之一，就是人的遗传基因和生理成熟过程不能决定人的行为方式。在人的生理成熟过程中，人的行为变化具有极大的可塑性，一个人在特定的环境条件下，会如何思想与行动，不取决于这个人是什么人种，而取决于这个人以往的社会生活经验。也就是说，正常的生理素质和成熟过程，只为儿童个体的发展及其连续性提供了必要的条件，它使儿童个体的发展成为可能，但这个条件还不够充分，实现儿童个体的发展，还必须有儿童个体生存的环境条件和儿童与环境条件的相互作用及其作用方式的参与。即儿童的生活环境以及儿童如何反映这个环境决定着儿童个体发展的现实性。在经历了同样的生理成熟过程后，印度狼孩与同龄儿童在思维、行为等方面存在的巨大差别，对环境与主体作用关系做出了很好的说明。

第三，儿童的发展也不等同于儿童的学习和接受教育的过程。儿童的发展是一个量变与质变不断转化、互为基础的复杂过程，其中既包含着知识和经验的积累，更以儿童个体知识结构、认知方式和个性心理特征的变化表现出来。自主学习与接受教育，只不过是个体和社会为促进个体发展而做出的努力。它们不可能代替发展本身，而且这种努力的结果也未必一定会如愿以偿。因为，学习与教育作为发展的手段，是否真正有助于个体的发展，还要看其内容、方法和实践过程，是否能顺应儿童发展的规律；满足儿童发展的需要，其中所蕴含的关于儿童个体发展的价值标准，是否与社会主流文化价值观及其演变趋势相一致。这也是我们为什么要了解儿童的发展、研究教育问题的根本原因。

儿童发展问题是教育的基础理论问题。对于儿童发展问题的认识差异，将会导致人们在处理教育实践问题时，采取不同的方法和得到不同的教育结果。

总之，儿童的发展，是指儿童在其成长过程中，伴随着生理的逐渐成熟与社会生活经验增长的相互影响，其心理和生理能力不断提高的变化过程。

二、儿童发展的规律性特征

儿童的发展包括生理发展和心理发展两方面，即是其生理成熟与其个性心理品质的形成与变化的复杂过程。在这里，生理成熟是指儿童个体作为一个生物体，其生理结构和生理机能的发展是一种纯粹的生物性演变过程。而个性心理品质的形成和演化过程，却是一个以个体的生理成熟为基础，并与其生理机能的发展混为一体、互为表里的过程。生理机能是人的外在心理品质和行为表现的内部生理机制。

人类作为一种生物体，有其自身发展变化的生物学特点，而人类个体的发展变化，作为生物性个体与环境条件相互作用的结果，也必然受到人类发展特点的制约，表现出特有的规律性。儿童发展的规律性，就是在儿童随其年龄增长、身体和心理变化中普遍存在的特点。概括而言，儿童发展表现出如下五种普遍性特征。

（一）顺序性

在儿童的发展过程中，无论其身体的发展和心理的发展，都表现出一种稳定的顺序。例如，儿童身体发展方面，就整体结构的发展而言，其顺序是头部首先得到发展，而后是躯干和四肢的发展，这也是为什么孩子越小，其头部在身高中比例越大的原因。在骨骼与肌肉的协调发展中，首先得到发展的是大骨骼与大肌肉，而后才是小骨骼与小肌肉群的发展与协调。所以，儿童行动能力的发展中，依照着翻身、坐、站、走和跑，然后才有可能写字、绘画等精细动作出现，这是一种不变的顺序。儿童的认知和思维能力的发展，遵循着先具体后抽象的顺序。在儿童身心发展过程中，所表现出的这种顺序是固定不变的。先前的发展变化，又是紧随其后的发展和变化的基础，顺序性所具有的这一特点，使儿童身心发展成为一种连续的、不可逆转的过程。

（二）不平衡性

不平衡性，是指在连续不断的发展过程中，儿童身心发展的速度并不是完全与时间一致的匀速运动，在不同的年龄段，其发展的速度和水平是有明显差异的。一般认为，新生儿（出生第一年）与青春期（13、14岁至15、16岁），是儿童身心发展的两个高速发展期。不平衡性，是指在儿童发展过程中身体和心理发展并不完全协调、统一的现象。就儿童发展的整体而言，生理成熟是先于心理成熟的。十几岁的孩子就其身体发育来看，已经很接近成人的水平了，而其心理的成熟程度却要比成人低得多。但就某个具体方面而言，也有可能表现心理能力不受生理成熟条件控制的情况。例如，3—5岁的儿童的语言掌握能力和记忆能力，往往优于成年人的水平。

（三）阶段性

儿童发展的阶段性，是指在儿童发展的连续过程中，在不同年龄阶段会表现出某些稳定的、共同的典型特点。这些特点无论从表现方式、发展速度，以及发展的结构方面，与其他阶段相比较，都会具有相当不同的特征。这种情况，又被称为儿童发展的年龄特征。例如，在学龄前的幼儿阶段，儿童认识事物的能力，主要的特点是易于形成与实物相对应的、单个的概念，而到了儿童时期，他们的认识能力已发展到了可以了解和掌握事物间联系的程度，但是这种联系的建立，在一定程度上还要依赖于具体事物的帮助。只有到了青年时期，人的认识能力才开始以抽象概念为基础，逻辑思维才成为人的认识能力的根本性特点。

（四）个别差异性

发展的个别差异性，是指在儿童发展具有整体共同特征的前提下，个体与整体相比较，每个具体儿童的身心发展，在表现形式、内容和水平方面，都可能会有自己的独特之处，这种表现于个体发展方面的差异性，来源于个体遗传素质、生活经验和生活环境的差别。例如，同年龄的儿童，在身高方面有明显的高矮之分。同年龄的儿童，也会由于他们各自神经过程灵活性的差别，在学习中表现出注意力的持久性、知觉的广度方面的差异。儿童发展过程中表现出的个别差异性，虽然在一定程度上受到生物因素的影响，但更多的还是来自环境和教育的差别。而且环境和教育的影响，还能对遗传素质的优势与不足起到一定提升或弥补作用。俗话所说的“勤能补拙”，就是对二者关系的一种经验总结。这一规律也是实行“因材施教”“长善救失”教育原则的基础。

（五）分化与互补的协调性

儿童的各种生理和心理能力的发展、成熟，虽然依赖于明确分化的生理机能的作用，但在总体发展水平方面，却又表现出一定的机能互补性特点，以协调人的各种能力，使其尽可能地适应自己的生活环境。这种协调性，是具有生理缺陷的儿童发展的重要保障，使这些儿童不至于因某种生理机能的缺陷，而严重地阻碍其整体发展水平的提高。这一规律，也是对残疾儿童进行教育的重要依据。例如，对于听力障碍的儿童，可以通过发展其对人讲话时口型变化的精细感知能力来与对方沟通。而听力正常人的这种潜在能力，往往被更容易实现交流的其他方式所抑制了。

以上这五种规律性的特点，从总体上概括出了儿童身心发展过程中的本质性的表现。从总体上把握儿童身心发展的规律，我们还可以发现这些规律所反映出的一些更为深刻的内容，即儿童的生理成熟先于其心理的成熟。每一年龄阶段儿童发展水平、特点的充分实现，将有助于其后的发展，否则，下一阶段的发展将会受到一定阻碍。儿童的身心发展，归根结底是儿童个体的发展，尊重和顺应儿童个体发展的差异性，是促进儿童整体发展水平和拓展儿童发展丰富性的根本道路。

第三节 教育与儿童发展

教育学探讨和研究儿童发展问题，其目的不只是揭示儿童发展的事实本身，而是要为现实的教育服务，使我们的教育活动减少盲目性和主观性的干扰，为儿童的发展创造出更生动、更具感染力的环境条件，从而加快儿童身心发展的速度，优化其发展的结构，让儿童的发展更多地展现出丰富多彩的时代特征和个性特征。

教育与儿童发展之间是一种主从关系，其中儿童的发展是主，学校教育只是从属于儿童发展，为儿童发展服务的。它们之间也是目的与手段的关系，儿童发展是源于人类本性的目标实现过程，而教育仅是实现发展的特殊手段。其特殊性，恰恰表现于教育活动的目标设置、方法和内容的选择，都是以对儿童身心发展的科学性认识为基础的，因为它考虑到并顺应了儿童发展的规律。因此，与同样能够对儿童的发展产生影响的其他因素——遗传素质、家庭环境和一般性的社会人文地理条件等相比较，教育的影响力量更强大，更具有决定性。所以我们说，教育在儿童的发展过程中能够起到主导作用。

但是，教育加速儿童身心发展的善良本意能否转化为现实，除了受制于教育是否真实地了解和顺应了儿童身心发展的规律外，还取决于教育工作者是否正确理解了社会生活，提供给学生的教育内容、方法等是否真正地反映了社会生活的需求，从而使其与学生的实际发展需求相一致。换言之，教育的科学性，是减少儿童发展中儿童自我对环境反映的盲目性、歧义性的有效保证。教育的科学性对儿童的身心发展的具体影响作用，可以通过以下几方面加以把握。

一、教育目标要真实反映社会的要求

教育目标的确定，要以真实地反映社会的时代性价值标准和社会发展水平、发展趋势为基础。只有这种具有时代感的教育目标，才能与学生在现实社会生活中所形成的对发展的需求相一致，才能与学生在现实社会中所形成的对发展目标的需求相一致，才能使学生个体的发展与社会发展、社会对个体素质的需求协调一致。反之，落后、陈旧的教育目标，往往会造成学生个体发展的过程中时间和精力的浪费，发展水平的低下和个人发展与社会需求之间的冲突。

二、在成熟的基础上引导发展

科学的教育，在教育实践活动中要处理好尊重成熟与引导发展的矛盾。儿童身心发展的顺序性、阶段性等特点表明，在儿童的发展过程中，我们的活动内容和教育要求，不能超越儿童生理机能发展水平的支持作用，更不能要求儿童，包括那些看起来“已经长大成人”了的孩子像大人一样做事与思考，拔苗助长是教育的大忌。但只是顺应儿童的成熟、反映儿童已有的发展，并不是教育的本意。科学的教育活动，要辩证地对待儿童的成熟与发展的关系。走在发展的前面，引导儿童发展的教育，是能够将复杂的知识、技能转化为儿童能力所能接受的形式交给儿童。让这些复杂的知识嵌入到学生的知识结构中，并改变原有的结构或特点，使儿童达到新发展高度。如此，

儿童的发展与教育之间的关系，就会沿着“加速教育—掌握—类化—发展”这样一条路线前进。教育引导儿童的发展才会从可能转化为现实。

关于这一问题，历史上曾有两种对立的观点——成熟优势论与学习优势论。成熟优势论强调作为发展物质前提的儿童机体的成熟准备，认为没有成熟作为基础，儿童的学习对其发展的影响作用很小。而有了成熟的准备后，儿童的学习就可对其发展产生事半功倍的影响力。学习优势论则认为，儿童发展的巨大潜力能否变为现实，决定性因素是后天的环境条件和在这种条件下儿童所接受的学习和训练指导。人的社会性发展都是后天习得的，所以学习才是影响儿童发展的优势因素。事实上，成熟与学习都是儿童发展必不可少的条件，只是两者各自所起的作用不同。成熟决定着发展的可能性，而学习则把可能性转化为现实。一般来说，二者对儿童发展的作用在不同的年龄段是不同的。成熟的影响力与年龄成反比，学习的影响力与年龄成正比。也就是说，在儿童发展的早期，我们必须以其生理提供的能力为基础，提供给他能够接受和把握的教育内容。例如，在儿童还没有具备辨别色彩的能力阶段，教他们识别具体的颜色是没有效果的，在生理条件还不具备的成长阶段，成熟对儿童的发展具有不可改变的影响力，此时认为成熟具有更大优势是正确的。然而，到了儿童生理发展全部完成后的成长阶段，儿童生理发展的主要变化仅仅表现在身高和体重的变化上，我们就需要通过提供丰富的外界刺激，来提高学生的发展水平，这时生理成熟对发展的影响微乎其微，所以学习优势说就是对学生发展的正确理解。

三、在整体发展的基础上促进个性发展

科学的教育，要处理好注重整体教育，与允许儿童个体充分地展现个人发展的独特性的关系。教育与教学活动，是一种整体发展的集体活动过程。在活动的过程中，我们以受教育的儿童整体情况为基础，选择适宜的内容和方法，以整体发展的阶段性特点，确定发展的任务，为他们下一阶段的发展做准备。但这并不意味着我们可以忽视儿童个体的差异性和个体发展的特殊性。儿童身心的发展具有个体差异性的规律表明，涉及具体的单个儿童的发展，个体之间在发展方面所表现出的差异性是显著的、普遍的。每个儿童的发展，都是有其明显的个性特点，表现出自己特殊的发展情况。两个儿童完

全一样的发展，事实上是不存在的。从这一意义上说，忽略了个体的差异和个体的发展，去追求整体发展是不现实的。这就要求教育工作者在设计教育活动时，要考虑个体的差异，给个体发展留出充分的时间和空间，让儿童在发展中形成丰富多彩的个性特点，使儿童的整体发展更有潜力和活力。很多国家都通过立法来严格规定小学班级的人数，其目的就是使教师能够对每个学生的特点给予更多的关注。

四、尊重和发挥儿童的主体性

在教育过程中，儿童既是接受教育的对象，又是教育活动的主体。但是，学生作为教育活动的主体是尤为重要的身份特点，因为接受教育也必须以学生主体活动的形式表现出来。以往的教育理论强调学生是被塑造的客体，是外在于社会对人才规格的需求——教育目标的被动承载者，其结果是忽视甚至抑制了学生主体性的发挥。

现代儿童发展理论告诉我们，儿童的发展自始至终都是一种儿童主体的自我调节活动。外界的环境刺激，只有被主体选择，成为主体的反应对象时，才会对主体的发展产生影响。这里对反应活动产生与否的决定性选择，是儿童根据自己感觉到的外在事物与自己的关系的性质做出的，是自己的活动过程。教育对儿童发展的影响意义，在于它在一定程度上限定了儿童选择的范围，并引导儿童正确地认识外在环境因素对自身的价值。这也是与其他外在因素相比较，教育对儿童发展能起主导作用的原因。但是教育只是帮助儿童做出选择，却不能代替他们做出选择。

正是从这一视角而言，我们说教育过程中要尊重和发挥儿童的主体性。事实上教育对儿童发展的主导作用，只有真正尊重了儿童在教育过程中的主体性时才能真正实现。教育的成功，毕竟要以教育目标在儿童发展的结果中得到体现为标准。所以，在儿童发展过程中，教育活动与儿童主体性二者的作用是相互依存的。

教育过程中如何尊重和发挥儿童的主体性，在不同的情况下，由于教育活动的内容、形式和要求不同，具体方法上会有很大的变化。在此只提出几项基本的原则。

（一）要尊重儿童的感受

虽然我们都知道，学习的主体是学生，但实际的教育教学工作中，我们常常更多关注的是教育活动的内容、性质、组织形式等本身的意义，而很少关注它们对学生而言是什么意义，即学生自己是如何看待、感受和评价这些东西与自己的关系的。可这一点又恰恰是决定教育作用的关键。

试想，如果学生认为我们对他们讲述的知识是不真实的、不现实的或者根本就是错误的，根本就听不懂，他们会把这些知识纳入自己的知识结构中去吗？如果活动过程让学生感到自己是被忽视、被排斥的，学生会把这个活动看作是自己的活动，并进而做出相应的反应动作吗？所以，在教育活动过程中，要时时关心学生在活动中的感受，并以他们的感受为依据来选择教育内容的展示方法、教育要求的表达方法和教育活动的组织形式等。要做到这一点，平时就要多关心学生，要经常设身处地地为学生着想，也要与学生有更多的课外交流机会。

（二）要尊重儿童的选择

对外界刺激的选择反应是人的主体性的本质特征之一。现代儿童发展理论把儿童的发展看作发展主体不断自我构建的过程。也就是说儿童的发展首先是一个动态的自我塑造的过程，而发展的结果，取决于主体在构建过程中对于反应什么和如何反应等做出的所有选择。

儿童发展的差别与儿童的充分发展，都与发展主体的选择性相关联。教育活动中要给学生留有选择的余地，就是给学生展现个性的和按个性特点进行发展的机会。这就要求我们的教育，从内容到方法和组织形式方面，都要给学生留有选择的余地，让学生能够根据自己的兴趣、爱好、特长，在学习内容上有所偏重，在学习方法上有自己的特点。这一点对小学阶段儿童的发展尤为重要。

在教育实践中，人们往往觉得小学生，尤其低年级学生，正处在各种倾向性形成的过程中，而他们又很缺乏判断和选择能力，教育中就应严格地控制他们的所作所为。例如，有的数学教师在教学生解算术题时，只教自认为是最好的一种方法，并要求学生一步步严格地按老师规定的程序去做题。违反程序的为错，用其他方法得出正确的答案也算错。学生的选择权完全被剥夺了。这种做法不仅抑制了学生个性的表现，造成学生对事物认识的局限问题——任何事物只会有唯一正确的可能性。而且会损害学生的自信心，对以后的发展造成阻碍。在不违背教育基本目标和基本原则的条件下，在具体的教学活动中，教师应允许和尊重学生在活动中表现出的选择性，支持每个学生按自己的特点去发展。这是实现提高国民素质这一根本性教育目标的保障。“每个人的自由发展是一切人自由发展的条件。”个人的自由发展，就是依据自身特点做出选择的发展。

（三）要鼓励学生的创造

严格地说，创造性也是一种选择，但它是一种与众不同、承前启后的选择。创造的实质是人对自身行为可能性的新发现、新尝试。创造是人的潜在能力得以发挥的根本途径，也是个人发展与人类进步的根本途径。

学生在学校中的学习活动，不只是接受教师传递的知识和服从教育要求的过程，同时也是学生自主地探索世界、感受社会和认识自己的过程；学习的结果，也不仅仅是掌握知识，还要形成科学精神、自我意识和恰当的生活态度。否定学生创造性的教育，会造成学生生活态度和行为方式的僵化。在学习中否定学生的自主性、创造性，会让学生直观地感到，人在世界中是没有什么作为的，世界也是一成不变的。因为在他们的活动中，他们一再被告知世界就是这样的，有它自己固定的规则，只有按这一思维原则去看待世界，去控制自己的行为才是可行的；来自于自我感受和思考的东西，常常被认为是可笑的、荒谬的。在这样一种被否定加自我否定的感受下，学生是不可能领会到认识是无止境的，真理是不断发展的，文明是人类创造的，自己也具有这种创造能力的道理的。一个不会选择与创造，也没有责任感的民族是没有前途的。

教育的首要作用之一是使人类和个体有能力掌握自身的发展。因此，我们应该从小学起就鼓励学生创造性能力的发挥。让他们能经常地体验到与众不同的想法或做法给自己带来的变化；看到自己独特做法对所涉及事件的影响，从而体验到人存在的作用和意义，逐渐形成自我发展的主动性、积极性，充分挖掘自己发展的潜力。我们要警惕的是抑制学生主体作用的发挥，将造成学生发展潜力的浪费。

思考题

1. 历史上有哪几种不同的儿童发展观？谈谈你对这些观点的看法。
2. 儿童发展的内涵是什么？
3. 试阐述儿童发展的特点。
4. 怎样正确理解教育对儿童发展的作用？

教育实践活动

1. 搜集错误的儿童发展观对学生成长造成危害的案例，在全班交流讨论。

2. 采访一位优秀教师，请他谈谈教师正确的儿童观对学生成才的影响。

3. 调查一下新课程改革对学生发展的影响情况。

第四章 教 师

【内容提要】本章主要探讨了教师的地位、作用、素质、师生关系、教师资格与进修等问题。通过本章的学习，我们将理解教师劳动的特点、小学教师应具备的基本素质，以及如何建立良好的师生关系等等。

第一节 教师的社会地位、作用及劳动特点

一、教师的社会地位和作用

（一）教师职业的产生与发展

教育是与人类共始终的社会实践活动，但在原始社会还没有专门的学校教育和教师职业。人类进入奴隶社会后，出现了文字和学校，脑力劳动和体力劳动的分工也有了发展。在奴隶社会初期，掌管文化的主要是国家官吏和巫师，他们从事专门的文化整理、研究和教学，也在政府担任一定的官职。在封建社会，随着学校结构日趋复杂，规模不断扩大，教师职业开始向专门化方向发展。

在资本主义社会，随着近代科技和工业的发展以及科学技术在生产中广泛应用，不但需要培养有文化懂技术的劳动者，而且需要培养大批有创新能力的科学技术专家。这时，不但初等义务教育得到了普及，而且中等和高等教育都有了迅速发展。随着教育结构更趋复杂和教育规模更趋扩大，专门培养教师的初等师范、中等师范和高等师范教育应运而生，教师职业更趋专门化和专业化。

随着知识经济的到来，高技术产业将成为经济部门的主导产业，传统产业也将高技术化。科技创新是发展高技术产业的基础，培养高质量的有创新能力的科学技术专家，就成为知识经济发展的关键。这就必须大力发展教育和提高教师素质。知识经济时代，科学技术加速发展，知识更新不断加快。因此，人类将进入学习化社会，成人教育、继续教育将不断发展。这就必将造成教师职业的进一步扩大，教师质量的进一步提高。

（二）教师的社会地位

教师被称为“人类灵魂的工程师”。古往今来，有不少思想家、科学家都从事过教师职业。他们一方面从事文化研究和传播，另一方面培养人才，对人类社会的发展做出了贡献。古往今来，也有不少思想家、教育家对教师

工作给予了很高评价，主张给教师以崇高社会地位，倡导社会应尊重教师。中外历史上处于上升或进步阶段的统治阶级或有作为的政治家，一般都很尊重教师。

徐特立（1877—1968）

徐特立是我国近代杰出的无产阶级教育家。曾创办湖南省长沙师范学校、省立第一女子师范学校、长沙女子师范学校等学校，并担任校长。大革命时期担任湖南省农民协会教育科长、农民运动讲习所主任。从1930年起，一直是我党教育部门的主要领导人，先后任中央苏区教育部代部长、部长、陕甘宁边区教育厅长、中共中央宣传部副部长（主管教育）兼教育研究室主任等。同时还担任中央苏区列宁师范学校校长、教材编审委员会主任、苏维埃大学副校长（主持日常工作）、中央农业学校校长、陕甘宁边区新教育协会会长、新教育学会理事长、延安自然科学院院长等职务。他一生十分重视师范教育和教师工作，主张“经师和人师合一”“教师要做园丁，不要做樵夫”。他还经常以自己的经历鼓励师范生献身教育事业。作为一代师表，他毕生从事教育工作，桃李满天下。毛泽东称他是“革命第一，工作第一，他人第一”，周恩来称他是“人民之光，我党之荣”，朱德称他是“当今一圣人”。有《徐特立文存》《徐特立教育论语》等传世。

中国古代儒家把教师的地位看得很高，常常把教师与君王相提并论。《尚书·泰誓》说：“天佑下民，作之君作之师。”将君师视为一体或将君师并列于同等地位。荀况进一步把师纳入“天、地、君、亲”的序列。他说：“天地者，生之本也”“先祖者，类之本也”“君师者，治之本也”。① 自汉唐至明清，历代都有大儒。这些人饱学多识，学生也多能根据礼教事师。

---

①《荀子·礼论》。

西方在古希腊时期，国王尊师的例子可以用马其顿王亚历山大与亚里士多德的亲密关系来说明。文艺复兴时期，资产阶级开始登上历史舞台，许多人也对教师职业怀有普遍的尊重。捷克教育家夸美纽斯说过："我们对于国家的贡献，哪里还有比教导青年和教育青年更好、更伟大的呢?"他认为，教师是太阳底下再没有比它更优越、更光荣的职位。到了现代，由于科学技术在生产中的应用越来越广泛，需要劳动者的文化程度越来越高，各国政府普遍重视教育，同时大力提高教师的待遇和地位。

十月社会主义革命胜利后，苏联就强调要提高教师的社会地位。无产阶级革命家和教育家加里宁称赞教师是"人类灵魂的工程师"。列宁提出："应当把我国人民教师提高到从未有过的，在资产阶级社会里没有也不可能有的崇高的地位。"同时强调一方面要提高他们与这种地位相称的素养，"而最重要的是提高他们的物质生活条件"。此后，苏联政府为提高广大教师的工资待遇做了不懈的努力，同时通过对优秀教育工作者授予荣誉称号和奖章等提高教师地位。

（三）教师的社会作用

1. 通过教育活动选择、传播、提升和创造人类文化

人与动物的区别，就在于人有自觉能动性。人的自觉能动性主要表现为人能认识世界和改造世界。人类认识世界和改造世界是相互作用的，新文化的创造与原有文化的继承也是相互作用的。人类正是在认识世界和改造世界的相互作用中，在新文化与原有文化的相互作用中，推动整个人类文化和社会不断进步的。因而新一代人在进入社会生活之前，都应掌握人类创造的已有文化。

年轻一代掌握人类文化是一个人类文化传承的过程，学校是进行人类文化的代际交接和传承的场所，教师则是进行人类文化的代际交接和传承的执行者。在这里教师是人类文化的传播者、传递者、交接者，学生是人类文化的接受者、接替者、继承者。学校教育传播文化是有目的、有计划、有组织地进行的，它与其他大众媒体和文化出版事业不同。教师要把社会对新一代的要求和期待变为自己对每个学生的具体的期待，他要针对学生实际，对知识做出说明、解释和论证，以保证学生理解和掌握。学校和教师进行人类文化的代际传承，具有自觉性、科学性和专门性。

教师传递人类文化不是起一个传声筒的作用，他不但要对知识做说明、解释、论证，而且要对人类文化进行选择、提升和创造。所谓选择，就是选择真正科学的知识，选择人类优秀文化，选择符合真善美精神的文化知识，选择适合于学生接受的文化知识等。所谓提升和创造，就是指教师对教科书的知识的说明、解释和论证，要结合自己的体验，去阐发和弘扬人类优秀文化传统，引导和鼓舞学生追求真善美。教师对教科书上的知识的说明、解释和论证，还要与人类科学文化的最新发展相结合，并进行自己的创造，去阐发它的最新的内涵和意义，把它提升到新的境界。

2. 通过向受教育者传授文化知识以培养人

培养人与传授文化知识比较，是教师职业的更为本质的社会职能。这里所说的培养人，是指培养和发展人的素质。这里所说的素质，是指人的后天素质，它以人的先天自然素质为基础，以对人类文化的掌握为中介，在社会实践中形成和表现出来的人的稳定的身心品质或特性。在这里文化知识的掌握是人的素质形成的条件，但文化知识的掌握又不单纯的就是人的素质，二者既有相关性，又有差异性。从文化知识的掌握到素质的形成，还需要对知识的运用和实践的锻炼。人的素质包括国民基础素质和各种专业或职业素质。国民基础素质主要包括思想道德素质、智能素质、身体和心理素质、劳动与生活技能素质等。专业或职业素质是指在各种专业或职业活动中所需要和表现的素质。

在知识经济时代，科学创新将成为发展高新技术产业的基础，培养科技创新人才将是提高综合国力和国际竞争力的关键。科技创新人才具有复杂的素质结构，培养这种复杂结构的高素质人才是一个长期艰苦的过程，它需要发挥教师的主动、积极的能动作用。具有发展高技术使命的科技创新人才必须具有高度的责任感、使命感和献身精神，这需要教师的积极影响。高技术时代的科技创新人才主要是要培养选择、运用和创造新知识的能力，它需要教师的精心设计和培养。在国内国际激烈竞争的现代社会，科技创新人才还要注意心理平衡的锻炼，敢于面对挑战，迎接挑战，这也需要教师的指导和培养。

3. 通过传递文化和培养人全面推动人类社会发展

世界上的一切物质财富和精神财富都是人类创造的，人类的一切活动都是发明和应用文化的活动，人类创造的一切都是人类知识的物化或客观化。因此，教师通过传授文化知识和培养人才，就可以全面推动人类社会的发展。例如，教师在教育活动中培养的有知识懂技术的劳动者，能利用自己的知识、技术制造物质产品；教师通过教育培养的科学技术专家，可以利用自己的创造活动发现新的科学原理或发明新技术，从而创造新产品，或通过改进工艺提高产品质量。

教师不仅以自己教育教学活动提升和创造文化，而且通过传播文化培养科学文化研究人才，推动科学文化事业的发展。

二、教师劳动的特点

（一）复杂性

教师劳动的复杂性，首先是由教育对象的复杂性决定的。教育对象是人，是正在成长中的青少年。人的成长因素是多方面的，它包括遗传、环境、教育与人的自觉能动性因素，哪一方面被忽视，都可能给青少年成长带来损失。人的不同成长历程还会形成不同的个性特征，它也成为影响教育的因素。教师劳动的复杂性也是由教育任务的复杂性决定的。教育目的和任务是使青少年在德、智、体、美、劳方面都得到发展，它们是互相制约、互相促进的。从智育目标和任务说，不但要向学生传授知识和技能，而且要发展他们的智力和能力，特别是分析问题和解决问题的能力、实际操作能力、创新能力和创业能力。德育、体育、美育、劳育的结构和任务也很复杂。教师劳动的复杂性也是由教育过程、教育方法和教育手段的复杂性决定的。教育过程是一个系统工程，它要在有限的时间里，通过多种因素相互作用，完成一个复杂的综合性的任务目标，即形成人。这个过程必然是复杂的。

（二）创造性

首先，就以知识的传授来说，教师不是把科学家发现和概括出来的知识简单地传授给学生，而是必须对知识进行加工，使知识易于为学生理解和接受。教师为帮助学生掌握某一概念或原理，往往需要选择多方面的资料，采取一定的方法和手段，帮助学生理解，并通过练习达到掌握的目的。这都需要教师付出创造性劳动，更不用说还要进行思想教育，发展智力和能力，以及培养良好的心理品质了。其次，现代科技迅猛发展，知识更新十分迅速。教师为了让学生掌握教材中的基础知识、基本概念、基本原理，应当融进最新的现代知识，使知识的学习具有新鲜感、时代感，这也需要教师的创造。再次，教师面临的教育对象是经常变化的，每个学生都有自己成长的条件，都有不同的个性特征。这样，教师所面临的教育现场就是复杂的，需要教师进行创造性劳动。最后，教育过程要培养学生的创造性，这更需要教师设计创造性的活动，以培养学生的创造需要、创造品格、创造思维能力，从而体现教师劳动的创造性。

（三）教育性

教师劳动是教育劳动①的一个最主要的方面。而教育劳动的第一特性当然是活动的教育性（价值性、道德性）。

赫尔巴特特别指出："我不承认有任何'无教育的教学'""教学如果没有进行道德教育，只是一种没有目的的手段"。② 陈迺臣在其所著《教育哲学》中也指出：教育是应该包含有教导和学习的因素在内，但反过来说并不一定为真。亦即有教有学的行为或活动，不见得就是教育。这是因为教育本身也是一种价值的活动。③

这些论述都与"教，上所施下所效；育，养子使作善也"的解释指向同一个结论：离开价值或者道德属性无以论教育。尽管在教育实践中，许多教育工作者出于不同心态希望回避或者干脆否定教育的"教育性"，但"教育具有价值性"仍然是一种事实判断而非价值的偏好。即使那些在教育实践上奉行鸵鸟策略、努力进行价值逃避的教师也不过是实施了另外一种形式的价值或者道德教育罢了。所以，与一些与自然物打交道、与价值无涉（或者价值属性并不明显）的劳作相比较，由于教育活动与价值或道德属性在逻辑上无法剥离，教师劳动的首要属性与特性就是它的价值性或道德性。

（四）主体性

教师劳动的价值性还可以在教育劳动的主体（教师）与对象（学生）的特性中得到进一步的证实。教师劳动的这个特点可以概括为劳动主体与对象的主体性。

从教师的角度分析，教育劳动的特质之一是教育劳动主体与工具的同一性。所谓"主体与工具的同一性"指的就是劳动者本人既是劳动者又是

① 在终身教育的理念之下，教育劳动当然应该是指所有教育主体的不同形式的劳动。但到目前为止，教育劳动的主要形式仍然是教师的劳动。本文所说的教育劳动主要是教师的劳动。为了论述方便，"教育劳动"和"教师劳动"这两个概念常常交替使用。

② 张焕庭主编：《西方资产阶级教育论著选》，人民教育出版社 1964 年版，第 257 页。

③ 陈迺臣著：《教育哲学》，心理出版社 2001 年版，第 217—218 页。

劳动的工具。这一点在其他劳动中比较少见。例如，一般工人或农民的劳作，劳动者与他的工具是分离的——工人与他的机床、农民与他的拖拉机都是不同的事物。但教师不然，教师用他自己的身体与人格作为教育的工具（行言传、身教），教师的一言一行、一颦一笑都是"上所施下所效"的教育——劳动主体与工具无法剥离。至于教育劳动的对象的主体性，更是容易理解。学生不仅"接受"教育，而且是在自主建构自己的知识与人格。由于有这种劳动主体与对象的主体特性，不仅教育的价值性、道德性能够得到更为有力的证明，更主要的是，在教育过程中教师职业道德也就带有"全时空性"和"因时空性"的特征：前者指的是教育劳动道德性的普遍存在；后者指的是教育价值与机智的密切联系（教育实践具有巨大的灵活性）。

第二节　教师素质

一、教师的一般素质

（一）文化素质

小学教师担负着全面培养小学生的任务。因此，小学教师必须具备多方面的综合的知识。所以，小学教师不应是仅仅通晓一门专业的"专才"，而应是具备多方面知识和才能的"通才"。小学教师的文化素质包括以下两个方面。

1. 必须具有语文、数学两门主科和其他一两门学科的全面扎实的知识和技能

掌握小学语文、数学两门主科的知识和技能，是对小学教师的基本要求。小学教师在掌握主学科的基础上，要进一步向横的与纵的两方面发展。横的方面是指从会教两门主课向能兼教其他一两门学科的方向发展。纵的方面是指从会教本年级的教材向会教低、中、高各年级教材的方向发展。

小学教师对两门小学主科以及兼教的学科先要有一个全面的扎实的掌握。同时，要在全面扎实掌握所教学科的基础知识和技能的基础上，进一步求深求精。教师有了本门学科的更加宽广深厚的知识，才能真正透彻地理解教材，灵活地处理教材，准确地把握教材，运用自如地把学生必须掌握的知识提取给他们。

2. 必须具有艺、体、劳等课程的基础知识和基本技能

美育、体育和劳育是对小学生进行全面发展教育的重要组成部分，每个教师都应该对小学生的美育、体育和劳育给予十分关注，并给予积极有效的实施。多数小学教师，尤其是农村小学教师，都应该准备担任艺、体、劳各门课程的教学。小学生正处在长身体的时期，他们精力充沛、活泼好动，喜欢文艺体育活动。教师具有音、体、美知识和技能，有利于寓教育于活动之中，对学生进行全面发展教育。教师掌握一定的劳动技术，能带领学生布置教室，美化校园，培养他们爱劳动、爱集体的精神；或带领他们搞花草栽培和动物饲养，培养他们的科学兴趣。

小学教师还要具有广博的文化科学知识和多方面兴趣与才能。这是充实和丰富教育教学与提高教育教学水平的需要。经验证明，具有广博的科学文化知识的教师，往往能由表及里、见微知著，深入挖掘教材中丰富而深刻的内涵，并有效地教给学生。这也是满足小学生好奇心、求知欲和发展多方面兴趣与才能的需要。

（二）教育素质

1. 教育理论知识

教育具有科学性，教师只有遵循教育规律，才能把教育教学搞好。为此，教师必须掌握教育科学的基本理论，在教育科学理论指导下进行教育实践。作为小学教师，主要应该掌握教育学、心理学、各科教材教法知识。在知识经济时代，科学迅速发展，教育科学也日新月异。学习教育科学理论，能帮助教师树立正确的教育观念，掌握教育规律，采用正确的教育方法，提高教育质量和效率，提高教育水平，更好地推动现代化建设事业。教师学习和掌握教育科学理论知识，要注意联系实际，培养自己把理论应用于实际的能力，使教育科学理论真正发挥作用。

2. 教育实践能力

一是语言表达能力。语言分为书面语言和口头语言。作为一名教师，两个方面都要严格要求，要具有较强的语言表达能力。教师的书面语言，如板

书、作业评语和操行评语等，字要写得端正、整洁、美观。教师语言大量的是口头语言，对此要求应更严更高。教师的口头语言，首先要求准确，要发标准音。选用词汇要科学，通俗易懂。词句要完整，系统连贯，逻辑性强。重点要突出，观点鲜明。其次要求语言具有教育性，要注意语言修养，讲究文明，用健康文明的语言影响学生，提升学生的思想境界。教师说话要富于情感，用健康高尚的情感激发学生，感染学生。再次要求语言表达具有艺术性，要富于表情，抑扬顿挫，语调语速适当，并以手势和姿势辅助说话，使之生动有趣、富于幽默感。要依据不同对象、不同环境，使用不同的话语、语气和语调，以达到语言表达的理想效果。

二是教学实践能力。①具有研究和掌握教学大纲和教科书，正确确定教学目的和任务，确定教学要点、重点、难点和关键，掌握编制学年教学计划、单元教学计划和课时教学计划的能力。②具有了解和研究学生的知识水平和心理特征，结合教材和学生特点确定教学方法，对教材进行加工，利用启发式教学方法，调动学生的主动性和积极性，教给学生学习方法，以及合理组织教学过程的能力。③具有科学布置和指导学生作业并培养学生技能技巧，了解学生学习情况和及时做好辅导，科学地组织成绩考核与考试，促进学生知识和能力提高，以及指导学生课外活动的能力。④具有听课和分析评价课堂教学的能力，具有对自己的教学进行分析和总结，以及吸取他人优点和克服自己缺点的能力。⑤农村小学教师还要具有根据需要组织复式教学的能力。

三是教育和组织管理能力。①具有研究和了解学生思想、学习、身体状况，了解班集体和少先队的整体状况，依据班主任和少先队辅导员职责制订班主任和辅导员工作计划的能力。②具有选择干部，组织班级和少先队集体，建立班级和少先队组织，形成班级和少先队核心，帮助班级和少先队干部确定工作目标、制订工作计划，全面开展工作的能力。③具有利用教师威信和权力，借助学生守则和学校制度建立常规进行日常管理，定期召开班会、队会和开展多种活动进行集体教育，利用宣传工具建立集体舆论、形成健康班风的能力。④具有深入了解学生，鼓励、发现和培养先进典型，向学生进行个别教育和转化后进生，引导学生互相交流、互相帮助、共同提高的能力。⑤具有建立与教师、家长和社会联系，利用一切力量进行管理和教育的能力。⑥具有进行班主任和辅导员工作总结，不断提高自己的能力。

3. 运用教育机智处理突发问题的能力

教师的教育机智，是指一种面对突发事件，能够迅速而正确地做出判断，随机应变地采取恰当而有效的教育措施，以解决问题的能力。教师的教育机智表现了教师的教育机敏性品质。首先，教师的这种教育机敏性品质产生于教师平时对教育问题的不断的认真的思考。其次，教师的这种教育机敏性品质也来源于对儿童年龄特征和个性特征的观察和了解。最后，教师的教育机敏性有赖于教育经验的积累。

教师运用教育机智应该遵循因势利导、扬长避短，达到正面教育效果的指导原则。教师运用教育机智处理学生冲突或突发事件，首先要表现教师对学生的尊重、热爱和责任感。教师对问题或事件的处理应有利于学生的成长，而不是给他们带来伤害。其次要认识到每个学生都有这样或那样的优点和长处，蕴藏着等待诱发的积极因素。教师应当在临场时善于发现、及时捕捉学生表现出来的积极因素，加以引导和激发；抓住学生的闪光点，引发为炽烈热情，化为积极的行动。事实证明，教师对学生所持的心态不同，处理的方法不同，往往会产生截然不同的结果。

4. 教育科研能力

小学教师要打破进行科研的神秘感，具有观察儿童和开展教育科学研究的能力。观察是教师的一项基本能力。教师可以观察社会、观察儿童、观察教育，我们这里重点强调观察儿童。小学教师应善于从对儿童的言语、行为、喜怒哀乐情感的观察中获得儿童内心世界的第一手材料，去研究他们的需要、性格、知识与心理水平，为教育教学提供依据，使科学研究与教育教学相互促进、相得益彰。从小学教师实际需要出发，可多进行教材研究、小学儿童身心特征研究与教学方法的研究。

（三）职业道德素质

悬崖小学支教教师——李桂林

四川省甘洛县乌史大桥乡二坪村，是凉山北部峡谷绝壁上的彝寨，村民上下绝壁都要攀爬 5 架木制的云梯，进出极为艰难，村民一年难得下绝壁一次。就是在如此艰险的环境下，从汉族地区来的李桂林、陆建芬夫妻扎根这里 18 年，把知识的种子播种在彝寨，为村民走出彝寨架起“云梯”。

1990 年，乡党委和政府下决心恢复二坪村小学，可上下山异常危险，工资却只有100元，没有人愿意干。为恢复学校，乡上和村干部找到了彝族青年李桂林。李桂林当初根本没想到二坪村的自然条件是如此的艰苦。当他看见人们光着脚披着羊皮，衣衫破烂，七八岁的孩子都光着屁股时，止不住泪流满面。从二坪村回来后，李桂林做出了重要决定——上“悬崖小学”当老师。1990年9月1日，维修一新的教室迎来了第一批学生，寂静了10年的二坪村又响起读书声。没有一间住房，没有一张床，李桂林就借住在村民家的茅屋里。晚上，他点燃一盏煤油灯，在一张破旧的木桌上备课、批改作业。一年后，李桂林的妻子陆建芬也跟随他来到二坪村小学，成为一名教师。她没有想到丈夫会在条件如此艰苦的地方教书。但是看到丈夫留在这里的决心，看到村民的贫穷、淳朴和缺少知识，她决定和丈夫一起留下来。二坪村小学，又被称为“悬崖小学”，位于被当地人称为“只有猴子才爬得上去”的大山沟里。学校建在海拔2 800多米山顶的一块平地上，有80个彝族学生，其中17个住在悬崖下的山腰上，要爬5道极其危险的天梯上学。这17名学生，星期一爬山来到学校，星期五再下山，都靠李桂林夫妇接送。通往“悬崖小学”的天梯，总共40多米，遇到雨雪天，稍踩不稳就有可能滑下山崖。

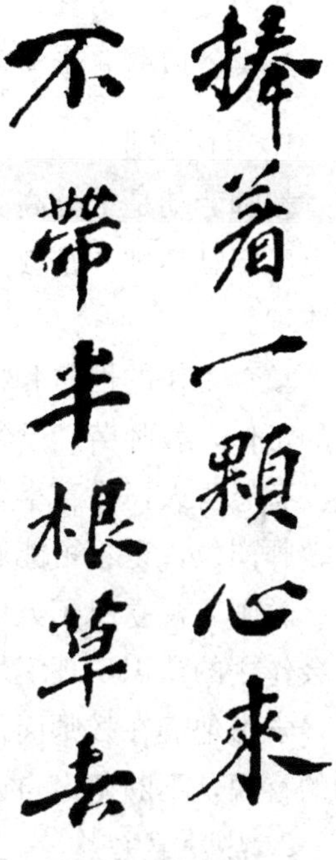

1930年夏，陶行知为新安小学题词

就是在这样极度危险、恶劣的环境下，二坪村小学从没有发生过一起安全事故。

1996年6月，二坪村小学第一届学生毕业，成绩优异，在全县同类学校中名列前茅。这年李桂林被甘洛县委、县政府评为优秀教师，学校被苏雄区工委、乌史大桥乡党委和政府评为先进集体。

到2008年，二坪村小学已有7届毕业生，学生达189人。村里的年轻人告别了文盲的历史，开始走出大山。

二坪村由过去的“文盲村穷山村”，现在成了“文化村”。昔日的荒凉到今天的精神巨变，与这两位老师付出的心血是分不开的。他们为偏远山区的教育事业撑起了一片蓝天。

1. 爱岗敬业

教师劳动是十分高尚的劳动，人们称赞教师是辛勤的园丁。对教育事业的无私奉献精神，是教师为祖国现代化事业献身、全心全意为人民服务的实际体现。

教育工作的性质和特点，需要教师爱岗敬业。这是因为教育工作是培养人的工作，教师劳动是复杂的创造性的脑力劳动。因此，作为一名教师，如果没有忠于人民教育事业、甘于在教育岗位上无私奉献的精神，必定不能安于教师岗位，也不可能做出成绩和贡献。

教师要树立忠于人民教育事业的思想，就要不断提高自己对教师职业的社会作用的认识，理解培养人才的重要；就要以优秀教师、优秀班主任为榜样，学习他们在教师岗位上无私奉献的精神；就要在教育实践中体验教育成功的喜悦，不断坚定自己献身教育事业的信念。

2. 热爱学生

教师对学生的爱（简称师爱）是教师顺利开展教育工作的重要条件之一。师爱是激励教师做好教育工作的精神动力，又是打开学生心扉的钥匙。师爱还有助于培养学生友好待人、趋向合群等良好的社会情感和开朗乐观的个性。

师爱具有十分深刻和广泛的内容。首先，师爱是教师对学生的亲近感，是教师对学生以生活上的关怀体贴为起点而产生的爱的情感。教师对学生的亲近感是师爱的最基本的内容，是教育的起点和基础。其次，师爱在较高的层次上是理解感和尊重感。这是教师对学生随年龄的增长、自主和独立意识的增强，所产生的不同于成人的尊重与理解的情感。教师只有尊重和理解学生，才能在师生之间产生心灵的共鸣，使教师得到学生的认同，并甘愿听从教师的教导。最后，师爱在更高的层次上是由衷的期待感。它是教师期望学生获得较快进步和成长的情感，教师的这种深沉的情感触动学生的心灵，不但可以激发和鼓舞学生克服困难、积极向上，而且对学生的智力、品德和个性的发展产生直接影响。

要培养师爱，首先要增强对师爱的认识。社会主义学校的教师对孩子的爱，是同把孩子看作祖国未来社会主义建设者和接班人这样一种崇高的信念联系在一起的。从这种在理性指导下的爱的情感出发，教师就会全面地关心和爱护每个学生。师爱的培养还必须在实践中进行，师爱要求教师平等地关心和爱护每个学生，尤其是对智力落后或行为表现差的孩子。这很不容易做到，只有通过有意识地锻炼才能做到。特别是师爱还要在处理师生冲突中培养锻炼。师生之间经常会发生矛盾冲突，师生之间的每次情感冲突对教师都是一次考验。教师如能以高度的觉悟、深挚的情感、博大的胸怀来对待，正确地运用教育机智来处理，则教师的威信会大大提高，反过来又会成为教育学生的强有力手段。这更需要经过有意识地锻炼才能逐步做到。

3. 严谨治学

学而不厌、严谨治学是我国教师的传统美德。孔子说："抑为学之不厌，诲人不倦，则可谓云而已矣。"他的学生子贡解释他的话说："学不厌，智也；教不倦，仁也。仁且智，夫子既圣矣。"① 其意思是说，孔子的"学而不厌""诲而不倦"体现了优秀教师仁与智两种至高无上的品德。

严谨治学是教师职业的重要要求。一般说来教师已经掌握了许多知识，但是教师的职业要求他们永远是好学者。

4. 团结协作

教师要协调好各方面的关系，注意团结协作。在现代学校中，培养年轻一代的任务绝不可能由个别教师独立完成，而是由许多位教师互相配合、共同完成的。没有教师之间的交流与切磋、互相支持与合作，就不会取得好的教育成绩。为了保证协作与配合，教师之间必须互相尊重与信任，搞好团结。要协调好上下级关系，使领导与群众保持一致。教师还要尊重家长，协调好与家长和社会的关系。

5. 为人师表

为人师表也是我国教师的传统美德。孔子就十分重视"以身作则"，他说："其身正，不令则行；其身不正，虽令不从。"② 韩愈则进一步提出教师应"以身立教"，认为这样的教师才会"其身立而其教存"。我国伟大的人民教育家陶行知是教师以身立教的杰出典范。他倡导"教师应当以身作则"，"以教人者教己"。③ 他为发展人民的教育事业，忘我奋斗，鞠躬尽瘁。

---

①《孟子·公孙丑上》。

②《论语·子路》。

③ 董宝良主编：《陶行知教育论著选》，人民教育出版社 1991 年版，第 229—230 页。

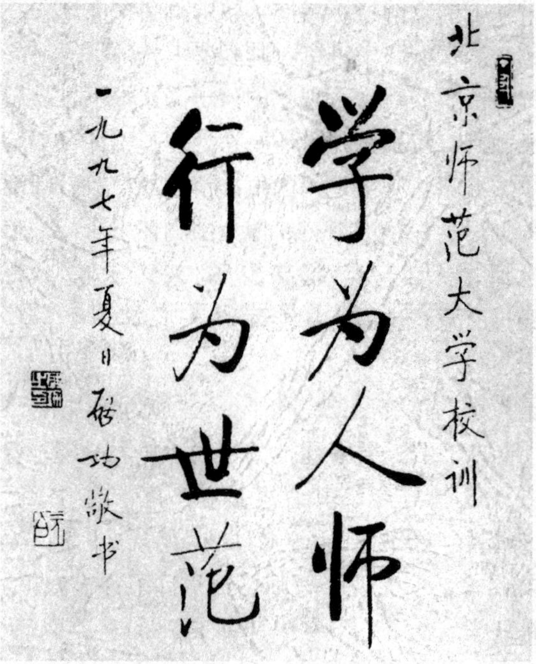

为人师表，首先，应表现在教师义务方面。教师必须遵守法律、法规，依法执教，努力贯彻国家的教育方针和执行学校教育教学计划，认真完成教育教学任务。其次，应表现在教师行为方面。教师应从自身行为规范做起，处处严于律己，做学生的表率。再次，应表现在教师品德方面。在思想境界、道德情操诸方面，教师要真正成为青少年儿童的榜样。另外，还要廉洁从教。最后，应表现在教师风度方面。教师风度是指教师在教育活动中，通过言谈举止、待人接物、步态手势、面部表情、服饰仪容等方面表现出来的一种外在的行为方式和特征。教师的风度，包括他的一言一行、一举一动，无不对学生起着潜移默化的作用。我国学校对教师风度的基本要求是：（1）语言文明；（2）举止端庄，礼貌待人；（3）仪容整洁大方。

教师专业素质是其顺利开展教育活动的必备条件，直接影响着教育目标的实现与教育质量的提高。特别是在小学教育改革与发展的关键时期，小学教师专业化进程的推进成为当务之急。我国《小学教师专业标准（试行）》的颁布明确了小学教师的专业素质结构，对于规范小学教师队伍、提升其专业地位发挥着重要的作用与价值。其中，《小学教师专业标准（试行）》的基本理念揭示了其动态发展的方向，具体内容如下。

1. 师德为先

热爱小学教育事业，具有职业理想，践行社会主义核心价值体系，履行教师职业道德规范，依法执教。关爱小学生，尊重小学生人格，富有爱心、责任心、耐心和细心；为人师表，教书育人，自尊自律，做小学生健康成长的指导者和引路人。

2. 学生为本

尊重小学生权益，以小学生为主体，充分调动和发挥小学生的主动性；遵循小学生身心发展特点和教育教学规律，提供适合的教育，促进小学生生动活泼学习、健康快乐成长。

3. 能力为重

把学科知识、教育理论与教育实践有机结合，突出教书育人实践能力；研究小学生，遵循小学生成长规律，提升教育教学专业化水平；坚持实践、反思、再实践、再反思，不断提高专业能力。

4. 终身学习

学习先进小学教育理论，了解国内外小学教育改革与发展的经验和做法；优化知识结构，提高文化素养；具有终身学习与持续发展的意识和能力，做终身学习的典范。

二、21 世纪对教师素质的要求

教师的素质要随着时代的发展和社会进步而不断提高，21 世纪的教育对教师素质提出了下列要求。

第一，要不断提高师德修养。师德也有时代特点。敬业爱生是师德的集中表现，而敬业爱生也要赋予时代内涵。新时代更应强调民主平等的师生关系，更要重视师生之间亲密和谐的伙伴关系。

第二，要在教育观念上创新、树立现代教育观念。在培养目标上要改变过去以传授知识为主的观念，向以培养能力为主的观念转变，特别要培养学生自己获取知识的能力。

第三，要树立培养学生个性的观念和创新观念。个性的核心就是创造性，培养个性就是要培养学生勇于开拓创新和敢于创造的能力。

第四，要树立教育国际化的观念。经济全球化，国际交往越来越频繁，每位教师都要了解别国的文化，具有国际视野，具有开展国际交往的能力。因此，教师要树立教育国际化观念，善于开展国际教育交流。

第五，要树立教育网络化观念。教育网络化是现代教育发展的趋势，它对现代教育产生了巨大影响。教师对网络技术对教育的影响要有一个清晰的认识，既要充分利用网络技术的积极影响促进教育的最优化，又要防止它可能产生的弊端。

第六，要树立终身教育和终身学习的观念。科学技术迅猛发展把人类带进学习化社会，只有不断学习才能生存和发展。教师为了自身的发展，为了学生的发展，都要有终身教育和终身学习的意识与能力。

三、新课程改革与教师角色的转变

（一）新课程改革下的教师课程观

第一，学校的课程是发展的。新课程以学生素质发展为本位，重视学生学力的培养，结构上强调均衡协调的发展，评价上更注重学生的发展过程。教师必须认识到新课程的显著特点及其发展性，它必须随着时代、学生、学科的发展而不断发展。

第二，学校的课程是教师与学生在互动中建构的。国家课程是对实现国家培养目标的基本要求，它的作用是要经过学校根据所处的区域、学校的文化以及学校教师、学生的特点进行二次加工，才能发挥其应有的作用。新课程需要教师与学生双方积极的对话、互动，才能构建对教师与学生都有意义的课程。

第三，课程是师生共同发展的载体。新课程是从原来的教材、知识发展到统整的、建构的课程。它既是联结教师与学生的纽带，也是师生共同发展的平台。课程不只是教程，而是教程与学程的统一。它不仅是教师的，同时也是学生的，它是实现教师与学生教学相长的桥梁。

（二）新课程改革下的教师学生观

第一，学生是独立自主的人。学生是人，具有主体性，是独立自主的人，他们对自己的活动有支配和控制的能力。学生是学习的主体。学习是学生自己的事，它要求学生通过自己的体验获得知识。学生有自己的个性和尊严，他有自主生活的能力。

第二，学生有无限的创造潜能。创造是对外在事物的超越，也是对人自身的超越，学习上能举一反三、灵活运用知识，想象力丰富、善于运用所学知识解决各种问题，这都是创造性的表现，学生具有巨大的创造潜能，教师要相信每一个学生都能成才成功，要相信只要找到因材施教的办法，每个学生都能成为天才。

第三，学生是完整的人和有差异的人。学生是完整的人，他不是学习机器，而是有思想有感情的人。要还给学生一个完整的世界，要形成自己的情感体验，形成正确的态度和价值观。要丰富学生的生活，解放他们的时间、空间、双手和大脑，让他们充分而自由的发展。学生有差异，要因材施教。学生的发展还会有挫折、迷惘，教师要有信心、持之以恒、态度坚定。

（三）新课程改革下教师角色的转变

第一，教师不是教育产品的生产者，不是学生的塑造者，而是教育生产的组织者和指导者，是学生成长与发展的促进者和帮助者。教师不能高高在上，而要与学生建立一种平等的和谐关系，做学生成长与发展的引路人。

第二，教师不是教育资源的唯一拥有者，而是学生获取教育资源的指导者和引领者。学生获取知识的渠道很多，在某些方面学生完全可能先于教师获得知识，在某些方面也有可能具有比教师更丰富的知识。但与此同时，并非所有的知识都适合于学生的发展，教师应教会学生学习，教会学生获取对自身终身发展有益的知识和方法，成为学生获取教育资源的指导者和引领者。

第三，教师不是教学过程的“独奏者”，而是教学过程的“伴奏者”与研究者。实施新课程的教学过程，不应是教师一言堂，而应是彰显学生主体意识的师生、生生互动的过程，在交往中学习，在合作中学习，是新课程教学的重要特征。传统教学把教师看作课程的实施者，新课程更强调教师是构建新课程和实施新课程进程中的“行动研究者”。

第四，教师不是忠实的执行者，而是反思性实践者。“忠实执行者”是科学主义课程开发范式下对教师在课程改革中角色的规定，在我国，很长时间以来教师的形象都被视为“忠实执行者”，这种教师角色包括三个方面的特征：一是教师与课程分离，二是课程与教学分离，三是教学与研究分离。这种教师形象人为地割断了教师与课程之间的天然联系，教师作为课程中的主体性因素被剥夺，教师的主观能动性被扼制。而“反思性实践者”的专业形象确认了教师作为教育实践主体已有的鲜活经验，确认了教师已形成的经验的价值，肯定了教师具有进行实践性反思与创造的能力。①

---

① 王艳玲：《新课程改革与教师角色转型》，载《全球教育展望》2007 年第 10 期。

第三节　师生关系

一、师生关系的历史概况

（一）中国古代的师生关系

孔子和其弟子堪称良好师生关系的典范。孔子热爱学生，循循善诱，诲人不倦，学生对他既尊重敬仰，又亲密无间。韩愈在《师说》中提出："闻道有先后，术业有专攻。""弟子不必不如师，师不必贤于弟子。"但古代师生关系也受到等级制度的影响，强调师道尊严，教师的权威地位得以建立。所以，中国古代教育史上也存在这样的情况：学生对教师必须绝对服从，只能听而不问，信而不疑。如中国最早的学生守则《弟子职》，就对学生如何尊师进行了严格规定。

（二）西方近代的师生关系

法国资产阶级思想家、教育家卢梭等人提出了"民主""平等""个性自由""个性解放"的口号。这在反对教育上压制儿童天性和无视儿童人格的封建师生关系上具有进步意义。但卢梭又把它引向极端，认为凡造物主手中的东西都是好的，一到社会就变坏了。他在其教育名著《爱弥儿》中主张把儿童放到大自然中去培养，出现否认教育和教师的倾向。此后，德国著名教育家赫尔巴特提出"教师中心论"，美国著名教育家杜威主张"教育要把儿童当作太阳"的"儿童中心论"。这两种学说长期争论，对西方师生关系的理论和实践有很大影响。

二、师生关系的基本要求

我国学校中的师生关系，是建立在社会主义制度基础上的，应该是我国社会民主平等、团结互助的新型人际关系的反映。

（一）民主平等

我国是以公有制为基础的社会主义国家。我国的教师和学生，虽然在学校教育的组织系统中扮演着不同的社会角色，教师是教育者，学生是受教育者，但是他们都是为了建设社会主义国家这个共同的目标而完成各自的教学和学习任务，他们在政治上和人格上是平等的。教师借助于传授知识而培养受教育者，但教师和学生在真理面前是平等的。对我国中小学师生关系类型的分析研究表明，对立型、依赖型、自由放任型的师生关系下的教育教学效果，远不如民主平等型师生关系下的教育教学效果好。社会主义学校师生的民主平等关系，要求教师对学生负有教育管理的职责，学生要听从教师的教导，但也要求教师要向学生学习，认真接受学生提出的合理意见和要求。

（二）尊师爱生

学生对教师尊敬信赖，教师对学生关心热爱，是社会主义新型师生关系的重要特征。学生是国家的未来，民族的希望，关心爱护学生是期望他们承担起建设社会主义的重任。教师把爱的高尚情感投给所有学生，期望所有学生健康成长。学生对教师的尊敬和信赖随学生年龄和学识的增长而变化，小学生以教师对自己的态度为依据，中学生对教师的尊敬和信赖主要依据教师的学识和人格。爱生是尊师的基础，尊师是爱生的结果。教师是教育者，他在建立尊师爱生新型师生关系中起主导作用。

（三）心理相容

心理相容是群体成员在心理与行为上的彼此协调一致与谅解。它是群体人际关系的重要心理成分，是群体团结的心理特征。从师生之间人际关系的角度看，师生心理相容是指教师和学生集体之间、和学生个人之间，在心理上彼此协调一致，并相互接纳。心理相容以群体共同活动为中介，以成员彼此对共同活动的动机与价值观的一致为前提。教师与学生之间虽然文化水平不同，但教师和学生的社会目标和根本利益是一致的，在教师教导下学生集体与个人和教师的动机与价值观念也能达到某种一致。在社会主义学校里，师生之间的心理相容，是以教师教育活动为中介使他们彼此相互了解，观点、信念、价值观达到一致的结果。师生之间动机与价值观达到一致，教师的行动就会引起学生集体和个人的相应的行动，并得到学生集体和个人的肯定。心理相容造成的师生之间融洽的气氛，对维系正常的师生关系起着重大的情感作用，对维持学校秩序，保证教育教学任务的完成起着重大作用。

（四）教学相长

教育教学是师生双边活动的过程。在师生共同参与的教育活动中，双方存在着相互促进、彼此推动的关系。因为知识学问的掌握不能单靠教师的传递，还要靠学生自己的领悟、体验。教师的作用只是做学生掌握知识的领路人，提高觉悟的启迪者，他不应该也不可能代替学生自己的学习与思考。教师必须根据来自学生的反馈信息，调整教育计划与措施，这就促进了教师的提高。

我国最早的教育专著《学记》说："虽有嘉肴，弗食，不知其旨也；虽有至道，弗学，不知其善也。是故学然后知不足，教然后知困。知不足，然后能自反也；知困，然后能自强也。故曰：教学相长也。"知识学问是广阔无垠的，一个教师对某个知识本质可能掌握得较好，但学生的领悟和体验也可能更适合自己的经验和水平，甚至能更好地理解知识。韩愈说："弟子不必不如师，师不必贤于弟子""道之所存，师之所存也"。① 这些都说明，教师尽管闻道在先，但并非尽知天下事。因此，教师就更加需要了解自己的学生，从学生中汲取智慧。

改革开放以来，我国师生关系研究取得了长足的进展，研究内容主要涵盖了以下几个方面。第一，师生关系的本质和内涵。师生关系的本质和内涵研究出现在 20 世纪 90 年代以后，以探究师生关系的普遍本质和内涵为起点，逐渐扩展至其特殊本质和内涵上。第二，师生关系的结构。关于师生关系结构的研究主要是对师生关系的层次进行划分，主要有如下几种观点："二层次"说、"三层次"说与"四层次"说。第三，师生关系的特征。对于师生关系特征的研究，学者们从对师生关系实然状态的考察以及对师生关系应然状态的探究这两个方面进行了考察。②

三、怎样建立良好的师生关系

要建立我国社会主义学校良好师生关系，必须做到以下几点。

（一）树立正确的师生观，把教师主导作用和学生的主体能动性结合起来

在我国社会主义学校的组织体系中，教师是教育者、领导者，又是服务

① 韩愈：《师说》。

② 李长吉，陶丽：《师生关系研究三十年》，载《浙江师范大学学报（社会科学版）》2013 年第 1 期。

者；学生是受教育者、被领导者，又是学习的主人。因此，教师要高度尊重学生的人格，尊重学生的自主性、主动性和积极性，要热爱学生，全心全意为学生服务。另外，虽然学生是学习的主人，但他们又是不成熟的，学生离不开教师的扶持和引导。因此，学生又必须尊重教师，信赖教师，依靠教师。

从教育和教学是促进学生的身心发展而言，教师的教是外因，学生的学是内因，教师在教育教学过程中起主导作用，学生要发挥自我学习、自我发展的主体能动作用。教师的主导作用发挥得如何，主要是看是否发挥了学生的自主性、能动性、创造性。学生主体作用发挥得如何，则是衡量教师主导作用发挥得如何的标准。强调学生是学习的主体，并不否认或贬低教师在教育教学实践中的主导作用。恰恰相反，学生主体作用的发挥，必须建立在发挥教师主导作用的基础上。

（二）加强教师与学生的交往，是建立良好师生关系的基础

没有深入到学生中间经常与学生交往，就无从产生师生之间亲密无间的情感和建立亲密无间的关系。师生交往的过程就是了解学生对各种事物感受的过程，教师对之表示同情并加以引导，就可以增进师生之间的感情联系，就会密切师生关系。师生交往的过程就是相互满足需要的过程，师生之间在交往中使需要得到满足就必然增进师生的感情联系，逐步形成亲密无间的感情和关系。

师生之间一般要经历“接触、亲近、共鸣、信赖”四个步骤，才能建立起较为亲密的关系。师生初次接触难免有生疏之感，学生对老师难免有敬畏心理。经过多次良好地接触，学生感到老师平易近人，而产生愿意同老师亲近的感情。有了亲近的感情，在学习与生活中老师的诚挚关怀、耐心引导被学生理解，或在共同活动中激发起学生的浓厚兴趣，从而产生情感上的共鸣。再坚持师生之间的交往，把学生引上学习与进步的成功之路，学生必然信赖老师。

（三）在平等的基础上树立教师威信，为教育教学工作的顺利开展创造条件

教师是教育者，建立教师威信，对于形成正常的师生关系，建立正常学校秩序，提高教育教学效果，都是十分必要的。但是，真正的教师威信不能单靠行政手段来建立，那样只能增加学生的心理反抗，真正的教师威信的建立首先依靠教师素质和教育教学水平的提高。

建立教师威信还需要具有教师职业所要求的特殊性格，即具有童心、公正感和自制力。教师要建立自己的威信，首先要有童心，即在教师心灵中保留有儿童心灵和生活世界。只有这样，才能了解儿童，从生活到思想和儿童打成一片，从而获得教育儿童的条件。教师要建立自己的威信，特别要坚持公正。教师公正就是要求教师对于不同相貌、性别、智力、个性，对于不同家庭社会背景、不同籍贯、不同亲疏关系的学生，要一视同仁。公正是学生信赖教师的基础。教师对待学生公正、平等、无私，不仅给学生道德心灵上以极其有益的影响，激励他们追求真善美，而且大大有益于提高教育工作的效果。教师要建立自己的威信，还要具有自制力。自制就是要求教师懂得，教师是教育者，学生是受教育者，无论学生犯有多么明显的错误，又多么无理，也无论学生如何“顶撞”或“冒犯”教师，作为一名人民教师，始终不能忘记自己的身份，不允许也没有权利对学生发脾气，以致做出失去理智的行为。

第四节　教师资格与教师进修

一、教师资格

（一）教师资格的含义

凡志愿从事教师职业，经过权威机构审定，具备国家规定的教师条件或标准，并取得国家认可的教师资格证书者，就可认定他具有“教师资格”。教师资格审定制度的建立是教育和教师的作用越来越重要的表现，也是教师地位和待遇提高、教师职业的社会竞争力增强的表现。为使教师具备应有的素质，保证教师质量，许多国家都通过立法确定教师资格审定制度，规定必须首先取得教师资格方能担任教师工作。

关于取得教师资格的条件及审定程序，各国的规定很不一致。基本要求是具备从事教育工作的思想品德，达到规定的学历，并具有教育教学工作的能力，经过考核与考试由国家审定的学校或地方教育行政部门发放教育资格证书。例如，日本1947年就颁布了《教师许可证法》，规定教师必须学完指定学科，取得应有学历，经考试合格，由地方教育委员会颁发教师许可证，方能任职。

我国教师资格的审定制度正处在建立和完善的过程中。《中华人民共和国教师法》（以下简称《教师法》）第十条规定："国家实行教师资格制度""中国公民凡遵守宪法和法律，热爱教育事业，具有良好的思想品德，具备本法规定的学历或者经国家教师资格考试合格，有教育教学能力，经认定合格的，可取得教师资格"。《教师法》第十一条规定了各级各类学校教师资格的最低学历标准，它将随着我国现代化建设的发展而逐步提高。《教师法》第十三条规定："中小学教师资格由县级以上的地方人民政府教育行政部门认定""中等专业学校、技工学校的教师资格由县级以上的地方人民政府教育行政主管部门组织有关主管部门认定"。

（二）教师资格的种类

各国对教师资格种类的规定，一般按教师岗位加以分类。如日本教师证书分五类：幼儿园教师证书、小学教师证书、初中教师证书、高中教师证书、特殊学校教师证书。中小学各类教师证书又分设三级：硕士研究生毕业的授予一级教师资格，大学本科毕业授予二级教师资格，短期大学毕业生授予三级教师资格。这种资格级制与学位相联系。

西方国家教师资格种类和级别以学位和考试为基础。我国教师资格种类和级别以学历和评定为基础。

我国根据小学教师的政治思想、基本学历、胜任教育教学情况等，评定其任职资格。凡是不具备合格学历的教师，都要经过文化专业考试取得教师合格证书，才能参加职称评定。

（三）教师的聘任

获得资格证书，取得教师资格，只是任职的前提条件。并不是一切获得资格证书的人都有工作岗位。例如日本志愿从事教师职业并获得教职资格证书的人很多，他们为了谋取任教机会，还要参加由各县教育委员会举办的每年一度的教师录用考试，通过者可被任命为该县的试用教师。经过一年试用合格后，方可成为该地区的正式教师。

《教师法》规定，取得教师资格的人员首次任教时，应当有试用期。我国教师队伍在数量充足、普遍达到合格的条件下，应逐步实行聘任制。在实行教师聘任制时，应使资格评定与聘任分家，使教师队伍通过竞争上岗，达到教师队伍优化组合的目标。

二、教师进修

（一）教师进修的必要性

重视教师的职后学习、研究和进修，大力开展教师继续教育，是一种普遍的国际动向，并且是与终身教育、终身学习思潮相联系的。许多教育学专家认为，教师作为一种专业性职业，只有经过不断的进修，才能得到并保持专门的知识和技能。当前科技迅速发展，知识在不断更新，社会在不断变化，人类正进入学习化社会。教师只有不断地学习，才能积极主动适应变化发展着的社会，适应发展变化着的儿童的新特点及不断涌现出的各种新的教育思想、方法、学科。在教师的能力结构中，只有讲课（分析教材、备课、授课）的基本规范一项是在就职后较短的时间内可以形成的，而其他各项，如对学生思想品德的引导、班主任工作、对教育思想的理解，特别是学校管理、教育计划的制订和课堂教学艺术等，都是经过几年、十几年的教育实践之后，通过积累教育经验而获得的。因此，就职后的不断学习、研究、进修，与大学期间的培养同样重要。

教育学家经过研究认为，教师服务成绩评定的总趋势是曲折前进的。在教学的头几年，随着教学经验的增加，教学效果显著上升；教学五六年后，教师习惯于已有的教学程序，进步速度不像前一阶段那样快，有逐渐下降的现象。有鉴于此，各国均极为重视教师在职培训。

（二）教师进修的形式

1. 校内进修

校内进修以自修为主，同时配合以教研组和年级组活动、公开教学、全校研讨、校外参观等形式。全校和个人进修可以纳入学校和校长的工作计划。

2. 校外进修

校外进修主要是区县级教育研究单位组织的研修。如以提高年轻教师基础素质为目的的基础研修，以提高学科教学水平为目标的学科教育研修，以推广教育研究成果为目标的专题研修，到国内名牌大学听讲座或脱产进修，以及参加国家教育部和各级教育行政部门组织的教育管理研讨班、教育问题研讨班、骨干教师研讨班、学科教育研讨班等。

3. 函授学习与远程学习

函授学习是在不脱离工作岗位的条件下，以通信方式为主完成学习任务，假期参加面授集中学习。远程学习是指收听收看电视、广播教学课程，或上网络学校。它要求按规定时间学习，独立完成作业，参加统一考试。这两类学习途径非常方便和实用。

（三）教师进修与晋升

教师进修学习，取得学分，获得高一级学历证书，是教师资格和职级晋升的必要条件。这一机制推动教师在职继续学习，促进教师素质的提高。学校和各级教育行政部门应当注意加强和完善相关的制度。

三、教师专业化与教师专业发展

什么是教师专业化？某一职业的“专业化”是指该职业发展的知识技能和品德等所能达到的水准。在过去，由于教育科学不够成熟，教师的职业技能不够高，许多其他职业的人都可以来做教师。因此，人们认为教师职业算不上一门专业，教师也算不上专业人员。自 20 世纪初开始，由于科技和经济的发展，教育和教师的作用越来越重要。于是，西方国家的教育工会开始开展争取教师专业化和使教师职业与其他职业具有同等专业资格的斗争。二战以后，教师作为专业人员的平等地位，已在西方国家被广泛承认。1966 年，国际劳工组织和联合国教科文组织提出的《关于教师地位的建议》强调，“应该把教学工作视为专门的职业”。《教师法》也明确规定，教师职业是一种专业，教师属于专业人员。

教师专业化把教师作为专业人员的社会地位的确立，推动了教师专业发展水平的提高。教师专业性或专业化的内容主要包括：①要掌握专门（所教学科）的知识和技能体系；②要经过较长时期的专门职业训练，指掌握教育学科的知识和技能，并需经过“临床”实习；③要有较高的职业道德，主要指教师应敬业爱生；④要具有不断增强自身的能力，即进修的意识和不断学习的能力；⑤要有职业的自主权，包括在职业生活中对于专业事宜的判断和行动的独立性，自主地规定适合本职业的资格条件；⑥要有职业的专门组织和行业规范，进行行业自律。

教师的专业化或专业性是随着时代的发展而不断提高的。近三四十年来，为了适应科学技术和经济发展的需要，教师专业发展和教师素质的提高，已经成了教育理论界的热门话题。这些问题包括教师专业素质的内容、教师专业发展阶段影响、教师专业发展的因素、教师专业发展和教师教育体系的构建等。无论是在国外还是国内，无论是在理论还是实际方面，对这些问题的探讨都取得了积极进展。例如，为了提高教师的专业知识和技能水平，发达国家把幼儿和小学教师的学历规定为大学本科，中学教师要达到教育硕士水平。我国也开始朝这个方向努力。又例如，教师专业水准重在强调理论知识还是重在强调实践技能？过去教师专业水准重在强调知识，不能充分表现专业化，稍微有些学科知识的人都可以来做教师，教师职业可替代性很高。医生和律师专业性强，不在于他们能讲医学知识和法律知识，而在于能诊断病情、了解个案。教师应把教育诊断和解决教育教学上的实际问题作为主攻方向，把它作为教师专业化的主要标志。

教师专业发展与教师教育相联系。教师专业发展的最新研究强调教师教育机构多元化和教师专业发展一体化。适应现代教育需求，教师教育机构多元化就是鼓励综合大学和非师范院校参与教师培养工作，同时改革原有高等师范教育，营造教师教育培养的宽厚的学术氛围。所谓教师教育一体化，就是把教师专业发展的职前教育、入职教育和终身教育统一起来，从教师教育一体化的观念整合我国教师培养和培训工作，从教师专业终身发展的整体需要规划培育目标，协调机构功能，设置课程系统，改进教学方法，确定评价方法，进行观念和制度创新。在教师专业发展的最新研究中，作为教师专业发展重要载体之一的教师专业发展学校特别得到提倡。教师发展学校是美国学者在 20 世纪 90 年代建立的，它是大学师范学院和中小学校合作双赢的教师教育组织和制度的创新形式。它由大学师范学院领导和教师与中学校领导和教师组成教师专业发展领导小组，以中小学校为载体，大学师范生可在这里实习或进行入职教育，大学教师在这里向中小学教师传授新教育理念和他们的研究成果，并在这里进行实验研究，中小学校教育实践则是他们的理论源泉。它是以往实验学校、实习学校、入门学校和终身教育的“结合体”。

思考题

1. 怎样理解教师劳动的特点?

2. 对照《小学教师专业标准（试行）》，理解小学教师应具备的基本素质。

3. 如何建立良好的师生关系?

4. 试阐述教师进修的必要性。

教育实践活动

1. 参观一所小学，观摩教师上课。

2. 就参观所见讨论小学教师的工作环境和小学教师的日常工作。

第五章

教育目的

【内容提要】本章主要探讨了教育目的的含义与意义、马克思主义关于人的全面发展学说，以及我国的教育目的。通过本章的学习，我们将了解教育目的的功能和现实意义，社会发展、个体发展与教育目的的关系，以及在新形势下如何落实我国的教育目的。

第一节 教育目的及其确定

一、教育目的概述

（一）教育目的的含义

所谓“目的”，乃是人对于他所希望达成或获得的活动结果的一种主观上的设定。人类实践活动与动物本能活动的根本区别之一就在于有无目的性。

> 马克思指出：蜘蛛的活动与织工的活动相似，蜜蜂建筑蜂房的本领使人间的许多建筑师感到惭愧。但是，最蹩脚的建筑师从一开始就比最灵巧的蜜蜂高明的地方，是他在用蜂蜡建筑蜂房以前，已经在自己的头脑中把它建成了。劳动过程结束时所要得到的结果在这个过程开始时就已经在劳动者的表象中存在着，即已经观念地存在着。①

教育目的是教育主体对于其所希望达成的结果的设定，具体说来就是教育活动所要培养人才的总的质量标准和规格要求。由于教育目的要回答的是教育要培养什么样的人这样一个根本问题，所以教育目的是整个教育工作的核心，也是教育活动的依据、评判标准、出发点和归宿。

教育活动有广义与狭义之分。所有能够传递人类生产、生活经验和精神文化的活动都是（广义的）教育。学校教育（狭义的）产生以前，人类的教育本来是与生产、生活一体的。人类最早的教育也是有一定的意向性的。这种意向性就包含了早期人类的教育目的。可以这样说，目的性是人类的“类特性”，教育目的则是人类文化自觉的标志之一。狭义教育与广义教育的相同点在于它们都有目的性，不同点则在于学校教育具有的目的性更强。这表现在以下几点。

① 《马克思恩格斯全集》第 23 卷，人民出版社 1972 年版，第 202 页。

第一，学校是专门的育人机构，是人类文化发展和教育经验积累到一定程度的产物。它在规划和从事教育活动时，对教育目的会比一般经验性的教育活动有着更多的关注和反思。

第二，学校教育工作者比一般的教育工作者具有更高、更专门的教育素养，其中包括较高的对于教育活动目的的设定、反思与理解能力。因此，学校教育工作者能够更加自觉地按照教育目的办事，对于偏离教育目的的现象也会迅速、自觉地采取措施予以纠正。

第三，在设定的程序上，国家或学校在学校教育目的上会有较为全面的考虑。学校的教育目的会更自觉、精确和全面地反映社会和时代的要求，更自觉地反映一定的教育理想，特别是会充分反映教育规律和教育对象身心发展的实际，比一般的教育目的更具科学性、预见性和有效性。

教育目的可以分为社会的教育目的和个人的教育目的两类。社会的教育目的主要反映社会对于教育系统的总要求，要求教育为一定社会的政治、经济和文化及其发展服务。个人的教育目的则要考虑教育对于个体身心发展的促进，要求教育为个人的全面和自由的发展以及未来幸福生活的目标服务。教育的社会目的与个人目的应当是相互联系的两个方面，它们共同组成完整的教育目的整体。有效的社会教育目的必须通过个人教育目的的实现而实现。反之，有效的个人教育目的也必须考虑到社会教育目的，以社会教育目的为设定和实现的前提。孤立或割裂两者的关系，就会形成片面的教育目的，乃至导致整个教育观念上的社会本位或个人本位。所以，在教育目的的设定过程之中，应当充分考虑社会目的和个人目的的统一；在实际的教育活动中，则应在鼓励教育对象具有个性自由和全面发展的同时，注意引导这种个人发展与社会发展的需要相结合。

（二）教育目的与教育目标、教育方针的区别和联系

对教育目的要有一个正确的理解，还必须将教育目的与教育目标、教育方针等概念做认真的比较和辨析。

第一，教育目的是各级各类教育培养人的总的质量标准和规格要求，而教育目标则是不同性质、不同层次和不同专业学校教育所要完成的具体任务，甚至可以是每个具体教育活动的任务指标。教育目的必须集中反映时代、社会和个体发展的总体要求，是教育的最高理想的体现，具有一定的终极性；教育目标则是教育活动的具体努力方向，因学校与专业性质的不同而不同，因教育阶段、对象的不同而不同，也因课程的不同而不同。也就是说，具体教育目标的制定既要考虑教育目的的总要求，又要考虑具体学校教育的任务和特点，以及特定教育对象的身心特点和知识水平。任何终极性的教育目的都必须转化为一系列具体的教育目标才能避免流于空泛；而若每个具体的教育目标不与其他平行的教育目标以及其上位教育目标联系起来，并且最终与教育目的相联系，则一个个具体的教育目标也会因失去整体性而流于琐碎，互相矛盾，甚至失去其意义和存在的价值。

英国教育哲学家皮特思认为，教育理论上许多有关教育目的的论争其实不是目的之争，而是“程序原理”之争。细究起来，思想家们那些抽象的终极目的往往“大同小异”，不同之处实际上只在于实现这些目的的程序和方法。因此，教育家们真正应当关切的是如何达成教育目的的“程序原理”。在这里，我们不妨认为：注意教育目的在教育目标上的落实是重要的“程序原理”之一。当然，这绝不意味着教育目标可以取代教育目的。

第二，教育方针是教育目的的政策性表达。由于教育方针往往是一个国家教育工作总的要求，所以它还要特别反映一个国家教育的根本性质、总的指导思想和教育工作的总方向等要素。同时，教育方针具有政策的规定性，在一定时期内具有必须贯彻的强制性。其反映的教育目的也当然具有某些规定性或强制性。这与教育理论和实践所要不断进行客观探讨的教育目的也有很大的不同。

教育目的是全部教育活动的主题和灵魂。英国教育学家约翰·怀特在谈到形形色色的教育目的之后说：“除非教育工作者对这些教育目的一清二楚，否则他们培养出来的人才质量肯定会受损失。”①

（三）教育目的的功能

教育目的对于教育活动意义重大。具体说来，教育目的的主要功能表现为以下三点。

1. 导向功能

教育目的规定了教育活动所应培养的人才质量和规格，实际上就是规定

---

①［英］约翰·怀特著，李永宏等译：《再论教育目的》，教育科学出版社 1992 年版，第 3 页。

了教育活动的最大方向。教育活动是一项系统工程。一方面，它表现为教育制度的建立、教育规划的确定以及教育活动内容、形式及教育方法的选择等；另一方面，它又必须是各个年龄段教育的合成，是学校、家庭和社会教育的结合，无论在空间或时间上，都必须朝向教育目的所指明的方向。教育制度的建立、教育内容的确定以及教育活动形式及教育方法的选择等都必须以教育目的为最高准则；同时，幼儿园、小学、中学以及大学、大学后教育，学校、家庭和社会教育等也都应互相配合，以教育目的的达成为整体和最高的目标。作为这一整体活动方向的教育目的是教育活动的灵魂。

2. 调控功能

从宏观上说，教育目的对一个国家或地区的教育规划以及教育结构的确立与调整等都具有指导、协调的作用；从微观上说，教育目的对具体教育内容的安排、教育活动的形式及教育手段、方法和技术的选择等都有支配、协调和控制、调节的作用。在理解和掌握教育目的的条件下，人们在设计教育活动的大小方案时，都会自觉地按照教育目的的要求行事，以克服教育活动的盲目性；当教育活动偏离教育目的所规定的方向时，教育工作者也会自觉地反思和予以纠正。

3. 评价功能

教育活动既然以教育目的为出发点和归宿，那么，检验教育活动成功与否的最根本标准，也应是教育目的。评价教育过程是否有效，教师工作成绩的高低以及在教育活动中学生成长的状况如何，虽然可以也必须有非常细致的具体评价标准，但是所有细化的评价标准的最高价值预设都来源于教育目的。教育目的是整合所有具体的教育评价标准的精神内核，也是教育评价的最高准则。当具体评价标准有违教育目的时，就需要对具体评价标准做出修正。

二、不同的教育目的论

由于教育目的首先反映的是不同的教育价值取向，是教育理想的体现，因此不同的教育家往往会有不同的教育目的观念和理论。教育思想史上具有代表性的教育目的论主要有以下几种。

（一）社会本位的教育目的论

社会本位的教育目的论的基本主张是以社会的稳定和发展为教育的最高宗旨，教育目的应当依据社会的要求来确定。

社会本位的目的论主要反映的是古代社会的特征和要求。《学记》就说："君子欲化民成俗，其必由学乎。""古之王者，建国君民，教学为先。"中国古代教育一直以修身为本，但修身的最终目的是"治国平天下"。《论语》在谈学道时说："君子学道则爱人，小人学道则易使也。"① 与此相似的是，柏拉图亦在其《理想国》中认为，教育应当因人而异，对平民阶级要培养他们有勤劳和节制的美德；对军人应当培育他们勇敢的精神；而对最高统治者的教育则应使他们具有把握世界的智慧，具有"哲学王"的特征。实际上，柏拉图所主张的教育目的就是教育应当为维护奴隶社会的社会秩序服务。

在近现代教育史上也出现过社会本位的目的论思想。最具代表性的是教育社会学中的社会功能学派。他们将人类个体发展的社会条件过度夸大，认为个人的发展完全取决于社会。社会学家那笃尔普认为："在事实上个人是不存在的。因为人之所以为人，只是因为他生活在人群之中，并且参加社会生活。"② 社会学家涂尔干也说："正如我们的身体凭借外来的事物而获营养，我们的心理也凭借从社会来的观念、情感和动作而获营养。我们本身最重要的部分都是从社会得来的。"③ 在此基础上，社会功能学派认为教育目的只能是社会目的。那笃尔普认为："在教育目的的决定方面，个人不具有任何价值。个人不过是教育的原料，个人不可能成为教育的目的。"④ 涂尔干说："教育在于使青年社会化——在我们每一个人之中，造成一个社会的我。这便是教育的目的。"⑤ 教育家凯兴斯泰纳则说："我十分明确地把培养有用的国家公民当作国家国民学校的教育目标，并且是国民教育的根本目标。"⑥

社会本位的教育目的论者认为，衡量教育好坏的最高标准只能是看教育能否为社会稳定和发展服务，能否促进社会的存在和发展；离开社会的教育目的是不可思议的，也是没有意义的。社会本位的教育目的论充分注意到了社会对个人、对教育的制约作用。但这一学派没有看到：社会是由个体组成

---

①《论语·阳货》。

②③④⑤ 转引自吴俊升编著：《教育哲学大纲》，商务印书馆 1943 年版，第 149、146 页。

⑥［德］凯兴斯泰纳著，郑惠卿译：《凯兴斯泰纳教育论著选》，人民教育出版社 2003 年版，第 14 页。

的，没有富有活力的个体，社会存在就是病态的；同时离开个体的生活幸福等目的，社会存在也就失去了意义。社会是个体存在和发展的基本条件，但社会并不是个体存在的终极目的。因此，教育目的如果只看到教育对象存在的条件而对教育对象自身的需要不做足够的观照，就肯定是有失偏颇的。

（二）个人本位的教育目的论

与社会本位的教育目的论相反，个人本位的教育目的论认为，个人价值远高于社会价值，因此应当根据个人的本性和个体发展的需要来确定教育目的。持个人本位目的论的教育学家为数甚多。代表人物有卢梭、福禄培尔、裴斯泰洛齐等人。

> 个人本位的教育目的论往往强调人的自然本性，希望教育按照人的本性而不是违背这一本性办事。卢梭就认为，人的天性是善良的，在人的心灵中根本没有什么生来就有的邪恶，一切人的堕落都是由于社会的负面影响。故“一切出自造物主之手的东西都是好的，而一旦落到人的手中，就全都变坏了”①。“大自然想看到的是，儿童在长大成人之前就是儿童”，所以“应根据他们的年龄区别对待”。②卢梭因此认为最好的教育是远离社会的自然教育。福禄培尔也认为：“只有对人和人的本性的彻底的、充足的、透彻的认识，根据这种认识加以勤勤恳恳的探索，自然地得出有关养护和教育人所必需的其他一切知识以后……才能使真正的教育开花结果。”③ 正是因为相信人的本性是好的，所以个人本位的教育学家都认为教育的根本目的是求得人的本性的自由和全面的发展。卢梭在其著作中说，如果要在塑造人和塑造公民之间做出选择的话，他将选择塑造人的目标。裴斯泰洛齐也认为：“为人在世，可贵者在于发展，在于发展各人天赋的内在力量，使其经过锻炼，使人能尽其才，能在社会上达到他应有的地位。这就是教育的最终目的。”④

个人本位的教育目的论具有强烈的人道主义色彩。它在理论上的全盛时期是18、19世纪。在这一时期，强调人的本性需要、强调个人的自由发展

---

①② [法] 卢梭著，李兴业、熊剑秋译：《爱弥儿》上卷，人民教育出版社2017年版，第7、87—88页。

③④ 转引自张焕庭主编：《西方资产阶级教育论著选》，人民教育出版社1964年版，第305、173页。

对于反对宗教神学、反对封建专制及其影响下的旧式教育具有重要的进步意义。由于个人本位的教育目的论倡导个性解放、尊重人的价值等，有一定的合理性，这一目的论在今天仍然对全世界的教育有着重要的影响。不过，正如社会本位的教育目的论只执一端因而失之偏颇一样，如果不将个人的自由发展同一定的社会条件和社会发展的需要结合起来，所谓合乎人性的自由发展就会变成空中楼阁。个人本位的教育目的论的最大缺陷即在于此。

（三）教育内在目的论

这主要是美国教育家杜威的观点。

杜威教育思想中一个引人争议同时又独具价值的方面就是他的“教育内在目的”理论。杜威曾经指出：“教育的过程，在它自身以外没有目的；它就是自己的目的。”① “我们探索教育目的时，并不是要到教育过程以外去寻找一个目的，使教育服从这个目的。”“我们假定教育的目的在于使个人能继续他们的教育，或者说，学习的目的和报酬是继续不断生长的能力。”②

> 杜威一方面反对“使教师和学生的工作都变成机械的、奴隶性的工作”的“从外面强加的目的”，以及“强调为遥远的未来做准备的教育观点”③，另一方面又坚信教育尤其是道德教育和政治信仰的培育等是民主社会实现和发展的重要环节。杜威认为：“社会是许多沿着共同的方向、具有共同的精神、为了共同的目标而并肩工作的人们的聚合体。”“社会把它自己所成就的一切，通过学校机构，交给它的未来的成员。”所以，“教育是一种社会过程”。“教育批判和教育建设的标准，包含一种特定的社会理想。”④因此有人认为，在杜威的思想体系中“儿童是教育的出发点，社会是教育的归宿点。正像两点之间形成一条直线一般，在教育出发点的儿童和教育归宿点的社会之间，形成了教育历程”⑤。

杜威的教育目的论发人深省的地方在于，他将教育目的与教育活动本身联系起来，反映了教育活动主体的自觉；同时他也注意到了真正有效的教育目的必须是内在于教育，或通过教育过程去实现的目的正因为如此，所谓

---

①②③④ ［美］杜威著，王承绪译：《民主主义与教育》，人民教育出版社 1990 年版，第 54、106、117、105 页。

⑤ 滕大春：《杜威和他的〈民主主义与教育〉》，转引自《民主主义与教育》，人民教育出版社 1990 年版，卷首语。

“教育无目的论”，也可以理解为“教育内在目的论”。但是，如果真如杜威所说教育的目的是“使个人能继续他们的教育”，是“继续不断生长的能力”的话，那么这一生长可能是没有方向的。而事实上杜威倡导的方向就是要为他所谓的“民主社会”培养合格的公民。只不过他并不将这一方向称为教育目的而已。由此可知，“教育无目的论”并非主张真正的教育无目的，而是认为教育目的应当落实在教育过程之中，无教育过程之外的“外在”目的。杜威的这一目的论思想对于我们正确认识和确定教育目的有一定的积极意义。唯有教育工作者将国家的教育方针以及教育目的的理论转化为自己行之于教育实践的教育目的，教育目的才会发挥实际的作用。因此，每一个教育工作者都应当努力形成自己的正确的教育目的观。

在众多的教育目的论中，十分重要且对我国教育产生了巨大影响的是马克思主义关于人的全面发展的学说。在第二节，我们将专门介绍这一理论。

三、确定教育目的的依据

历史上出现的不同的教育目的论证明教育目的具有强烈的主观性，教育目的的确定首先要反映一定的价值取向和教育理想。但是教育目的的主观性又以客观性为存在的前提，恰当的教育目的的制定又必须考虑社会发展的现实和要求，依据受教育者身心发展的规律。所以确定教育目的的基本依据可以概括为主观和客观两个方面。

（一）确定教育目的的主观依据

从主观方面来看，教育目的首先是教育活动中人的价值选择。人们在考虑教育目的时往往会受其哲学观念、人性假设和理想人格等等观念和价值取向的影响。

人是一种天生的“形而上”的动物。一方面，人都有追问世界之根本的哲学兴趣；另一方面，自觉或不自觉的哲学观念（或世界观）都会对人的一切活动产生影响。而哲学观念对于教育活动最重大的影响莫过于对于教育目的设定的影响。

柏拉图认为，一切感官所得都属于现象，宇宙的根本是绝对理念。所以，个体如欲追求真理就不能诉诸感官的体验而应当依赖理性。教育的目的不在灌输知识，而在启发理性，认识绝对理念。故理性的培养就不能不成为柏拉图教育目的论的核心。相反，经验主义哲学家洛克认为，先有外物的存在，后有感觉经验。所以，一切知识均来源于后天，都要通过感觉经验。所以，教育的目的应当是培养人对外在环境的兴趣，包括接受人与人之间的影响，从而形成他所谓的“绅士”。中国古代教育思想家们的教育目的论也往往建立在他们对宇宙之根本如“天”“道”“理”“性”等问题看法的基础上，认为教育的根本目的就在于教学生领悟宇宙和人生的根本，从而从根本上修身养性。所以，教育目的的确定肯定会受到不同世界观或哲学观念的影响。

教育目的的确定还要受到思想家们或制定教育目的者的人性假设的影响。

孟子认为，人皆有恻隐之心、羞恶之心、辞让之心和是非之心，这四心乃是仁、义、礼、智四种美德的发端。所以，“学问之道无他，求其放心而已矣”①。教育目的无非是要让人将失掉的善心找回来，恢复人的本性并且发扬光大。主张性恶论的荀子认为，“目好色，耳好声，口好味，心好利，骨体肤理好愉逸”②，故人性皆恶，其善者“伪”（即人为的）。所以教育应当使人去性而起伪，“积礼义而为君子”③。董仲舒和韩愈都将人性分为上、中、下三类，上智与下愚不移。教育所能和所要做到的是使“中民之性”或“中品之性”得到可能的改造，与圣贤趋齐。与此相似，古代基督教教育思想家们曾经由原罪说引申出必须对儿童采取严厉的态度的结论。相反，卢梭却认为“一切出自造物主之手的东西都是好的，而一旦落到人的手里，就全都变坏了”，教育的根本目的在于求得儿童顺其自然的发展。由此可知，教育目的的设定一定会受到主体对于人性的基本假定的影响。

人总是用理想提升自己，用理想人格塑造自身。教育目的既然是对培养对象规格的设计，就不能不与人格理想相联系。故教育目的的设定会受到主体有关理想人格之观念的影响。

几乎所有的学派都有其对于理想人格的共同追求。从大的文化系统

---

①《孟子·告子上》。
②《荀子·性恶》。
③《荀子·儒效》。

看，佛教倡导与世无争的佛陀人格，道教塑造了长生久视的神仙世界，儒家则大力倡导成仁取义的圣贤人格。以作为主流文化的儒家言之，一方面，儒家设计了一种非常完美的人格形象，认为："圣人之于民，出乎其类，拔乎其萃"①，"圣人为人之精"②。另一方面，儒家又认为"圣人与众人一般，只是尽得众人的道理"③，"涂之百姓，积善而全尽，谓之圣人"④。所以，对于中国古代的学者而言，其修身或学问的总目标就只能是成圣成贤。孟子说："乃所愿，则学孔子也。"⑤荀子说，学者应"始乎为士，终乎为圣人"⑥。朱熹则指出："人须当以尧舜为法。如射者之于的，箭箭皆欲其中，其不中者，其技艺未精也。"⑦ 所以儒家实以圣贤为其教育的根本目的。在西方，卢梭所主张的自然发展的人，洛克的"绅士"，杜威所谓的民主社会的公民，也都寄托了他们对于理想人格的向往，这些理想人格也就自然成为他们所理解的教育目的的重要组成部分。

在社会主义国家，马克思主义经典作家关于全面发展的人格理想是教育目的确定的重要依据。

教育目的的确定虽然有较明显的主观性，但是一个合理的教育目的总是要受客观条件的最终制约，接受社会发展的最终检验。所以教育目的的确定还应有它的客观依据。

（二）确定教育目的的客观依据

确定教育目的的客观依据首先是指教育目的的确定必须考虑到一定的社会历史条件。与价值取向相比，社会历史条件对教育目的的制约更具有基础和决定的性质。教育目的的确定受一定社会历史条件的制约，主要是指受生产力与科技发展、社会经济政治制度以及历史发展进程的制约。此外，教育对象的身心发展实际及规律也是教育目的确定的重要制约因素。

1. 社会生产力和科学技术发展水平

生产力和科技发展的状况是确定一定历史时期教育目的的物质基础。生

①⑤《孟子·公孙丑上》。

② 薛宣：《读书录》卷四《物理》。

③ 吕坤：《呻吟语》卷四《圣贤》。

④《荀子·儒效》。

⑥《荀子·劝学》。

⑦《朱子语类》卷五十五《孟子·滕文公上》。

产力和科学技术的发展水平不同，社会对受教育者的质量标准和规格要求就不同。教育目的是对社会生产力和科学技术发展特点的反映，体现着这一发展的时代特征。在古代社会，由于生产力和科技水平的低下，不可能让全体社会成员都接受学校教育，教育与受教育的权利都控制在极少数统治阶级的手中。同时，由于社会生产的科技含量水平较低，劳动者也无须经过学校教育的专门培训。因此，古代教育的教育目的只有一条，那就是培养有一定文化素养的统治者，即只培养神职人员和政治、军事和法律等方面的管理人才。机器大工业时代的到来使社会生产对普通劳动者的科技文化素养提出了更高的要求。在现代社会，无论是在资本主义制度下还是社会主义社会里，劳动者不具备一定的科技和文化素养，就无法适应现代化的社会生产。因此，机器大工业出现之后，资本主义国家普遍实施了强制性的国民义务教育，学校教育开始具有全民性、民主性。教育目的必须兼顾培养有文化的管理人才，有较高科学文化水平的脑力劳动者和具有一定科学文化素养的体力劳动者或半体力劳动者的双重使命。信息时代和知识经济时代将对全体社会成员的文化与科技素养提出更高的要求，因此，未来社会对于教育机会均等劳动者文化素养和创新能力等的要求将越来越高。这也必然会影响教育目的的确定。

2. 一定的社会经济和政治制度

生产力对教育目的的影响还表现在对由生产力所决定的教育资源控制与分配方式对教育目的的制约上。在一定生产力基础之上建立起来的生产关系对教育目的起着决定性的作用。所以教育目的的确定就必然与一定社会经济政治制度相联系。马克思和恩格斯指出：“一个阶级是社会上占统治地位的物质力量，同时也是社会上占统治地位的精神力量。支配着物质生产资料的阶级，同时也支配着精神生产资料，因此，那些没有精神生产资料的人的思想，一般地是隶属于这个阶级的。占统治地位的思想不过是统治地位的物质关系在观念上的表现，不过是以思想的形式表现出来的占统治地位的物质关系。”① 在阶级社会，统治阶级一方面会利用其经济和政治上的统治权制定出符合本阶级需要的教育目的，为巩固这一统治服务；另一方面还会利用自己在经济、政治上的权力维护本阶级在教育资源占有上的特权，并保证这一教育目的的实现。所以教育目的的确定会体现一定社会经济、政治的要求，

---

①《马克思恩格斯选集》第1卷，人民出版社1995年版，第98页。

在阶级社会中具有鲜明的阶级性。

3. 社会历史发展的进程

在教育目的理解上，一个重要的分歧表现在社会发展和个性发展的关系上。如前所述，社会本位的教育家往往强调教育的使命在于为社会培养合格的成员，教育目的的核心是使教育对象社会化，形成一定的社会人格。个人本位的教育家往往强调个人价值，认为教育目的应当从人的本性出发，求得个性的自由发展、个人价值的充分实现。实际上，社会人格的培养和个性发展之间，也可以说是社会发展与个人发展之间，是一种历史的辩证的关系。

（1）社会发展与个人发展之间在社会历史发展的总体上是统一的。判断教育目的是否合理的重要依据，是看在一定的社会经济条件等许可的范围内，是否提供了个性自由和全面发展的最大空间。现代社会与古代社会的重要区别之一，是现代社会所要求的社会人格必须具有更多的个性特征；现代教育与古代教育的重大区别，也在于现代教育能够而且应该为个体合乎本性的自由和全面发展提供前所未有的条件。

（2）社会发展和个人发展、社会人格和个性发展之间又有矛盾的一面。社会发展对个人发展有规范和制约的一面，社会总是要求人的个性朝向合乎社会发展需要的方向发展；在相当长的历史时期，不同个体在个性发展上机会并不均等。当代社会，人的个性发展应当受到前所未有的关注，但是，个性发展与人格的社会性培养之间的矛盾依然存在。教育应当引导教育对象的个性朝社会发展需要的方向发展，努力实现个性发展与社会人格培养的统一，在全面提高学生的文化素养的同时又使之具有一定的专业技能，为社会主义建设事业服务。这是我国制定教育目的必须考虑的一个至关重要的方面。所以，人的个性发展应当在与社会进步的统一中正确地理解。社会本位和个人本位的教育目的论都是对这一历史的辩证关系的割裂。

4. 受教育者身心发展的规律

教育活动是一种对象性的活动。教育目的既然是教育活动主体对培养对象质量和规格的设计，就不能不依据受教育者身心发展的规律。教育对象的身心特点及发展规律虽不对教育目的的社会性质和方向起决定作用，但它仍然对教育目的有十分重要的制约作用。教育目的须以各级各类教育的培养目标为基础，集中概括各级各类教育的培养目标，同时教育目的还要通过具体的教育目标去落实，因而教育目的需要反映不同学段教育对象的共同成长规律。完全不考虑受教育者的身心实际及发展规律的教育目的不仅是错误的，而且是无效的。

第二节　马克思主义关于人的全面发展学说

马克思主义经典作家对于教育学的最重要、最直接的贡献是他们关于人的全面发展的学说。这一学说是我国和其他社会主义国家制定教育目的的指导思想和理论基础。马克思主义关于人的全面发展学说的主要内容可以归纳为以下两个方面。

一、“人的全面发展”的具体内涵

这里所谓“人的全面发展”的具体内涵，是指马克思主义经典作家尤其指马克思和恩格斯对“人的全面发展”概念的具体界定。

马克思和恩格斯是在以下两个层次上论述人的全面发展的。

（一）劳动能力的全面发展

马克思指出：“我们把劳动力或劳动能力理解为人的身体即活的人体存在的，每当生产某种使用价值时就运用的体力和智力的总和。”① 因此，全面发展的人必须克服由于旧的社会分工造成的智力和体力的分离，避免“某种智力上和身体上的畸形化”②，摆脱那种“极度地损害了神经系统，同时又压抑肌肉的多方面运动，侵吞身体和精神上一切自由活动”③的劳动状况。所以，“片面发展”首先是劳动过程中体力和智力的分离和对立，而“全面发展”则是指在劳动过程中实现体力和智力的充分运用和发展，实现体力和智力在充分发展基础上的完整结合。显然，在现代社会，这个过程已经开始，但这个过程的完成，则有待于社会生产更高度的发展和社会制度的更高水平的完善。

（二）克服人发展的一切片面性，实现人的个性的真正全面和自由的发展

马克思认为，在共产主义社会，由于社会生产的高度发展，迫使个人奴

---

①②③《马克思恩格斯全集》第23卷，人民出版社1979年版，第190、402、463页。

隶般服从分工的状况已经消失，体力劳动和脑力劳动的差别也已不再存在的情况下，社会成员能够自由和全面地发挥他所拥有的各方面的才能。这种人通晓整个生产系统，可以根据社会需要或个人的爱好“轮流从一个生产部门转到另一个生产部门”①。

> 马克思和恩格斯在他们合著的《德意志意识形态》中曾经这样生动地描述过共产主义社会全面发展的理想人格：“在共产主义社会里，任何人都没有特定的活动范围，每个人都可以在任何部门内发展。社会调节着整个生产，因而使我有可能随我自己的心愿，今天干这事，明天干那事，上午打猎，下午捕鱼，傍晚从事畜牧，晚饭后从事批判，但并不因此就使我成为一个猎人、渔夫、牧人或批判者。”②

马克思对于人的个性自由和全面发展的憧憬虽然是指向共产主义阶段的，但是马克思同时坚定地认为：“人的类特性恰恰就是自由的、自觉的活动。”③ 所以，不同历史阶段应当理解为人的个性全面、自由发展的逐步实现的过程。个性自由和全面发展是马克思主义关于人的全面发展学说的灵魂。20世纪末我国推行的素质教育实质上是马克思主义人的全面发展学说的具体实践。

二、人的全面发展的社会历史条件

马克思和恩格斯的人的全面发展学说不仅在理论建设上有重要的贡献，而且对于所有有关人的分析的思考都具有十分重要的方法论启示。马克思、恩格斯对全面发展的人和全面发展的教育的所有论述都是彻底的唯物主义的，都是建立在对资本主义社会生产和其他社会历史条件的客观分析基础之上的。所以，要对人的全面发展理论有一个正确全面的理解，就不能不看到这一发展的社会历史条件。

（一）社会生产力及其决定的分工状况是人的全面发展的重要前提

按照马克思的观点，只有机器大工业时代到来，生产的知识含量和生产岗位的流动性增加，人的全面发展才成为社会发展的迫切和客观的需求，才

---

①《马克思恩格斯选集》第1卷，人民出版社1995年版，第243页。
②《马克思恩格斯全集》第3卷，人民出版社1960年版，第37页。
③《马克思恩格斯全集》第42卷，人民出版社1979年版，第96页。

具有一定的可能性。而只有当生产力的发展达到消灭一切分工的基础，个人和整个人类的真正的全面发展才会彻底实现。当然，马克思也指出，机器大工业在资本主义社会也会导致工人阶级的片面发展，所以仅仅凭借生产力的发展不能解决全面发展的所有问题。马克思主义的唯物主义的彻底性的主要表现是揭示出了人的发展的物质基础。这就是说，仅仅依靠精神的力量去解除精神上的束缚是徒劳的。只有大力发展社会生产力，进行物质基础的变革，才可能真正实现人的全面发展。

> 马克思、恩格斯曾经说过："个人怎样表现自己的生活，他们自己也就怎么样。因此，他们是什么样的，这同他们的生产是一致的——既和他们生产什么一致，也和他们怎样生产一致。因此，个人是什么样的，这取决于他们进行生产的物质条件。"①

（二）社会关系是人的全面发展的重要条件

社会关系之中最为重要的构成部分是生产关系。生产关系对人的发展的制约不仅表现在生产关系决定了谁掌握着发展所需的物质和精神条件，以及如何利用这些条件使哪一部分人得到发展上，也表现在生产关系还决定了使有条件得到发展的人朝什么方向发展上。在阶级社会中，统治阶级总是利用自己的统治地位把生产力发展所创造的一切条件据为己有，总是将从事社会管理、科学文化和精神生活的权利以及教育权和受教育权据为己有，从而占有优先发展自己的特殊权利。所以，一方面，马克思、恩格斯谈到了机器大工业为人的全面发展创造了可能性，要求资产阶级的学校教育为工人子女提供较为全面的教育；另一方面，他们又清楚地洞察到了资本主义生产关系和上层建筑的制约，在与意识形态联系紧密的德育和美育等价值观教育方面，对资产阶级的学校教育不抱任何幻想。正如真正的全面发展要求生产力上的根本变革一样，人的全面发展同样需要社会生产关系和上层建筑的根本变革。

（三）教育是实现人的全面发展的重要途径

人的全面发展是整个人类全面发展的总趋势和总目标，也是教育活动的总目标。在社会生产发展允许的条件下，教育只是实现人的全面发展的途径之一，却是最重要的途径之一。学校教育培养德、智、体、美、劳全面发展

---

①《马克思恩格斯全集》第3卷，人民出版社1960年版，第24页。

的人，不仅是贡献于每个教育对象个体，也是对整个人类全面发展历史进程的巨大推动。所以，教育活动的改造与物质基础的变革、社会制度的变革一样，都是人的全面发展目标实现的重要条件。而将人的全面发展理论作为制定学校教育的教育目的的指导思想是社会历史发展的必然要求。

看到全面发展的社会历史条件，对人的全面发展理论有一个正确全面的理解，对于我们今天正确看待马克思人的全面发展理论的指导意义十分重要。根据马克思的观点，社会主义同资本主义机器大工业社会一样，都具有克服人的片面发展的一定的物质条件。人的全面发展并不神秘，在现阶段就有在一定程度上实现的可能性。所以，社会主义的教育目的必须反映人的全面发展的历史趋势和根本要求。但是，社会主义社会并没有马克思所描述过的共产主义高级阶段所具有的优越的社会条件。因此，将人的全面发展做极端理想化的理解是违背历史唯物主义的基本原则的。

我们认为，在社会主义社会，体力劳动与脑力劳动的结合以及人的全面发展，要经历从逐步消灭脑力劳动与体力劳动的分离、逐步缩小和消灭体力劳动与脑力劳动的本质差别，到（共产主义社会）最终实现两者的完全结合这样一个漫长的历史过程。在社会主义初级阶段，脑力劳动与体力劳动的分离不仅存在，而且在某些方面还会继续扩大。但正是这一分离会加快逐步消灭脑力劳动与体力劳动的对立、缩小和消灭体力劳动与脑力劳动的本质差别的历史进程。① 因为在相当长的历史时期中，脑力劳动者仍然只能是少数，只有承认体力劳动和脑力劳动的差别、尊重脑力劳动者的创造性，才能最大限度地推进科学技术和生产力的发展——最终为消灭体力劳动与脑力劳动的本质差别创造条件。

对于中国及中国教育而言，一方面整个教育尤其是基础教育应当以受教育者的全面发展作为社会主义教育的根本目标，另一方面我们也应当清醒地认识到，中国仍然是一个农业人口占比较大的发展中大国，最原始的手工劳动与最尖端的高科技产业同时存在，生产力发展仍然有相对落后而且极不平衡的一面。培养一大批不同层次的现代化建设所急需的专门人才同样是中国教育的重要使命。所以，不能脱离国情对全面发展的教育目标做不切实际的界定。马克思指出：“‘人’类的才能的这种发展，虽然在开始时要靠牺牲多

① 参见成有信：《脑力劳动和体力劳动的分离、结合与教育》，载《华东师范大学学报（教育科学版）》1987 年第 3、4 期。

数人，甚至牺牲整个阶级来实现，但最终会克服这种对抗，而同每个人的发展相一致；因此个性的比较高度的发展，只有以牺牲个人的历史过程为代价。”① 从一定意义上说，人的发展的这种迂回或复杂性仍然存在。对此，我们必须有清醒的认识。

第三节 我国的教育目的

一、新中国成立后教育目的表述的历史回顾

教育目的是一个历史性的范畴。新中国成立后，我国对教育目的的表述也是随着历史的发展有所不同的。

新中国成立之初，根据当时的情况，《中国人民政治协商会议共同纲领》规定：“人民政府的文化教育工作，应以提高人民文化水平、培养国家建设人才、肃清封建的买办的法西斯主义的思想、发展为人民服务的思想为重要任务。”

社会主义改造基本完成以后，毛泽东于 1957 年在最高国务会议上提出：“我们的教育方针就是使受教育者在德育、智育、体育几方面都得到发展，成为有社会主义觉悟的有文化的劳动者。”1958 年，毛泽东又指出：“教育必须为无产阶级政治服务，教育必须同生产劳动相结合。”毛泽东对于教育目的的论述对当时我国教育目的的制定起了非常重要的作用。同年，中共中央、国务院《关于教育工作的指示》就明确指出：“教育目的是培养有社会主义觉悟的有文化的劳动者。”并且指出这一表述“正确地解释了全面发展的含义”。1978 年，我国宪法中关于我国教育目的的表述为：“我国的教育方针是教育必须为无产阶级政治服务，教育必须同生产劳动相结合，受教育者在德育、智育、体育几方面都得到发展，成为有社会主义觉悟的有文化的劳动者。”直到今天，

① 《马克思恩格斯全集》第 26 卷（1），人民出版社 1972 年版，第 124—125 页。

毛泽东关于教育目的的思想仍然对我国教育目的的制定有重要的影响。以毛泽东的指示为直接指导所形成的教育目的强调了教育目的的社会制约性，也考虑到了教育目的对教育对象身心发展及其规律的适应性，在不同时期起过一定的积极作用。

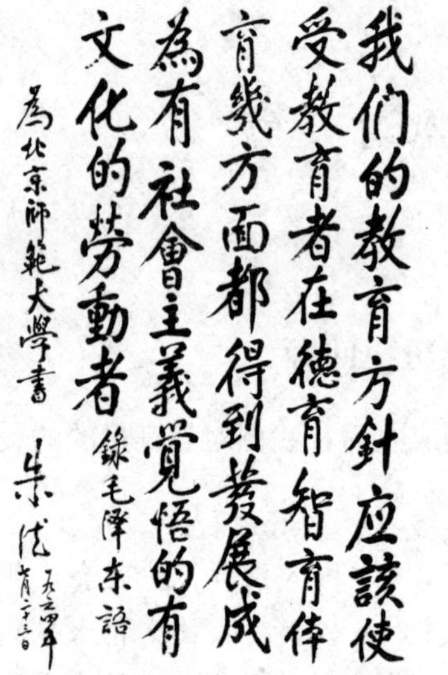

党的十一届三中全会以来，改革开放及社会主义现代化建设事业的发展对教育事业提出了新的要求。国家制定了新时期的教育目的——以经济建设为中心方针主导下的教育目的。1981 年，中共中央《关于建国以来若干历史问题的决议》要求："坚持德智体全面发展、又红又专、知识分子与工人农民相结合、体力劳动和脑力劳动相结合的方针。" 1982 年，全国人大五次会议通过的新的《中华人民共和国宪法》规定："国家培养青年、少年、儿童在品德、智力、体质等方面全面发展。" 1985 年，中共中央《关于教育体制改革的决定》提出：要"为 90 年代以至下世纪初叶我国经济和社会发展，大规模地准备新的能够坚持社会主义方向的各级各类合格人才"，"这些人才都应该有理想、有道德、有文化、有纪律，热爱社会主义祖国和社会主义事业，具有为国家富强和人民富裕而艰苦奋斗的献身精神，都应该不断追求新知，具有实事求是、独立思考、勇于创造的科学精神"。20 世纪 80 年代初期，强调又红又专和科学精神等是国家工作重点转移到经济建设上来的大环境的产物，也是对"文化大革命"时期片面强调政治素质的一种拨乱反正。

1999 年 6 月，《中共中央国务院关于深化教育改革全面推进素质教育的决定》指出："实施素质教育，就是全面贯彻党的教育方针，以提高国民素质为根本宗旨，以培养学生的创新精神和实践能力为重点，造就'有理想、有道德、有文化、有纪律'的、德智体美等全面发展的社会主义事业建设者和接班人。"《中华人民共和国义务教育法》规定："义务教育必须贯彻国家的教育方针，实施素质教育，提高教育质量，使适龄儿童、少年在品德、智力、体质等方面全面发展，为培养有理想、有道德、有文化、有纪律的社会主义建设者和接班人奠定基础。”2017 年，党的十九大报告强调：“要全面贯彻党的教育方针，落实立德树人根本任务，发展素质教育，推进教育公平，培养德智体美全面发展的社会主义建设者和接班人。”2018 年 9 月，全国教育大会强调要“落实立德树人的根本任务，培养德智体美劳全面发展的社会主义建设者和接班人”。不难看出，新时期的教育目的具有历史继承性，也反映了新时期社会发展的特点和我们对教育目的的新的思考和探索。

全面发展教育是我国义务教育必须贯彻的国家教育方针，已有三十多年的历史，但其并未过时。2018 年，习近平在全国教育大会上强调，坚持中国特色社会主义教育发展道路，培养德智体美劳全面发展的社会主义建设者和接班人。他指出：“办好教育事业，家庭、学校、政府、社会都有责任。家庭是人生的第一所学校，家长是孩子的第一任老师，要给孩子讲好‘人生第一课’，帮助扣好人生第一粒扣子。教育、妇联等部门要统筹协调社会资源支持服务家庭教育。全社会要担负起青少年成长成才的责任。各级党委和政府要为学校办学安全托底，解决学校后顾之忧，维护老师和学校应有的尊严，保护学生生命安全。”

二、我国教育目的的基本特征

虽然我国的教育目的在不同时期表述不完全一致，但是，这些不同的表述在总体上又是统一的。它反映了社会主义国家教育目的的基本特征。概括起来，我国教育目的的基本特征有以下三点。

（一）以马克思主义人的全面发展学说为指导思想

马克思主义的人的全面发展学说是在社会生产和分工的基础上考察人的片面发展到全面发展的历史进程的。马克思主义经典作家既十分关注人的全面发展，将人的全面发展作为坚定的价值取向，又认为社会存在是全面发展的前提条件，只有到了生产力高度发展，物质财富和人的闲暇时间极其充裕，消灭了人压迫人和人剥削人的社会制度，“每个人的自由发展是一切人的自由发展的条件的联合体”① 的共产主义社会，人的全面发展才能真正彻底地实现。所以，人的全面发展只能是一个随着社会历史条件变化而不断前进的历史过程。马克思主义的全面发展学说为我们制定社会主义的教育目的

① 《马克思恩格斯全集》第 4 卷，人民出版社 1970 年版，第 491 页。

提供了人的全面发展的价值理想和正确认识、处理社会发展和个人发展关系的方法论。这就既避免了将社会发展与个人全面发展对立起来，抽象地谈论人的全面发展的片面性；又避免了将满足社会需要，在阶级社会实际上是满足统治阶级的需要作为教育的唯一和根本目的，否定个人和个性发展的价值，用社会需要取代个人需要的片面性。

从我国教育目的的以上表述可以看出，我们始终坚持德、智、体、美、劳等方面全面发展的方向，始终强调教育与生产劳动相结合的方针。这实际上是现阶段落实马克思主义关于人的全面发展学说的表现。需要特别强调的是，我们不能将“全面发展”仅仅理解为只有德、智、体三个方面。人的精神结构中除了品德和智力两个方面，至少还应包括审美修养、心理素质、劳动精神等维度。全面发展的核心内涵是个性的自由发展，使学生主动和生动活泼地发展更是我国教育长期和根本的任务。当然，全面发展也不能超越社会发展阶段的制约，我们只能实现在一定历史阶段最大可能的全面发展。

（二）具有鲜明的政治方向

我国的教育目的始终强调我们所要培养的人是符合无产阶级根本利益或社会主义方向的人。这在不同时期表述上有所不同，如：“有社会主义觉悟的有文化的劳动者”“又红又专”“热爱社会主义祖国和社会主义事业，具有为国家富强和人民富裕而艰苦奋斗的献身精神”以及“社会主义建设者和接班人”，等等。应当说，在教育目的的阶级性上社会主义教育目的有其鲜明的特点。它既不同于宣扬超阶级性的资产阶级教育目的，也不同于古代社会（奴隶社会、封建社会）以剥夺绝大多数人的受教育权赤裸裸地为统治阶级利益服务的教育目的。社会主义的教育追求每个社会成员都享有平等的受教育权，并为受教育者提供最大限度的全面发展的可能空间。同时，它也根据实践中的经验和教训，要求受教育者做到政治与业务素质的统一，“又红又专”德才兼备。

（三）坚持全面发展与个性发展的统一

社会主义社会是现代社会。现代社会为人的个性发展提供了前所未有的可能性；现代社会也需要具有鲜明的个性和创造性的社会成员，从而促进社会的高速发展。社会主义的教育必须具有以前各社会阶段所未有的高度的民主特征。除了教育机会均等方面的进展之外，这一民主特征的重要内涵就是尊重个体的存在价值、促进个性的充分发展。社会主义建设的不同领域需要具有不同风格与特长的建设者，需要“具有实事求是、独立思考、勇于创造的科学精神”的建设者。所以，社会主义的教育目的在强调全体受教育者的德、智、体、美、劳全面发展的一般要求的同时，也必然重视个人的自主性、创造性和其他个性品质，强调个体才能和特长的充分发挥，从而寓一般于特殊之中，形成较为完善的教育目的内涵。

中国社会曾是一个社会本位色彩浓厚的社会。除了几千年封建社会和传统文化的影响之外，在新中国成立以后的一些时期，我们对马克思主义社会与个人关系的理解也有相当大的片面性。其结果是我们在教育中对人的个性发展重视不够，影响了学生在主体性、创造性等方面的发展。所以，坚持社会主义教育目的的“全面发展与个性发展的统一”的基本特征十分重要。

三、我国教育目的的落实

教育目的是全部教育活动的核心。为了充分发挥教育目的对教育活动的促进功能，教育工作者应当特别重视教育目的的落实。

（一）落实我国教育目的时要特别注意的几个方面

教育目的实际上就是教育活动所要培养的人的质量标准和规格要求。要认真落实我国的教育目的，我们必须对当代社会和未来发展对人才规格的要求有清醒的认识。要培养合乎时代需要的一代新人，应当特别注意人才素质的以下几个方面。①

1. 创造精神

即具有良好的知识基础和科学素养、敏锐的观察力、丰富的想象力和准确的判断力，面对庞杂的信息世界，能够进行有效的筛选，迅速捕捉有价值的信息，独立分析和决策，取得最优效益的能力。

2. 实践能力

所谓实践能力，既包括学以致用，解决实践中问题的能力，也包括直接的生产劳动和社会实践的能力。学以致用不仅是巩固知识学习的需要，更是学习的根本目的。参加适度的生产劳动和社会实践是培养一代新人的重要途径。

3. 开放思维

即要改变单一的思维参照标准，扩大思维的空间范围，具有高度的宽容精神、开放胸怀，敢于接纳新生事物。在全球化时代，特别要具有在国际视

---

① 参见黄济著：《教育哲学通论》，山西教育出版社 1998 年版，第 456—460 页。

野中对问题进行比较和分析的能力。

4. 崇高理想

创造精神和开放的胸怀只有与崇高的理想相结合才具有方向性。未来对青年一代的要求，不仅是有知识、有能力、有创造精神和开放思想，还必须有科学的世界观、人生观、价值观，优良的道德品质，具有为国家、社会的美好前途奋斗的精神。

（二）落实我国教育目的必须正确处理的几个关系

1. 教育目的与教育目标的关系

教育目标是根据教育目的而制定的。除了考虑落实教育目的之外，教育目标还应结合各级各类学校教育的性质和任务，以及特定教育对象的身心特点及规律来确立。从教育目的到教育目标的转换实际上就是教育目的由一般到具体的实现过程。所以应当对不同学校的教育目标有正确的理解与界定。

根据《中华人民共和国义务教育法》等法律的规定，义务教育和基础教育阶段，学校教育必须做到“两个全面”，即“全面发展”和“面向全体（学生）”。目前我国的义务教育阶段包括小学和初中阶段。其根本任务是“使儿童、少年在品德、智力、体质等方面全面发展，为提高全民族素质，培养有理想、有道德、有文化、有纪律的社会主义建设人才奠定基础”；基础教育除了小学、初中，还包括普通高中阶段。所谓“全面发展”，主要指要使学生在德、智、体、美、劳等方面都得到发展，在身体、心理和精神等维度都能健康成长。所谓“面向全体”，就是应当为所有学生的发展提供全面的教育，从而为学生的未来成长和整体国民素质的全面提高服务。基础教育阶段教育目的的落实显然有别于职业技术教育、成人教育和高等教育等。后者必须根据其教育的性质、任务和教育对象的特殊性确定具体的培养目标。

2. 德、智、体、美、劳诸育之间的关系

教育目的，如从内容结构上说，可以理解为应当进行德育、智育、体育、美育和劳育等几个方面的全面教育；如从受教育者的素质结构来说，是指应求得德、智、体、美、劳几个方面的素质的全面发展。而教育对象素质的全面发展又需要实现德育、智育、体育、美育和劳育的诸育并举和相互贯通。所以正确处理诸育关系对于教育目的的实现至关重要。

在诸育关系认识上，有两点至关重要。一是各育均有相对的独立性。应当根据不同的教育内容或领域的特点实施合乎规律的教育，有重点地完成整体教育目标，同时使德、智、体、美、劳诸育相互配合、互相促进。二是现实或真正的教育应是一体的。在实际工作中虽然有所分工，但所有从事教育工作的人，都兼有完成德、智、体、美、劳诸育的任务，都应是德育兼智育、体育、美育和劳育工作者。只有这样，全面发展的教育目的才可能真正实现。

3. 全面发展与因材施教的关系

这实际上是我国教育目的的全面发展和个性发展相统一的一个具体要求。全面发展的一个内在维度就是自由发展。也就是说，全面发展不仅不排斥个性发展，而且是以个人合乎本性的自由发展为条件的。全面发展不等于平均或平面的发展。不同个体所处环境不同，具有的自身素质和客观条件也不同，因而会形成不同的个性、兴趣和特长。所以，必须根据每个学生的特殊性对学生因材施教，在充分发挥每一个人的长处的同时求得他的全面发展。

4. 全面发展与职业定向的关系

在义务教育阶段，个性发展的一个重要意义就在于使有特殊个性和才干的受教育者更有可能适应未来不同社会工作的需要；在义务教育完成之后，各学段的教育则都直接具有职业定向的性质。全面发展的人才终究要在一定社会中生活，要满足社会发展的需要，教育就必须为不同的社会岗位培养人才。如果不管不同教育的性质和实际，一味片面强调划一的全面发展，反而会葬送全面发展的教育目的。在小学阶段，在促进学生全面发展的同时，还应当鼓励学生对社会上不同职业的特点和要求有一些直观、感性的认识，激励学生努力学习，为祖国的明天做好充分的准备。

以上我们学习了有关教育目的的一些理论知识。学习的最大意义在于学以致用，每个教育工作者都应当形成自己的教育目的论，自觉以科学的教育目的在自己日常教育实践中真正和具体的实现为己任。

思考题

1. 什么是教育目的？教育目的的主要功能是什么？
2. 确定教育目的的主观和客观依据主要有哪些？
3. 马克思主义“人的全面发展”的具体内涵是什么？
4. 在新形势下，如何落实我国的教育方针？
5. 梳理我国全面发展教育的历史脉络。

教育实践活动

1. 搜集片面发展造成危害的案例并在全班进行交流。

2. 结合案例讨论创新性人才培育的重大意义，以及如何依据小学教育实际培育学生的创新能力。

第六章 教育的一般构成

【内容提要】本章主要探讨德、智、体、美、劳诸育的内容、形式及相互关系。通过本章的学习，我们将了解德育、智育、体育、美育、劳育的内涵与重要意义。同时，我们也要认识到，诸育划分更多是理论分析的需要和结果，在实际的教育过程中，教育是一体的活动，必须相互渗透地进行，不能割裂地看待诸育的关系。

第一节 德 育

一、德育与社会、人生

（一）德育的内涵和外延

什么是德育？简而言之，德育即培养学生品德的教育。但是，“品德”的内涵是什么？什么样的教育才算是“培养学生品德的教育”？对于德育范畴的具体理解与界定，从不同的角度往往可以得出十分不同的结论。不同的德育定义是不同德育观的反映，对德育实践也会产生不同的影响。对德育概念具体理解的不同之处主要集中在两个方面：一是德育的内容主要包括哪些；二是如何理解德育过程。

> 德育的内容主要包括哪些？狭义的德育专指道德教育，亦即西方教育理论所讲的“moral education”。在我国，许多人并不赞成这一定义，认为德育必须包含更多的内容。一种广义的德育概念解释为：与伦理学体系中的德育概念（专指道德教育）不同，“教育学上的德育，则是相对于智育和美育来划分的，它的范围很广，包括培养学生的思想品质、政治品质和道德品质”①。另外还有更为广义的德育界定，认为德育除思想、政治、品德方面的教育之外，还应当包括法制教育、心理教育、性教育、青春期教育，甚至还应包括环境教育、预防艾滋病教育，等等。

有关德育外延的界定应当遵循“守一而望多”的原则。“守一”即是强调道德教育作为德育范畴的最基础的内涵，强调学校德育应从培养最基本的道德品质做起。“望多”是指德育还应包括思想、政治教育等项基本价值教育的内涵。所以，从内容上看，德育主要是指道德、思想和政治方面的教育。法制教育是非常必要的，但可从属于广义的政治教育。心理教育、性教

① 王道俊、王汉澜主编：《教育学》，人民教育出版社1989年版，第330页。

育、青春期教育等都很重要，但严格意义上说只能部分地从属于德育，即只有这些教育领域中涉及价值教育的部分才归属德育范畴。

对于德育过程理解上的不同也影响人们对德育概念的界定。

按照唯物辩证法的观点，事物发展的外因只是条件，内因才是根据，外因必须通过内因才能起作用。德育过程固然是一种价值性的环境或影响，但这一环境或影响起作用的先决条件乃是德育对象具备接受这一影响的内因。德育过程实际上是德育对象自身在道德等方面不断自主建构的过程。德育应该是环境与生长的统一，社会价值引导与个体价值建构的统一。对德育对象尊重不足的德育既不合乎现代教育所必具的民主精神，更不符合德育自身的规律，不会产生真正的德育功效，有时甚至是非德育或者是反德育的。德育过程对德育对象考虑不足、德育对象主体性发挥不充分也是中国德育的主要问题。

因此，应当这样定义德育概念：德育是教育工作者组织适合受教育者品德成长的价值环境，促进他们在道德、思想、政治等方面不断自主建构和提升的教育活动。

（二）德育的功能

德育与社会发展及个体的人生密切相关。德育有其独特和重要的功能。德育功能是德育理论与实践的核心问题之一。对德育功能的理解直接影响对德育存在的价值和意义的认识。同时，正确地理解德育功能也有助于理解德育概念本身。

学校德育的功能可以概括地表述为德育的社会性功能、个体性功能和教育性功能三个方面。

1. 德育的社会性功能

德育的社会性功能指的是学校德育能够在何种程度上对社会发挥何种性质的作用。具体说来，主要指学校德育对社会政治、经济、文化等发生影响的政治功能、经济功能、文化功能等。

古代中国是一个特别重视道德教化的国度。德育一直是统治者“齐风俗，一民心”“齐家治国平天下”的工具。因此，在中国，人们较早也较多地关注了德育的社会性功能，尤其是政治功能。德育的政治功能不仅指在阶级社会中为阶级斗争服务，而且有为国家的政治法律制度的民主化、完善与改革服务的一面。学校德育所要造就的德育对象既应具有对现存政治体制的理解、协同的能力，也应具备理性思考与批判的能力，以期具有对政治体制进行改进的智慧。

学校德育不仅具有政治功能，也具有重要的经济功能。学校德育通过提供具有一定品德的劳动者对社会经济发展产生着重要的影响。当代中国经济的发展要求学校能够培养适应社会主义市场经济的各类人才。这些人才的首要素养正是良好的价值观念和道德品质。

所谓德育的文化功能，指的是学校德育在一定社会文化发展历程中的作用和学校德育在不同文化形态中所起的作用。世界各民族文化的不同，很重要的一个方面是各民族的民族精神的差异。而民族精神的弘扬显然要与学校德育密切联系。这是因为学校德育本身不但是文化的一部分，而且是具有动力或“造血”机制的文化要素。学校德育既受特定文化的影响，同时又传播价值、伦理和政治等方面的民族文化，使受教育者完成社会化，同时使之具有伦理与政治文化的创生能力。

在理解德育社会性功能时，要充分注意德育社会性功能实现的间接性。学校德育的政治、经济等功能绝不是意味着学校德育对学校发展要起完全、直接的参与作用。社会性功能的实现首要的中介环节在于学校德育通过系统本身影响、塑造好受教育者的品德人格。学校主要通过德才兼备的“产品”去影响社会。相反，那种实现直接和显性的社会性功能的活动（例如直接的政治宣传和经济活动）反而不宜在学校德育中占据过高的比重，若强力为之，则殃及正面德育社会性功能的有效实现。在社会性功能之中，德育的文化功能是政治、经济功能的中介。认清学校德育社会性功能实现的中介要求，有利于德育理论和实践克服急功近利的功利主义倾向。学校德育要追求社会性功能的真正实现，要有一个平和务实的心态，其中就包括通过对德育对象个体的塑造去实现社会功能，通过文化功能的实现去达成其他社会功能的目标。

2. 德育的个体性功能

德育的社会性功能是指德育对社会发展所能发挥的客观作用；德育的个体性功能则是指德育对受教育者个体发展能够产生的实际影响。德育的个体性功能可以描述为德育对个体生存、发展、享用发生影响这三个方面。其中享用性功能是德育个体性功能的最高境界。

德育对于个体生存的贡献是什么呢？德育的核心任务是要赋予每个个体以科学的价值观、道德原则和行为规范等。这些观念、原则、规范看起来似乎是约束个体的“异己的”东西，然而正是这些“异己的”东西才能够使个体在社会生活中生存下去，同时也由于具有充分的社会性，个体才能获取社会所能给予他的力量，才能最大限度地实现特定任务和人生价值。伦理规范等其实是一代代人在人际关系调整方面智慧的积淀，是人类文明的宝贵遗产的一部分。拒绝它就是拒绝生存的基本原则。所以，从人类的角度看，伦理规范乃是人自己为自己立法，是内在而非外在的东西。只有使个体作为人类主体站在与“类”同一的角度，德育才能克服其似乎“异己”的性质。讳言功利、只讲片面的牺牲与奉献是德育的病态。如果否定“德福一致”的总体原则，道德规范等如果被教授为纯粹的牺牲，对个体的生存一无贡献，那么这种德育的内容就和整个德育模式一样是虚幻的。

德育的个体生存价值或功能是一种德育效果的评价。仅仅或过分关注这一功能就会误入反道德、反德育的泥淖。道德教育的本质乃是对个体社会人格的塑造或对个体道德人格发展的推动。因此，德育个体功能的第二个方面是德育个体发展功能。德育之个体发展功能主要指的是对个体品德心理结构的发展所起作用的功能。由于人类总体社会实践的作用，实际上人类个体从0岁开始就已载负了社会性遗传所赋予的可以进行道德学习的心理结构。道德的任务就是要依据这一社会性潜能开发、创设道德学习的情境，从而使个体不仅在自然生命上成长，而且在品德心理结构上不断改进，形成更高质量、更具丰富性的个体道德人格。德育对个体人格的这种促进功能，即是所谓的德育之个体发展功能的实质。

个体发展功能的发挥应注意两个问题：①个体发展功能的发挥必须充分尊重学习个体的主体性，否则就会阻抑这一功能的正常发挥；②品德发展实质上是人的文明化或社会化。因此，通过必要的规范学习与价值学习，以形成一定的品德，乃是发挥个体发展功能的重要内容。

仅仅服从规范是一种道德他律，而接受社会规范则表现为一种自律。但是他律、自律的道德仍然具有某种外在的强制性。真正的道德境界应该是自由的，而自由的道德是发自“本心”的。何谓人的本心？孟子说的“人皆有恻隐之心”是也。人是社会性动物，社会性遗传使婴儿也具有向善、求善的本能，这就是所谓的人在道德上的精神需求。当我们讲道德的生存价值时是侧重其客观效果的维度，一旦以偏概全，认为道德的功利效果就是它的本性，那就是对道德需求精神性的抹杀。正是这种道德需求的精神性才使得许多人在日常生活中感到做奉献就是一种幸福，而不觉得是“牺牲”。正是这种道德需求的精神性才能使人把做人的价值放在自然生命的价值之上，做到

“杀身成仁”而不“存身以害仁”。道德人格的崇高或壮美由此而生。因此，德育对每个个体来说，除具有发展的功能外，还具有一种享用功能。所谓德育的享用功能，即是说，可使每个个体实现某种需要、愿望（主要是精神方面的），从中体验满足、快乐、幸福，获得一种精神上的享受。①

个体享用性功能的实质是让个体在道德学习与生活中领会、体验道德人生的幸福与崇高、人格的尊严与优越，因而具有审美的性质。同时，践行道德从这一角度看亦可谓创造美的过程。因此，个体享用性功能的发挥要求德育的将是一种审美和创造美的德育模式的建立。当个体享用性功能实现时，德育过程中教与学的双方的乐教与乐学就实质性地实现了。因此，德育之个体享用性功能的实现是与最高的德育境界联系在一起的。

3. 德育的教育性功能

德育的教育性功能是指德育具有“教育性”，它有两大含义：一是指德育的“教育”或价值属性；二是指德育作为教育子系统对平行系统的作用。

何谓德育的“教育性”？著名教育学家赫尔巴特曾经指出：“我不承认有任何‘无教育的教学’”，“教学如果没有进行道德教育，只是一种没有目的的手段”。② 这里的教育和教学的区别十分明显。“教学”指的是传授具体的知识和技能等，着眼点在于帮助学生完成一定的课业；“教育”则主要指对于学生价值追求的引导。所谓德育的教育性，就是德育的价值教育属性。知识、技能固然重要，但是与做人的方向、价值观相比，就不能不具有工具的性质。现代教育的弊病之一就是赫尔巴特所指斥的“无教育的教学”。因此德育的教育性功能的实现实质上是整个教育活动精神本质的实现。直接德育还是间接德育，一直是世界各国不断探索的问题，包括中国在内的许多国家最终选择了直接德育（即专设德育课等），其道理就在于专门的德育课程能够在一定意义上保证教育所应具有的教育性。

“教育是应该包含有教导和学习的因素在内，但反过来说并不一定为真。亦即有教有学的行为或活动，不见得就是教育。这是因为教育本身也是一种价值的活动。”③ 故从教人做人的教育概念出发看，本无完全脱离教育价值

① 鲁洁：《试论德育之个体享用性功能》，载《教育研究》1994年第6期。

② 转引自王天一、夏之莲、朱美玉编著：《外国教育史》上册，北京师范大学出版社1984年版，第321页。

③ 陈迺臣著：《教育哲学》，心理出版社1990年版，第223—224页。

的教学，更无没有德育任务的智育、体育、美育和劳育。德育、智育、体育、美育、劳育的划分实际上是理论分析的需要和产物。在教育实践中也许有工作重点和分工的必要，但教育活动各要素互相渗透的性质意味着德、智、体、美、劳诸育本应是相互融通的一体。从这种一体性质再看工作分工之下的德育子系统与智、体、美、劳诸育子系统的关系，就会明显地看出德育的第二种“教育性”功能——德育对智育、体育、美育和劳育等方面的促进作用。而这第二种教育性功能乃是第一种教育性功能的体现和落实（中介）的方式之一。

德育对智、体、美、劳诸育的促进功能就其共性来看主要有三点：①动机作用；②方向作用；③习惯和方法上的支持。

在动机方面，智育、体育、美育、劳育都需要道德情感等启动和放大学习动机，同时，学习动机也需要借助德育改进其方向性、强度和持久性等质量特征。马克思写《资本论》历 40 年之久，司马迁写《史记》也用了 18 年时间，倘无持久的动机推动，这些伟大的成就是难以想象的。任何一种学习都需要高质量的动机，而动机的高质量与个人的社会责任感、品德素养直接关联。

所谓方向作用，是指德育可以为在每一学科学习过程中的个体提供价值的方向。科技的发展使人类的创造能力和毁灭能力都同时得到了空前提高。因此，科技的学习和掌握、体能的提高、艺术创造等都史无前例地面临着一个十分严峻的课题：人类向何处去？个人的发展以何种价值作为向导？人类如何运用自己掌握的力量？德育虽然无法独立完成这一任务，却是解决上述课题的有力武器之一。

良好的道德教育不仅可以对智育、体育、美育、劳育贡献动机、方向，而且可以提供良好行为习惯和学习态度、方式、方法上的直接支持。

综上所述，所谓德育的教育性功能，实际上是指德育在完成教人做人的总目标和支持智、体、美、劳诸育具体任务的完成这两个方面的实际作用。

要具体落实德育的教育性功能，必须注意两个方面的问题。

第一，德育系统本身教育功能发挥的自觉意识的确立。德育工作者须以健全人格的塑造为己任，做扎实的工作，为教育对象奠定为人的根本，使之具有安身立命的前提。同时教师还应将道德动机和学习动机的激发、道德践行和实际能力的培养等环节联系起来，使“道”与“技”相互支持、相得益彰，避免片面和虚幻的道德人格的发生。

第二，打破教育与教学、“人师”与“经师”的阻隔，使德育与其他各育的关系复归于统一。因为没有无教育的教学，所以也就没有无德育的教育，没有不承担德育工作的纯粹的教学人员（经师）。所有课程的教学活动都必须注意进行显性或隐性的德育，使德育的教育功能的发挥渗透在每个教学活动的环节之中。而要实现这一目标，又有两个重要的问题必须注意：一是努力提高教师的人师性质，要为人师，必须有可以为人格师表的起码的道德和精神品位；二是对教育对象的塑造，始终追求实现知识、技能等方面的学习目标和品德修养目标的统一。

二、小学德育的任务与主要内容

德育的任务是指德育活动要努力培养学生品德素养的教育目标；德育内容则是指德育活动所要传授的价值与规范。德育任务是教育目标在德育方面的直接体现；德育内容则是完成德育任务所要从事的具体工作。

（一）小学德育的任务

学校德育的任务是努力使德育对象具有健全的品德素养，以适应社会发展的需要和创造个体的幸福生活。这一品德素养包括道德、思想和政治品质等。在现阶段的中国，适应社会发展，当然首先是要适应建设中国特色社会主义的方向和发展社会主义市场经济的需要。但是德育任务中对教育对象个体生活幸福目标的关心也是不可忽略的重要内容。我们应当将两个方面结合起来辩证理解。关于中小学德育的任务，《中小学德育工作规程》是这样表述的：“中小学德育工作的基本任务是，培养学生成为热爱社会主义祖国、具有社会公德、文明行为习惯、遵纪守法的公民；在这个基础上，引导他们逐步确立正确的世界观、人生观、价值观，不断提高社会主义思想觉悟，并为使他们中的优秀分子将来能够成为坚定的共产主义者奠定基础。”《小学德育纲要》规定我国小学德育的任务为：“培养学生初步具有爱祖国、爱人民、爱劳动、爱科学、爱社会主义的思想感情和良好品德；遵守社会公德的意识和文明行为习惯；良好的意志、品格和活泼开朗的性格；自己管理自己、帮助别人、为集体服务和辨别是非的能力，为使他们成为德、智、体全面发展的社会主义事业的建设者和接班人，打下初步的良好的思想品德基础。”

（二）小学德育的主要内容

德育的内容实际上就是道德教育、思想教育和政治教育的内容。德育的内容应当包括三个主要层次：一是基本道德和行为规范的教育；二是公民道德与政治品质的教育；三是较高层次的世界观与人生观、理想教育等。依据这一层次划分，我国小学德育内容的重点具体说来应当包括或强调以下几个方面。

1. 基本道德和行为规范的教育

基本道德是个体生活的基础性道德要求。基本道德往往是历史上传承下来为人类社会广泛接受的道德规范。

> 美国教育学者阿迪斯·瓦特曼说，不管时代发生了怎样的变化，我们总将有着和我们祖先同样的需要，那就是：愉快地和勇敢地度过我们的一生，和周围的人友好相处，保持那些指导我们更好成长的品质。这些品质是欢乐、爱、诚实、勇敢、信心，等等。①

德育的基础是要教学生学会做人，所以诸如善良、仁爱、公平、正直、诚实、勇敢、热爱劳动、艰苦朴素等应当成为中小学德育的奠基性内容。在基本道德教育方面，我们曾经有过极左的思维，用道德的时代性、阶级性、民族性等否定道德的历史继承性和全人类的共同性。其结果是基本道德情感的消失和起码的道德规范的丧失。极端的例子是“文化大革命”时期，打、砸、抢等犯罪行为反而成为合乎道德的“正义”行动。这一历史教训在今天的德育实际中绝不可以忘记。

对学生进行文明行为教育，培养学生文明行为习惯，也是学校德育经常性的重要内容之一。学生无论在学校、家庭还是在公共场所，都应当遵守文明行为规则。文明行为的内容广泛，涉及人们生活的各个方面，看起来似乎是日常小事，却是一个有教养的人的文化修养和精神内涵的标志或表现。当然，文明行为不只是一个人的行为的外部表现，重要的是这些外部行为应反映出一个人的内部心灵或性格的特征。否则，一些人学会了“彬彬有礼”、衣着讲究，给人一种很有“教养”的印象，但实际上他仍可能是虚伪、狭隘、自私和粗鲁的人。所以，文明行为教育应当同个体的精神培育结合起来。

《中小学生守则》和《小学生日常行为规范》是小学生应当遵守的行为准则。它是对学生进行文明行为及其他道德品质教育的基本要求，学校要教育学生坚持不懈地严格执行。对小学生进行基本道德和行为规范的教育是小

---

① 转引自商继宗著：《中小学比较教育学》，人民教育出版社 2005 年版，第 192 页。

学德育内容的重中之重。

2. 公民道德与政治品质的教育

公民道德与政治品质教育的主要内容包括集体主义、爱国主义、民主法制观念和其他政治常识的教育等项内容。

集体主义教育是社会主义道德品质教育的最重要的内容之一。集体主义教育必须要养成学生善于在集体中生活的习惯，使学生关心集体，关心同学，愿为集体和同学服务；学生对集体要有责任感与荣誉感；发展同学间的友谊，促进同学间的团结。我国现在的许多小学生是独生子女，对他们进行集体主义教育是他们健康和幸福成长的重要途径。

爱国主义是人类一种最古老的感情，是千百年巩固起来的、人们对祖国的一种最深厚的情感，是对祖国在历史上所起的进步作用的正确理解，也是力图使祖国更富强、更强大，为世界和平与人类进步做出更大贡献的一种坚定的志向。进行爱国主义教育应当注意的问题主要有以下几个。第一，爱国主义教育既有一般的对于祖国的向往、爱恋之情，也有对于具体的祖国的热爱与奉献。向学生进行爱国主义教育，主要是倡导民族奋发精神，焕发儿童和青少年的斗志，为把祖国建设成一个社会主义强国而不懈努力。其中要特别注意实现爱国主义教育对小学生学习动机的增强作用。第二，爱国主义与爱社会主义制度是一致的。只有社会主义才能救中国，只有中国特色社会主义才能发展中国，这是中国历史的必然选择。所以，真正的爱国主义者必然热爱中国特色社会主义制度，拥护改革开放政策，努力实现爱国主义与热爱社会主义教育的内在统一。第三，爱国主义应与改革开放的新形势紧密结合。由于科技、经济的发展，今天的世界已经变成了一个“地球村”。中国的发展进步是世界发展进步的一部分。当今世界的许多问题也只有从全球的大局出发才有可能解决。加强各民族之间的理解与合作是世界进步和国家发展的重要条件。所以，今天的爱国主义教育，应当将爱国主义同国际主义、国际合作和对世界和平事业的理解和支持等紧密地结合起来。

爱国主义在政治生活中的重要表现是自觉维护民主与法治。所以，公民权利与义务意识、法治意识的培养也是学校德育的重要内容。小学阶段应当努力对小学生进行民主与法治的启蒙教育，使学生对民主的政治与社会生活及其条件有较为感性和直接的了解，从小树立民主与法治的观念，自觉履行公民义务，捍卫公民权利。同时还应当采取适合小学生发展实际的形式进行其他有关国家政治生活常识的教育。

3. 世界观、人生观和理想的基础教育

世界观、人生观、理想是人的精神内核。对世界观、人生观和理想的培育是德育的最高目标，同时也是德育的基础性工作。只有确立了正确的世界观、人生观及美好理想，学生才可能有健康、自觉的价值生活，才能有真正合乎道德的行为，形成真正的文明行为习惯。儿童、少年处在世界观、人生观和理想的形成、发展的关键时期。世界观、人生观和理想的基础教育应当成为德育的重要内容和根本任务。

小学德育在处理这一方面内容时要注意的问题有两个方面。第一，小学生年龄和发展的实际决定着小学德育工作者的重要使命是努力探索适应我国小学生品德发展实际的教育方式，生动活泼地完成启蒙和奠基性质的世界观、人生观和理想教育的任务。第二，采用适当形式开展这一教育不等于完全否定这方面的教育。适当地开展世界观、人生观和理想教育是必要的，也是可能和可行的。

以上是德育内容的重点。在这一方面，我国政府对小学的德育内容有统一的规定，目前主要体现在《小学德育纲要》等文件、法规上。

《小学德育纲要》规定："小学德育主要是向学生进行以'爱祖国、爱人民、爱劳动、爱科学、爱社会主义'为基本内容的社会公德教育和有关的社会常识教育（包括必要的生活常识、浅显的政治常识以及同小学生有关的法律常识），着重培养和训练学生良好的道德品质和文明行为习惯，教育学生心中有他人，心中有集体，心中有人民，心中有祖国。"具体德育内容主要有以下十条：一、热爱祖国的教育；二、热爱中国共产党的教育；三、热爱人民的教育；四、热爱集体的教育；五、热爱劳动、艰苦奋斗的教育；六、努力学习、热爱科学的教育；七、文明礼貌、遵守纪律的教育；八、民主与法制观念的启蒙教育；九、良好的意志、品格教育；十、辩证唯物主义观点的启蒙教育。党的十八大以来，立德树人、社会主义核心价值观教育都得到了进一步强化。2014年，教育部《关于全面深化课程改革落实立德树人根本任务的意见》强调要"大力弘扬中华优秀传统文化，把培育和践行社会主义核心价值观融入国民教育全过程，倡导富强、民主、文明、和谐，倡导自由、平等、公正、法治，倡导爱国、敬业、诚信、友善。要立足中国国情，具有世界眼光，面向全体学生，促进人人成才"。同年，教育部《关于培育和践行社会主义核心价值观进一步加强中小学德育工作的意见》则特别强调了加强中华优秀传统文化教育、公民意识教育、生态文明教育、心理健康教育、网络道德教育等德育内容的重要性。

三、小学德育实施的途径和方法

德育的途径和方法是由德育的任务、内容等方面因素决定的。由于小学德育的任务、内容是多方面的，因此，进行小学德育就有多种途径和方法。

（一）小学德育实施的途径

小学德育的途径主要有专门德育课（如“道德与法治”）和其他各门文化课教学、班主任工作、校会和班会、少先队活动、各种课外校外活动等。以下介绍几个最主要的方面。

1. 专门德育课教学

专门德育课是向小学生比较系统地进行直接和专门德育的课程，是我们学校教育具有社会主义性质的一个重要标志，也是小学进行思想品德教育的重要形式。2000 年以后，这一课程已与社会课结合形成了“品德与生活”“品德与社会”两门以德育内容为核心的综合课程。2016 年，这一课程名称改为“道德与法治”。其任务是使小学生初步具有社会主义道德品质和良好的行为习惯，立志做有理想、有道德、有文化、有纪律的劳动者，为使他们成为具备参与现代社会生活能力的社会主义合格公民奠定基础。“道德与法治”课程在小学课程中的位置如图 6-1 所示。

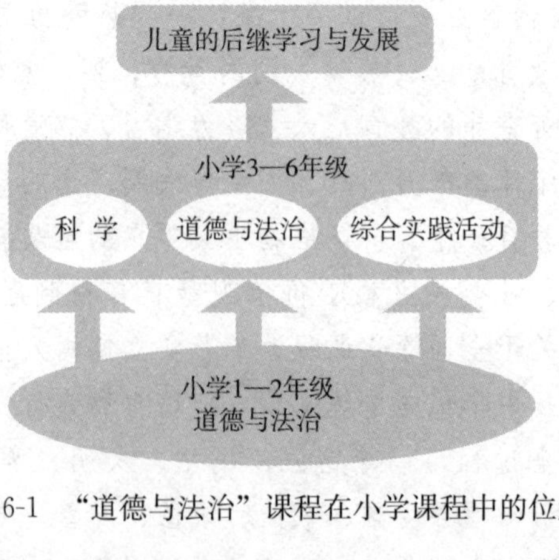

图 6-1　“道德与法治”课程在小学课程中的位置

在对学生进行思想品德教育的过程中，专门德育课有着其他途径所不能代替的独特作用。小学的德育课，不能讲成中学或大学的政治课，要结合小学生的年龄特点、生活实际，用小学生容易懂的语言，结合具体实例讲清道理；也可以让学生讨论分析某些现象和行为，明辨是非，掌握正确的价值观念。要上好小学的德育课，应注意下列几点。

（1）目的、要求要切合学生实际。这是教育能否成功的前提之一。要做到这一点，就必须在确定教学目的之前，先从调查研究入手，分析本年级、本班学生的情况和特点，然后依据课程标准的精神，确定学年的教学计划和每个单元、每一堂课的具体目的和要求。

（2）每堂课的主题要小一些，灵活一些。学生的道德认识、道德观念，应当通过一个个感性而具体的概念逐步积累、形成，从认识无数小道理达到认识大道理。教学要由近及远，由浅入深，从具体到抽象，从现象到本质。如果主题过大，内涵过深，教师不容易讲透彻，学生的印象不深刻，就达不到教育的目的。因此，课堂主题既要易于引起学生的兴趣，又要便于记忆、理解和在实践中应用。

（3）教学要点简单明了，有针对性，讲究实效。教学要点是为了达到一堂课的教育目标所必须讲清的几个最主要命题，它是教师的教学提纲，也是学生领会某个道理的要领。教师讲课时要把学生的注意力引导到最主要、最本质的东西上去。

（4）材料生动形象，做到思想性、知识性、趣味性和实践性相结合。德育课上运用的材料，是帮助学生形成道德认识、启发道德实践的基础。因此，要重视选材。材料要立意深刻，有感染力，紧扣中心。材料可以是书本上的，也可以是学生生活中的；可以是故事、童话、寓言，也可以选用一些诗歌、图画以及谚语、格言等。

（5）坚持启发式教学。发挥学生道德学习的主体性是小学德育是否成功的关键。教师要运用灵活多样、生动活泼的教学方法，充分调动学生的积极性和主动性，引导学生独立思考，形成自我教育的机制。

2. 其他各科教学

学校以教学为主，学生在学校大部分时间是上文化课。因此，通过德育课之外的其他各科教学向学生进行思想品德教育是最经常的、最基本的途径。

教学本身具有教育性。小学各科教材都是根据教育方针和培养目标编写的，它们具有丰富的思想教育的内容。小学各科教学是为学生学习系统的科学文化知识打基础的。学生只有掌握了基础知识，才能逐步形成科学的世界观和良好的道德品质。所以，学科教学和思想品德教育是紧密相关的。但是由于各科教学内容不同，因而它们在思想品德教育中的意义和作用也就不同。

语文课的许多内容思想性都很强，通过分析课文中事件和人物的是非、善恶、美丑，可以使学生在学习语文知识的同时受到思想品德的感染和教育，数学课、科学课有利于培育学生的科学精神、唯物主义世界观。体育类课程有利于学生锻炼意志，形成团队、合作意识。音乐、美术等课程通过艺术形象使学生受到美好道德情操的熏陶。

作为一种与显性课程相对应的隐性课程，课堂教学的组织形式等也具有重要的德育意义。民主和有效的教学形式既鼓励学生追求真理、积极参与，又要求学生遵守课堂纪律，端正学习态度，认真完成作业。在课堂上教师还要对学生做出评价，进行表扬和批评。这些做法都会对学生有很大的教育作用。

对教学具有教育性的理解，不需要牵强附会，在教学之外另加上什么思想道德教育的东西，使各科教学都变成德育课。但二者又不是纯粹自发的结合，需要教育者自觉地有意识地掌握和发掘教材中的教育因素，在组织教学中注意对学生进行思想品德教育。

3. 校会、班会和少先队活动

校会是指全校性的大会，是对全体学生进行教育的一种途径。校会分定期和不定期两种类型。如开学典礼，在开学初举行，一般是向全校师生报告本学期的工作计划，对学生提出要求，使学生明确本学期的任务，激励他们在思想和学业上努力上进。又如结业典礼，在期末进行，欢送毕业同学，总结一学期的工作，表彰学生的优秀表现，号召同学向身边的榜样学习。还有在国庆节、“六一”儿童节等重大节日举行的校会，也是对学生进行思想品德教育的重要途径。班会则是经常、更有针对性的集体教育形式，而德育活动应当成为班会计划的核心组成部分。

少先队组织是少年儿童自己的组织，在促进儿童品德发展、全面发展方面都有重要意义。少先队的队会是小学生自我教育的重要形式。学生在少先队及其活动中，根据民主集中制的原则，推选出自己的领导人，学习过健康向上的民主生活。他们在辅导员的指导下，学习自己管理自己，并组织各种有教育意义的活动。由于少先队活动是学生自己组织的，它更符合学生的年龄特点和要求，受到学生的欢迎，可以设计生动活泼的形式吸引更多学生参加。学校德育应当重视发挥少先队的德育作用，使学生在自己组织的实际活动中受到多方面的教育。

（二）小学德育实施的方法

德育方法，是为了实现品德教育的任务所采取的措施和手段。德育中始终存在着两种根本对立的教育方法：一种是以说服教育为主，以理服人，正面启发引导和注意实际锻炼的方法；另一种是以压服为主，搞强迫命令，以力服人的教育方法。我们要进行真正的德育，就只能采用说服为主的教育方法，绝不能运用压服的方法。

小学德育的方法主要包括说服教育、榜样示范、实际锻炼、表扬和批评、奖励和惩罚等。

1. 说服教育

说服教育是社会主义学校对学生进行思想品德教育的基本方法。这种方法通过讲解、谈话、讨论等方式摆事实，讲道理，启发学生的自觉性，提高学生的思想觉悟和培养学生的道德品质。

讲解是指教师对特定德育内容进行系统和生动的解释，以使学生较系统地深刻地理解道德教育的内容和意义，掌握正确行为的价值标准和方法，以指导行动。运用这种方式，除了应当注意一般讲解法所应注意的问题之外，还应当尽可能引用本地、本校的真人真事，使学生借助于具体材料，领会道德要求的基本要点。讲解的语言要准确生动，通俗易懂，富有启发性和说服力。

谈话是说服教育方法中最常用的一种方式。它是通过师生对话的方式对学生进行教育。教师可以向学生提出问题，也可以解答学生的问题。它不受时间、地点和人数的限制。在课内、课外，对个人或集体都可以采用。谈话内容既可以结合课堂教学，也可以针对当前事件和学生普遍存在的问题进行。特别是个别谈话更能深入细致地了解学生，使说服更有针对性，更加灵活生动，把思想工作做到学生的心坎上。谈话前应有准备，谈话的内容、方式要根据学生的特点来确定。谈话后要向学生提出具体行动上的要求，做好巩固工作。谈话应该是经常性的，不只是在学生犯错误时才进行。教师找学生谈话时，态度应该亲切、真诚和自然。

讨论方式主要适用于小学高年级。它是学生在教师指导下，通过集体自己教育自己的方式来进行。它的特点是有利于启发学生的自觉性，特别是在学生对某些问题认识上存在分歧时，运用这种方式更有效果。如果运用得当，这种通过讨论启发学生自觉的教育方式，对于提升道德认知水平常常能带来很好的教育效果。

2. 情感陶冶

情感陶冶法是指通过设置一定的情境让学生自然而然地得到道德情感与心灵的熏陶、教育的一种教育方法。如果说讲授、谈话、讨论等是一种明示的德育方法的话，陶冶则是一种暗示的德育方法。陶冶法的基本理论基础是环境与人的发展的相互作用。一般说来陶冶法有“陶情”和“冶性”两方面的作用机制。陶情是一种与认知活动相互联系的情感和情趣的化育过程；冶性则指与情感联系的认知上的进步乃至人格上的提升。陶冶的过程是陶情与冶性两个过程的统一。因而在道德教育过程中陶冶的方法主要侧重于情感的陶冶，但其作用当然不止于情感的培育。

陶冶的方法自古有之。孔子、老子等人都曾倡导和践行过所谓的“无言之教”。南朝教育家颜之推指出：“人在年少，精神未定，所与款押，熏渍陶染，言笑举动，无心于学，潜易暗化，自然似之。”① 《宋史·程颐传》则明确记载：“今夫人民善教其子者，亦必延名德之士，使与之处，以熏陶成性。”

情感陶冶法的具体实施途径一般包括三个方面：教师的师爱、环境陶冶、艺术陶冶。陶冶法的关键是要设置具有隐性教育意义的教育情境。其基本要求如下。①教师的最主要功能体现在教育情境的设计上，这一情境必须能够引人入胜，具有感染力。教育作用是渗透其中而非显性的存在，在教育情境设置之后，教师的作用应当尽量淡化，除非教师在情境中作为情境的构成要素之一存在。②教师作为教育情境的构成要素的条件是对学生的挚爱、真诚以及自身道德人格的魅力。同时教师应当成为道德人格上的榜样——陶冶的一个重要因素。③应当促进学习主体与教育情境的互动，强调学生的主动参与以及对环境的净化、美化和改进。主体的主动参与是增强道德陶冶作用的一个重要条件，因为“参与”可以使环境变成一种具有亲和力或亲切感

① 《颜氏家训·慕贤》。

的道德影响源。

在若干种陶冶法中，英国教育家威尔逊的“家庭化模式”是一个可以借鉴的典型。其具体做法是：由30—80名不同年龄和性别的学生组成一个“家庭”，有自己的家长、男女舍监和自己的房子，成员共同参与一些仪式和日常生活。其中家长既是保证规则实施的监督者和主持人，更是一位与学生平等的角色，他的主要任务是使学生意识到自己的情感，并正确处理自己与他人的情感问题。男女舍监分别代表男女主人，管理家庭生活。由于家庭既提供归属、安全、交流与合作的机会，又促使儿童独立思考和承担责任，情感生活与道德生活统一，应该说家庭化模式是一个较好的德育方式。

情感陶冶法广泛应用于德育过程之中。陶冶法的长处是教育意向和教育内容寓于生动形象、趣味盎然的环境与活动之中，教育过程具有情感与认知高度统一的特点，易于发动和培养学生的学习动机、想象和理解能力等。陶冶法的短处是它不能在短时间内传授明确和大量的知识信息，所以，陶冶法须与其他教育方法结合起来才能发挥更大的教育功效。

3. 榜样示范

榜样示范是以别人的好思想、好品德、好行为去影响、教育学生的一种方法。榜样人格具体、生动、形象，对学生具有巨大的感染力和说服力，易于为学生所领会和模仿。特别是小学生，他们的心理特点之一就是特别希望找到具体的值得尊敬的英雄模范人物，去学习，去模仿，所以教育意义更大。运用榜样教育学生，要选好典型，使典型本身有教育意义，切合学生的实际。

一般常选用的榜样有以下几种。

(1) 革命领袖、英雄模范人物。小学德育活动要通过形象生动的方式引导学生学习、继承和发扬革命前辈和英雄模范人物的崇高思想、革命胆略和道德品质，使学生坚定地树立为人类正义事业献身的信念。

(2) 历史上伟大人物、科学家、艺术家以及文艺作品中的典型形象。这一类型的榜样教育需要课堂教学和课外学习两个渠道的相互配合，共同发掘教育资源。

(3) 同学中的好人好事。由于这种榜样是从本校、本班同学中产生的，和小学生的年龄、生活经历相接近，所表现出来的好品德、好思想、好行为，学生比较熟悉，容易接受和仿效，所以有较高的教育价值。不少学校开展不同类型“校园之星”的评选活动等就是这一类型榜样教育的较好方式。

(4) 教师和家长。特殊的人际关系决定了这种榜样的作用具有经常性和直接性。教师和家长的语言、行动、思想作风时刻都是学生学习和模仿的对象，教育作用很大。很多学生的思想作风、行为习惯，甚至个人爱好，都是从教师和家长那里学来的。因此，教师和家长应该自觉把自己看作教育学生的表率，成为自觉的德育力量。

运用榜样教育学生，教师要事先有周密计划，使学生明确向榜样人物学习什么，怎样联系自己的实际，应从什么地方学起，怎样逐步深入等。引导学生向榜样人物学习，绝不能仅仅停留在故事情节的介绍上或学生一时的情感冲动上，要鼓励学生将自己对榜样的学习落实到日常生活之中。

4. 实际锻炼

实际锻炼是形成和巩固学生思想品德和行为习惯的最有效的方法。这种方法是让学生通过参加各种活动和交往受到实际的锻炼，从而养成学生良好的道德行为习惯，达到知行统一、言行一致的目的。

学生参加实际锻炼的方式是多种多样的，有学习活动、各种劳动、社会活动、参观访问、各种有益的竞赛活动等。

为了充分发挥各种实际锻炼方式的作用，教师应注意以下几点。

(1) 要明确锻炼的目的和要求，要有严密的组织工作。开展什么样的活动，受到哪些锻炼，训练哪些方面的品德行为和能力，事先都要有周密的计划。

(2) 要充分尊重和发挥学生的主动性和积极性，使学生成为各种实际锻炼的主人。

(3) 实际锻炼要反复进行，做到持之以恒。学生的日常生活，都是他们进行实际锻炼的机会，要坚持通过日常的学习、劳动和生活进行反复练习。

(4) 建立合理的规章制度。这是加强学生实际锻炼的一种带有强制性的辅助手段。这一手段可以保证学生实际锻炼的连续性和经常性。小学的各种规章制度主要有：《中小学生守则》，作息制度，奖惩制度，少先队、班委会、课外活动小组等组织的生活制度。但应注意的是：这些制度是教育学生的辅助手段，绝不是管、卡、压学生的工具。所以，学校一方面要注意发动学生参与某些规章制度的制订，确立小学生的主人翁意识，另一方面要注意把各种管理手段和制度同说服教育等方法相配合进行教育。

5. 奖励与惩罚

奖励与惩罚（含表扬与批评），是小学德育不可或缺的教育方法。

表扬与奖励是对学生好的思想品德和行为给予肯定的评价，使学生明确自己的优点和长处，并得到进一步的巩固和发扬。这种方法既可以用于个人，也可以用于集体。用于个人时，不仅个人受到鼓舞，也可使集体受到教育；用于集体可以巩固集体成绩，培养学生的集体主义精神。表扬与奖励的方式多种多样，一般常用口头表扬、书面表扬、颁发奖状、奖品等形式。

批评与惩罚是对学生不良思想品德和行为给予否定的评价，目的是帮助学生分清是非，明确努力方向，使学生克服缺点，改正错误。批评或惩罚一个学生，应该使全体学生受到教育。惩罚的方式是给学生以处分，分为警告、记过、留校察看、开除学籍等。

运用表扬与批评、奖励与惩罚应该注意以下几点。

（1）要做到公正合理，切合实际。教师要深入了解具体情况，当学生确实表现好时，就给予恰如其分的表扬或奖励；当学生确实有错误时，要给予适当的批评或惩罚。同时还要注意表扬、奖励学生时，要进一步提出更高的要求与建议，或指出他们存在的不足之处，以利于在今后加以改进；批评或惩罚学生时，不要全盘否定，而要耐心鼓励，指出其努力的方向。

（2）要得到学生集体的支持。奖励惩罚依据的规章应当在与学生充分讨论、为学生理解和支持的条件下实施。只有当教师对学生的评价与学生集体对个人的评价相符合，并得到学生集体舆论支持时，才会产生既教育个人，又教育集体的教育力量。特别是一些比较重要的奖励和严重的惩罚，最好先在学生集体中进行充分酝酿讨论，有了群众基础再进行。

（3）要恰如其分并有教育意义。过多地运用奖励就不能使学生或集体感到光荣，容易使学生对奖励产生满不在乎或无所谓的心理状态。运用惩罚更要慎重。学校中的惩罚是通过学生以处分的方式使学生认识到必须承担犯错误的责任和后果，从而对自己、对其他学生都有所警戒。由于惩罚是一种相对消极的方法，处置不当时副作用较大，也容易使学生产生抵触情绪，因而，除非犯错误的性质和情节十分严重，不进行处分不足以警戒，一般情况下，不要轻易使用。在学校中，教育法规和职业道德都禁止体罚或变相体罚。教师也不能以劳动或罚款作为惩罚手段。

上面讲述了思想品德教育的几种常用的方法。需要指出的是，任何一种德育方法都不是灵丹妙药，应当根据不同情况，综合使用，灵活掌握。德育工作具有科学性，也具有艺术性。学生良好的道德品质的形成是学校整个教育教学工作的结果，也是教师的综合修养和教育艺术的结晶。小学教育工作者要努力探索、创新符合时代要求和学生发展实际的德育方法。

第二节　智　育

一、智育及其功能

（一）智力与智育的含义

智育是教育者创设一定的情境以提升教育对象的智慧水平为目标的教育。“智慧”包括内容和形式两个方面：在内容方面，指人对知识的掌握，对事物的敏捷而正确的理解、辨析、判断，以及具体的发明创造等；在形式方面，则包括理解、辨析、判断和发明创造等方面的心智和实际能力（即智力）。因为智力对于智慧内容的产生具有十分重要的意义，所以对智育范畴的理解首先必须与对“智力”及其发展的理解联系起来。

1. 智力的内涵

我国学者认可的智力概念一般是指认识方面的各种能力，即观察力、记忆力、思维能力、想象能力的综合，其核心成分是抽象思维能力。① 所以，所谓对智力的培养当然也就包括了上述能力的发展。为了实现这些能力的发展，我国学者通常主张要通过传授知识、发展技能等方式进行教育。这一理解与借鉴苏联心理学和教育学有很大的关系。

现代西方心理学对智力的探究成果十分丰富，理解也有较大的差异。

比如关于智力的要素，斯皮尔曼认为，智力因素主要由一般因素

① 朱智贤主编：《心理学大词典》，北京师范大学出版社 1989 年版，第 953 页。

(G 因素）和特殊因素（S 因素）两项因素组成。前者指一切智力测试中都能检测的能力；后者指仅表现于个别特殊课题中的能力。而吉尔福德则认为智力涉及运思（认知、记忆、发散思维、辐合思维和评价五类)、内容（视觉的、听觉的、符号的、语义的和行为的五类）和产物（单元、类别、关系、系统、转换和蕴含六种）三个方面，总计 150 种心理能力。目前，西方心理学的主流是认知心理学。认知心理学的主要观点是，智力是人对信息的加工能力。较有代表性的是美国心理学家斯腾伯格的智力三元理论。斯腾伯格认为：智力是使个体产生适应环境的行为的心理能力；适应性行为既要反映刺激的新颖性，又要反映信息加工自动化的程度；产生适应性行为的心理机制是信息加工的反省成分、操作成分和知识习得的协同。此外，加德纳等人的多元智力理论，对于智力概念的理解也发挥了十分积极的作用。心理学的许多成果还有待进一步的检验，但是目前已有成果对我们正确理解智力就已经有了重要的促进作用。

对于中西方的观点，我们不妨综合起来理解。智力实际上就是人的智慧能力，即人们认识理解客观事物并运用知识经验等解决问题的能力。它可以表现为观察力、记忆力、思维能力、想象能力等各种认识方面能力的综合，也可以理解为一种系统处理和加工信息的综合心理能力。

2. 智力在何种意义上是可以发展的

心理学和教育学上往往有两种不同的智力观。心理学，尤其是测量心理学往往将智力与智商（IQ）联系起来，将智力看成是个人在团体中按聪明程度排列所处的位置。这样的智力受遗传因素的影响远大于环境或教育的作用。同时，虽然个体随着年龄和教育程度的增长其认知能力在不断发展，但他们在同龄人团体中的智商位置往往仍然是相对不变的。这样的智力概念是一种自然能力（power)，而不是一种可以通过教育去开发与发展的潜在能力（capacity)。另一种观点认为，智力主要是一种习得的认知能力。美国哈佛大学教授帕金斯就认为：智力＝自然或天赋能力（power）＋策略（tactics）＋知识。其中“power”指人的神经系统的生理功能，不易为后天所改变；后两者则是指个体通过学习所能获得的策略技巧和各科知识。显然，假如我们将智力仅仅做前一种，也就是狭义的理解，智育的意义就会大打折扣。

关于智力概念的正确理解应当包括以下两点。第一，即使是狭义的智力也不是一个封闭的系统，它不可能脱离相关因素的影响。因此，我们赞成较为广义的智力概念，即智力是一种由天赋、策略和知识等因素合成的综合能力。第二，即使将智力看成是个人在团体中按聪明程度排列所处的位置，人的智商也不是绝对不可改变的东西。小学阶段，学生的智力正处于发展阶段，更不能对学生当下的智力做出狭隘和武断的结论。教育活动所要做的只是要在承认智力差异、发展可能的条件下促进学生智力水平的提高。

3. 智育与教学的区别

智育与教学是一对交叉概念。智育与德育、体育、美育、劳育等相并列，构成一个教育内容的完整构架。它们的上位概念是“教育”。而教学则是各育都可能具有的教育实践形式。换言之，教学并不仅仅只是智育的活动方式，德育、体育、美育、劳育等都可能需要教学途径去完成，而各育在教学过程、原则和方法上也都有各自的特殊性。同样，智育以教学为自己的重要途径，但这一途径并不是智育的唯一途径。

（二）智育的功能

智育的意义重大。《中华人民共和国宪法》规定：“国家培养青年、少年、儿童在品德、智力、体质等方面全面发展。”智力发展是我国教育工作者的重要任务。智育的意义可以从其必要性和可能发挥的功能两个角度去理解。

1. 智育的必要性

我们知道，人类的智慧成果是以两种形式得以传承和发展的：一是客观的或物质的形式，如工具、图书和其他媒介的形式；二是主观的即主体的心智能力包括智力的形式。这两者之间又是通过相互作用而相互促进的。教育对于智力发展的必要性主要体现在两个方面。

第一，在没有学校教育参与的情况下，人的智力也会在生活中得到一定的发展，但这一发展是自发和缓慢的。学校教育对智力的开发是有意识的，所以会提供较多的刺激智力发展的条件和方法，从而加速这一发展。

第二，要使每个人类个体所具有的智力潜能得到充分发展，需要将物化的智力成果（即客观知识体系）同主观的智力成果（即主体的认识能力）结合起来，在实现客观文化向学生主体能力转化的同时，促进智力的发展。而学校教育是客观文化和主观文化结合起来的专门形式。也可以这样说：正是人类社会将客观文化和主观文化结合起来的智力发展的需要造就了学校教育这一专门形式。所以，智育是人类智力水平不断提高的重要途径。此外，智育的重要任务之一是要让学生掌握作为智慧内容的人类已有的知识和技能体系，这不仅是社会与个体生存和发展的必需，而且是智力发展的需要。因为我们无法设想智力可以在没有内容操作的状态下存在和发展。

2. 智育的具体功能

（1）从社会的角度看，智育是生产力和科技发展、社会进步的催化剂。考察教育史不难发现，智育的发展往往是以社会生产和科技发展为客观基础的。这包括为智育发展提供物质条件，但更重要的是为智育的发展提供动力。我们看到，在农业经济时代，由于生产力发展极其缓慢，社会只对学校教育提出了较低的发展智慧水平的要求。所以，智育在教育活动中所占的比重较小。出于维护社会秩序的需要，在古代社会，第一位的教育内容无论东西方一直是所谓的德育。现代社会，从机器大工业到信息革命的今天，由于生产力和科技的突飞猛进，社会生产对科技，最终是对具有一定智慧水平的人才的需求日益增强。因此教育史上就提出了“知识就是力量”的命题，进而发展成为今天世界范围的忽视其他教育内容的“智育第一”的病态教育景观。但是倒过来看，我们也可以说，正是因为教育的参与，尤其是智育的参与，社会生产力和科技才能够如历史上所表现的那样，从一开始的缓慢进步，到今天的突飞猛进。当代社会处在知识经济时代。创造性等智力的发展对于社会发展极其重要。如何发挥智育的育智功能已成为越来越多的人所认识到的有关社会和个人发展的最紧迫的时代性课题。

（2）智育是实现人的全面发展的重要途径。古代社会，由于生产力和社会制度的制约，造成了体力劳动和脑力劳动的分工和对立。现代社会从机器大工业时代开始，脑力劳动与体力劳动的分离所造成的人的片面发展就成为一个要逐步克服的问题。智力的自由发展意味着：个体不再仅仅是一个简单的劳动工具，而是一个能够全面、自由和充分地吸收、再现人类社会历史所形成的知识、经验和能力，并在此基础上有所创造、有所前进的积极的主体。故智力发展也就成为个体全面发展的重要内容，以智力发展为主要目标的智育活动也就自然成为个体实现全面发展的有力武器。

智力发展本身是全面发展的重要内容，同时它也是促进其他各育发展的重要基础。无论德育、体育、美育或劳育，必要的知识以及理解和认知能力都是不可或缺的因素。比如，在德育过程中，道德判断、推理的过程，道德情境和事实的分析以及道德策略的选择等都需要一定的知识和心智能力做基础。否则，即使价值观方面的教育再有效，学生在践行道德时仍然会有判断失误和“好心办坏事”的问题。列宁曾经说过：“只有了解人类创造的一切财富以丰富自己的头脑，才能成为共产主义者。”① 与此类似，其他各育（美育、体育、劳育等）也必须建立在知识和智慧的基础之上。所以，智育对人的全面发展的影响并不局限于智力发展的影响本身。

（3）智育对于每个人的生活质量提高有重要的意义。当代社会是一个高度智能化的社会。即使是娱乐、消遣活动，也打上了智能的烙印。一个智慧发展上有缺陷的个体无法自由和幸福地生活于现在和未来的社会。从个体社会生活的角度看，智育的意义也是十分重大的。

二、小学智育的任务、内容与实施

智育的根本任务当然是要培育或发展学生的智慧，尤其是智力。智育的主要任务和内容应当是传授知识、形成技能和发展智力。之所以强调知识和技能的传授，是因为这两者是发展智力的必要条件。此外，要充分发展学生的智力，还需要努力培养他们的自主性和创造性。

（一）传授知识

关键的理解应有两个方面：一是如何界定知识，是狭义还是广义的知识概念；二是如何认识知识传授与智力发展之间的关系，即如何看待实质教育和形式教育的关系。

现代认知心理学认为，知识可分为陈述性知识和程序性知识。陈述性知识是指个人有意识的提取线索，因而能够直接陈述出来的知识。陈述性知识也可称为记忆性知识，是一种狭义的知识。程序性知识则是指个人无意识的提取线索，其存在只能借助某种作业形式间接推论的知识。比如，一个学生如果仅仅能够识记四则运算的法则，他掌握的可能仅仅是某种陈述性知识。如果他能够熟练地运用四则运算的法则进行应用题的心算，即使他没有意识到他识记了这些法则，他也已经获得了关于四则运算的智慧技能，这就是程序性知识。程序性知识包含了应用规则对外、对内调控的能力。所以广义的知识应当包括陈述性知识和程序性知识。程序性知识是最能体现“真知”的

①《列宁选集》第4卷，人民出版社1995年版，第285页。

形式。心理学研究表明，一般人与专家在处理问题时的主要差异是专家的知识结构中有较多的程序性知识。就智育而言，陈述性知识的学习过程也会产生学生心智的变化。因为记忆能力也是智力的组成部分。如果过于强调陈述性知识的结果，则不仅会影响知识掌握的程度本身，而且会窒息学生将所学知识转化为技能的可能，不利于学生智力的成长。所以，教师要特别注意程序性知识的教与学。

知识学习和智力发展之间的联系不能理解为可以互相取代的关系。智力发展除受知识学习的影响之外，还会受其他因素的影响；同理，知识的学习也并不只有发展智力的意义，并不必然带来智力的同步发展。知识学习只有在它能够充当提高心智发展的条件时，才能构成智力发展的积极因素。形成有利于智力发展的知识结构，创造应用知识的机会，使之由陈述性知识向程序性知识转化，应当成为知识传授和学习最重要的任务。

（二）发展技能

正确的认识也涉及两个方面：一是技能概念的理解；二是技能发展与智力发展的联系。

形成必要的技能也是智育的重要任务。所谓技能，是指在练习的基础上形成的按照某种规则或操作程序顺利完成智慧任务或身体协调动作的能力。技能不仅包括对身体活动的协调能力，还包括进行智力活动的智慧能力和对认识活动本身的反省认知能力。这样，实际上有三种技能类型存在。有的学者认为，动作技能没有多少智力的成分，应是体育或劳动技术教育的内容。这一看法是错误的。外部身体动作技能实际上必然伴随一定的认知、判断、推理和协调的心智活动。动作的学习可能是体育的内容，但动作相关的心智发展却是智育的目标。至于进行智力活动的智慧能力，实际上是人们借助于内部语言以极其简约的形式所进行的智力活动所表现出的能力。从知识的形态上看，相当于程序性知识运用的智慧。默读、构思、心算等都属于智慧技能。智慧技能的培养需要靠必要的训练去解决。对认知策略本身进行反思的能力是随着认知心理学的发展提出来的一项任务。过去我们也谈“认识”概念，但主要是在哲学范围。随着认知心理学对认知策略的研究逐步深入，人们发现，有关人的认识过程存在一些知识和技巧，可以作为一种可迁移的能力来培养。以发现式教学闻名全球的教育学家布鲁纳就曾将教学过程概括为“为学生提供材料同时让学生提出概念假设，对获得的概念进行检验，要求学生分析他们获得概念的策略”三个阶段。其中对获得概念的策略进行分析的做法显然属于试图促进学生对认知策略本身进行反思的能力的一种尝试。所以，要提高学生的智力水平，我们需要对学生的认知本身做一定的了解，并提供反思和改进学生认知策略的机会和途径。

（三）培养自主性和创造性

自主性是一种人格特质而非智力本身。但毫无疑问，自主性也是个体智力品质的重要特征之一。自主性是一种个体能够独立做出判断，批判地反思这些判断，以及依据自己的判断将信念和行动整合起来的心理倾向。自主性与智力活动的联系可以通过智力活动对批判性思维的需要而得到说明。任何智能活动都需要联想等将已知条件和未知的结论连接起来。如果这一连接不是幻想，就必须有一种自主的批判性思维。同时，正常或健康的智育也包括自主性的培养。

英国学者迪尔登认为："智育并不（只）是装载认知内容的问题，它还意味着努力获得精确性、明晰的表达力、秩序，以及各部分之间的关系。当审查和评价认知内容并在总体上对之进行批判性评估时，智育更意味着一种批判性分辨的活动。人们对真理、一致性和适合性始终抱有疑心，而且对谬误、无效性和不贴切性也抱有相应的戒心……正是由于这种批判性思维活动，才使得智育能够培养自主性。"① 所以，我们认为，自主性的培养既是一种价值或德育的目标，也是智育的重要任务。

创造性是人具有较高智力尤其是良好思维能力的重要表现和标志。由于现代社会对创造性的迫切需要，创造性思维能力培养的意义是毋庸置疑的。

美国心理学家吉尔福德曾经依据思维进程的方向特征将人的思维划分为发散思维和辐合思维两种类型，并且认为创造性的主要表现是发散思维能力。所谓发散思维，就是人们常说的"求异思维"或"开放式思维"。在这一思维模式之中，思维在一段时间中可以不拘一格地朝多个方向去探索解决问题的方法、途径和答案。而辐合思维则相反，思维根

---

① 转引自瞿葆奎主编，施良方、唐晓杰选编：《教育学文集·智育》，人民教育出版社 1993 年版，第 29—30 页。

据给定的信息和条件沿着传统的逻辑朝归一或单一的方向推演，最终找到一种合意的答案。这样一种朝一个方向集中的思维模式就是辐合思维。辐合思维也叫“求同思维”和“封闭思维”。吉尔福德等人认为，发散思维几乎可以与创造性思维并称。这是因为只有在发散思维的条件下才能冲破外部的条件束缚和内部的心理定势，从而进行创造性活动。发散思维以思维的流畅性（反映的速度和数量）、变通性（反映类别的多样性）和独特性（出现新观念的概率）作为衡量的指标。换言之，创造性的培养主要从思维的流畅性、变通性和独特性三个方面进行。

但是，创造性思维并不能够和发散思维画等号。这是因为，发散思维本身并不能够独自完成所谓的创造性思维活动的全过程。个体如果有辐合思维上的欠缺，就不可能确定问题的实质，也不可能周密严谨、合乎逻辑地找到问题的最佳答案，所谓创造性就会变成一句空话。所以，智育对学生创造性思维的培养必须从辐合思维和发散思维两个方面的训练着手。此外，创造性是一种综合的心理品质，它不仅仅是思维能力，还涉及认知、情感等许多方面，也涉及许多人格因素。创造性的培养也应当从这些方面入手。应当指出的是，由于创造性本身的复杂性，创造性的培养一方面是智育活动明确的任务和内容，另一方面又是智育活动所应努力探索的课题。

以上我们将智育的任务、内容及其实施的重点做了一个简要的说明。关于智育的内容与实施，还可以从教育途径的角度加以认识。我们认为，小学教育中的智育任务主要是通过文化课的课堂教学与课外活动实现的。智育内容因而可以划分为文化课教学中的智育和课外活动中的智育。

文化课教学中的智育主要是指文化课中涉及智慧水平提升的部分。小学的文化课属于智育范畴的主要组成部分有：①语文课，即关于语言、文字、文学知识的学习与欣赏，对学生的听说读写能力、形象思维与抽象思维能力的培育等；②数学课，对数的概念、空间概念的建立，以及逻辑推演与计算能力的培养等；③科学课程，如自然、生物、地理等方面的教学，主要是严密的思维培养、创造性思维、动手能力的培养等；④社会课程，包括历史、道德与法治等课程中的道德推理与判断能力的培养，历史事件及其原因的推理、思辨，以及对学生观察、合作、实践能力的培养等。可以说，虽然将文化课等同于智育是错误的，但智育需要通过文化课去实现却是完全正确的。

文化课教学之外的课外活动、社会实践等形式对智力的培育十分重要。

课外活动、社会实践等活动作为智育工作的一部分，突出的贡献在于学以致用，巩固文化课中知识、技能的学习，并强化接受智育的动机。实践证明，许多操作性的智能如动手能力的培养等更多需要通过课外活动的方式去实现。因此，小学智育的实施应当是课堂教学与课外活动、社会实践诸环节的统一。

第三节　体　育*

一、体育与身体素质的提高

（一）体育的概念

体育是指以增强体质、发展体能、锻炼体魄为目标的教育。广义的体育是指所有能够增强人的身体素质及活动技能的活动，包括大众体育、专业体育（竞技体育）、学校体育等种类。我们这里所讲的体育是狭义的体育，是指在学校教育中有意识地增强学生体质、发展体能、锻炼体魄的教育活动。目前小学阶段实施的体育课程是“体育与健康”。国家课程标准这样表述这门课程的性质：“体育与健康课程是一门以身体练习为主要手段、以增进中小学生健康为主要目的的必修课程，是学校课程体系的重要组成部分，是实施素质教育和培养德智体美全面发展人才不可缺少的重要途径。它是对原有的体育课程进行深化改革，突出健康目标的一门课程。”

（二）学校体育的特性

学校体育的基本特性是教育性、技能性和娱乐性。所谓教育性，首先是指体育是全面发展的教育的一部分。体育的分工是通过身体活动去提高身体的素质和健康水平，从而为教育对象的全面发展服务。教育性的第二个含义是它的价值属性。体育是通过体格的培育去完成人格的培养任务。体育本身有其“体育精神”，对教育对象的道德、审美和智能的发展都有重要的作用。

* 如果课时紧张，本节可以作为学生的自学内容，也可以结合体育课进行教学。

所谓技能性，是指体育活动还要向学生传授一定的身体锻炼、心理健康和提高体能的知识和技能。所谓娱乐性，是指体育具有在活动或锻炼中使人的身心得到放松、愉悦和享受的性质。学校体育的这些特性使它区别于一般的生产生活活动，比如劳动锻炼和娱乐活动，也区别于竞技体育和一般的身体锻炼。

学校体育最初的来源是人类早期的劳动、战争和娱乐。比如中国古代教育中的"六艺"（礼、乐、射、御、书、数）中的体育内容射箭和驾车，就可以说是直接来自劳动和战争的。但是并不是所有的劳动和娱乐活动都具有体育的功能。相反，一些娱乐和劳动没有锻炼价值，有的还有害于身体健康和体格、体能的提高。在谈到资本主义工场手工业的劳动方式对工人阶级身体的畸形发展的影响时，马克思曾说："工场手工业把工人变成畸形物，它压抑了人的多种多样的志趣和生产才能，人为地培植片面的技巧……个体本身也被分割开来，成为某种局部劳动的自动工具。"① 恩格斯也说过："由于劳动被分割，人也被分割了。为了训练某种单一的活动，其他一切肉体的和精神的能力都成了牺牲品"，而"这种自动工具在许多情况下只有通过工人的肉体和精神的真正的畸形发展才达到完善的程度"。② 学校体育与一般劳动和娱乐活动对身体及其技能的自然影响的区别在于，前者是有意识地选择了那些有益于身体素质和体能全面提高的活动方式，进行有意识、有计划的培育的。

首先，学校体育不同于竞技体育。学校体育与竞技体育当然也有联系的一面。比如，一些体育专门学校就是以提高学生竞技水平为其教育目标。同时，学校体育和竞技体育也有一定的共性，比如，都以提高体质、体能为目标，都以身体活动为手段，都要传授一定的运动知识和技能等。但是一般意义上的学校体育与竞技体育是有严格的区别的。这表现在以下两方面。第一，目标不同。学校体育的首要目标是促进学生体质和体能的提高，运动的知识、技能只是教育手段，身心健康才是终极目标，而竞技体育则不然，体质、体能的提高是竞技体育的基础，在此基础上，竞技体育的首要目标是要提高运动水平，在竞技比赛中获胜。第二，内容不同。虽然同样要掌握必要的运动知识、技能，但学校体育侧重于体育精神的培育、最基本的运动知

① 《马克思恩格斯全集》第 23 卷，人民出版社 1995 年版，第 399 页。
② 《马克思恩格斯选集》第 3 卷，人民出版社 1995 年版，第 642 页。

识、技能和技巧的传授，教育性突出；而竞技体育则侧重于掌握最高超的运动知识和技能、取得比赛的最好成绩，具有明显的竞技性。

其次，学校体育也不同于一般的身体锻炼。一般的身体锻炼在西方也叫"身体娱乐"，具有较多的个体自愿和随意、娱乐的性质。学校体育则不然。它是所有学生必须有计划完成的学习科目，有一定的强制性、集体性、纪律性。学校体育虽然也有娱乐性，但随意和娱乐的性质要比一般的身体锻炼要低。同时学校体育在内容上也具有比一般身体锻炼更为科学、系统和全面的特性。这些区别都是由学校体育的教育性所决定的。

（三）学校体育的意义

习近平在 2018 年 9 月 10 日召开的全国教育大会上强调："要树立健康第一的教育理念，开齐开足体育课，帮助学生在体育锻炼中享受乐趣、增强体质、健全人格、锻炼意志。"纵观历届全国教育工作会议，曾多次提及体育并逐渐具体化，可见体育对于实现教育强国目标的重要意义。

1. 社会发展的基础是社会成员的素质

社会成员的体质是其素质发展的重要组成部分和基础。社会发展要求学校教育通过系统和有效的方式增强社会成员的身体素质。对于个体而言，个体的发展以及幸福生活都要求个体有健康的体魄。个体的事业发展和幸福生活所要求的身体基础最经济、有效的奠定方式就是接受学校体育。对于小学生而言，由于他们的身体正处于生长和发育的关键阶段，学校体育对他们的必要性就更加明显。现代社会是一个物质条件越来越好、闲暇时间越来越多的社会，社会生活的发展创造了前所未有的优越条件，社会发展也越来越要求社会成员具有健康、有情趣的生活能力。这一点也强化了体育对社会发展和个人生活的必要性。

2. 学校体育的具体功能

一是健体功能。

首先，体育活动对身体机能有促进作用。比如体育活动可以改善和提高呼吸系统、循环系统、运动系统的工作能力，提高内脏器官的功能等。

体育活动可以使呼吸肌发达，肺活量增大，同时还能增强肺器官的弹性，使个体在剧烈活动时保证能量供应。体育活动也可以使心脏机能和血液循环系统得到锻炼，心肌增强，心壁增厚，心脏容量增大。据测定，一般人的心腔容量约为 765—785 毫升，经过锻炼的运动员，最高可达1 015—1 027毫升，呼吸系统因此得到改善。一般人的脉搏每分钟70—80次，经常锻炼的人只有50—60次。这就大大减轻了心脏的负担，有益于健康。体育还可以提高运动系统如肌肉和骨骼的机能，促进机体的生长发育，等等。

其次，体育活动可以改善和提高神经和中枢神经系统的工作能力。适当的体育活动可以改善神经过程的均衡性和抑制性，提高大脑皮层的分析、综合能力，增强机体对外界环境的适应能力。同时体育活动还可以改善中枢神经系统对内部器官的调节作用，使各器官和各系统更加灵活、协调，提高机体的工作能力与抗御疾病的能力。

最后，体育活动还可以提高人体对自然环境的适应能力。体育活动可以针对不同的气候和地理环境以及器械等设计锻炼或训练项目。通过这些锻炼，一方面体质、体能得以提高，另一方面人体对环境的应变能力提高，在遭遇特殊情况时，可以做出准确、及时和有效的反应。

二是教育功能。

教育功能可以理解为体育的价值功能。这具体表现在体育活动对德育、智育和美育的促进上。青年毛泽东曾说："体育一道，配德育与智育，而德智皆寄于体，无体是无德智也。"① 就是对体育的育德与育智功能的揭示。体育首先是一种人生态度的培养，它教导个体以健体为基础努力做到自强、自尊，对培养学生的奋发向上、顽强拼搏的勇敢精神、意志力以及正确对待竞争、荣誉、诚实态度等有直接的帮助。同时学校体育的集体活动特性也对培养学生的纪律性、团结和合作精神等有较大的帮助。所以，体育有较大的"育德"功能。身体的活动与智力的运用是密不可分的。除了因为有健康的体魄作基础可以为智育活动提供身体上的保证、可以通过休息或娱乐使智力劳动做到有张有弛之外，体育还可以通过身体的平衡与运动锻炼相关的注意力、观察力、判断力以及随机应变能力和实践思维等。所以，体育对智育也有较大的助益。体育与美育也是不可分离的。体育实际上是要以美的规律塑造学生的体魄，使他们做到健与美的结合。体育活动中存在明显的审美要素：一是人体（骨骼、肌肉、姿态等）的自然和形式美；二是体育运动所展现的精神美，如积极向上的情感、顽强拼搏的精神等；三是体育运动的技艺美，

---

① 毛泽东：《体育之研究》，载《新青年》第3卷第2号（1917年4月1日）。

优雅的姿势、雄浑的力量的展示都会放射出美的光芒。此外，现代体育活动往往融入了音乐、舞蹈等艺术美的成分，对学生的美育作用更是不言而喻的。

三是娱乐功能。

娱乐功能是指学校体育能够使学生在劳累之后在体力和精神上得到恢复和放松。学校体育由于有一定的教学计划和教学任务要完成，所以在组织形式和活动内容上都要严于一般的体育锻炼或体育娱乐活动。但是，体育活动的娱乐性或游戏性是内在的。这正是许多学生喜欢体育的重要原因之一。体育活动一方面可以通过身体和大脑活动部位的转移达到积极休息的目的，另一方面通过高、难、新的精湛技艺所表现出的健、力、美的统一，使人在观赏或参与时不禁有积极的情绪体验和身心愉悦。所以，学校体育也具有明显的娱乐性。

二、小学体育的任务与实施

（一）小学体育的任务

1. 增强学生体质，促进其身体的正常发育

所谓增强体质，主要内涵有三。一是要使学生有一个健全的体格，即是要使学生身体各部分大小、形状、匀称，以及身高、体重、胸围、肩宽、骨盆宽度、皮肤和皮下组织等方面合乎正常、健康的指标。二是要全面地发展学生的体能，使学生的力量、速度、灵敏、耐力和柔韧性等方面的身体素质，以及走、跑、跳、攀、爬等方面的基本活动能力得到提高。前者是后者的基础。三是要提高学生身体适应环境和抵御疾病的能力。所谓“促进身体的正常发育”，是指小学体育应当有基础教育的意识。其主要任务是要促进学生正常的身体成长，在此基础上去谈为国家的体育事业培养后备人才。否则就可能将学校体育变成竞技体育的附属物而走向偏颇。

2. 提高运动素养，传授必要的知识技能

体育活动只能在人们掌握了专门的知识、技能、技巧的前提下才能真正进行。学校体育一方面要教会学生这些知识和技能，另一方面要让学生在运动实践中掌握支配动作的能力。对体育知识的传授和技能的培养应当遵循教育科学和运动科学等方面的规律，有计划地进行，从而有效地培养学生的运动素养。

3. 培养体育兴趣，形成良好的精神品质

现代体育越来越成为终身教育的一部分。所以，培养学生的体育或运动

兴趣不仅对学生身体素质的提高有现实的意义，而且会对学生未来生活情趣和质量的提高也有长期的功效。此外，学校体育还应当注意通过体育活动培养学生公正、诚实、谦逊、礼貌以及团结互助、集体主义等优良品德，形成尊重规则、珍视友谊、尊重他人（裁判、观众等）的体育风尚，培养学生坚毅、果断、沉着、坚定、坚忍不拔、顽强拼搏等意志品质。

（二）小学体育的实施

1. 从活动的内容看小学体育的实施

游戏是小学低年级较常开展的体育项目。集体性质的游戏除了有益于学生增进躯体的灵活性，有益于学生运动反应的灵敏性、随机应变能力的培养之外，还有益于唤起他们的集体主义感受，培养互助、协调的精神。同时游戏也是体育活动由低级向高级过渡的合适形式。田径包括跑、跳、投掷等运动项目，是学校体育的重要项目。长期进行田径项目的体育活动，能促进学生身体的新陈代谢，改善和提高内脏器官的机能，发展速度、灵敏、力量和耐力等身体素质。体操也是学校体育的重要项目，它的动作有简有繁，适应性强，可以在不同年龄段的学生中广泛开展。体操项目对锻炼学生的肌肉力量，身体平衡、灵敏和柔韧性以及遵守纪律、服从指挥、团结互助的品质都有重要的价值。武术则是我国传统的、具有民族特色的体育运动项目。武术的内容丰富多彩，动作舒展大方、刚健有力，且往往不受场地、季节、年龄、性别和设备等的限制，有易于开展的特点。除了以上这些常见项目之外，学校体育还有游泳、棋类、军事体育等项目。不过这些项目往往有一定的条件限制，所以应当因地制宜地开展。

2. 从具体教育目标看小学体育的实施

这主要体现在《义务教育体育与健康课程标准（2011 年版）》和《国家体育锻炼标准》上。

根据《义务教育体育与健康课程标准（2011 年版）》，小学体育要从增强小学生的体质出发，将传授体育运动知识同锻炼身体结合起来，精选符合小学生年龄实际，增强体质效果好，简便易行，同时为儿童喜欢的运动项目作为体育的主要内容。主要有游戏、田径、体操、球类、武术等内容。从量上看，中小学学生体育的课时和教学要求因学段的不同而不同。

三、小学生的卫生保健

小学生的卫生保健是小学工作的重要环节。学校体育工作只有和卫生保健工作结合起来，才能达到增强学生体质、提高学生健康水平的最终目的。因此，学生除了开展体育活动，加强身体锻炼之外，还必须重视卫生保健工作。学校卫生保健工作的任务是：教给学生初步的卫生知识，养成良好的卫生习惯和生活习惯，预防疾病，保证和促进学生的身心正常发育，保护和增进学生的身体健康；使学生从小就树立起“讲卫生光荣，不讲卫生可耻”的新风尚。

（一）小学卫生保健工作的主要内容

1. 教学卫生保健

学生的学习活动主要是通过课堂进行的。因此，课堂教学中的卫生保健工作在学校卫生保健工作中占有重要的地位。注意教学中的卫生问题，不仅关系到学生的生长发育，而且影响着教学的质量。

教学卫生主要是指学生的用脑卫生和用眼卫生。人脑的潜在力量是非常大的，但必须科学用脑才能发挥其作用。特别是小学生的大脑正处在发育成熟阶段，易于兴奋，也易于疲劳。如果违背大脑活动规律，让学生大脑长时间处于紧张状态，就会产生过度疲劳现象。轻者注意力不集中，思维迟钝，头昏脑涨，重者会导致兴奋与抑制机能紊乱，头痛失眠，精神萎靡不振，记忆力和注意力减退，进而出现神经衰弱，严重损害学生健康，使学生学业成绩下降，甚至不能继续学习。所以，在教学中一定要预防和克服学生负担过重的现象。

学生的用眼卫生也应该引起充分注意。如果学生的视力受到损害，近则会给学生的学习带来困难，影响学生的阅读效果和记忆程度，影响学生观察力的提高，使学生智力发展受到限制；远则会给学生将来的工作造成困难，使之不能从事某些专业工作，限制他们的才能的发挥，对社会主义建设也是一个损失。造成学生视力减退的原因很多，但主要原因之一是不注意用眼卫生。如读书时间持续太长，读书、写字的姿势不正确，光线不足，印刷品、桌凳不合适等。因此，学校要在可能的条件下提高教室的照明度，给不同年级的学生配备不同型号的课桌椅，同时要教育学生注意用眼卫生，不要长时间看书，不要在光线不足的地方读书，读书写字时眼睛和书本要有 30 厘米的距离，要经常做眼保健操等。

2. 个人卫生保健

学生个人饮食起居卫生也是学校卫生保健工作的一项重要内容。大多数小学生都住在家里，做好个人卫生的关键在家庭。学校除同家长配合好外，也应向学生提出合理的卫生要求和必要的指导。如要按时饮食，饭前便后要洗手，不在马路上吃东西，不边吃边玩，不贪食，不喝生水，不吃腐烂水果，生吃瓜果要洗净或消毒等，尤其要注意学生吃零食等坏习惯。要教育学生保持身体的清洁。每天睡觉之前、起床以后要洗脸刷牙，要经常剪指甲，有条件的要经常洗澡。身体的清洁卫生可清除细菌的寄生条件，预防疾病。

3. 环境卫生

学校是学生主要的活动场所，要积极美化绿化校园，搞好学校建筑设备的清洁卫生，做到教室、阅览室、宿舍、厕所、饭厅、运动场以及劳动场所和其他设备都清洁卫生。学校要建立健全的环境卫生制度，一般应每天一次小扫除，每周一次大清理。

4. 合理的作息制度

合理的作息制度是保证学生有规律地学习、劳动和休息，使他们健康成长的必要条件。学校生活作息制度的制定，要根据教学计划，兼顾学生的学习、娱乐、睡眠、休息等方面，还要符合学生的年龄特征。学校生活作息制度主要反映在课程表和作息时间表上，它包括各科学习时间的安排，课外活动（体育锻炼、社会活动、课外小组活动等）的时间规定，饮食、睡眠和休息时间的安排等。

必须保证学生有足够的睡眠时间。睡眠是消除疲劳、保护健康的基本生理要求。小学生要有十小时左右的睡眠时间，要教育学生养成良好的睡眠习惯。如早睡早起，睡前洗脸洗脚，睡前不吃东西，不躺在床上看书说话等。特别要注意保证学生早餐的供应量。一般来说，学生如果早餐摄入量不足，就会影响上午第三、四节课的学习。据卫生部门调查，现在学生体育、劳动和学习活动所消耗的热量，超过了摄取的热量，这是值得注意的。研究表明，吃热量充分的早餐，对于集中学生的注意力，提高学生的精神状态是有积极意义的。有条件的学校可以在第二节课以后增加一次早点。

（二）怎样做好小学生的卫生保健工作

学校的校长、教导主任和每个教师都有责任做好学校卫生保健工作。但为了有专人具体负责，规模大的学校应设专职的校医或保健教师；规模小的学校可聘请附近卫生院的医生担任校医，或指定一位教师负责全校的卫生保健工作，协助校长督促检查学校的环境设备是否符合卫生条件，组织全校师生开展爱国卫生活动。要做好小学生的卫生保健工作，应注意以下几点。

1. 进行卫生保健的宣传教育

经常给学生讲解一些生理卫生和公共卫生的基本知识，提出预防疾病的措施和要求，教育学生掌握一些常见小病的医药知识和治疗方法。开展卫生保健的宣传教育要和爱国卫生运动结合。可以根据不同季节疾病流行的情况进行不同内容的宣传，如夏季进行饮食卫生的宣传，冬季进行预防感冒的宣传。宣传的方式应该多种多样，可以利用广播、幻灯、电影、图片、黑板报等，也可以举办卫生展览或专题讲座。有些学校用显微镜组织学生观察腐烂食物中、指甲中的细菌，取得了良好的宣传效果。

2. 建立各种卫生保健制度

培养学生良好的卫生习惯，除了建立合理的作息制度、清洁卫生制度以外，还要定期对学生进行体格检查，建立学生的健康卡片，发现疾病及时治疗。对学生的个人卫生要做到天天检查，可以开展评比和竞赛活动，颁发卫生流动红旗，以提高学生对卫生保健工作的积极性和主动性。学生需要在学校用餐时，学校必须建立严格制度，采取有力措施确保学生用餐的营养、卫生和食品安全。

3. 开展“少年红十字会”等项活动

“少年红十字会”是少年儿童自己的卫生组织。在这个组织里，学生可以学习卫生常识和处理简单伤痛的医疗技术，帮助学校宣传卫生保健知识，执行卫生检查任务等。学校还可以开展“小小卫生员”活动，每班设立2—3名卫生员，他们的任务和少年红十字会一样。开展上述活动，可以使学生从小就养成为人民服务的思想品质，使卫生保健方面的教育与道德教育实现有机的统一。

第四节　美　育

一、美育的含义

美育是以培养学生感受、表现、鉴赏、创造美的能力，从而促使学生追求人生的情趣与理想境界等为目标的教育。美育作为一个相对独立的、明确的教育范畴，一般认为是由德国诗人、美学家席勒在其《美育书简》中提出来的。美育可以分为狭义和广义两类。

> 所谓狭义美育，极端的定义是认为美育专指“艺术教育”；其一般的定义是认为美育指“美感教育”“审美教育”“审美观和美学素养教育”等。
>
> 所谓广义美育，有学者认为：“真正的美育是将美学原则渗透于各科教学后形成的教育。”①

美育定义由狭义而广义的过程中夹杂的另一个维度的变化就是：由形式美育走向了实质美育。所谓“形式美育”，指的是以培养对象的审美素养（如审美观、欣赏美和创造美的能力等）为目标的教育活动。而“实质美育”则以上述目标为手段，追求美育的精神实质：人生的美学趣味和教育的审美境界。梁启超先生说：“我确信‘美’是人类生活一要素，或者还是各种要素中之最重要者，倘若在生活全内容中把‘美’的成分抽出，恐怕便活得不自在，甚至活不成。”“趣味是生活的原动力。趣味丧掉，生活便成了无意义。”② 人生趣味与境界的追求与会听曲子、会作诗或会一套美学理论、拥有自己的审美观等显然都不是一回事。称之为实质教育的原因就在这里。

强调美育对诗意人生的促进功能已成为现代美育的核心。这样，美育概念就应在从狭义走向广义的同时，也实现由形式向实质的革命。

定义的变化意味着美育概念本质的拓展，从而也意味着美育功能认识的拓展。

二、美育的功能

（一）美育的直接功能

美育的直接功能可用两个字表示即“育美”。我国学者认为：“美育的任

---

① 滕守尧：《美育——教育现代化的关键》，载《北京大学学报（哲学社会科学版）》1995 年第 2 期。

② 梁启超：《趣味教育与教育趣味》，载夏晓虹编：《梁启超文选》（下），中国广播电视出版社 1992 年版，第 470 页。

务可以概括为树立正确的审美观，培养欣赏美和创造美的能力。”① 美育的直接功能（审美观以及审美、创作能力的培养等）与美育概念的狭义或形式美育相关。

（二）美育的间接功能

美育的间接功能是一种附带功能，或者说是一种潜在功能，是为其他教育功能发挥提供前提条件的作用，具体讲，就是美育的育德、促智、健体功能等。蔡元培先生在 20 世纪初就说过：“美育者，与智育相辅而行，以图德育之完成者也。”②

蔡元培是我国近代民主革命家、教育家。曾任中华民国首任教育总长、北京大学校长、国民政府大学院院长、中央研究院院长等职。他大力倡导美育，于 1912 年发表《对于教育方针之意见》一文，明确提出“军国民教育”“实利主义教育”“公民道德教育”“世界观教育”“美感教育”五育并举的教育方针。1917 年，他在《新青年》杂志上发表《以美育代宗教说》一文，进一步阐发他的美育思想。有《蔡元培全集》《蔡元培教育论著选》等传世。

蔡元培（1868—1940）

当然，美育之育德功能与促智、健体等功能一样，都是一种创设德育、智育、体育的前提和情境的功能，并不等于德育、智育、体育本身。这是因为审美过程拒斥外在的功利和道德目的。故美育的育德功能等只能是一种附带或间接的功能。

（三）美育的超越性功能

超越是相对于既定的美育功能观而言的。一般的美育功能观认为美育的功能无非在于审美观的确立，审美、创美能力的发展，同时促进德智体诸育

① 成有信主编：《教育学原理》，河南教育出版社 1993 年版，第 382 页。
② 蔡元培：《美育》，载《教育大辞书》，大象出版社 2015 年版，第 222 页。

等，没有超出以上论及的两类功能的范围。与这两种功能观对应的实际上是一种形式美育概念。而与实质美育概念相联系的对于现实生活的超越所形成的人生意趣和理想境界追求等，显然已经“超”出了原有的直接和间接功能范畴。

以蔡元培“以美育代宗教说”为代表的中外美育理论及实践，对于人生终极意义、意趣及教育过程本身美学自由精神的追求等美育“超美育功能”或价值的认识，在某种意义上已是一种世界的潮流。

三、美育的任务

美育的主要任务可以概括为以下四个方面。

（一）培养和提高学生感受美的能力

感受美是审美活动的起点，因而也是学校美育的基本任务。由于千百年以来人类整体社会审美活动实践在心理结构上的积淀，人类个体身上天然就禀赋了某种审美感受能力。所以人天生就能够分辨乐音和噪声，天生就对一些形体、颜色等敏感。但是，这一天然的感受能力具有原初或简单的特性，不能使个体适应今天所需要面临的日益丰富的审美关系和进行审美活动的需要。所以，天然的审美感受能力更多地说明的是人的审美潜能。学校美育的任务之一便是要以此为基础，爱护、发展个体的审美感受力，使之更加敏感、细腻，更加丰富。为此，学校美育应当充分展示自然、艺术、社会和教育本身所蕴含的美的因素，从而养成学生热爱美、欣赏美进而创造美的动机。

人对美的感受能力需要有良好的审美感觉器官，也需要其他感知能力和精神积累作基础。所以，提高审美感受能力，需要也有助于人的整体精神素养的提高。此外，感受美的活动也有益于学生感受美好生活，产生热爱生活、建设美好生活的积极的人生态度。

（二）培养和提高学生鉴赏美的能力

鉴赏美包括“鉴别”和“欣赏”两个方面。前者表示对美与丑及美的质量层次的判定；后者表示对审美对象进行审美活动的心理过程。但是后者只有建立在前者的基础之上，才可以说个体具有一定的审美鉴赏能力。

鉴赏美的能力培养首先要求学校美育要培养学生正确的审美观。这就是说，学校美育既要教会学生正确地鉴别美的内容，也要使他们具有欣赏美的形式的能力。既要让学生接受民族的、社会的、阶级的审美标准，同时又允许他们具有个性特色的审美能力的成长和发挥。健康而有个性的审美能力是学校美育的重要目标。一些学校在美育活动中过分强调对与错，过分纠缠道德、阶级属性等，其结果是审美活动必需的心理自由的丧失，反而败坏了学生的鉴赏力和审美活动本身。这与不分高下、美丑的做法一样是错误的。欣赏美还需要个体具有有关美的基本知识，具有理解美的形式的能力。所以，必要的审美知识传授和艺术修养水平的培养与提高是学校美育的基本任务之一。

培养鉴赏美的能力十分重要。一是因为只有具备鉴赏能力才能谈得上创造美。二是具有鉴赏美的能力可以为主体的生活带来情趣与活力。这也是学校美育的最大意义所在。

（三）培养和提高学生表现美、创造美的能力

个体将自己对美的感悟和把握用不同的形式表现出来，就会自然形成审美创造活动。创造美的能力十分重要。首先，艺术美的创造虽然对大多数学生来说不具有职业定向的意义，但是它对所有教育对象的艺术素养的提高具有决定性的意义。艺术美的创造过程充满了个性和创造性，对学生的个性发展和创造性的提高也具有积极意义。其次，创造美与审美是相互支持的。只有具有一定创造美的实践能力的人，才可能对美的形式有最切近的理解。所以，创造美的能力反过来可以有助于审美能力的提高。最后，创造美不仅意味着艺术美的创造，还体现在对生活之美的创造上。具有创造美的能力的个体会对自己的劳动与生活的条件、环境、对象以及主体自身产生自然的创造美的冲动和审美改造冲动。这对于学生的未来生活具有长远和根本性的影响。

表现美是创造美的初级形式，小学美育应当鼓励学生大胆地表现美，在表现美的同时学会创造美。

（四）培养和提高学生追求人生趣味和理想境界的能力

学校美育的主要任务是培养和提高学生感受美、鉴赏美、创造美的能力，使学生具有发现和创造美好生活的基本能力，从而努力追求高品位的生活、高境界的人生。这一点不仅是学生个体生活幸福的需要，也是现代社会发展向教育提出的时代要求。现代社会的特征之一就是物质财富的空前增长、闲暇时间的空前充足，而且随着社会的发展，这一特征将日益强化。按照心理学家马斯洛的观点，人类个体在基本需要得到满足的前提下，追求真、善、美等将成为主导性的心理需要。忽视这一超越性需要，就会产生现

代人所常见的空虚、无聊、寂寞等心理疾病。所以，美育的重要任务之一应当是培养和提高学生追求人生趣味和理想境界的能力。实际上，我们在完成学生感受美、鉴赏美、创造美的能力的培养时，我们也很难无视人生趣味和境界的最终目标。忽视终极价值教育的美育无法真正培养学生感受美、鉴赏美、创造美的能力；同时，终极性的美育目标也需要通过培养学生感受美、鉴赏美、创造美的能力等才能实现。

四、美育的类型

美的基本形态是艺术美和现实美。现实美又包括自然美、社会美、教育美（教育美也可看作社会美的形式之一）等。因此，学校美育的实施，主要应注意以下几种类型。

（一）艺术美育

艺术美是一种以现实美为基础，但是又经过艺术加工，因而高于现实美的美的形态。艺术美育则是指以艺术美为内容的美育活动。艺术美来自现实美，但是由于有了艺术家的集中、概括、提炼，因而比现实美“更高，更强烈，更有集中性，更典型，更理想，因此就更带普遍性”①。因此，艺术美育应当成为学校美育的核心内容。

艺术美育的具体内容主要有三项：一是在艺术美育中，应当努力激发学生的情感体验，引导学生理解美的本质、内容和境界，从而在实质意义上得到美的陶冶；二是艺术美育还应当努力使学生理解、掌握不同艺术形式及表现方式，不同艺术体裁和风格的特点，从而提高艺术的鉴赏能力；三是让学生通过必要的训练，具有一定的艺术表现或创造能力，提高学生的艺术实践方面的修养。

艺术美育在学校教育中主要是靠艺术类课程去实施的。由于艺术形式品种繁多，学校艺术美育课程应当选择那些基础性强，受学生喜爱，同时又适合各学校实际的艺术形式开展艺术美育。在具体艺术教育类课程的实施过程中，应认真学习《义务教育艺术课程标准（2011年版）》等相关文献。中华民族是一个具有丰富美育传统和文化资源的民族，学校美育应当特别注意发掘、利用好这一优势，在提高美育的实效的同时增强学生对于民族文化的认同感、自豪感。

---

①《毛泽东选集》第3卷，人民出版社1991年版，第861页。

（二）自然美育

自然美是指自然物本身所呈现出来的美的形态。大自然是学生审美情感体验最丰富的源泉。与艺术作品所不同的是，它是现实的，生动、丰富和多变的。比如自然景致就具有天然质朴、色彩丰富的特点，而且随季节、昼夜和天气变化而经常变换。自然美育因此具有非常大的生动性和随机性。

自然美育的主要内容包括：通过自然美的鉴赏，使学生了解自然美的特征，增强学生的审美感知和理解能力；通过自然美的欣赏开阔视野，增加知识，陶冶性情；通过自然美的欣赏，尤其是一些人化的自然美的欣赏，增强学生热爱自然环境、热爱祖国美好河山的情感。

儿童天然具有对自然美的欣赏兴趣。儿童可以很长时间为一只蜜蜂的飞行轨迹或一只甲虫翅膀的颜色眉飞色舞。因此，自然美育往往具有很大的普遍性，可以作为进一步开展其他美育形式的起点。郊游、远足、户外劳动等都可以成为进行自然美育的很好活动方式。

（三）社会美育

社会美也叫生活美，是社会生活中存在的美的形态。它包括人格美、劳动与生活过程的美、产品以及环境美等。社会美直接体现人们改造世界的本质力量和生活理想，有美与善、真相结合的特点，具有较大的美育价值。

社会美具有较为明显的社会性、历史性、民族性和阶级性。所以，社会美育应当引导学生树立正确的价值观和审美观。同时社会美具有较大的实践性，应当努力引导学生在社会生活和学校生活中发现生活之美，并努力创造社会美。社会美育还应当引导学生对于人格美的向往与追求，实现心灵美与形体美的统一。

（四）教育美育

所谓教育美育，是说要使全部教育活动成为美育事业的组成部分，教育活动本身要努力做到审美化。我们知道，衡量人类活动的标准主要有真、善、美三个最主要的尺度。但是教育学过去在教育活动的评价尺度上主要关注的是真、善两个尺度，而严重忽视了审美尺度的建立。教育活动最讲言传身教，如果教育者自身忽视审美和创造美的追求而要求学生在生活中有真正的美的追求，那么其教育的效率肯定是会大打折扣的。

教育美育要求教育者充分创造教育活动的形式美，同时努力发掘教育活动中所有美的要素作为美育的资源。这表现在以下几个方面。①努力塑造美的讲台形象和人格形象，努力将自身的师表之美作为教育手段。②努力寻找自身的审美活动形式，创造合乎美的规律的教育活动中介形式。比如有张有弛的授课节奏，课程内容呈现的审美追求，一直到教学语言、板书的美化，等等。③努力发现学生个体和集体的对象美，并且努力促进学生以自己和自己的活动为审美对象，让学生的成长作为他们自身成长的动力。④科学美也是教育过程中广泛存在的美的形式之一。不同的学科蕴含着丰富的科学美的成分。科学美可以使学生体会到人类的智慧之美及其表现的伟大的人类主体的本质力量。发掘并展示科学美不仅是美育的需要，而且对各科教学本身有巨大的促进作用。

“教育美育”命题的提出，实际上是从教育原理的角度呼吁建立新的教育活动评价标准。① 所以，这是一个美育的专门课题，更是一个教育原理的基本课题。同时“教育美育”更是合乎社会发展的潮流和面向未来的。它对于我们如何回应时代要求、落实教育方针，努力做到真正的“乐教”和“乐学”，也具有十分重大的现实意义。

第五节　劳　育②

一、当前劳育存在的突出问题

改革开放以来，我国教育事业取得了举世瞩目的进步，但也存在若干发展的短板。劳动教育（简称劳育）就是教育领域全面落实党的教育方针亟须努力补齐的短板之一。当前，学校劳育存在的主要问题突出表现在以下两个方面。

（一）学校劳育的弱化

由于学校教育将主要精力投放到为升学做准备，一些高考、中考不涵括的领域如德育、美育、劳动教育等日渐边缘化。其中，对劳育的忽视尤为突

① 檀传宝：《教育活动评价的第三标准》，载 1997 年 2 月 27 日《中国教育报》。

② 参见檀传宝：《加强和改进劳动教育是当务之急——当前我国劳动教育存在的问题原因及对策》，载《人民教育》2018 年第 20 期。

出。比如，一些学校只将劳育作为学校教育可有可无的点缀，不按照教育主管部门的有关规定开设劳育课程，另外一些学校则根本没有任何劳育活动的安排。

（二）学校劳育的异化

一些存在某些“劳育”的学校，其劳育也已严重异化。其主要表现为：劳育的核心目标不是培育学生的劳动价值观，而是已经蜕变成为学校教育中的惩罚手段（学生犯了错误似乎就要用劳动赎罪）、休闲方式（毕业班需要休息了，学校就组织“劳动”调节一下紧张的学习生活）、才艺秀场（将劳动简单等同于陶艺、剪纸等具体技艺的学习与展示）。

除了学校教育外，在家庭教育中劳育也没有受到应有的重视。随着少子化时代的到来，许多家庭溺爱儿童的重要特征之一是不再要求孩子参与任何家务劳动。其结果是，培养了一批饭来张口、衣来伸手的“小皇帝”。

二、劳育弱化、异化的主要原因

劳育之所以被严重弱化、异化，首先有着复杂的社会因素。少数人通过不正当手段得以一夜暴富、一掷千金，而有些辛勤付出、诚实的劳动者却常常待遇、地位较低。这些社会问题是劳动价值、劳育日益被轻视的根本原因。但若就教育本身而言，劳育弱化异化最主要的内在原因有如下两个方面。

（一）“应试教育”的严重影响

由于错误的教育观念，许多家长、学校、媒体实际上都将考试分数作为衡量学生的唯一标准。而未列入考试范围或者难以列入分数评价的教育如德育、美育、劳育也就难免被边缘化。对劳育的轻视愈演愈烈，与目前“应试教育”势头尚未得到有效遏制有十分密切的关联。

（二）对劳育的错误理解

一是许多人并未从确保社会主义教育性质、促进学生健康、全面发展的高度去认识劳育的重要意义，劳育的地位势必边缘化。

二是许多人将劳育等同于某些具体的劳动技能的学习，忘记培育劳动价值观、让学生热爱劳动、热爱劳动人民等劳动教育应有的核心或本质目标，其结果当然是“捡了芝麻，丢了西瓜”。而将劳动作为一种教育的惩罚手段，更是让儿童厌恶、远离劳动，因为“光荣”的劳动已经与痛苦、耻辱的体验联系在一起。

三是将劳动概念狭隘等同于体力劳动，劳育也就被等同于参与简单的体力劳动。这样，劳育就成为与脑力劳动、日常学习生活无关的额外学习项目而在心理上遭人拒斥，同时劳育本身也就会失去其应有的新时代特征、创新性与吸引力。

三、加强和改进劳育的几点建议

鉴于以上分析，加强和改进劳育，势在必行。今后应当特别注意以下几点。

（一）充分认识劳育的重要意义

要从确保中国教育的社会主义属性高度认识劳育的重要意义。众所周知，马克思主义的历史唯物主义一直强调劳动创造历史、创造人本身等哲学命题；马克思主义政治经济学则强调劳动价值理论，倡导按劳分配等社会主义经济原则；在马克思主义的教育思想中，培养在体力、脑力上全面发展的人，以及"教育与生产劳动相结合"等，一直是社会主义教育实践的重要指针。可以毫不夸张地说：劳育是社会主义建设事业的需要，对劳育的强调是社会主义教育的根本特征之一。人们只有从这一高度理解劳育的重大意义，才能从战略上真正重视劳育的实质开展。

（二）认真落实劳育的本质目标

劳育当然包括具体的劳育形式，学习某些劳动技能也应该成为劳育的具体目标之一。但是，劳育的本质目标在于确立劳动价值观，让青少年充分认识到劳动对于社会发展和人生进步的重要意义，以热爱劳动为荣、以不劳而获为耻，尊重努力劳动、贡献社会的不同阶层的劳动者，愿意以自己的体力和脑力劳动建设祖国、贡献社会、服务人民。唯有如此，才能真正通过劳育的加强有力服务于中国特色社会主义建设事业。

（三）努力建构劳育的新形态

劳动从来都不等于体力劳动；劳育当然也不等于简单的体力劳动锻炼。当代社会劳动形态不仅包含更多脑力劳动，许多复合的崭新的劳动形态，特别是存在于信息产业、文化产业等领域的新兴劳动形态正不断涌现，日益改变着劳动形态的旧格局。当代劳育应当密切注意劳动形态的演变，与时俱进开展劳育，让劳育具有更多的当代性、创新性、主动性，成为学生生动活泼全面发展的有益成长平台。

（四）形成全社会加强劳育新风尚

当代教育，早已超越了学校教育的狭隘范围。鉴于劳育的重大意义，家庭教育、成人教育以及社区教育、传媒教育等社会教育领域，都应当采取不同方式更多关注、支持、参与劳动教育实践。而全社会树立正确的劳动价值观，形成尊重劳动、尊重劳动者风尚等，更是学校劳育健康开展的重要环境条件。唯有将加强劳育作为中国特色社会主义建设的有机组成部分予以高度重视、形成全社会的教育合力，劳育的加强与改进才会落到实处。

思考题

1. 德育的功能有哪些？在新时期怎样改进和加强德育工作？
2. 知识学习与智力发展之间的关系如何？怎样正确处理？
3. 学校体育的基本特征是什么？
4. 什么是“教育美育”？提出这一概念有何重要意义？
5. 如何与时俱进开展新时代劳育？

教育实践活动

1. 找出除了小学德育课外，其他学科教材中适合于思想品德教育的素材，在全班进行交流。

2. 有人说：“智育不好出次品，体育不好出废品，德育不好出危险品。”联系这一说法，就德、智、体三育的关系召开一次主题班会。

3. 找一找日常生活中我们接触较多的艺术形式，并与同学分享你最欣赏的艺术作品。

第七章

课　程

【内容提要】本章主要阐述了课程的概念，课程的理论基础以及决定课程的几个基本关系，课程的基本范畴，课程设计和编制的主要目标、方法，课程与教学的关系。通过本章学习，有助于学习者提高课程理论素养及实践能力。

第一节 课程概述

一、课程与课程论

（一）几种不同的课程观

1. 课程是知识

这是一种比较早、影响相当深远的观点，也是比较传统的观点。斯宾塞的“什么知识最有价值”的思想，已经表达了将课程看作知识的倾向。可以说，在世界范围内，近代的课程体系主要是在这种观点影响下建立起来的。这种课程观目前仍然是最具代表性和广泛性的。中小学普遍实行的学科课程及相应的理论，就是这种观点的体现。

这种观点的基本思想是：学校开设的每门课程都是从相应科学中精心选择的，课程体系是以科学逻辑组织的，并且按照学习者的认识水平加以编排；作为知识的课程通常特别强调课程计划（教学计划）、课程标准（教学大纲）、教科书等看得见、摸得到的客观存在物；课程是社会选择和社会意志的体现；课程是既定的、先验的、静态的、外在于学习者的；学习者服从课程，在课程面前是接受者的角色。

从心理基础而言，这样的课程主要关注并依赖学习者的认知品质和过程。

2. 课程是经验

这种观点主要是在对于前一观点的批评和反思基础上出现和形成的。人们发现，将课程看作知识，很容易导致“重物轻人”的倾向，即强调课程本身的严密、完整、系统、权威，却忽视了学习者的实际学习体验和学习过程。而且，尽管从课程是知识的认识出发，课程似乎能够设计编排得十分合理，但在事实上却往往并不能保证达到它的预期效果。这样的问题，几乎在各个国家的不同时期都被人们注意到和批评过。于是人们提出，实际上，只有那些真正为学生经历、理解和接受了的东西，才称得上是课程。也就是说，只有当学生与知识发生了相互作用，知识才可能真正转化为课程。于是，许多人在谈到课程时开始使用“经验”这一概念，并且进一步认为课程就是学习者本身获得的某种性质或形态的经验。当课程被认为是经验时，一般特点在于：课程往往是从学习者角度出发和设计的，课程是与学习者个人经验相联系、相结合的，强调学习者作为学习主体的角色。

从心理基础而言，这样的课程跳出了单纯认知的范畴，强调和依赖学习者个性的全面参与及主动性、积极性、选择性、感情、兴趣、态度等。课程不是外在于学习者、凌驾于学习者之上的，学习者的角色是参与者和组织者。

3. 课程是活动

这一课程观认为，将课程理解为学科知识，教师容易把握，但也容易导致“见物不见人”的倾向；把课程理解为学习经验，有利于解决“教育中无儿童”的问题，但教师又感到迷惘，不知如何操作。走出这种两难困境的唯一办法是：改变传统的非此即彼——要么是主观学习经验，要么是客观学科教材——的思维方式，将视角转向二者的交会处——活动，从活动的角度看待和解释课程。

这种课程观强调学习者是课程的主体，注意学习者的能动性，强调以学习者的兴趣、需要、能力、经验为中介实施课程，从活动的完整性出发，突出课程的综合性和整体性，反对过于详细的分科，重视学习活动的水平、结构、方式，特别是学习者与课程各因素的关系。

从心理基础而言，这种课程也强调全面性，即除了认知过程之外，学习者的其他心理成分同样是实施课程必须考虑的。

我国的情况是：长期以来，课程是知识的观念影响深刻且强大，20 世纪 90 年代以来其他两种观点逐渐产生影响。

（二）课程论

顾名思义，课程论就是研究课程的专门理论。大体说来，课程论从内容上可以分为两个层面。

第一个层面，是关于课程基本理念方面的探讨，是人们对于课程的最根本的认识，通常由一些思辨性较强的命题，以及相应比较概括化和抽象化的理论性观点及其说明、论证构成。例如，课程的终极目标是什么？课程的基本价值是什么？课程的实质是什么？课程的结构应当是什么样的？课程的内容应当包括什么？等等。

第二个层面，是关于课程设计或编制方面的探讨，通常是由一些操作性很强的要求、步骤、原则、方法等的说明和规定构成。例如，课程的具体目标怎样建立？课程的结构如何确定？课程的内容怎样规划？课程的实施如何展开？课程的结果如何评价？等等。

毫无疑问，完整的课程论应当包括以上两个部分的内容，也就是能够兼顾理论性和应用性，但从理论研究和发展的实际来看，这样两个层面往往又是分离的，某些研究侧重于基本理念方面，另一些研究侧重于应用方面。二者既相互联系，又有相对独立性，当然更多情况下是相互交叉的。

二、课程的理论基础

（一）课程的哲学基础

在课程的各种理论基础中，哲学对于课程的影响最为长久、最为深刻。这主要是由于哲学本身的特性所决定的。一般说来，哲学对课程的影响有两个层次。

一是本体论层次。在这个层次上，哲学对于课程的影响是与对整个教育理论的影响一致的，以特定的哲学理论关于自然、社会、人的学说诠释教育活动的性质、意义，并且贯彻到课程领域，表现为形成关于课程的各种基本理念：课程是什么、课程的基本价值和终极目标，等等。

二是方法论层次。随着哲学的发展和课程论本身的发展，哲学在这个层次上对课程的作用逐渐增强，尤其是在认识论领域。人们是如何与外部世界发生认识关系的？知识的本质是什么？人与认识对象之间存在什么样的联系？等等。对于这些问题的回答，直接影响着课程的具体面貌，从内容的选择到形式的决定。

哲学对课程的作用有时是通过中介产生的，通过对课程论有着更为密切关系的其他学科，间接地影响到课程。

（二）课程的心理学基础

作为课程论主要理论基础之一的心理学，与哲学相比较，对课程的影响更加直接，更加明显，也更加具体。不仅如此，哲学对于课程论的影响，往往还要通过心理学作为中介实现。随着课程论和心理学各自的发展，心理学作为课程论理论基础的作用也越来越加强，越来越突出，在某种程度上已经超过了哲学的影响。

与心理学的结盟是课程论形成独立科学的主要条件。真正为课程建立起心理学基础的人是赫尔巴特。他从观念心理学出发，对于课程进行了多方面的探讨，从兴趣出发提出并论证了课程结构，从观念的运动说明学生获取知识的过程，从新旧观念的联系讨论教材的安排顺序，甚至从学生心理活动的连续性质疑分科课程的合理性。虽然当时心理学的发展水平有限，课程论的独立更是十分遥远，但赫尔巴特的这些努力把课程与心理学全面地联系起来，从心理学的原理中为课程寻求说明和依据，对于课程论后来的发展做出了重要的贡献。

心理学关于人的思维和智力的解释，关于人的学习行为所提供的理论，表现出与课程更为密切的关系，也提供了更为丰富和具体的种种帮助。在一定意义上可以说，课程论的许多基本问题，像课程的本质、课程的实施过程、课程的内部结构、课程的顺序安排等，都能够从心理学里得到充分的支持和依据。

三、决定课程的几个基本关系

课程自产生之日起，便获得了自身的相对独立性。这就是说，一方面，它总是存在于一定的、具体的历史条件下，受制于政治、经济等力量；另一方面，它又有自己成长发展的特殊规律。在课程内部客观存在着一些基本关系，它们的相互作用推动着课程的进步和发展，决定着课程的具体面目和不同流派。

（一）直接经验和间接经验的关系

伴随着课程的成长成熟，有两种截然对立的声音逐渐形成并且逐渐增强：一种声音是，课程应当给予学生间接经验（即前人的认识结果、已知真理）；另一种声音是，课程应当使学生获得直接经验。间接经验为主的课程，典型的表现形式是学科课程，认为课程就是分别地从各门科学中选择主要内容，组成不同学科，彼此独立地安排它们的顺序、学习时数和期限。直接经验为主的课程，典型的表现形式是活动课程，认为课程应当是一系列学生自己组织的活动，学生通过活动学习，获得经验，培养兴趣，解决问题，发展能力。这是课程论中有代表性的两种主张。

间接经验为主的课程历史比较悠久，有巨大优势的同时也隐含着缺陷。它与人类一般认识及个人认识的过程是相违的。它不是来自生活和生产实践的直接需要，也不在学习之后直接回到实践中去，而是从概念到概念，从书本到书本。其积极的方面，是赢得了教育的时间和速度；其消极的方面，则是失去了认识的完整性和活力。当人们把它当作唯一的课程类型时，就必然造成学习者在发展上的局限：对于所学知识缺少深刻的理解，不善于将所学理论应用于实际，提出问题和解决问题的能力欠缺，态度、价值观的养成没有与知识的获得同步，等等。实际上，这样的缺陷，早已为许多教育家所意识到，并且从不同角度进行了思考和批评，而在这些思考和批评中，经常将直接经验作为武器来使用。

杜威是自觉、清醒地论证了直接经验在个人成长中的意义，以极大的魄力将儿童个体的直接经验加以规范和具体化为课程，并且付诸实践的教育家。他使得直接经验进入学校课程，获得正式地位，与以间接经验为主的课程分庭抗礼。在杜威的实验学校中，传统的学科课程不复存在，学生通过各种各样的活动学习知识和技能，开创和形成了教育史上能够与传统的间接经验为主的学科课程相对立、相抗衡的活动课程体系。在今天世界范围的课程实践中，各种以学生直接经验为主的课程已经成为现代课程结构中有机的组成部分，融入了现代课程的主流。当代教育的发展表明，如何使学生在获得系统科学知识的同时实现个性的全面发展，越来越成为突出的问题，在不同国家的课程改革中，都将学生直接经验的获得放在重要的地位，希望学生在各种各样的亲身经历和体验中锻炼能力、陶冶情感、发展智慧。美国各门课程中的多样化的实践活动，日本的综合活动时间，等等，都反映出对直接经验课程地位的重视。

在我国小学课程的传统中，学生的直接经验是相当缺乏的。因此，课程改革中，增加了“综合实践活动”，尤其是“研究性学习”，以给予学生通过直接经验学习的机会。在小学课程，适当增加学生的直接经验，协调好两种经验的关系，将是重要的理论和实践课题。

（二）知识与能力的关系

课程究竟是应当给学生某种完整的或某种意义上实用的知识储备，还是通过传授知识来发展学生的各种能力？这是课程必然要回答的问题，也是课程历史上十分古老的问题。

18 世纪前后，形式教育派与实质教育派就知识和能力的关系进行了长期论争。在这次论争中，强调课程以传授知识特别是科学知识的实质教育派获得了最后的胜利，结果是主要以自然科学为基础和内容的课程大规模地发展起来。

20 世纪中叶以来，面对科学技术的迅速发展，人们意识到课程只关心给学生什么样的知识已无法满足社会对教育的要求，于是将改革的目标定位于如何使学生通过课程的学习获得能力的良好发展，并且对于只关注知识的完整性、系统性的课程观进行了批判。与形式教育和实质教育的论争比较，此时的论争更为深入，表现为人们不再简单地将二者对立，而是努力去将它们统一起来。

我国课程的现代化是从引进西方课程开始的，其中实质教育派以知识为主导的思想理论对我国的课程实践影响最大。新中国成立后，学习苏联的课程体系，这种倾向不仅没有改变，而且有所加剧。该理论虽然也提到了要培养学生的能力，但在实际上，是将能力的发展作为学习知识的自然结果，过分地强调能力对知识的依赖。按照这样的思想，只要选择了正确的知识，学生能力的发展便有了保证。这样的课程观念对中国基础教育课程的发展产生了极为深远的影响，使课程的研究和改革始终围绕着知识的增减和选择展开，没有真正从培养能力的角度进行有价值的探讨。因此，中小学生在能力发展上的不尽如人意，直至今日仍然是相当普遍的。中小学各阶段各门课程在知识总量上偏多，知识系统过于庞大，以至在课程实践中完成知识教学耗费了教师和学生大量的时间和精力，无暇顾及能力发展。

知识与能力之间存在着内在联系，不能截然分开。没有任何知识能够完全凭借“灌输”而为学生所掌握，知识总是个体通过一定能力的活动所得到的结果。因此，一定的能力是学生获取知识的必要条件。反过来说，也不存在完全不依赖于任何知识的能力。无知必然愚昧，能力的发展更是无从谈起。学生只能根据自己已有的知识去进行各种各样的活动，在这些活动中形成、运用和提高能力。因此，一定的知识是能力形成和提高的基础。无论课程是知识取向还是能力取向的，知识与能力的这种内在联系始终存在着。

知识与能力又各自具有独立性，二者从存在方式上分属于不同范畴。在发展上，彼此的独立性就更加明显，知识在量上的积累并不必然地导致能力的提高；能力的形成除了与知识相关外，还有自己的规律和特征。为了处理好这一基本关系，使得课程能够将传授知识与发展能力统一起来，一个必须解决的任务就是建立起多样化的学习方式。能力的提高与发展，只能通过活动实现，而目前我国的课程，基本上是采取叙述和解释的方式将知识直接呈现给学生。在这样的课程中，学生通常只能是教师讲授知识的对象，所从事的活动比较单调、被动，参与的心理机能以记忆、理解为主。在这种状况下，能力的培养自然是难以实现的。课程应当给予学生各种积极开放的机会，促使他们的能力特别是创新能力和实践能力在各种积极的活动中得到锻炼和提高。

（三）分科与综合的关系

分科与综合的关系问题在课程发展的过程中也是由来已久的，但在很长的历史时期内并不是课程发展中的主要问题，只是在当代才成为课程实践和理论研究中十分突出的课题，成为今天人们编制和设计课程时不可回避、必须考虑和处理的关系。

古代或早期的课程是以整体、综合为特征的，中外莫不如此。但是古代的综合是人类认识初级阶段的表现，是以人类对于自身和外部世界的模糊、朦胧、不精确认识为基础的，并不是一种自觉的选择。

近代课程是分科的。课程近代化的标志之一是建立在近代自然科学基础之上、相对独立设置的各门课程的出现和成熟。近代自然科学的发展是人类认识史和整个历史的最伟大进步之一。分科课程的出现是这一进步的直接结果，或者说是这一进步在教育上的反映。这一进步的标志即人类对于自然、社会及自身的认识，尤其是对于自然的认识从整体、笼统到分化，在分化的程度上达到了前所未有的深度和高度。借助这一进步之功，分科设置的课程才可能出现，并进入学校教育领域，逐渐站稳脚跟。近代教育史上对课程做出卓越贡献的著名教育家，主要也是在分科课程领域。夸美纽斯提出“百科全书式”的课程，赫尔巴特从培养兴趣出发论证分科课程的合理性，斯宾塞着眼于人的现实社会生活论证分科的科学课程的价值，等等。实际上，支撑着世界范围内义务教育发展的，正是分科课程的体系。

综合课程的研究和尝试在第二次世界大战后达到高潮，成为当代课程实践和理论发展中一个重要的课题。究其根本，综合课程成为关注的焦点，有着很强的针对性和指向性，即分科课程的局限性，尤其是分科课程发展和相对成熟后暴露出来的弊端。具体来说，即课程过分强调分科，或分科过细、过繁所导致的学科之间相互隔膜、相互封闭的状况，以及由此而来的学科之间的重复。人们希望通过综合课程，打破各学科之间的界限，建立彼此之间的联系。当然，提倡综合课程有着不同的着眼点，比如从人的发展角度研究，认为分科导致学生认识和态度上的狭隘，不利于学生的全面发展；从人、自然、社会的不可分割性，批评分科无法反映这几个方面的内在联系。但说到底，课程综合化的主张主要是针对分科课程而言的，综合主要是作为分科的对立面产生、存在和发展的。

分科与综合反映了人类认识的两种基本方式，即分析与综合，这是认识论的两个基本范畴。分析的方式注重探究事物自身的特征，注重了解特定事物的个性和特殊规律；综合的方式则强调事物之间的联系，不同事物之间的共性和普遍规律。就人类认识的终极目标来说，这两种方式都是不可或缺的；就人类个体的认识能力来说，缺少其中任何一种都将是发展上的不平衡；就人类认识的历史过程而言，这两种方式共同发挥着动力作用；就具体的历史阶段而言，这两种方式的地位会变化、转换。课程的发展与上述状况有相似之处，当人们强调和追求其中一个方面时，便分别赋予课程不同功能，体现不同的认识方式和不同的认识结果。在认识上如此，在思维方式的训练上也是如此。就课程结构而言，包括了分科与综合两个方面才是全面的，就学习者的认识和思维的结构而言，包括了分析与综合两种方式才是合理的。

在这一关系上，中国面临的问题与世界基本趋势是一致的，即主要在于分科绝对化。如果说有什么是不同于别人的，那就是长期以来我们在分科的绝对化上更为严重。以小学课程为例，课程计划中的科学、道德与法治以及综合实践活动等本来都是综合性的，但由于长期以来缺乏必要的研究，又缺乏有效的培训和管理，致使相当数量的小学教师和管理者对这些课程性质的认识十分模糊，导致这些课程在实际上成为分科课程。目前的基础教育课程改革将综合化作为一个主要任务，有着深远的意义。加强综合化是小学课程今后长期的努力方向。

（四）人文主义与科学主义的关系

1. 人文主义课程的基本特点

（1）在课程目的上，重视人，崇尚个性。课程的根本目的在于为个体的发展和幸福服务，个性的和谐、理性的培育、情操的陶冶、身心发展的平衡等都是人文主义课程所追求的目标，简言之就是注重课程对于整个人的塑造和影响。

（2）在课程内容上，提倡广泛的课程范围。因为标榜人性的完满、个性的丰富，必然地要求课程本身基础和内容的广博。人文主义课程对于科学的进步也表现出容纳和肯定，但是这种容纳和肯定是从个性完满发展的需求出发，与科学主义课程完全不同。

（3）在课程的实施过程中，充分地尊重儿童，热爱儿童。重视受教育者的需求和兴趣，讲究教学方法，提倡学习的积极主动性。

2. 科学主义课程的基本特点

(1) 在课程目的上，强调科学本身的价值和力量。课程要为科学的发展和进步服务，即使提到课程对于个人和社会的意义，也会归结到二者对于科学的依赖或者科学对于二者的巨大影响方面。

(2) 在课程内容上，提倡和推崇科学、重视各门科学知识在学校教育课程体系中的地位，并不断增加自然科学的内容，及时吸收科学发展的新成就。

(3) 在课程实施过程中，对于方法和形式同样讲究科学性，讲究效率。即使关注学习者个体的兴趣、爱好、差异，也是从获取更好的学习结果出发，而不是从学习者本身个性发展的需求出发。

3. 人文主义课程与科学主义课程的冲突

科学主义课程的产生要晚于人文主义课程。有了人文主义思想对封建神学的批判和否定之后，才有了近代科学和科学课程。后来二者逐渐分道扬镳，甚至出现了对立和冲突，其中有两个时期格外激烈。

第一次冲突是科学主义的课程基本形成并且在学校站稳脚跟。这一时期科学主义课程代表着课程的进步趋势。按照某些学者的观点，这一次冲突持续了二百年。事实上，在斯宾塞大声为科学主义的课程摇旗呐喊的 19 世纪中叶，英国相当的中学课程设置仍然是人文主义的古典科目占据统治地位，拉丁文和希腊文的教学时间占全部教学时间的三分之二。在两种课程的论争中，科学主义者抨击人文主义课程的空疏无用，落后于时代，人文主义者则批评科学主义课程表现出狭隘的功利主义倾向。伴随着这种论争，科学主义课程逐渐在早期的资本主义国家获得了地位，成为中小学课程的主流。

第二次冲突是人文主义的课程对科学主义课程主流的冲击，这一时期人文主义课程代表着课程的进步趋势。这次冲突在 20 世纪中叶后逐渐激烈。人们在享受科学技术所带来的种种好处的同时，也看到了它的另一面：现代化武器所带来的毁灭人类的危险、生态环境的灾难性破坏等，所有使人类失去安全感的阴影，几乎都与科学技术有着直接的关系。这迫使人们正视科学的负面影响和消极作用，思考科学主义的极端，并且以人文主义与之抗争。一般来说，课程中的科学主义极端表现为将科学知识的价值凌驾于人的价值之上，视受教育者为工具，学生沦为知识的载体和科学的奴仆，更严重的是对人的存在、人的个性的漠视和否定，课程不再是培养人的手段而成了目的，科学不再是人认识把握外部世界的工具而成了高高在上的权威。面对这些现象，人们自然地希望依靠人文主义抗衡。于是，人文主义课程传统又开始复兴，并且对于科学主义课程进行批判和否定。

在人文与科学这一基本关系上，我国的课程改革应有自己的特点。我们既要提倡科学精神和科学知识，又要提倡尊重学生和重视个性发展的人文精神。我国当前的课程改革，主要不是克服某一方面的极端，而是在两个方面都要进行“基本建设”：在课程中同时加强人文精神和科学精神。这两个方面的任务，都是中国的现代化建设对于教育和课程提出的要求，是课程必须完成的历史使命。

第二节 课程的基本范畴

一般来说，课程的基本范畴包括课程的目标、内容、结构等几个方面。

一、课程的目标

在课程论中，关于课程目标的理论通常是非常重要的。考察课程目标可以从垂直和水平两个维度着手。

（一）课程目标的垂直分类

根据性质的不同，从宏观到微观，可将课程目标分为以下三个层次。

1. 第一层次

即英文中的“aims”，可以译作教育目的或教育宗旨。它反映特定社会对于合格成员的基本要求，与该社会最根本的价值观一致，通常有较强的哲学理念色彩，以及浓厚的社会政治倾向，比如培养合格的社会公民，培养有责任感的社会成员，等等。这一层次的目标经常被写进国家和地方的教育法，或被写进其他形式的重要的课程文件之中，作为宗旨的教育目标与课程的关系不如后面所要讨论的“goals”和“objectives”那样直接和密切，但有着重要的导向作用。

长期以来，国内关于教育目的的研究和讨论，基本上可以与“aims”相对应。人们所熟悉的教育目的，如全面发展的人、四有新人等，均属于这个范畴，明显地带有课程总体目标的性质。此外，总体目标在各个教育阶段或不同类型学校中往往还有具体化的表述，比如义务教育的目标、高等教育的目标等，也就是人们平时所讲的培养目标。

在这个层次上，教育目的与课程目标是一致的，并不存在独立于教育目的之外的课程目标。教育目的主要是凭借课程得以实现，因此，课程目标必须与教育目的一致。

2. 第二层次

即英文中的“goals”，按照一般的含义，这一层次的目标适用于一定阶段的具体课程，比总体目标更为具体，是总体目标在特定课程领域里的表现。国内外关于课程目标的大量比较专门的研究，相当部分是在这个层次上进行的。国内在阐述各级各类学校课程的目标时，所陈述的内容实际正是处在这样的层次上。例如，《义务教育语文课程标准（2011 年版）》的“课程目标与内容”有 10 条，包括“在语文学习过程中，培养爱国主义、集体主义、社会主义思想道德和健康的审美情趣，发展个性，培养创新精神和合作精神，逐步形成积极的人生态度和正确的世界观、价值观”“学会汉语拼音。能说普通话。认识 3 500 个左右常用汉字。能正确工整地书写汉字，并有一定的速度”“能具体明确、文从字顺地表述自己的见闻、体验和想法。能根据需要，运用常见的表达方式写作，发展书面语言运用能力”，等等。

可以看出，这一层次的目标比总体目标具体，总体目标是以具体课程领域的目标为中介作用于课程的。

3. 第三层次

即英文中的“objectives”，这是更为具体的、与课程关系最为直接和密切的目标。这一层次的目标在具体的课程领域内部展开。上述两个层次的目标能否真正体现和落实到课程中，主要取决于能否科学和恰当地分解为这个层次的目标。

国内长期以来在这个层次目标的研究上是比较缺乏的，往往从前两个层次的目标直接过渡到教学内容的规定。新中国成立后历次颁布的各门课程的教学大纲中，都有教学要求的部分，这些要求实际上具有课程目标的性质，但从内容上看，主要只是关于课程内容的规定，比较简单笼统，对于课程和教学的指导作用是有限的。比如，小学数学四年级的教学要求中有这样的内容：理解四则运算的意义，掌握加法与减法、乘法与除法之间的关系。这样的要求当然是正确的，但是怎样才算是“理解”了四则运算的意义呢？如何才算是“掌握了加减法、乘除法之间的关系呢？是能够背诵有关概念，还是能够正确地解答有关的问题，或者包括这两个方面？这些问题目标中并没有表述清楚。凭借这样的目标，对于课程设计和实施课程的意义都是有限的。

在国外的课程论发展中，关于课程目标的研究相当发达，泰勒、布卢姆等许多学者做出了重要的贡献，借鉴他们的研究成果，推进国内关于课程目标的研究，将对我国课程理论和实践产生积极的作用。

需要指出的是在第二和第三两个层次上，课程目标与教学目标基本是可以等同的。

（二）课程目标的水平分类

这是指在课程目标的某个层次上，根据其所涉及的具体范围的不同，将课程目标区分为并列的不同类别。在上述课程目标的三个垂直层次上，实际上都存在着目标的不同类别。目前在国内外一般认为，完整的课程目标应当包括认知领域、情感领域、动作技能领域三个部分，每个领域又可进行更为详细的区分。

在课程目标的水平分类研究中，有德、智、体，德、智、体、美，或德、智、体、美、劳的提法，这些实际上就是在教育总体目标的层次上所做的水平分类。无论三育、四育还是五育，从总体目标的角度来说都有其逻辑上的合理性，彼此在相互关系上是并列和平行的，使得教育总体目标的内容更加清楚和明确，能够更为直接和有效地指导课程的研究和设计。当然，以往的研究并没有将这些水平范畴进一步深入和具体化，因此，无论是三育、四育还是五育，与课程之间未能建立起确定的实质性联系，而是处于比较泛化和松散的状态。一方面，人们普遍同意课程应当为受教育者德、智、体或德、智、体、美等几方面的发展服务；另一方面，对于课程究竟如何促进受教育者这几方面的发展又缺少清晰的思路。课程目标的水平分类在理论研究上应进一步深化。

二、课程的内容和结构

（一）课程的内容

从一定意义上可以说，全部课程问题就是内容问题。课程的设计、课程的目的、课程的评价以及课程的实施，都可以理解为围绕着课程内容的安排及其结果展开：课程设计是关于内容的组织安排；课程目的是决定内容的依据；课程评价是判断内容产生的结果；课程实施是内容的逐步实现；等等。因此，对于课程内容的讨论基本包括在上述范畴之内。国内外对决定课程的外部因素的讨论已经十分丰富，并且相当深入和完整，而且还有一些专门角度的研究，比如政治力量对于课程的影响，科学技术对于课程的影响等。这些影响虽然涉及课程的各个方面，但在课程内容上最为集中。

不同的课程论流派，对于课程内容往往持有极为不同的主张。决定这些不同主张的，除了上面所提到的各种力量以外，还有课程自身的原因，主要包括以下三个方面。

第一，关于课程内容的不同主张，最集中地决定于对课程本质的认识。根据前面的讨论，从知识本位、经验本位和活动本位的课程观出发，在课程内容的理解、选择和组织安排上都会有相当的差异。

根据知识本位的课程观，课程的内容就是知识，无论是充满了古典色彩的希腊文、罗马史，还是洋溢着科学精神的生物和化学，在这个根本点上是一致的。于是，学生及其学习知识的活动被排除在课程之外。而经验本位和活动本位的课程观，则将学生尤其是学生的学习活动及其体验纳入课程内容之中，并且作为课程的必要条件。于是，关于课程内容的考虑就不仅是知识的选择，还必须包括知识以外的其他问题。诸如学生是怎样与作为学习对象的知识发生相互作用的？课程应当通过哪些活动展开以及怎样活动？等等。

第二，课程在内容上的区别，也取决于人们在这些基本关系上的倾向性。在这些基本关系上持有什么样的认识，对课程内容就会有相应的选择和安排。可以说，这些基本关系对于课程内容的影响比政治、经济、科学等来得还要直接。

在政治、经济、科学发展水平相近的条件下，杜威的儿童中心主义与要素主义在课程内容上的主张完全不同。这种不同可以在他们对直接经验与间接经验这一关系上的不同倾向得到清楚的解释。而目前国内强调的课程中应当包括学生的自主、探索性学习，也是源于对直接经验在受教育者发展中价值的重新认识和肯定。在对于语文课程的大讨论中，有主张应当选择名篇、经典和主张选择贴近学生生活题材的作品两种声音，能够从双方在儿童与社会这一关系上的不同倾向做出合理的说明。同样，布鲁纳的结构主义课程与罗杰斯的自我实现课程的差异，十分鲜明地表现出二者在科学与人文这一基本关系上的态度差异。

第三，课程的类型也与课程内容密切相关，即学校开设哪些不同类别的课程，以及这些课程之间的比例关系，课程的类别不同，在内容上就会有不同的要求。当然，这主要是在教学计划（课程计划）内需要解决的问题。

在课程的发展过程中，课程的类别也经历了从简单到复杂的变化。可以说，在杜威的进步主义教育运动及其实验之前，课程的类别是比较单一的。从欧洲中世纪的宗教神学课程到工业革命后自然科学为基础的课程，基本都是学科课程。杜威的活动课程，为课程增加了新的种类，它不是与数学、物理、历史、地理等可以并列的又一门学科课程，而是另外一种课的类型。也就是说，数学、物理、历史、地理等既可以是传统的学科课程，也可以是活动课程。从活动课程作为一个不同类别进入课程结构之后，在半个多世纪中，出现了许多新的课程类型的理论和实践。今天关于课程结构的研究，相当部分是在不同种类课程的关系上进行的。就国内的情况而言，很长时间内几乎只有关于学科课程的研究，随着教育的发展和课程改革的深入，关于不同类型课程的研究越来越受重视，近年来关于活动课程、综合课程等所形成的热点正是如此。

认识和了解不同类型课程的特点，可以帮助人们思考课程结构的合理性。今天，小学课程类别的多样化趋势已经出现，不同课程类别的意义、价值及其在课程中的地位逐渐成为考虑学校课程时必须解决的问题。比如，在小学阶段应当包括哪些课程类型？这些不同类型的课程各自具有什么样的功能？各类课程在课程总体中应当占有什么样的比例？

就目前而言，我国小学阶段的课程类型主要包括学科课程、活动课程、综合课程。

（二）课程的结构

1. 课程的基本结构

近代以来，随着课程的发展，在教学实践中渐渐形成了课程的一般结构，包括课程计划（教学计划）、课程标准（教学大纲）、教科书。尽管在不同国家和地区课程名称和实施状况不同，但上述三个层次及相应的内容大体是一致的。这种课程结构的出现、稳定，不是偶然的。有了专门的各级各类相互衔接、相互联系的近代学校制度，有了内容比较丰富、系统的以近代科学为基础的各门课程，便出现了对于课程规范化的要求。在基础教育各个阶段，都要解决这样一些问题：应当开设哪些学科？这些学科的先后顺序如何安排？各个年级应当安排多少学科？每门学科分别学习几年？在每一学期各占多少时间？每门学科应当包括哪些内容？等等。而课程计划（教学计划）、课程标准（教学大纲）、教科书这样一套从比较宏观的设计到比较微观的安排的课程结构，最好地满足了解决这些问题的需求，因此逐渐地成熟和稳定下来，成为教育发展的必然结果。

(1) 课程计划。这是课程的总体规划，也称教学计划。课程计划是根据教育目的和不同类型学校的教育任务，由国家教育主管部门所制定的有关教学和教育工作的指导性文件。它对学校教学、生产劳动、课外活动等方面做全面安排，具体规定学校应设置的学科、各门学科开设的先后顺序、课时分配和学年编制等。课程计划在课程结构中占有极为重要的地位，它既是纵向结构中最宏观的安排，又是课程横向结构的展现。

(2) 课程标准。这是根据课程计划，以纲要的形式编定有关学科教学内容的教学指导文件，也称教学大纲。它规定学科的内容范围、逻辑顺序、教学进度和教法上的基本要求，是教师教学、教科书编写和教学评价的基本依据。课程标准是按学科分别编写的；课程计划规定的每门学科都应有相应的课程标准。

(3) 教科书。它是根据课程标准系统阐述学科内容的教学用书。教科书是课程标准的具体化。

一般来说，课程计划（教学计划）是课程的宏观结构，课程标准（教学大纲）和教科书是课程的具体结构。

2. 课程基本结构的不同存在方式

在不同的教育制度和教育传统之中，课程基本结构经常表现出不同的存在方式。

一是以统一要求为特点的存在方式。

在中国、俄罗斯、日本、法国等中央集权的教育体制下，课程计划（教学计划）和课程标准（教学大纲）最显著的特点就是统一性。基础教育各个阶段分别开设哪些课程，这些课程的内容、范围，彼此之间的顺序和联系，都由国家整体或部分地做出规定。在这种教育制度中，课程计划（教学计划）和课程标准（教学大纲）的制定和修改，都是国家的权力。在完成制定和修改的过程中，通常会组织大批有关专家和学者参加，并且有专门的工作程序保证得到来自各方面的重要信息。但从根本上说，国家的意志起决定作用。

二是以多样化为特点的存在方式。

在实行地方分权的教育管理体制下，情况则不同。其主要特点是没有国家制定的统一计划和标准。也就是说，控制计划和标准的主体不是国家或政府，而是其他机构或团体，这些机构或团体可能是地方教育管理部门，也可能是学区，甚至是学校。在这种体制下，课程计划（教学计划）和课程标准（教学大纲）表现出极大的灵活性和差异性，同一国家的不同地区，甚至同一地区的不同学校，所实行的计划和标准都可能有很大的差异。

在英国，直到1988年改革之前，既没有统一的国家课程标准，也没有统一的国家课程计划。政府对于课程实行相当宽松的、导向式的管理，主要是在义务教育结束时举行的两次16岁统一考试：普通教育证书普通水平考试（GCEO）和中等教育证书考试（CSE），学生可以从这两种考试中任选一种。这两种考试对于学校课程会起一定程度的规范作用。课程的决定权在学校，校长和教师在课程上享有很大的权利和自由。

在德国，教育采取各州分权制，没有国家统一的课程标准和课程计划，16个州各自制订自己的课程标准。为了使各个州之间的课程标准维持大体的一致，各州的文化教育部长有例行的专门会议，研究讨论与标准有关的带有共同性的问题，并且达成全国性的协议。各州的标准有详有略，一般是对于课程、教学时间、考试指导等提供广泛的建议和指导。在各州的课程标准之下，学校和教师的自由度相当大。学校自己举行初中毕业考试，在教什么和怎样教方面，学校享有充分的选择和决定权，有很大的灵活性。

在这方面最为典型的是美国，与其教育管理体制一致，其课程反映出高度的自由性和灵活性。直至今日，在美国，16 000个学区中的大多数都设计自己的课程标准，而且50个州中每个州都有自己的课程指导。

3. 课程基本结构的发展变化

在课程基本结构上采用不同存在方式的国家，近年来发生了一些变化：一方面保持原有主要特点；另一方面出现了与原有特点相反的迹象，即强调统一性的开始有所松动，而注重多样化的开始适度控制。

一是在统一性基础上增加灵活性。

1986年9月22日，我国正式成立全国中小学教材审定委员会。1987年10月10日，国家教委颁发了《全国中小学教材审定委员会工作章程》。根据章程，该委员会负责审定中小学各学科教学大纲，以及由出版社、学术团体编写的教科书。凡通过审定的教科书，便可以进入中小学校。这个委员会的成立，标志着我国开始进入中小学教科书多样化的历史时期。该委员会的成立使得教科书的多样化得到了制度上的保证，有力地促进了我国教科书的建设。1992 年，国家教委印发了《九年义务教育全日制小学和初级中学课程计划（试行）》。在这个计划中，专门设置了地方课程，这是我国课程结构的根本性变化。2001 年，教育部印发的《基础教育课程改革纲要（试行）》提出："实行国家、地方、学校三级课程管理，增强课程对地方、学校及学生的适应性。"2019 年，中共中央国务院印发的《中国教育现代化 2035》则强调要"健全国家教材制度，统筹为主、统分结合、分类指导"。

日本 20 世纪 90 年代的课程改革，是在 80 年代基础上继续将增加地方和学校的自主性作为目标，根据统一性和多样性相结合的原则，改善课程管理，发挥地方和学校的积极性，给予地方和学校更大的编制和实施课程的自主权。作为 90 年代课程改革主要特色的"综合学习时间"的设定，只是规定了这一专门的学习领域，在内容上则没有具体要求，由各地区、学校充分发挥自主性、根据自身的条件和学生的实际决定。同时，对中小学课程目标做了调整，除了数学和小学理科外，其他各科均增加了跨年级的目标，以便地方和学校根据自己的实际灵活安排。此外，在教学时间上也增加了弹性，原来规定小学每节课 45 分钟，中学 50 分钟，改革后只规定学年的课程总时数，实际教学时间则可以由学校根据学生和学科的特点决定。

二是在多样性基础上增加调控性。

英国在 1988 年由议会通过了教育改革法令。除了在学制、学校类型、考试制度等方面的改革之外，法令还决定授权教育科学大臣制定"国家课程"（national curriculum）。于是，国家课程委员会确定了国家课程的科目并制定了各科教学大纲，在给学校保留一定的课程自由的条件下，使得英国第一次有了中小学教学内容和标准上的全国统一要求。虽然对于这项改革至今仍有许多争论，而且各科大纲为学校留有相当的余地——比如许多目标是跨年级设置的，但这毕竟是英国基础教育的重大变化。

自从 1983 年《国家处在危机之中：教育改革势在必行》的报告发表之后，美国一直没有停止对基础教育的各种改革，其中一项引人注目的举措就是陆续推出了数学、科学、艺术等若干课程的国家标准。在一直实行教育分权制的美国，这是史无前例的。

4. 课程结构的改革

实际上，人们十分熟悉的迄今为止发挥着重要作用并且必然继续发挥重要作用的课程计划（教学计划）＋课程标准（教学大纲）＋教科书的课程模式，只是课程结构的基本模式，而不是唯一形态。它的作用和功能是有限的和有条件的。课程在宏观结构上是多样化的，在具体结构上也不是唯一的。1992 年我国颁布了《义务教育课程计划》，要求在中小学开设活动课，表明基础教育课程在宏观结构上的突破，从学科课程单一结构向多元结构的转化迈出了重要的一步。然而，在接受这种宏观结构突破的同时，许多人异口同声地提出了同样的要求：提供关于活动课程的教学大纲和教科书，以便开设课程。无论是教育相对发达的大城市，还是比较落后的地区，在这一要求的提出上毫无二致。这种情况恰恰反映出，人们对于课程不同结构的思考仍然是十分有限的。

学习者的不同学习方式是课程具体结构的基础。决定课程不同结构的因素是多方面的，其中最根本最基础的是学生的学习方式。学生学习方式的变化是不同课程的具体结构赖以建立的依据。

长期以来，我国基础教育是学科课程的天下。无论在小学还是中学，也无论是文科课程还是理科课程，在学习方式上没有明显的差异，基本都是以接受教师讲授为主的。人们所熟悉的教学大纲＋教科书的课程微观结构，与这样的学习方式十分相宜：教学大纲详细罗列学生在课程中所要学习的概念和原理等知识；教科书按照学生的认识水平以尽可能有利于学生理解的方式将这些概念和原理科学、准确地呈现给学生。然而，当学习方式呈现出完全不同的面貌——不再是接受为主，而是以学生的自主性探索实践为主时，上述微观结构就无法满足需要了。很明显，在这样的学习方式中，各种概念、原理、结论不再是教师说明、解释的结果，而是学生自己通过各种各样的自主性探索活动最后获得的结论和答案，不再是学习的起点而成为学习的终点，不再是由教师传递给学生，不再是事先已经规定和安排好了的内容，而是学生在教师的帮助下自己寻找、证实和确认。因此，教学大纲＋教科书这样详细罗列学习内容的结构是不适当的，必须建立与学生自主性探索学习方式相适应的课程具体结构。目前在小学普遍开设的活动课就是这样的课程。

一般来说，以自主性探索学习方式为基础的课程，采用单元的形式最为适宜。在结构上至少包括主题、任务、评价标准三个部分。

（1）主题。课程单元的内容范围，可以来自各门课程，也可以来自自然、社会和学生生活。主题的选择和确定应当遵循学生发展和社会的需求，富有教育意义。

（2）任务。在课程单元中学生通过活动必须完成的作业。学生的学习及由此可能得到的发展，主要是通过完成任务的过程实现的。任务的种类是多样化的，介绍一种动物的生活习性、制作一个模型、起草一份说明、完成一项调查……任务的设置应当根据学生的发展水平制订，既要促使他们去独立学习和探索，又应当是经过努力能够基本完成的。

(3) 评价标准。对于任务完成状况做出判断的依据。在这种课程中，学生活动的自由度较大，对课程的组织、引导不像学科课程中那样直接由教师进行，而是在很大程度上由评价标准承担。使学生了解主要的评价标准，可以有效地提高他们活动的目的性及效益。

第三节　课程的设计与实施

一、课程设计的层次与模式

（一）课程设计的层次

课程设计就是对于课程的各个方面做出规划和安排，它是课程论在应用层面上最重要的范畴之一。一种课程设计的理论，经常会涉及课程目的、课程内容、课程结构、课程评价等各个范畴，对于每个范畴都提出具体的观点、主张以及实现这些观点和主张的程序、方法，并且经常形成特定的课程设计模式。

根据所承担的任务和产生的结果，可以将课程设计大致分为以下三个层次。

1. 宏观的课程设计

这一层次的课程设计应当解决课程的一些基本理念问题。包括课程的价值、课程的根本目的、课程的主要任务、课程的基本结构，等等。无论是针对一门具体的课程，还是针对一个大的课程结构，上述问题都是必须给予明确回答的。这通常表现为关于课程目的、课程性质、课程目标、课程内容的主要范围或选择内容的主要指导原则，等等。如我国 1992 年颁发的《九年义务教育全日制小学、初级中学课程计划（试行）》，1996 年颁发的《全日制普通高级中学课程计划（试验）》，都属于这样的设计。

当设计是针对某个教育阶段的较大的课程结构时，还必须进一步解决在大的课程结构内，各类课程应当有什么样的比例关系、具体的课程门类、开设顺序、时间分配，等等。例如，新中国成立后历次制定的中小学教学计划，以及目前正在实施的义务教育的课程计划、普通高中课程计划，都包括这样意义上的课程设计，并且作为所要完成的主要任务。

2. 中观的课程设计

宏观的课程设计完成之后，进一步需要做的，便是将其具体化为各门课程的大纲或标准，并且以教科书或其他形式的教材为载体表现出来。这一层次的设计工作以宏观的课程设计为前提和基础，是在具体的课程门类基础上进行的。

比较对照表明，无论国外在中观层次上的课程设计各自有多少风格特点和具体模式，与我国迄今为止的教学大纲相比，大多存在显著的差异。我国的教学大纲将说明课程所包括的知识体系视为最根本的任务，将其作为大纲的主要内容，规定得十分详细周密。而在许多国家的大纲或标准中这部分内容经常比较简单。此外，在一些国家的大纲或标准中，往往有许多关于学生在学习中可能遇到的困难的分析，设计良好的问题情境的建议，学生怎样在实际中运用这些知识的说明，等等。

3. 微观的课程设计

尽管中观的设计比较详细、比较概括，但在进入课程实施领域时，必然地还要由教师进行再设计。在这种微观设计中一般不涉及课程的总体目标和学科目标，即基本是在接受和认可现存目标的前提下进行的。影响微观设计的因素主要是学生的已有基础及学习状态、教师的自身条件、可以运用的课程资源，等等。即使在我国长期实行课程大一统、课程的宏观及中观设计基本为国家控制、教师主要是既定课程执行者的条件下，微观的课程设计仍然客观存在。当然，在中央集权制的国家，教师进行微观设计时所受到的牵制比较大，而在地方分权制的国家，教师相应的作用要大得多。

（二）课程设计的模式

自 20 世纪中叶以来，伴随课程论的繁荣，出现了各种各样的课程设计模式。一般认为，课程设计的模式（或方法）大致可以分为五种：主观法、经验法、客观法、活动分析法、实验法。

主观法和经验法是人们进行课程设计最常用的模式，即“设置什么学科，组织什么活动，选择什么教材，怎样组织安排等，都由某个人或集团的意志来决定”“设计什么学科、活动，选择什么教材，怎样组织等等，根据对已有的课程、教材使用的经验教训，得出某种结论、认识和原则来决定怎样改进”。① 我国新课程的推行中曾经采用实验法，对一些课程的设计也曾经采用客观法。目前，我国基础教育课程改革正在深入进行，国家、地方、学校三级课程管理制度将逐步建立，课程结构的灵活性和弹性也会增加，所有这些都会对课程设计提出新的要求。除了国家依旧会在课程设计中担任主要角色外，地方、学校和教师都会承担比以往更多更重要的课程设计的任务。

在众多的课程模式中，美国教育理论家泰勒创立的“泰勒模式”最为著名。泰勒的代表作之一《课程与教学的基本原理》的中译本在1994年由人民教育出版社正式出版。全书内容可以简化为以下四个问题：学校应该达到哪些教育目标？提供哪些教育经验才能实现这些目标？怎样才能有效地组织这些教育经验？怎样才能确定这些目标正在得到实现？泰勒模式的要点如下。

课程目标的三个来源：对学生的研究；对当代社会生活的研究；学科专家对目标的建议。

课程目标的筛选原则：学校信奉的教育哲学和社会哲学，即最基本的社会价值观；学习心理学所揭示的选择教育目标的准则。

教育目标的表述方式：既要指出使学生养成的那种行为，又要说明这种行为能运用的生活领域。

选择教育经验的原则：必须使学生具备有机会实践目标所隐含的那种行为的经验；必须使学生由于实践目标所隐含的那种行为而获得满足；教育经验所期望的反应是在有关学生力所能及的范围内的；许多特定的经验可以用来达到同样的教育目标；同样的教育经验往往会产生几种结果。

教育经验必须具备的特点：有助于培养思维技能；有助于获得信息；有助于形成社会态度；有助于培养兴趣。

组织教育经验的准则：连续性；顺序性；整合性。

① 参见王策三著：《教学论稿》，人民教育出版社2005年版，第218页。

课程编制的步骤：对课程组织的总体框架取得一致看法；对已确定的每个领域内所要遵循的一般原则取得一致看法；对采用的低层次单元的种类取得一致看法；制定一些灵活的方案或所谓的“资源单元”，供每位教师在与某一组学生打交道时使用。

课程评价的程序：建立评价目标；确定评价情境；设计评价手段；利用评价结果。

二、课程的实施

课程的实施可以理解为教学。在实践中，教学与课程，与其说是两件事，毋宁说是一件事情的两个方面，从来没有也不可能彻底地分开。有了课程就有了教学，同样也可以说，没有教学就没有课程。课程总是在特定的教学中实现的，教学总是以特定的课程为基础进行的。课程是指教什么的问题，教学则是指怎么教的问题。这两个方面相互依存，离开了教的内容，怎么教也就无从发生；离开了教的形式，教什么就将完全落空。同时，教什么一定会影响到怎么教，怎么教也必然制约着教什么。

我国小学阶段课程的实施是由国家统一规定的。根据2001年教育部颁布的《基础教育课程改革纲要（试行）》和《义务教育课程设置实验方案》，小学开设品德与生活/品德与社会、语文、数学、外语、科学、体育与健康、艺术（音乐、美术）、综合实践活动等课程。其中，要求“从小学至高中设置综合实践活动并作为必修课程，其内容主要包括：信息技术教育、研究性学习、社区服务与社会实践以及劳动与技术教育。”从2016年秋季起，义务教育小学和初中起始年级“品德与生活”“思想品德”课程及教材名称统一更改为“道德与法治”。

在小学课程的实施过程中，应当注意以下几个问题。

（一）认真落实课程计划，保证学生全面发展的基础

义务教育是普及的、强迫性的。任何一门课程的开设都受到法律的保护，接受所有的课程是小学生的基本权利，同样是受到法律保护的。任何部门和任何人都没有权利擅自取消国家课程计划之内的课程。

小学阶段的每门课程都是学生接受进一步的教育和他们的正常发展所不可少的。将小学课程人为地分为“主要”和“次要”，按照考试方式或与升学的关系给予不同的对待等做法，都是不科学、对学生的发展不负责任的，

是对学生发展机会的剥夺。

（二）面向全体学生，为提高全民族的科学文化水平打好基础

义务教育是基础性的，小学课程更是基础中的基础，是中华人民共和国的合格公民所必须具备的文化科学基础。小学教育的根本，在于为每个学生打好基础，以保证他们今后的发展，不承担鉴别和选拔专门人才的任务。在整个小学阶段，学生的身心各方面都处于发展过程当中，无论是优点还是弱点都还远远没有定型，小学教育要尊重学生差异，尽可能地满足每个学生独特的发展需求。但所有这些仍然是立足于他们今后的发展，而不是为他们"定向"。各种以选拔、筛选为目的的竞赛，会导致各门课程的实施偏离正确的轨道，与小学教育的性质不相符合，更背离义务教育的精神，危害学生身心发展，危害学生正常的学习兴趣和学习态度的养成，应当坚决地予以取缔和禁止。

（三）保证不同的学习方式，促进学生的全面发展

前面已经谈到，小学阶段的各门课程在结构上是多样的，就学生的学习方式而言，有的是以接受性学习为主，有的则是以学生的自主性探索学习为主。不同的学习方式具有不同的价值，对于学生的发展都是必不可少的。在我国教育的传统和现状中，小学生的接受性学习比较有保证，而自主性探索学习则相对缺乏。因此，在小学课程的实施过程中，应当将如何建立和保证学生的自主性探索学习作为专门的任务加以研究和解决。特别是在目前小学阶段的活动课程、自然课程、社会课程中，应多加组织和引导学生通过各种各样的方式进行自主性探索活动，如调查、实验、访问、制作、模拟等，丰富他们的亲身经验，锻炼他们的各种能力，养成他们的态度、情感，使得这样一些课程对小学生发展的独特价值能够得到实现。

三、新课程改革与学生发展

教育政策是政府管理国家教育工作的重要调控措施之一，随着全球经济和文化的发展，各国政府普遍提升了利用教育政策引导教育活动的频率，我国政府也顺应了这一历史潮流，利用教育政策对学校教育活动进行了多方面的调控。教育培养目标是政府最为关切的教育调控内容，政府利用新课程改革政策，为基础教育提出了适应社会进步的学生培养目标。

（一）新课程改革对学生发展目标的重新界定

2001年，教育部颁发了《基础教育课程改革纲要（试行）》（以下简称

《纲要》)，正式宣布我国基础教育阶段逐步实施新课程标准。《纲要》提出的基础教育阶段学生的发展目标是：要使学生具有爱国主义、集体主义精神，热爱社会主义，继承和发扬中华民族的优秀传统和革命传统；具有社会主义民主法制意识，遵守国家法律和社会公德；逐步形成正确的世界观、人生观、价值观；具有社会责任感，努力为人民服务；具有初步的创新精神、实践能力、科学和人文素养以及环境意识；具有适应终身学习的基础知识、基本技能和方法；具有健壮的体魄和良好的心理素质，养成健康的审美情趣和生活方式，成为有理想、有道德、有文化、有纪律的一代新人。

从上述的详尽描述中，我们可以得出一个明确的结论，即新课程改革为基础教育阶段的学生发展，提出了一种更为全面的儿童发展理念。在这个新的全面发展观念之中，包含了学生发展观的一些基本改变，主要有以下三点变化。

第一，终身发展成为主导价值，因而对于学生的发展更加注重的是发展的过程，将普通教育阶段的发展定位于为学生的终身发展服务，为学生提供适应其终身发展的基础知识、学习基本技能和学习方法。

第二，全面发展是基础教育追求的发展目标。结合终身发展的主导价值，基础教育要为儿童的终身发展提供尽可能宽泛的发展空间、精神追求与操作技能、知识内容与自身修养、个人生活能力与社会行为模式，以及大胆创新的素质和继承传统意愿等等，无不包含在基础教育阶段的学生发展追求之中。

第三，学生个性化发展的丰富性是新发展观的内在含义。基础教育阶段服务于儿童的终身发展需要，为学生提供尽可能广泛的精神元素、知识内容和实践能力，这些具体的追求为全体学生多样化发展创造了潜在的可能性，每个学生都会借助这些发展基础和发展过程发现自己独特的个人发展的兴趣，将发展潜力转变为现实的发展成果。新课程改革推动了我国基础教育从重视学科知识传递，向关注每个学生个性发展的历史转变。

儿童发展观方面以上三点变化，深刻地揭示了儿童发展观理论在我国、在新的教育发展实践中的进步。这种进步，既是我国教育改革和教育发展实践进步的内在变化，同时也是对世界范围内教育环境改变做出的一种历史性回应。20 世纪 80 年代以来，经济、科技和教育领域发展的全球化趋势逐渐明朗。在教育发展领域，以学生为本，教育服务于学生个体全面与独特发展的理念，主导着各个国家教育知识的重构和教学路径的拓宽。我国的新课程改革和新课程改革运动所奉行的儿童发展观，就是顺应了这种全球化的教育发展潮流，接受了全球教育潮流的基本特征。

新课程改革为基础教育提出了新发展要求的同时，也对实现这种新发展目标的工具，即课程做出了相应的调整。根据发展观念和发展要求的变化，新课程目标将知识、技能、情感、态度和理想等学生素质维度，与学习内容、学习过程和学习方法进行了整合。在对教学内容进行调整时，增加了科学、综合实践和地方社会适应性等方面的内容。

从新课程结构调整的结果中我们可以看到，新课程改革对发展学生的动手能力、创造能力和融入本人社会生活环境的能力等方面的充分重视。学会学习、学会做事、学会合作与学会生存的全球化教育宗旨，潜移默化地融入了我们的新课程改革之中。

（二）新课程改革对学生发展的外在环境提出了新的要求

新课程改革在提出了基础教育阶段学生发展新目标的同时，也在学校课程学习过程中，倡导了新的学习途径和方法。这些新途径和方法的采用，改变了学生在学校中学习的人际活动环境，扩展了学生学习生活的空间和视野，丰富了学校学习的外在影响资源。新课程对学校学习环境的改变结果，主要体现在以下几个方面。

第一，新课程改革在对学习内容进行重新规划时，将旧有课程中的“繁、难、偏、旧”的知识内容清理出局，是内容规划的基本原则之一。对这一原则贯彻的结果，使得新课程内容变得简化和简单，贴近生活而且新颖有趣。学生的学习活动相应会变得容易实施和比较亲切，这种学习体验和学习感受会使学生的学习过程变得愉快，使学校的学习生活变得轻松。换言之，新课程改革为学生的发展提供了一种轻松愉快的人文环境。

第二，新课程改革强调了学校学习与学生社会环境相联系的原则，使学生的学习内容更加贴近他们的社会生活现实，让学生有更多的时间和机会走出学校，参与到现实的社会实践中进行学习，向学生提供锻炼多方面能力的机会。综合实践活动课程的设立，在很大程度上改变了学校教育过程中学生发展环境的单调和封闭，为学生发展提供了更为多元、影响因素更为丰富的空间环境。

第三，新课程改革对课程实施的教学方式进行了更新，将以往过于强调对知识的被动接受、机械记忆和重复训练的教学方式，转换为提倡学生的主动参与、勤于探索、敢于想象与创造的实践性学习和发展过程。这种新型的学习方式，在学生中能够产生一种尊重不同意见、乐于相互交流与合作的良好人际关系。探究性学习、合作性学习和活动课程等新型教学方式，也改变了教师与学生在知识学习过程中的人际关系，使得师生关系更加平等，增加了二者之间双向互动的机会。

思考题

1. 历史上有哪几种重要的课程观？谈谈你对课程的看法。

2. 试阐述决定课程的几个基本关系。

3. 分析目前小学课程结构，说明不同类型课程的特点。

4. 分别论述课程计划、课程标准和教科书的重要作用。

5. 结合我国小学综合课程建设的现状，谈谈怎样理解综合课程与分科课程的关系。

教育实践活动

1. 调查附近一所小学贯彻落实课程计划的情况，写出调查报告。

2. 请本地教育行政部门的领导介绍地方课程的设置情况。

3. 实地调查，了解新课程改革的进展及问题。

第八章

教　学①

【内容提要】 本章主要阐述了教学的意义与任务、教学活动的本质与模式、教学原则、教学组织形式、教学方法与手段以及小学教学工作的实施。通过本章的学习，我们将了解有关教学理论并能运用这些理论分析、说明和解决教学实践中的各种问题。

---

① 本章部分内容参考了王策三著《教学论稿》（人民教育出版社 2005 年版）。特此说明并鸣谢，后面不再逐一注解。

第一节 教学的概念

一、教学的定义

教学是学校教育的最主要、最基本的活动，按照一直以来的说法，教学是学校教育的基本途径。也就是说，在学校中，培养人的活动主要是围绕、凭借教学活动进行的。

在国内，对于教学比较常见的定义是：教学乃是教师教、学生学的统一活动。在这个活动中，学生掌握一定的知识和技能，同时，身心获得一定的发展，形成一定的思想品德。

二、正确理解教学概念

（一）区别教学与学习

近年来，比较常见的一种现象是，将教学与学习的概念混同，不加区别地使用这两个概念，有时甚至以学习的概念替代教学的概念。在许多情况下，这种混同与替代并无大碍，但是在讨论学校教育时，就必须澄清二者的关系。

简单地说，教学的概念是一个教育学概念，而学习则是一个心理学概念，指个体在环境刺激下产生的相对持久的心理变化。准确地把握这两个概念的联系与区别，需要注意以下几点。

（1）学习是人和动物共有的，比如，鸟飞翔，猫捉老鼠，虽然要依靠遗传条件，但必须通过学习。当然人的学习比动物复杂得多。

（2）学习活动的发生是广泛多样的，人类从婴儿期就开始了形式多种多样，内容多彩多姿的学习。比如：认识事物（奶瓶、水果、玩具等），认识亲人（妈妈、爸爸、哥哥、妹妹等），学习翻身、站立、说话……人们经常提到，在科学技术高度繁荣，尤其是信息技术迅速进步的今天，儿童在生活中所学习的内容及其所达到的水平是惊人的：使用专门为儿童编制的各种软件，他们可以认识大量的事物，可以完成相当复杂的游戏操作，这些对于他们的成长都是极为宝贵的。

（3）即使成为学生之后，或者离开学校之后，在工作中和生活中仍然会发生大量的学习。继续教育、终身学习、学习社会这些名词的出现，已经不仅仅是对于未来的设计，而是活生生的现实。

教学的概念与学习的概念存在联系，因为，在课堂上的学习，也是在环境刺激下发生的，也会带来相对持久的心理变化。但是，教学的概念又与学习的概念存在以下重要的区别。

（1）教学概念所涉及的学习范围要窄得多，特指的是发生在学校、发生在课堂上的学习。动物的学习，生活中的学习，学校以外的学习，都不在这个概念之中。

（2）从历史上来看，教学这样一种人为的、专门化的活动一出现，整个人类对于后代的教育就立刻有了很大的改观。这种改观体现在：在教学的条件下，学生发展的水平和速度，都要远远地高于非教学状态下的儿童。

（3）在教学中，有一系列自觉的设计。有教学目标的确定，也有教学内容的选择、加工和改造。还包括一系列外在的教学制度比如课程设置、考试制度等。生活情境中或者一般学习中学完就完了，但在学校教育中显然不行，需要检验或考试，这就对学习结果以及下一步的学习有了很大的保障和促进。

总而言之，如果没有教学，如果没有这些外在于学生的设计和引导，想要在短短的义务教育时间里学完那么多内容，掌握各种基本技能，成为一个合格的社会公民，基本上是办不到的。

（二）理解教与学的统一

（1）教学包括“教”与“学”两个方面，两个方面有相对的独立性，但教学活动是这两个方面的统一。人们对此经常出现混淆，最为常见的，就是忽视二者的统一，比如，单独地讨论教和孤立地讨论学。

教学活动中“教”与“学”两个方面的统一和相互依存，类似人类的买卖活动。一桩交易，有相对独立的买方与卖方，但买卖活动的发生与存在，只能建立在二者的统一之中，没有买就无所谓卖，没有卖也就无所谓买，不存在单独的买的活动或者孤立的卖的活动。同理，在教学活动中，没有脱离教的学，也没有脱离学的教。教永远是针对着学而设计和实施，学永远在教的引导和领导之下。

（2）在学校教育中的教学条件下，教与学是永远统一的，不存在“分”或“合”的问题，一旦分开，教学其实就不存在了，又好比大家经常举的一个例子：氢氧化合生成水，水里面固然包含这两种元素，但是若放着水的一大堆属性不管，偏偏要去研究氢和氧元素，那就不对了。教学也是一样，虽然里面有教有学，但是绝不能把它简单地还原、化约成教和学。有一些人只讲学习，只重学生的“学”，好像那样才是以学生为本，才是真正关心学生。还有一些人总强调教与学的对立，好像一提倡学生的主动性就必须消灭教师的主导，一提倡探究合作就不能有讲授。这些想法显然都是走极端了，原因就在于没有真正理解“教学”的概念，特别是它的核心精神，也就是教与学的统一。

（3）就学校教育而言，教与学是不可分割的，相互依存，共同构成教学活动。失去了二者的统一，教学活动就不存在。

（三）学生是主体，教师是主导

（1）人是主体，人这个主体可以从事各种各样的主体性活动。在游戏活动中，学生是游戏的主体；在旅游活动中，学生是旅游的主体；在教学中，学生的主体活动就是学习。教学本来就是为了学生的学习而存在的，离开学习这种主体活动，他们不可能学到知识，不可能提高能力，不可能形成积极的情感和科学的价值观。

（2）在教学中，学生也可能脱离教学——走神、玩手机……在这种情况下，虽然他们仍然在教室之中，但显然已经不是教学的主体。

（3）另一种情况更为常见：学生在听课、在讨论、在观察……但不甚了了、似是而非。此时，他们是教学的主体，但他们的主体性没有得到充分的发挥。好的教学活动，能够充分调动学生的主体性，必定是贴近学生的认识水平和需求的，是生动活泼的。在这样的教学中，学生的主体性也得以提高和发展。

（4）教师是教学活动的主导。学生是尚未成熟的主体，发展中的主体，他们不能凭借自己的力量完成社会要求他们达到的教学目标，而必须借助教师的力量，通过教师对于教学活动的各种设计各种安排，学生才能顺利地达到教学目标。当然，主导的具体形式也必须是多样化的。

第二节　教学的意义与任务

一、教学的意义

在小学教育中，教学具有重要的意义，与学校其他工作如课外活动、少先队活动相比，教学处于核心地位，对教育目的的实现起着决定性的作用。如人们通常所说，教学是学校教育的基本途径，是学校全部工作的中心。在整个学校教育活动中，教育目的的实现和教育任务的完成，主要是凭借教学活动实现的。

在我国，小学教育的目的与整个国家的教育目的是一致的，即培养全面发展的人。

教学对于社会发展和个人发展都起着重要作用，我国对公民实施九年义务教育，小学教育是义务教育的起始阶段，教学的主要任务是为学生发展打下初步的基础，为他们的生活和接受进一步教育做准备。

二、教学的任务

教学是学校教育培养人的最基本途径。具体地说，教学是通过完成特定的任务来培养人的。完成什么样的任务呢？在教学的概念中已经有了概括的表述（掌握知识和技能，获得身心发展，形成思想品德），更为具体的表达是：传授和学习系统的科学基础知识和基本技能，在此基础上发展学生的智力和体力，在这个活动过程中培养学生的世界观和道德品质。

（一）传授和学习基础文化科学知识

传授和学习系统的科学基础知识和基本技能，是教学最根本的任务。所谓发展智力和体力，培养世界观和道德品质，都是以此为基础的，借助此活动实现的。就国内小学教育当下的状况，在完成这一任务时，应当特别注意和避免两种倾向。

第一，将知识的教学弱化。在传授和学习系统的文化科学知识的过程中，必须考虑到学生智力的发展，情感态度与价值观的形成，但是无论是智力活动，还是情感态度体验，都是在传授学习知识的过程中发生的。脱离了知识的学习，单纯追求智力发展和情感态度与价值观，是荒谬的，最终不仅学生所学的知识受损，智力和情感态度与价值观的发展也不可能是健康的。

第二，对各门课程厚此薄彼。小学阶段的各门课程都是基础性的，它们的开设是以《中华人民共和国义务教育法》为保障的。虽然在时间分配和管理、考试方式上各有不同，但是每门课程对于每个学生的发展同样是不可或缺的。在目前我国小学教育实践中，存在着不能正确对待各门学科的倾向，通常是重视语文、数学、外语，轻视其他学科，尤其是轻视音、体、美课程。语、数、外学科占用其他学科课时的现象相当普遍。这种做法严重违反了《中华人民共和国义务教育法》，不仅使得受教育者今后的发展缺少必需的基础，而且损害了小学生当前的健康发展。

（二）发展各种基本能力

对小学生的发展而言，以下几个方面能力的培养特别重要。

1. 学习能力

进入学校，小学生正式开始了以学习为主的学校生活，学习成为他们生活中最重要的事情。在这一阶段，能否形成良好的学习能力，对于他们当前及今后的发展具有深远的意义。应当注意的是，小学生学习能力的培养应当循序渐进地进行。

首先，要帮助小学生适应学习活动。从以游戏为主的家庭或幼儿园生活转入以学习为主的学校生活，儿童承受着很大的压力。教师要充分认识到这种转变的难度，帮助他们完成顺利过渡，应当从最基础的学习能力培养开始，包括遵守学习制度、按时上下课、认真听课、学会使用各种学习用具等等。

其次，要帮助小学生掌握各种学习技能。小学生的学习要运用各种学习技能，如阅读、计算、预习、复习等。这些技能的掌握程度和熟练程度，一方面直接决定了学生当前和今后的学习效率，另一方面将影响他们自学能力的形成。

最后，要注重启发和引导。人的智力是在活动中形成和发展的，单纯的知识量的增加对于智力发展所起的作用是有限的。由于小学生年龄小，知识经验水平低，使得人们往往认为应当注重让他们接受现成的知识结论。实际上，研究证明小学生在入学前已经具有了一定的智力基础。教师应当从他们的发展水平出发，在教学中启发他们思考，引导他们探究、钻研。在这样的过程中，小学生的智力便逐渐得到锻炼和提高，逐步形成提出问题并解决问题的能力。

以上几个方面的良好发展，不仅对于小学生完成学习任务起着重要作用，而且能够使得他们形成初步的自学能力。

2. 规则意识和遵守规则的能力

学校是学生获取文化知识的场所，也是他们进行社会化的场所。在小学的教学活动中，要引导学生逐步地理解和形成规则意识和遵守规则的能力，主要包括文明礼貌习惯、公共秩序、学校的学习制度等等。

3. 人际交往能力

培养小学生在人际交往中积极的态度和能力，使他们能够积极参加集体活动，在各种活动中受到他人的接纳，并且能够接纳他人；能够信任和尊重他人，平等待人，善于与人合作。

4. 思维能力

思维能力是智力的核心，小学生的思维能力虽然还处于较低的水平，但十分活跃。与其他能力一样，思维的发展和提高要通过活动来实现，就此，对教师的教学有着很高的要求，简单生硬的陈述，枯燥乏味的重复，不仅妨碍学生对知识的理解和掌握，也有违学生思维能力发展的需求。生动活泼的多样化的教学，才能为学生创造发展思维所需要的各种条件，才能促使他们展开主动积极的思维活动，从而使他们从小养成勤于思维、乐于思维的习惯。

5. 实践能力

教学活动的终极目的在于实践，在小学阶段应当不断使学生体验到在学校所学习的各种知识的实际用途。教学活动应当给学生提供各种各样的实践机会，将课堂教学与自然和社会联系起来，将书本知识与生活联系起来，从而不断提高运用所学知识解决问题的实践能力。

6. 创造能力

创造是对现实的突破和超越。与成人相比，小学生由于知识经验缺乏，较少受到人类已有经验的束缚，因此比成人更富想象力和创造力，他们经常会用新的方法进行思维，在行为方面会有令成人吃惊的表现。尽管其中许多是幼稚、不合逻辑甚至荒谬的，但这些正是创造的萌芽，正是创造力的表现。教师对于学生的想象力和创造力，首先应是保护、鼓励和宽容，只有这样，萌芽的创造力才能够得到成长的机会。随着学生知识经验的逐渐丰富，他们创造的合理性会逐渐提高，并且具有积极的社会价值。如果教师以不可能、不科学为理由而简单、武断地批评否定，就会压抑和损害儿童最为宝贵的想象力和创造力，甚至使其彻底地消失。

（三）养成和发展情感、态度、价值观

在这方面，主要围绕以下三个方面进行。

（1）养成学生积极的自我概念和自我意识，自尊自信，诚实勇敢等品质。

（2）养成学生对他人的健康态度，能够想到他人、理解他人、接纳他人，主要表现为对家人、同学、教师的积极情感。

（3）养成学生责任感，能够意识到自己的责任，对自己的行为和承诺负责，例如完成自己的学习任务、自我服务劳动等。

在小学阶段，上述各个方面的发展都不可能达到十分成熟的水平，但在这些方面打好基础，对于学生今后的发展有着重要的意义。

第三节 教学活动的本质与模式

一、教学活动的本质

教学对学生来说是一种认识活动，教学活动服从人类认识的一般规律，也就是哲学认识论所揭示的各种认识特征，比如认识是人脑的反映，从感性到理性，再由理性到实践。从根本上说，教学活动都要受到认识规律的制约。但是，教学又不是简单地服从一般认识规律，作为人类认识活动的一种，教学是一种特殊的认识活动，具有自己的特殊性。

（一）教学认识是学生的认识

在小学教育阶段，教学认识主要指小学生的认识。学生是教学认识活动的主体，这是教学认识最具决定性的特征。下面几条特征也要受到这一决定性特征的制约。

教学认识承担着将人类已有的知识经验中的精华传授给年轻一代的使命。如何能够尽可能好地完成这项使命？教学活动的发展和进步，就是对这个问题不断探索和不断解决的过程。简单地说，“教什么”以及“怎么教”是教学论永恒的主题。

在相当长的历史时期内，教育只是部分人的特权，关于上述问题的探索更多地集中在“教什么”上。随着社会的进步，受教育权在今天已经成为社会每个年轻成员的权利和义务，“怎么教”的问题也就日益突出，日益为人们所关注了。心理学的发展，特别是近几十年来发展心理学的兴起，为这一问题的解决提供了理论基础。与长期以来的传统理论相比，今天的教学论中关于教学认识的研究，格外重视学生的认识规律，重视他们不同于成人的认识特征。

从教学认识是学生的认识这一根本特征出发，教学活动必须考虑学生的认识水平和认识方式，不应当将以成人认识为对象的研究结果直接套用到学生身上。就小学的教学活动而言，教师应当尽可能地了解处于不同发展阶段的儿童是怎样认识的，这些认识阶段分别具有什么样的特征。过去，教学理论在这方面的研究是比较欠缺的，20 世纪以来，发展心理学的兴起，尤其是皮亚杰、维果茨基等人的理论在这方面提供了大量有价值的研究成果，国内外教学理论也日益重视运用这些成果。

（二）教学认识是间接的认识

在教学活动中，学生的认识，主要是掌握人类在千百年来已经认识到了的知识经验，并且是已经由课程计划、课程标准确定，由教科书具体陈述和体现的知识经验。这种认识与科学家的认识不同，后者的认识主要是去亲身探索人类尚未认识的事物，是不确定的事物。而学生的认识从根本上说是去认识从人类总体而言已知的事物。因为是认识已知的事物，学生的认识在对象和方式上都具有间接性的特点。

首先，认识的对象是间接的。学生学习的知识不是本人亲身得来的，而是现成的前人认识结果，主要表现为书本知识和理论知识。这些知识是数十年、数百年、数千年间由前人逐渐积累起来的，是经过长期、反复的实践检验的真理性知识。这样，就使得学生认识的范围突破了他们个人生活的狭小范围。凭借认识对象的间接性，他们可以“上知天文，下知地理”，可以通今博古。

其次，认识的方式是间接的。学生不是直接同事物打交道去获得对于事物的认识，而是通过读书、听讲、观察等方式接受现成的知识，然后通过作业、实验等方式应用知识。这样，就使得学生认识各种知识时不像前人认识时那样需要进行大量的摸索和尝试，需要经历多次的挫折与失败，需要完成复杂的比较分析、综合概括才能得到最后的结论，而是能够比较顺利地掌握知识。也就是说，学生不必亲自进行观测和计算就能够认识太阳系，不必亲自周游全世界就能够认识世界地理，不必亲自春种秋收就能够认识农作物的生长周期，等等。

由于教学认识的这种间接性，使得教学活动获得了在一般认识活动中所没有的巨大优越性，这就是教学认识的高效率，学生可以在短短的几年内掌握人类几千年认识结果中最重要、最有价值的内容。正如马克思所说："再生产科学所必要的劳动时间，同最初生产科学所需要的劳动时间是无法相比的，例如学生在一小时内就能学会二项式定理。"① 如果没有这种认识对象的间接性，这是不可想象的。

应当指出的是，教学活动虽然是以间接认识为主，却不等于可以无视儿童的直接经验。而且，是否善于利用学生的直接经验，是否能够将间接经验与学生的直接经验联系起来，对于教学活动的成功是举足轻重的。

（三）教学认识是有领导的认识

在教学活动中，学生的认识是在教师领导之下进行的，学生的任何学习活动都不可能没有教师的指导而孤立存在，即使是学生在做家庭作业，从事调查、制作，教师可能不在场时也不例外，因为他们仍然是按照教师的引导、要求进行着活动。在日常生活的认识中，是不存在有领导这样的特点的，人们主要依靠自己的摸索和总结。

在教学认识中，教师的领导或者说教师的主导作用存在着客观必然性。在小学，教学认识的主体是小学生，他们在各个方面都处于成长发展的时期，因此，虽然是认识主体，却是不成熟的、发展中的主体，仅仅依靠他们自己的力量是无法完成社会所要求和规定的教学任务的。小学教学活动的方向、内容、方法、进程、结果和质量，主要都是由教师决定和负责的。教师接受国家和社会的委托，经过专门的培养和训练，以教育和培养学生为职责，他们有责任、有条件成为教学认识的主导，帮助成长中的主体完成教学认识。

---

①《马克思恩格斯全集》第 26 卷第 1 册，人民出版社 1972 年版，第 377 页。

教师领导作用的发挥必须注意两点：承认学生的主体地位；领导的方式应当是多样化的。

（四）教学认识是教育性的认识

学生在教学认识中，不仅仅掌握各种科学知识，他们的各种情感、态度、价值观，他们的各种能力也在经历变化发展。小学阶段各门课程的教学过程，同时也是学生接受德、智、体、美全面发展教育的过程。

在认识活动中产生思想感情的变化，并非教学认识所独有的特征。科学家在进行研究活动的过程中可能产生深刻的思想变化，人们在观赏一部戏剧、阅读一本小说的过程中也经常会发生强烈的情感共鸣，可以说教育性这一特征在认识活动中具有普遍性。然而，教学认识中的教育性与其他认识中的教育性存在显著的不同。这是因为在教学认识中，教育性带有客观必然性和目的性。前面谈到，小学生是正在成长发展过程中的个体。人的发展总是在环境中通过各种活动实现的，毫无疑问，对于小学生来说，学校这个环境中最重要的活动是教学，在教学中，对于他们最有影响力的人则是教师。因此，他们的各方面发展受到教学活动和教师的影响是必然的。无论这种影响是正面的还是负面的，是自觉的还是不自觉的，总会在小学生个性成长的过程中留下深刻的痕迹。

教学是教育活动的主要途径，任何历史时期、任何国家和社会的教育都会将自己的根本利益及其要求体现在教育目的中，教学认识必然要为某种教育目的的实现服务。因此，教学认识的教育性不能像其他认识活动那样偶然地、自发地发挥作用，而是教育者经常性的自觉追求，成为必须有意识、花力气去实现的东西。比如，教师必须努力保证教学认识的内容和形式，教学过程和方法都与社会的教育目标和方向一致，必须努力使得学生从教学认识中产生的情感、形成的价值观等是积极的、向上的，是符合社会要求和教育目的的。教学是人类最复杂的活动之一。教学活动的本质是认识，并不意味着教学活动的全部复杂性都可以从认识活动中得到说明和解释。事实上，将教学活动的本质归结为交往、实践、科学研究、生活等理论观点，都在一定程度上揭示了教学的特征，是有学术价值和实践意义的。

二、教学模式

（一）教学模式的概念

在我国的教学论体系中，长期以来没有关于教学模式的范畴。因此，以往教学论体系虽然也指出并且强调教学活动的丰富多样和复杂变化，但由于缺少这样一个专门范畴，在理论上就表现为从关于教学活动本质的十分概括的研究探讨，直接进入了教学原则、教学内容、教学组织形式、教学方法这样一些相当具体的范畴，教学活动多样性的研究流于空泛。自20世纪80年代以来，教学论经历了很大的发展，其中表现之一是出现了教学模式的研究并且取得了相当丰富的成果。这种发展提示我们，教学活动的多样性并不是没有规律可循的，教学模式就是认识和把握这种多样性的关键。这是因为，与教学活动本质的讨论相比，教学模式要具体和实在；与方法、形式等范畴和一般教学实践相比，教学模式又具有一定的概括和抽象性。借助这样一个中间层次，抽象与具体、理论与实践的关系都能够更好地结合起来。这既有利于使基本原理的研究能指导实践，也有利于将庞大繁杂的现实提升到理论高度来认识。因此，将关于教学模式的研究纳入教学论是教学论研究重大的进展。

在长期的教学发展历史过程中，人们通过实践和研究逐渐发现，教学活动中不仅存在着一些基本的因素，而且这些因素往往按照相对稳定的方式组合。对这样一些不同组合方式的研究中，虽然没有使用教学模式这一概念，实际上这些研究已经是关于教学模式的探讨。许多教育家都曾经在这方面做出贡献。到了20世纪，关于教学模式的专门研究逐渐发展起来，尤其是在西方国家，相当发达。

按照一般的定义，模式是某种事物的标准形式或使人可以照着做的标准样式。根据国内外有关教学模式的研究和相应的定义，教学模式的概念可以这样表述：以某种教学理论为指导，以一定的教学实践为基础，教学活动的各个成分按照一定的要求和程序整合而成的、比较固定的和具有典型性的教学实践形式。

就我国小学教育而言，与缺乏教学模式的理论研究相一致，教学实践领域长期以来的缺点之一是教学模式过于单一化，脱离了小学生学习和发展的需要，不能满足不同学科的要求，影响了教育教学任务的完成。目前和今后一段时期内，教学模式的多样化将成为小学教学改革的重要历史任务。因此，对广大小学教师来说，学习和了解教学模式是十分必要的。

（二）教学模式的种类

由于研究者的出发点和关注点不同，教学模式的分类也多种多样，有些比较注重模式的概括性，有些则更注重模式的具体差别。教学模式的具体形式虽然多种多样，但从根本特征上大致可以概括为以下三种。

1. 师生系统地传授和学习书本知识

这种模式在东西方都是最古老的，有较长的历史，并且经历了一次次的变化和发展。特别是近代以来，捷克教育家夸美纽斯将观察引进了教学活动。德国教育家赫尔巴特提出了教学过程的四个阶段：明了、联想、系统、方法，后经他的学生发展为预备、提示、联系、统合、应用，称为"五段教学法"，盛行于欧美并影响到中国。瑞士教育家裴斯泰洛齐注意到能力的发展和训练。俄国教育家乌申斯基则明确提出教学的起点不限于直接观察，可以将已知的东西作为起点，等等。在所有这一切基础上，苏联教学论运用马克思主义认识论原理，分析教学实践，总结教学经验，提出了师生系统地传授和学习书本知识模式的比较完备的结构：

诱导学习动机⟶领会新教材（感知、理解）⟶巩固知识⟶检查。

这种模式有许多变式，但是苏联教学论所提出的这种变式及其结构，至今仍对我国的教学实践具有深刻的影响。

2. 教师辅导学生从活动中自己学习

这种模式出现较晚，是对系统传授和学习书本知识的教学模式的否定。这种模式以杜威的"从做中学"为指导原则，强调学生的主体地位，强调学生的实践活动、亲身经历，重视直接经验对学生学习和发展的意义。这种模式也经历了一个发展过程：法国教育家卢梭主张教学要从儿童的生活出发；德国教育家福禄培尔注重儿童的自主活动。最为典型的是杜威的教学实践，他的学生将他的主张概括为"设计教学法"，可以视为这种模式的典型。"设计教学法"的一般进程为：

设置问题的情境⟶确定问题或课题⟶拟定解决课题方案⟶执行计划⟶总结与评价。

这种模式的变式十分多样，目前在世界范围内与前一种模式一样在中小学占有重要的地位。

3. 折中于两者之间的教学模式

这种模式主要是在20世纪50年代以来发展起来的，表现出对上述两种模式加以整合的倾向。随着科学技术发展和社会进步，上述两类模式都暴露出明显的缺陷。许多教学改革致力于将这两类模式加以融合，在这样的尝试过程中，出现了一些新的"折中"的模式。其中比较有代表性的有以下两种。

（1）美国教育家布鲁纳的结构化教材和发现学习模式。这种模式一方面强调要有既定的教材，而且这种教材理论化程度非常高，反映学科基本结构；另一方面要求学生亲身去发现这些理论知识及其结构，以此促进学生智力的发展。这种模式的一般进程为：

明确结构⟶掌握课题⟶提供资料建立假说⟶推测答案验证（一次或几次）⟶做出结论。

（2）德国教育家瓦根舍因的范例教学模式。这种模式并不特别强调知识的系统性，而是选择具有典型性的问题或事例，要求学生进行分析和研究，获得具有一般性和普遍性的知识结论，并且在这一过程中培养学生的情感，发展学生的能力。这种模式的一般进程为：

解释作为范例的个别事物⟶解释范例的类或属⟶掌握规律范畴⟶获得对自我或人类的理解。

这些折中的模式虽然历史较短，但受到人们普遍的关注和肯定。

将教学模式分为三大类，优点在于概括性较强、简洁明确、便于理解；缺点在于过于笼统，对于一些模式的独特性无法反映出来，在指导教学实践方面也缺乏针对性。为此，将教学模式做详细的分类是必要的。

在西方，关于教学模式的研究比较发达，许多研究者致力对教学模式进行详细的分类。在有关研究中，最为全面、完整，从而影响也最为广泛的是美国学者乔伊斯（B. Joyce）和韦尔（M. Weil）的成果，集中反映在《教学模式》一书中。在这本关于教学模式的专著中，他们提出了信息加工类、个人发展类、社会相互作用类、行为教学类四类教学模式，共有 25 种具体形式。他们还对各种模式进行了详细的阐述、分析和比较，指出了各种模式的具体特征、适用范围、基本结构和实际的教育教学效果等。

处于主导地位的教师，在教学活动中具有很大的能动性。人们说教学活动是丰富多样的，是就它的普遍性和一般性而言，具体到某个特定环境中的教学，这种丰富多样能否成为现实，在很大程度上取决于教师，取决于教师对各种教学模式的理论认识水平和实际运用能力。教师对教学模式的理解和掌握越深刻、全面，教学活动的多样性就越有保证。

第四节　教学原则

一、教学原则的概念及意义

教学原则是根据教育教学目的，反映教学规律而制定的指导教学工作的基本要求。

教学原则的概念首先表明了教学原则的合目的性。教学活动永远是按照一定的教育教学目的进行的，教学原则要能够指导教学工作，必须与国家所规定的教育教学目的一致，必须是有利于这些目的的实现。

同时，教学原则的概念还表明了教学原则的合规律性。教学规律是客观存在于教学活动中的，需要通过人们的认识才能获得。而人们在认识规律时，并不是总能够得到与之相符的结果，因此人们提出的教学原则既可能是符合规律的，也可能是不符合规律甚至与规律相背的。只有那些经过长期实践证明确实能给予教学工作正确指导的原则，才可能是真正反映了教学规律的。历史上的教育家提出了无数的教学原则，而真正能够保留下来的只是极少数。

一般地说，教学活动越是能够符合教学原则，教学活动就越是容易成功；反之，教学活动越是脱离教学原则的要求，教学活动就越是可能失败。但由于教学活动是在不断发展的，并且教学模式多种多样，不同的教学模式需要不同的教学原则与之相适应，因而教学原则也处在不断变化与发展之中。

二、我国中小学常用的教学原则体系

目前我国中小学常用的教学原则体系，是在苏联凯洛夫教育学的教学原则体系基础上发展起来的，但其内容已由我国教学理论和实际工作者结合我国的教学实践有所发展，并补充了一些新的原则。特别应当指出，这一原则体系是针对师生系统地传授和学习书本知识的教学模式。如果教学采用教师辅导学生从活动中自己学习的模式（例如活动课程），则这一原则体系并不一定适用。

（一）直观性原则

指根据教学活动的需要，让学生运用感官直接感知学习对象，以获得感性经验。这一原则是针对教学中词、概念、原理等理论知识与其所代表的事物之间相互脱离的矛盾而提出的。

如前所述，教学活动的特点之一在于它是一种间接认识，学生在教学中是以学习前人经验即书本知识为主的。这些书本知识的真理性毋庸置疑，但它们与学生的生活和他们自己的个人经验存在相当的差距，有些甚至是陌生的。而人的认识总是从感性上升到理性，从具体过渡到抽象，没有感性认识和具体形象做基础和支撑，是不可能真正掌握纯粹理论知识的。由于书本知识与学生之间客观存在的距离，学生在学习和理解的过程中必然会发生各种各样的困难和障碍，直观性原则的意义在于克服这些困难和障碍，通过提供给学生直接经验或利用学生已有的经验，帮助他们掌握原本生疏难解的理论知识。

一般地说，直观的具体手段有以下三种。

（1）实物直观。实物直观是通过实物进行的，直接将对象呈现在学生面前，在学习学生生活中比较生疏的内容时，实物直观能够最为真实有效和充分地为学生提供理解、掌握所必需的感性经验。

（2）模像直观。模像直观是运用各种手段模拟实物，包括图片、图表、模型、幻灯、录音、录像、电影、电视等。实物直观虽然具有真实有效的特点，但往往由于受到实际条件的限制而无法使用。模像直观则能够有效地弥补实物直观的缺憾，特别是现代技术在教育领域的应用，使得模像直观的范围更加广阔，大到宇宙天体，小到分子结构，都能够借助某种技术手段达到直观的效果。

（3）语言直观。语言直观是教师运用自己的语言、借助学生已有的知识经验进行比喻描述，引起学生的感性认识，达到直观的效果。与前两种直观相比，语言直观可以最大限度地摆脱时间、空间、物质条件的限制，是最为便利和经济的。语言直观的运用效果主要取决于教师本人的素质和修养。

在教学中贯彻直观性教学原则，对于教师有以下基本要求。

（1）恰当地选择直观手段。学科不同，教学任务不同，学生年龄特征不同，所需要的直观手段也不同。

（2）直观是手段而不是目的。一般地说，在教学内容对于学生比较生疏，学生在理解和掌握上遇到困难或障碍时，才需要教师运用直观。为直观而直观，只能导致教学效率的降低。

（3）在直观的基础上提高学生的认识。直观给予学生的是感性经验，而教学的根本任务在于让学生掌握理论知识。因此，教师应当在运用直观的教学手段时注意指导，比如通过提问和解释鼓励学生细致深入地观察，启发学生区分主次轻重，引导学生思考现象和本质及原因和结果等。

（二）启发性原则

指在教学中要充分调动学生学习的积极性，使得学生能够主动地学习，以达到对所学知识的理解和掌握。这一原则是为了将教学活动中教师的主导作用和学生的主体地位统一起来而提出的。

“有领导的认识”是教学活动的特点之一。没有教师的主导作用，小学生是不可能自行达到社会对于他们的要求的。教师对于教学任务能否完成和教学效果的优劣负有主要责任。然而，学生是教学活动的主体，教师的主导作用首先在于激发学生的求知欲和学习兴趣，使他们能够自觉主动地学习，离开了这一点，学生对于科学知识的真正掌握、学生智力的发展、学生态度感情的成熟和提高都是不可能的。

在教学活动中贯彻启发性原则，对于教师有以下基本要求。

（1）激发学生的积极思维。教师的启发应当能够激起学生紧张、活泼的智力活动，从而使学生深刻地理解掌握知识，获得多方面的体验。因此，教师的启发应当选择那些具有一定难度、需要学生进行比较复杂的思维活动，但又是他们通过自觉积极的思考能够得到基本正确结果的问题来进行。简单的事实和记忆性的知识，即使顺利地“启发”出结果，价值也是有限的。

（2）建立民主平等的师生关系。在权威式的师生关系中，教师是凌驾于学生之上的真理代言人和学术权威，学生很难真正做到自由地、充分地提问和思考。只有当学生真正感受到教师将自己当作人格上与之完全平等的人，他们的学习自觉性才可能真正地调动起来。

（三）系统性原则（循序渐进原则）

指教学活动应当持续、连贯、系统地进行。这一原则是为了处理好教学活动的顺序、学科课程的体系、科学理论的体系、学生发展规律之间错综复杂的关系而提出的。

上述几个方面都对教学活动的进行产生影响。一般来说，学科课程体系和学生身心发展规律是最主要的，教学活动的顺序必须以这两方面为依据，按照这两方面的要求持续、连贯地进行。同时，教师也要了解作为课程基础的科学理论本身的发展变化，从而更自觉地安排、处理教学，使教学活动的顺序更加科学、合理。

在教学中贯彻这一原则，对于教师有以下基本要求。

(1) 按照课程标准（教学大纲）的顺序教学。课程标准（教学大纲）是各门课程的内在逻辑系统的反映，并且建立在小学生发展一般规律之上，各种教材是以此为依据编写的，教学活动从根本上是按照课程标准（教学大纲）的顺序展开的。教师要认真学习和研究课程标准（教学大纲），充分了解和掌握课程的逻辑以及对学生的要求，这是教学系统性的根本保证。

(2) 教学必须由近及远、由浅入深、由简到繁。课程标准（教学大纲）虽然考虑了学生的认识发展，但主要是按照内容编排、制定的，因此教师要认真研究学生，针对他们在学习过程中的认识需要和特点处理好近与远、浅与深、简与繁等问题。

(3) 根据具体情况进行调整。系统性原则并非要求教师刻板、僵化地执行课程标准（教学大纲）。课程标准（教学大纲）是按照一般和普遍规律制定的，在实际教学中，不同地区、学校、学生的情况有很大差异。在基本服从课程标准（教学大纲）顺序的前提下，教师要善于从自己面对的实际出发，适当地调整教学进度，增删内容。

（四）巩固性原则

指在教学中要不断地安排和进行专门的复习，使学生对所学的知识牢固地掌握和保存。这一原则是为了处理好教学中获取新知识与保持旧知识之间的矛盾而提出的。

教学活动是不间断地、连续地进行的。学生要不断地学习、记忆新知识，而人的记忆和遗忘是同一事物的两个方面，在学习新知识的同时必然会产生对旧知识的遗忘，因此在教学中需要进行不断的巩固工作，通过练习、复习帮助学生牢固地掌握所学知识。巩固的意义不仅在于强化旧知识，而且有助于学习新知识，因为知识是有内在联系的，旧知识是新知识的基础。人类早已注意到巩固对于学习的价值，孔子就说过“学而时习之”“温故而知新”。

在教学中贯彻这一原则，对于教师有以下基本要求。

(1) 在理解的基础上巩固。理解所学的知识是巩固的前提，没有学会的东西，是不可能真正巩固的。教师首先应当保证学生学懂学会，才有可能获得巩固的良好效果。

(2) 保证巩固的科学性。心理学研究揭示了关于记忆和遗忘的一些规律，按照这些规律组织安排巩固，可以提高巩固的效率。教师应当熟悉并且善于运用这些规律。

(3) 巩固的具体方式要多样化。除了常见的各种书面作业外，教师应当善于利用多种方式帮助学生巩固所学知识，如调查、制作、实践等，都能够使学生通过将知识运用于实际有效地达到巩固的目的，并且能够促进学生多方面的发展。

(4) 保证学生的身心健康。近年来国内若干调查显示，小学生的学习负担过重、睡眠不足是相当普遍的现象，原因之一是作业量偏多。小学生的身心发展对他们的一生、对整个国家和社会都是至关重要的。教师应当本着对学生和社会负责的精神，合理地安排巩固工作，将学生的作业量控制在适当的范围内（国家对小学生的作业时间和睡眠时间都有正式规定）。

（五）量力性原则（可接受性原则）

指教学活动要适合学生的发展水平。这一原则是为了防止发生教学难度低于或高于学生实际程度而提出的。

教学活动要讲究效率，在同样的时间内，学生所学越多则教学效率就越高。但是，教学效率的获取必须以符合学生身心发展规律为基础，脱离了这个基础，不仅教学效率本身是不可靠的，还会对小学生的发展带来消极的后果。教学难度超过学生的实际接受程度，学生不可能真正理解和掌握所学的知识，各种心理机能也不可能得到恰当的运用和提高；教学难度低于学生的实际接受程度，学生会因为缺少必要的注意和紧张而难以对所学知识留下深刻印象，而且由于无法进行有价值的学习活动而使各方面的发展失去机会。

在教学中贯彻这一原则，对于教师有以下基本要求。

(1) 重视儿童的年龄特征。教师应当不断加强自身的心理学素养，及时掌握心理学的新进展。20 世纪以来发展心理学的研究，对于教师正确理解和贯彻量力性原则具有重要的意义。

(2) 了解学生发展的特点。年龄特征和发展阶段主要是揭示个体发展的普遍规律，这些普遍规律体现在小学生发展的各个方面，而且是极为多样化的。教师要具体地研究学生的发展特点：例如，在学习某种新知识的时候，他们原有的知识准备情况如何？他们的思维或记忆水平是否能够完成这一学习任务？可能发生什么困难？能够达到什么样的理解和掌握程度？等等。在这样的研究基础上，才可能真正做到“量力”。

（3）恰当地把握教学难度。什么样的程度和水平最符合量力性的要求，很难有稳定、确切的具体标准，需要根据心理学揭示的普遍规律和对学生的具体研究，由教师自己来把握。这是教师劳动创造性的体现，是需要教师不断思考并加以解决的问题。

（六）思想性与科学性统一的原则

指教学要在科学的方法论的指导下进行。这一原则是为了将教学中科学知识的传授学习与思想品德教育统一起来而提出的。

小学开设的各门课程，是按照教育的根本目标选择安排的。一般地说，这些课程在科学性和真理性上是有保证的，它们对于学生思想品德形成发展的作用必然是积极的和肯定的。但是，对于小学生来说，完全凭借科学真理的思想品德教育价值去直接、自动地发挥作用是不够的，需要教育者引导和挖掘，使之充分地对受教育者产生熏陶作用。另外，教育者本人的政治信念和道德修养也会投射到教学活动中，如果教育者在这方面与课程所体现的方向存在差异，就有可能扭曲其在思想品德教育方面的价值，因此需要通过这一原则规范教师的教学行为。

在教学活动中贯彻这一原则，对于教师有以下基本要求。

（1）坚持正确的方向。小学生的认识水平和分辨能力都是有限的，教师要主动、适时、适当地加以引导，帮助他们形成和提高对是非、善恶、美丑的认识。

（2）严格遵守职业道德。作为社会公民，教师享有思想和信仰自由，但是在教学中教师必须体现国家意志，按照国家制定的教育目的教学，坚持和维护社会基本的政治观点和价值观念，不能用带有个人色彩的思想观点随意地影响学生。这是由教师的职业道德决定的，在小学阶段更是如此。

（3）实事求是。在教学中贯彻这一原则，特别要防止形而上学，不能穿凿附会、生拉硬扯。那种“穿靴戴帽”式的“思想性”，本身就是违背这一原则的，从长远看其效果更是适得其反。

（4）讲究教学艺术。要善于根据小学生的年龄特征和教学任务的具体特点，自然地将思想性与科学性结合起来，使得学生在不知不觉中受到教育，达到“润物细无声”的效果。许多优秀教师在这方面创造了宝贵经验，广大教师应当善于从中学习。

（七）理论联系实际原则

指教学活动要把理论知识与生活和社会实践结合起来。这一原则是为了解决和防止理论脱离实际、书本脱离现实问题而提出的。

学生主要学习理论知识，而且是在相对封闭的学校和课堂上通过教师的讲授和书本学习的。这种状况很容易导致学生所获得的理论知识与其来源和去向脱节：既不了解概念和原理是如何产生的，又不能够运用它们去阐释和解决实际问题。因此，在教学中教师必须提供和创造机会，通过多种多样的途径和形式使学生从事实践活动，引导他们体会思想观点、态度信念等的形成对于解决实际问题的价值意义。

当前，贯彻这一原则还应当特别强调教学要联系学生实际。中国的改革开放极大地加速了社会的发展，社会生活四十年来所产生的变化在深度和广度上都是前所未有的。因此，今天的小学生是在完全不同于他们的父母和教师的环境中成长起来的，在他们身心发展的各个方面都带有许多新的特点。教师对此要有足够清醒和自觉的意识，而不能够简单地将自己的经历套用到目前的教学中。教师应明白哪些知识在过去是生活常识，而对于今天的小学生则完全陌生，哪些知识在过去是专业性很强的，而对于今天的小学生则非常熟悉。与此相应，在教学中应当选择什么事例，应当设计哪些实践环节，都需要教师认真思考，根据学生的成长发展实际进行安排。

在教学活动中贯彻这一原则，对于教师有以下基本要求。

（1）重视理论知识的教学。没有理论联系实际，教学就降低到了学生自然生活的水平，失去了学校教育的优势和意义。

（2）注重在联系实际的过程中发展学生的能力。与课堂学习相比，联系实际的实践过程提供了更加丰富多样的能力要求，教师要敢于放手，鼓励学生去尝试和探索，运用所学的知识解决问题，同时在解决问题的过程中获取新的知识，补充书本知识的不足，从而使各种能力得到锻炼、发展。

（3）联系实际应当从多方面入手。首先，应当尽可能广泛地让学生接触社会生活的各个方面；其次，应当尽可能地结合本地区的特点；最后，应当注重小学生发展的实际。

（4）帮助学生总结收获。小学生的行为自觉水平和反思水平还比较欠缺，不善于分析、总结在联系实际过程中的收获，联系实际容易流于形式。教师要加以引导，提供机会并提出要求，让学生及时交流体验，表达感受。特别应当提出的是，总结收获注重的是学生的真情实感，不能够人为地拔高小学生的思想和认识。

（八）因材施教原则

指教师在教学活动中应当照顾学生的个别差异。这一原则是为了处理好集体教学与个别教学、统一要求与尊重学生个别差异而提出的。

由于遗传素质、家庭环境和个人成长经历的不同，在同一班级中的小学生，虽然有着共同的年龄特征，但是在学习成绩、学习态度和方法、兴趣和爱好、气质和性格、禀赋和潜能方面都会存在很大的差异。教师是对由个性完全不同的学生组成的集体教学，因此因材施教要适应每个学生的不同需要及可能进行有针对性的教育。因材施教在我国有着悠久的历史传统，孔子的教学实践就为我们提供了这方面的典范，值得我们学习，如他说“求也退，故进之；由也兼人，故退之”①。意思是“冉求老是退缩，因此我要鼓励他上前；仲由呢，他胆子大，敢作敢为，因此我要压压他”。朱熹总结孔子的教学经验说：“夫子教人，各因其材。”

我国目前的小学教育普遍班级大，学生人数多，因材施教原则的贯彻是比较困难的。但是，毫无疑问，教师应当在可能的条件下争取将这一原则最大限度地付诸实践。

在教学中贯彻这一原则，对于教师有以下基本要求。

（1）充分了解学生。在共同的年龄特征基础上，儿童存在差异。要做到因材施教，必须充分地了解每个学生。除学习成绩以外，学生的个性特征的各个方面、家庭背景、生活经历等，都是教师因材施教所需要了解的。

（2）尊重学生的差异。学生的差异不仅是客观存在的，而且是合理的。因材施教的含义不仅包括承认差异，而且包括尊重差异。小学阶段的课程和教学以所有正常儿童可以达到的程度为标准，在达到标准的基础之上，教师应当允许学生存在不同方面、不同水平的差异，并且针对每个学生的具体条件帮助他获得最适宜的个性发展，而不是去普遍地增加难度和深度。良好教育的结果是培养出大批个性充分发展的人，而不是千人一面的“标准件”。正如杜威所说：“如果从儿童身上舍去社会的因素，我们便只剩下一个抽象的东西；如果我们从社会方面舍去个人的因素，我们便只剩下一个死板的、

---

①《论语·先进》。

没有生命力的集体。”①

(3) 面向每个学生。小学教育是义务教育的组成部分，是儿童必须接受的。完成小学教育是中国每个适龄儿童的基本权利。现代教育的一个重要理念是，每个儿童有权利得到适合于自己的教育。因此，现代教育强调，不能够要求儿童适应教育，而是要使教育适应儿童。

第五节　教学组织形式

一、教学组织形式的概念及意义

教学组织形式所要解决的问题，就是教师以什么样的形式将学生组织起来，通过什么样的形式与学生发生联系，教学活动按照什么样的程序展开，教学时间如何分配和安排等问题。

教学组织形式对于教学活动的质量和效果具有非常重要的影响，在教学的其他方面相同的情况下，教学组织形式的不同会带来极为不同的教学效果。教学组织形式在历史上经历了许多变化，从早期的个别教学到近代的班级授课制，再到今天以班级授课制为主的多样化教学组织形式，它是随着社会和教育活动的进步而变化发展的。

在许多西方国家的教学理论中，教学方法和教学组织形式往往没有严格的区分，而在我国的教学论中，教学组织形式则是一个专门、独立的研究范畴。

二、班级授课制及其意义

（一）班级授课制的由来及发展

目前在世界范围内，最普遍采用的教学组织形式是班级授课制。

① ［美］约翰·杜威著，赵祥麟等译：《学校与社会·明日之学校》，人民教育出版社 2005 年版，第 5 页。

在古代教育中，无论在东方还是西方，教学组织形式主要是个别教学。即使孔子“弟子三千，贤人七十二”，仍然是通过个别教学进行教育的。学生在原有程度、学习内容、学习进度上各不相同，没有一致的要求和规定。工业革命后，社会提出了普及义务教育的要求，教育的规模和效率都必须扩大、提高，个别教学因为无法满足这样的需求，表现出明显的不适应，于是班级授课制应运而生。

文艺复兴时期，在欧洲的一些国家出现了班级授课制的萌芽。这种萌芽在工业革命和普及义务教育条件下迅速地发展起来，并且很快成为世界范围内最重要、最通行的教学组织形式。大体来说，班级授课制的发展经历了三个阶段。

第一阶段，以夸美纽斯为代表的教育家从理论上加以总结和论证，使它基本确立下来。

第二阶段，以赫尔巴特为代表，提出教学过程的形式阶段的理论，给夸美纽斯的理论以重要补充和发展。

第三阶段，以苏联教育学为代表，提出课的类型和结构，使班级授课制更趋成熟。

经历了这样三个阶段，班级授课制从理论到实践基本形成了完整的体系。

（二）班级授课制的主要特征

班级授课制的特征主要包括三个方面，有人用班、课、时三个字来概括。

班：把学生按照年龄和知识水平分别编成固定的班级，即同一个教学班学生的年龄和知识水平大致相同，并且人员固定，教师同时对整个班集体进行同样内容的教学。

课：把教学内容以及实现这种内容的教学手段、教学方法展开的教学活动，按学科和学年分成许多小的部分，分量不大，大致平衡，彼此连续而又相对完整。这每一小部分内容和教学活动，就叫作一“课”，一课接着一课地进行教学。

时：把每一“课”规定在统一的单位时间里进行。单位时间可以是 50 分钟、45 分钟或 30 分钟，但都是统一的和固定的。课与课之间有一定的间歇和休息。

（三）课的研究与发展

班级授课制一直经历着变化发展，上述班、课、时的特征也是一开始就具备了，但在不同时期发展的侧重也有所不同。正如国内有的学者指出的，在夸美纽斯时期，主要是将学生编成班级，一个教师同时教许多学生，即突出“班”的特征。在赫尔巴特那里，从他的统觉论出发，提出教学是观念形成的过程，具体表现为相互联系的几个阶段：明了、联想、系统、方法，为课的划分提供了理论基础，但尚未明确提出课的类型和结构的问题。

在“课”的发展上，主要的贡献来自以凯洛夫教育学为代表的苏联教学论。他们提出了课的类型，并且进行了专门的研究。以传授系统书本知识为主要任务，他们将课划分为两大类别：单一课和综合课。单一课指在一节课中主要完成一种教学任务的课，又可细分为若干种类：新授课、复习课、练习课、实验课、测验课等。综合课指在一节课中承担两种或两种以上教学任务的课，他们还进一步提出了综合课的一般结构，按照顺序依次为：组织教学、复习旧知识、讲授新知识、巩固新知识、布置作业。

应当特别指出的是，课的类型及其结构的理论，对我国的小学教学实践产生了极为深刻和长久的影响。这是教师在接受职前教育时必须掌握的，也是教学行政管理部门检查和评价教师教学水平的主要依据，课的类型是否明确，课的结构是否完整，成为教师教学工作合格与否及质量高低的重要标准。这种状况，一方面，对保证教学工作的质量以及教学工作的规范化、制度化管理起到了促进作用；另一方面，由于缺少与其他形式的比较对照，也产生了使教学活动程式化的不良影响，甚至沦为形式主义，带来了为类型而类型、为结构而结构的问题。

（四）对班级授课制的评价

1. 班级授课制的优越性

（1）班级授课制使教学获得了较高的效率，一位教师同时向几十个学生教学，使得教育的普及成为可能。

（2）有利于教师主导作用的发挥，便于有计划地、循序渐进地开展教学。

（3）由于学生是按照年龄和程度编成班级，水平接近，有利于他们彼此之间的互相交流和启发。

可以说，没有班级授课制，就会影响义务教育的普及。因为班级授课制具有这样一些突出的优点，尽管它不断受到批评，人们不断对其进行改革，它仍然表现出长久的生命力，而且许多改革实际上是对于班级授课制的发展，而不是彻底的否定。

2. 班级授课制的局限

(1) 不利于学生主体性的发挥，学生比较多的是接受教师所传授的现成知识。

(2) 为学生提供的实践性学习、探索性学习的机会比较缺乏，不利于学生多方面的发展。

(3) 不能很好地适应教学内容和教学方法等方面的多样化，形式比较固定化，缺少灵活性。

(4) 强调统一性，难以适应学生的个别差异，不利于因材施教。

(5) 每个学生实际上分别地对教师负责，彼此之间缺乏分工与合作，因此学生的互相交流和启发难以保证。

由于班级授课制存在这样一些局限性，人们一直致力于对其进行改革。

三、其他教学组织形式

近代以来，班级授课制成为中小学最基本的教学组织形式，但人们并没有停止对新的教学组织形式的探索。这些探索又相当集中地围绕着对于班级授课制的改革而展开，人们一直在努力，试图在保持班级授课制优越性的同时能够有效地克服它的局限性。

(一) 分层教学

分层教学，又称分组教学、能力分组，它是将学生按照智力测验分数和学业成绩分成不同水平的班组，教师根据不同班组的实际水平进行教学。分层教学在一些西方国家尤其是美国十分流行，一般在中学实行，有些学校也在小学高年级实行。

分层类型：通常在每一年级有 A、B、C、D、E 五个水平，A 组为最高，B 组次之，以此类推。就一般情况而言，A 组和 D 组人数都比较少，大多数学生在 B、C 两组。在 20 世纪 80 年代美国的合流运动后，弱智学生进入普通学校与正常学生一起学习，许多学校的 E 组实际是这些学生。还有一些学校只有两个或三个等级。

分层依据：以美国部分州为例，主要依据智力测验分数、学习成就、教师意见和家长意见决定分层。

分层范围：通常在主要科目实行分层，如数学、英语、科学、社会。

分层管理：一般实行弹性机制，分层不是固定的，每学期或每学年要进行调整，层次变化的主要依据是学生的学习情况，如进步显著就上调，学习吃力则下调。

因为是按照科目分组，实际上所有科目都在A组或所有科目都在D组的学生很少，多数学生是不同的科目在不同层次的组中学习。

分层教学的优点是：由于增加了智力测验和成绩作为依据，同一层次内学生的基础和水平较一般班级授课制条件下更为整齐，因此学生的学习和教师的教学都更加便利。由于不同科目各自分组，能够比较好地适应学生的兴趣和差异。

分层教学的缺点是在管理上比较复杂。

（二）小组合作学习

小组合作学习是以异质小组为基本形式，以小组为主体，以小组成员合作性活动为机制，以小组目标达成为标准，以小组成绩为奖励依据的教学组织形式。

小组合作学习的基本要素包括以下几个方面。

1. 组间同质，组内异质

通常由4—6名在性别、学业成绩、个性特征、家庭及社会背景等方面具有异质性的学生组成。由于在每个小组内体现了合理差异，从而在全班各小组之间形成了大体均衡、可资比较的小组联合体，使各小组在大致公平的前提下进行合理竞争。同时，由于组内各成员之间在各方面的差异与互补，又有利于各小组成员之间互助性合作活动的开展，最终促进组内每个成员的认知、社会交往、个性和积极情感的全面提高。

2. 设立小组目标

学习目标为小组而不是个人设立。这样，改变了班级授课制条件下教学偏重竞争的课堂气氛，形成了合理的组内互教互助、组际公平竞争的良性机制。对于小组目标，全体小组成员会形成一个“利益共同体”。每个学生能够体会到：一个人的成功并非真正的成功，只有在小组的其他成员也达到学习目标的情况下，自己才能达到目标。学习不再是自己个人的事。因此，成绩好、能力强的学生，会去积极帮助其他组员，学习较差的学生由于集体荣誉感和自尊心也会尽自己最大努力学习，尽量使所在小组不因自己的失败而拖小组后腿。这样，小组成员彼此之间是荣辱与共、相互依赖的关系。

3. 实施小组评价与奖励的机制

与小组目标的设立相互联系，是小组合作学习得以顺利进行的动力源泉。在小组奖励面前，每个小组成员都尽力为集体的成功而努力，积极承担集体义务，从而推动小组合作学习顺利进行。保证以小组为单位实施评价，使得小组成员之间不是你输我赢的关系，而是大家输或大家赢。这种机制可以有效地调节小组合作，促进成员争取小组目标的实现。

4. 个人责任的明确

在小组合作学习中，每个人都必须对自己的学习负责，学习成效的大小与个人是否尽职尽责直接联系在一起。在小组合作学习中，要在两方面确保责任到个人。

（1）通过将小组任务分解到个人，或全班任务先分解到小组，再分解到个人的方法，使组内每个成员都承担小组任务中的特定部分。一个人完不成自己承担的任务，不仅会影响自己的成功，也会对小组或全班完成任务带来不利影响。

（2）在单元检查、小测验和竞赛中，不再允许依靠组内其他成员的帮助来证明个人掌握学习内容、达成教学目标的程度，每个组员必须靠自己的力量独立完成测验。统计小组总体成绩之前要先计算个人成绩。

5. 均等的成功机会

在小组合作学习中，只要自己努力，有同伴之间的帮助，每个学生都可以做得很好，成功的机会是均等的。小组合作学习经常采用“个体提高分”（个体本次测验的分数比上次测验高出来的分数）的计分方式。这种方式保证小组所有成员无论成绩优劣都有成功机会，比自己以前进步，在自己过去基础上比较而不是与别人比较。这样，不仅成绩好的学生可以为团体做贡献，成绩差的学生也同样可以。

（三）小班教学

小班教学在发达国家基础教育各阶段已经普遍实行，许多国家在教育法中规定的每班学生通常在 15—25 人。近年来，我国的一些大城市也开始了小班教学的尝试。小班教学是社会和义务教育发展到一定程度的产物，是为了满足社会成员对于教育公平性、公正性的进一步要求，以及获得高质量教育的需要。可以预见，在今后几十年内，小班教学的增加会成为我国义务教育的发展趋势之一。

从部分国家和地区的经验来看，实行小班教学应当注意以下两个问题。

1. 取消教师分科任教或延缓分科任教年限

在多数实行小班教学的国家和地区，通常采取教师包班的方式，而不是分科任教。在小学阶段尤其普遍，甚至在一些班额仍然较大的国家和地区如日本和我国台湾，在小学也多是教师包班。小学阶段各门课程的文化科学知识都是基础性的，具有合格学历的教师完全能够胜任。教师包班，为教师了解每个学生提供了分科任教所无法比拟的便利，也为教师有针对性地对学生因材施教创造了分科任教条件下难以获得的充分条件。有些国家和地区之所以先后将班级授课制改为小班教学，正是立足于学生发展所做的选择。

2. 改革现有的班级制度以保证给予学生均等的机会

在大多数国家，小学阶段没有严格的班级组织，不存在正副班长、班委、组长等相对固定的角色，各种活动所需要的工作由所有学生轮流承担。这样，可以使每个学生都有机会得到各种锻炼，也使每个学生有机会获得不同的体验。

目前国内的小班教学改革，尚处于起步阶段，基本上只是缩小了班级规模。随着这一改革的深化，上述问题都应当逐步地加以解决，否则，改革的效果将是有限的。

复式教学

复式教学是把两个或两个以上年级的儿童合编在一个班级，采用直接教学和布置、完成作业轮流交替的方式，在同一节课内由一位教师对不同年级学生进行教学的组织形式。在复式教学中，教师为某个年级学生授课（称为直接教学），同时布置其他年级学生从事各种作业和练习（称为间接教学或自动作业）。

目前，在我国部分经济文化不发达的农村地区，特别是山区，复式教学形式仍然存在。

1. 复式教学的编班形式

复式教学的编班要充分考虑不同年龄儿童的特点，也要充分考虑教师工作的便利。一般来说，低年级学生学习习惯和自觉性较差，将他们与比较成熟的中高年级编在一起有利于教师的教学和管理。但小学一年级学生刚刚入学，六年级是毕业班，都需要教师花费比其他年级更多的精力，因此不宜将这两个年级合编在同一个班。

(1) 单班多级复式。一所小学只有一间教室，所有年级学生都在一起，同时由一名教师上课。

（2）双班二、三级复式。一所小学有两间教室，由 2—3 名教师担任 4 个或 6 个年级的教学工作，学生分为两个班。双班二、三级复式具体又有两种分班形式。

① 相隔年级编班。一、三年级为一班，二、四年级为一班；或一、三、五年级为一班，二、四、六年级为一班。

② 相邻年级编班。一、二年级为一班，三、四年级为一班；或一、二、三年级为一班，四、五、六年级为一班。

（3）三班二级复式。一所小学有三间教室，由 3—4 名教师担任 6 个年级的教学工作。通常分为 3 个二级复式班：一、二年级为一班，三、四年级为一班，五、六年级为一班；或一、三年级为一班，二、四年级为一班，五、六年级为一班。

2. 复式教学的座位排列

为了便于教师教学，复式教学的座位排列经常采用以下几种形式。

（1）纵列式。将不同年级的学生排成不同的纵列，如图 1、图 2、图 3、图 4 所示。

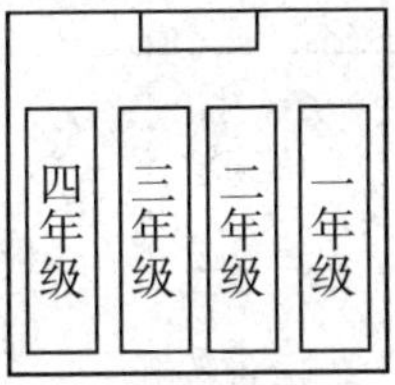

图 1

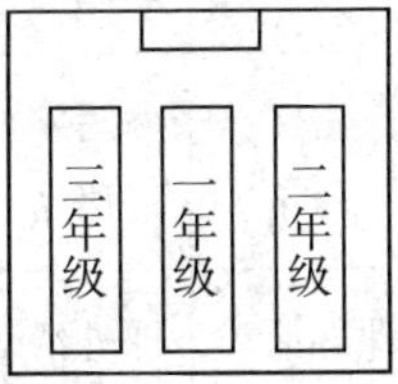

图 2

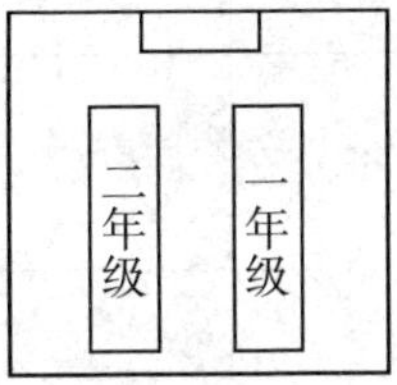

图 3

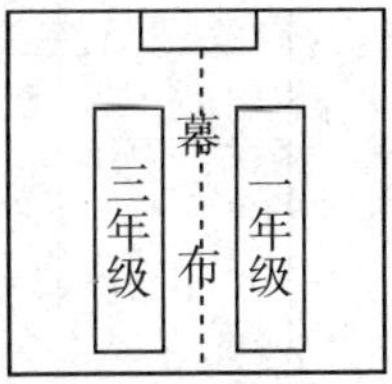

图 4

（2）横列式。将不同年级的学生排成不同的横列，如图 5 所示。

（3）背列式。将不同年级的学生背对背横向排列，如图 6、图 7 所示。

（4）分组式。将不同年级的学生按不同方向排列，如图 8 所示。

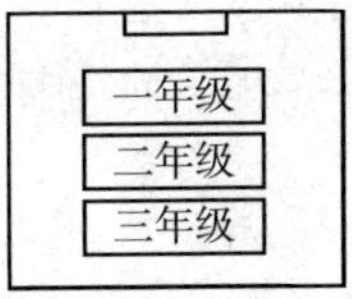

图 5

图 6

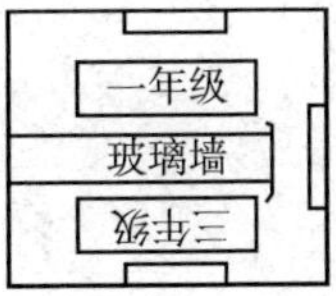

图 7

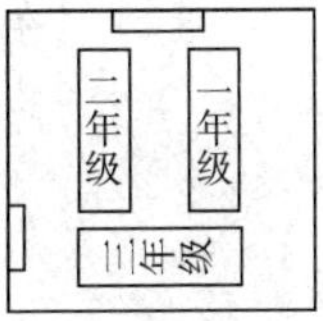

图 8

教师还可以根据教学活动的需要，适当地调整学生排列的方向。

3. 复式教学的课表安排

复式教学的课表安排，主要有以下两种形式。

(1) 同时间，同科目。在一节课内，不同年级都安排相同的科目，如表1所示。

表1　一、二复式日课表

星期 年级 科目 / 午别 节次		一	二	三	四	五
晨会与早操						
上午	1	1、2 数学	1、2 数学	1、2 数学	1、2 数学	1、2 数学
	2	语文	语文	语文	语文	语文
	3	美术	音乐	道德与 法治	音乐	周会（或 班队活动）
下午	4	语文	语文 写字	写字 语文	语文	教师学习
	5	体育	课外活动 （科技）	课外活动 （体育）	体育	
	6	课外活动 （文艺）			课外活动 （科技）	

这种安排，课程科目相同，儿童注意力不容易分散，教学工作便于开展，但在自动作业和直接教学的配合上有些科目会遇到困难。

(2) 同时间，异科目。在一节课内，不同年级安排不同的科目，如表2所示。

表 2 二、四复式日课表

节次	年级科目 星期	一	二	三	四	五
1	2	语文	语文	语文	语文	语文
	4	数学	数学	数学	数学	数学
2	2	数学	数学	数学	数学	数学
	4	语文	语文	语文	语文	语文
3	2	道德与法治	自习	美术	写字	自习
	4	道德与法治	社会	科学	数学	社会
4	2	语文	语文	语文	语文	语文
	4	自习	美术	作文	写字	体育
5	2	音乐	体育		音乐	体育
	4	体育	音乐	作文	体育	音乐

这种安排有利于将需要直接教学时间多的科目与自动作业多的科目配合，减少互相干扰。但因为各门课程时数不同，安排和实施有一定难度。

4. 复式教学的备课和教案编写要求

复式教学的备课比单式教学要复杂，除了一般要求之外，复式教学在备课时还要特别注意以下几点。

(1) 明确重点。除了通常所说的明确教学内容的重点之外，复式教学还要明确各年级的教学重点。

(2) 安排合理。在复式教学中，要考虑直接教学与间接教学的配合，做到衔接自然、协调有序，从不同年龄儿童的特点和教学内容的特点出发决定直接教学与间接教学的时间和轮换次数。

(3) 顺序科学。直接教学在复式教学中占有重要地位，教师在备课时要科学地设计对不同年级直接教学的顺序。一般来说，先低年级后高年级，先重点年级后非重点年级，先易后难，先复习课后授新课。

第六节　教学方法

一、教学方法的概念及意义

在教学理论和教学实践领域，教学方法都是十分重要的部分。但是，在不同的教学理论体系中，对教学方法的理解存在着差异，有时是相当广义的：可以将教学原则也包括进去，如把理论联系实际、启发式等称为教学方法；或者将教学组织形式包括进去，如将班级授课制、小组教学等称为教学方法。

根据目前我国的教学论体系，对于教学方法的理解是狭义的。比较准确的定义是：为实现教学目的、完成教学内容、运用教学手段而进行的，由教学原则指导的，一整套方式组成的，师生相互作用的活动。

在教育史上，教学方法经历了复杂的变化。从根本上说，教学方法的产生发展是由社会生产和科学技术进步决定的。具体地说，教学的任务、目的、内容的要求，以及人们对于学生身心发展规律的认识直接地决定着教学方法的产生发展。

教学方法一旦形成，就具有相对的独立性，能够对于教学任务、教学目的和教学内容产生巨大的反作用。人们普遍认为，同样的教学任务和教学内容，采取不同的教学方法，或者同一教学方法的不同水平运用，会导致差别悬殊的教学效果。而且，由于这种独立性，教学方法的改革也比较容易着手，可以在课程设置和教学组织形式不做大变动的前提下进行。

由于教学方法的相对独立性及其意义，它在教学活动中占有重要的地位。

二、小学常用的教学方法

（一）讲授法

讲授法是教师运用口头语言系统地向学生传授知识的方法。讲授法是一种最古老的教学方法，也是迄今为止在世界范围内应用最广泛、最普遍的一种教学方法。讲授法的基本形式是教师讲、学生听，具体地说，又可以分为讲述、讲读、讲解三种方式。

讲述：教师向学生叙述、描绘事物和现象。

讲解：教师向学生解释、说明、论证概念、原理、公式等。

讲读：教师利用教科书边读边讲。

以上三种方式之间没有严格的界限，在教学活动中经常穿插结合地使用。

讲授法的优点在于，可以使学生在比较短的时间内获得大量的、系统的知识，有利于发挥教师的主导作用，有利于教学活动有目的有计划地进行。讲授法的缺点在于，容易束缚学生，不利于学生主动、自觉地学习，而且对教师个人的语言素养要求较高。

教师运用讲授法，应当注意以下几点。

(1) 围绕目的进行。讲授的目的是让学生理解和接受特定知识，教师必须根据教学内容和学生的实际情况设计讲授的内容，如怎样说明和解释？是否需要直观？是否需要举例？在什么环节需要安排提问讨论等活动。

(2) 讲究语言艺术。教师的语言水平直接决定着讲授法的效果，因此必须不断注重和提高自己的语言修养。教师首先要做到语言清晰、准确、精练，既逻辑严密又清楚明白；其次，要努力做到生动形象、富于感染力，这对于小学生尤其重要；最后，还应当注意语音的高低、语速的快慢，讲究抑扬顿挫。

(3) 与其他教学方法配合使用。小学生的注意时间有限，在整节课中完全采用讲授法很难取得良好效果，教师应当善于将讲授法与其他教学方法和手段交叉使用，避免学生因长时间听讲出现疲劳和注意涣散现象。

(4) 恰当运用现代教育技术手段。在采用讲授法时，恰当地运用现代教育技术手段，可以令教学事半功倍，但盲目滥用现代教育技术手段，亦可能导致教学的事倍功半。

（二）谈话法

谈话法是教师根据学生已有的知识经验，借助启发性问题，通过口头问答的方式，引导学生通过比较、分析、判断等思维活动获取知识的教学方法。谈话法的基本形式是学生在教师引导下通过独立思考进行学习。

谈话法的优点在于，能够比较充分地激发学生的主动思维，促进学生的独立思考，对于学生智力的发展有积极作用，同时也有助于学生语言表达能力的锻炼和提高。谈话法的缺点在于，与讲授法相比，完成同样的教学任务，它需要较多的时间。此外，当学生人数较多时，很难照顾到每个学生。因此，在课堂上谈话法经常穿插在教师运用讲授教学的过程之中相互配合。

教师运用谈话法，应当注意以下几点。

（1）做好充分的准备。围绕什么内容进行谈话？提出哪些问题？提问哪些学生？以及学生可能做出什么样的回答？怎样通过进一步的提问引导学生？等等，教师都应当在事前周密考虑和安排。

（2）谈话要面向全体学生。尽管谈话只能在教师与个别学生之间进行，教师还是可以通过努力吸引所有的学生。首先，谈话的内容应当是能够引起全体学生注意的、在教学中具有普遍性和重要性的问题。其次，教师应当尽可能使谈话对象有代表性，比如选择不同层次的学生。最后，在谈话时适时加以适当的解释、说明作为补充。

（3）在谈话结束时进行总结。在谈话中学生的理解和掌握往往表达得不够准确、精练，因此在谈话的最后阶段，教师应当用规范和科学的表述对学生通过谈话所获得的知识加以概括总结，从而强化他们的收获。

（三）讨论法

讨论法是在教师指导下，学生围绕某个问题发表和交换意见，通过相互之间的启发、讨论、商量获取知识的教学方法。讨论法的基本形式是学生在教师的引导下独立思考和交流学习。

讨论法的优点在于，年龄和发展水平相近的学生共同讨论，容易激发兴趣、活跃思维，有助于他们听取、比较、思考不同意见，在此基础上进行独立思考，促进思维能力的发展。此外，讨论法能够普遍而充分地给予每个学生表达自己观点和意见的机会，调动所有学生的学习积极性，并且有效地促进学生口头语言能力的发展。讨论法的缺点在于，受到学生知识经验水平和能力发展的限制，容易出现讨论流于形式或者脱离主题的情况，对小学生而言更是如此，这需要教师加以注意。

教师运用讨论法，应当注意以下几点。

（1）选好讨论内容。首先，要选择那些有讨论价值的内容，一般来说，讨论内容应当是教学内容中比较重要的事实、概念、原理等。其次，要选择难度恰当的内容，一般来说，过于简单或过于复杂的内容都不适当，前者难以激起学生的学习热情，后者则容易挫伤学生的积极性。

（2）肯定学生各种意见的价值。对于未知的东西，任何意见都是有价值的。学生总是从自己的逻辑出发去理解和思考，因此各种不同意见尽管可能离正确答案相去甚远，但却最真实地反映了学生的想法。教师不应当“裁判”，急于指出各种意见正确或错误，而要让学生畅所欲言，通过充分的讨论理解什么是对、什么是错，以及为什么对、为什么错。

（3）善于引导。教师应当在学生讨论时全面巡视、注意倾听，善于捕捉讨论中反映出来的问题。在讨论遇到障碍、深入不下去时教师适当点拨，在讨论脱离主题时加以提醒，在讨论结束时帮助学生整理结论和答案，等等。这些对于讨论法的运用都是必不可少的。

（四）实验法

实验法是学生在教师指导下，运用一定的仪器设备进行独立操作，观察和研究这种操作引起的现象和过程，以获取知识的教学方法。实验法的基本形式是学生在教师指导下独立自主的学习。

实验法的优点在于，学生通过亲身活动从感性知识过渡到理性认识，认识的过程比较完整。在这种学习过程中，学生的观察能力、独立思考能力、动手能力可以得到很好的锻炼，求实的科学态度、探究的科学精神和热爱科学的情感也能够得到培养。

教师在运用实验法时，需要注意以下几点。

（1）准备工作充分。在实验之前，教师要就实验的目的、内容、步骤、仪器的使用和操作要领向学生做清楚的交代，并且保证学生明确。

（2）及时、具体地指导。小学生独立完成整个实验过程是比较困难的，教师要适时地提醒他们实验步骤、操作规范等。当然，这种提醒应当是在需要时进行，并且根据具体情况决定是针对个别学生还是全体学生。

（3）帮助学生总结。由于年龄的特点，小学生很容易被实验的外在和表面现象吸引，比如实验仪器的新鲜、实验中某种变化的趣味，往往会使他们忽略了最重要的结果和根本目的，因此教师要帮助他们总结实验的收获，比如写出简单的书面报告，或者组织进行口头汇报。

（五）实习作业法

实习作业法是学生根据教师布置的任务，在课内或课外进行实际操作，将已学知识运用于实践的教学方法。实习作业法的基本形式是在教师指导下，学生运用书本知识解决实际问题。

实习作业法的优点在于，通过将书本知识运用于实际，把理论与实践结合起来，并且在这样的过程中有效提高学生各种能力。

教师运用实习作业法，应当注意以下几点。

（1）提出明确要求。实习作业总是在学习某种理论知识之后进行的，教师要让学生明确实习作业的目的和具体任务，从而提高学生的自觉性和活动效果。

（2）选择恰当的方式。实习作业法的具体方式是十分多样的，如测量、测绘、制作、栽培、饲养等，教师要根据所学知识的性质和特点选择与之相适应的具体方式。

（3）做好事后的检查。教师要在学生完成实习作业后进行检查和评价，帮助学生理解自己的得失。

（六）练习法

练习法是学生在教师指导下，进行各种练习，从而巩固知识、形成技能技巧的教学方法。练习法的基本形式是学生在教师指导下的一种实践性学习。

练习法的优点在于，可以有效地发展学生的各种技能技巧。任何技能技巧都是通过练习形成、巩固和提高的，在教师指导下进行各种及时、集中的练习，能够在这些方面取得比较迅速的效果。练习法对于小学生学习习惯的养成，意志品质的锻炼都是极为重要的。

教师运用练习法，应当注意以下几点。

（1）明确练习的目的和要求。要让学生知道为什么进行练习，怎样才是达到了练习的要求，使学生的练习具有目的性和自觉性，避免练习的盲目性和机械性。

（2）指导正确的练习方法。教师要在练习之前讲解和示范正确的练习方法，并且保证学生基本掌握，以便提高练习的效果。

（3）合理安排练习步骤。教师应当使练习有计划地进行，循序渐进。

（4）科学掌握练习量。技能技巧的练习需要一定的练习量，但并不是越多越好，超过学生承受能力的练习会导致适得其反的结果。教师要根据小学生的身心发展特点来确定练习量。此外，一般来说，分散练习比过于集中的练习效果更好，将某种练习分成时间较短的几次完成要比一次性安排更为有效。

（5）及时给予学生反馈。要使学生及时知道练习的结果，以便纠正错误和巩固成绩。

（6）练习方式要多样化。要防止单一、重复的练习方式，根据教学任务和学生实际，将口头的与书面的、记忆的与操作的、课内的与课外的等不同方式结合使用。采取多样化的练习方式，可以保持学生的兴趣和注意，提高练习的效果。

（七）参观法

参观法是教师根据教学目的，组织学生到校外观察自然现象和社会现象，从而获取新知识或验证已经学习过的知识的教学方法。参观法的基本形式是学生在教师指导下获得直接经验。

参观法的优点在于，能够有效地把书本知识与实际紧密结合起来，帮助学生深入地理解和领会所学习的理论知识；开阔学生的眼界，从中受到多方面的教育。

根据与学习有关知识的顺序，参观法又可分为三种。①准备性参观：在学习某种知识之前进行。②并行性参观：在学习某种知识的过程中进行。③总结性参观：在学习某种知识之后进行。

教师运用参观法，应当注意以下几点。

（1）做好参观的准备。教师应当事先到参观地进行实地考察，全面了解需要注意的问题，并且据此做好参观计划。教师还要为学生做好参观动员，让他们了解参观的目的，明确参观的要求和任务，如是否要做笔记、搜集哪些资料等，以及明确参观的注意事项。

（2）指导参观的进行。在参观过程中，教师要关注和引导学生，如提出启发性的问题，提示值得注意的细节等，避免“走过场”或走马观花。这对于小学生是十分重要的。

（3）总结参观的收获。参观结束后，教师要帮助学生做好总结，如要求学生写出参观心得或报告，根据参观所得制作图表模型等。

三、教学方法的改革与发展

教学方法一直是教学实践领域中最活跃的部分，历史上各种各样的教学方法层出不穷，在现代教育的发展过程中，教学方法的变化格外迅速和多样。20世纪中叶以来，在世界教育改革运动中，各种新的教学方法不断出现，其中有一些给教学实践带来了显著变化，由此产生了广泛影响，并且进入中国被研究和采用。

（一）发现法

这是由美国教育家布鲁纳提出的教学方法。布鲁纳是结构主义课程的代表人物，他认为学生在课程中应当学习的是基本结构，也就是每门学科最具有根本性的理论知识、基本概念、基本原理、基本法则等。而基本结构是不能简单地通过教师的讲授学习的，要通过学生的发现学习去构造。发现法的具体做法是，教师提出课题和一定的材料，引导学生自己进行分析、综合、抽象、概括等一系列活动，最后得到学习结果。

与讲授法相比，发现法对学习过程的关注超过对学习结果的关注，也就是说要求学生主动参与到知识形成的过程中去，否则，学习结果将无法得到。

发现法的优点在于，由于学生在发现的过程中必须进行持续的、全面的智力活动，他们的智力也就因此获得发展，这是讲授法所难以企及的。发现法的弱点在于，对于同样的教学内容，它花费的时间要比讲授法多出许多，这是它无法完全取代讲授法的重要原因。同时，发现法对教师提出了很高的要求，引导学生自己获得学习结果比之直接讲解不仅需要教师有更高的教学水平，而且也使得教师的教学更加紧张和更加具有挑战性。因此，虽然人们对发现法评价很高，但是在实践过程中往往需要将它同其他教学方法结合运用。

（二）探究—研讨法

探究—研讨法与发现法有密切的联系，在实质上基本一致。这种方法在一些发达国家被普遍应用于小学教学，尤其是科学课程教学中。探究—研讨法比发现法更加灵活，也更加适合小学生。

探究—研讨法没有十分严格的程序，但注重利用发展心理学所提供的关于儿童不同认识阶段的特征，由此形成了一些十分突出的特点。

（1）从具体材料引发学习。小学生的学习应当从具体的、能够引起他们兴趣的事物开始，而不是从抽象的概念开始。要给小学生足够的材料，这些材料应当与所要学习的概念或原理相关，有助于他们理解和形成这个概念，并且能够引起他们兴趣，能够让他们利用来进行各种尝试，总之，能够带给他们真实的学习经历。“学习总是在学习者内部发生的。在支配材料的过程中，神经上的、肌肉上的和感觉上的刺激，导致学生越来越意识到各物体之间的相互作用。思考和表述使学生把这种动觉的经验提高到思维的水平。”①

---

① ［美］兰本达等著，陈德璋等译：《小学科学教育的“探究—研讨”教学法》，人民教育出版社 1983 年版，第 51 页。

（2）通过集体交流和研讨促进学习。每个人在共同经历中的反应从来都不是完全一样的，教师不能期望所有的学生发现同样的事实，或看出同样的内在联系。教师应当让学生把各自的看法谈出来，每个人可以分享其他人的思想，就会有丰富的内容，并且引起进一步的思考。

（3）鼓励学生的语言表达。语言与思维之间存在密切的关系，小学生语言的发展水平比较低，思维经常是在“前语言水平”上，混乱而肤浅。人的思维只有在发达的语言能力上才能够深刻地进行，因此，要鼓励学生进行语言交流，只有在运用语言与其他人互相讲话时，学习的内容才丰富起来，鼓励学生描述自己的观察、表达自己的感受、说明自己的意见，所有这些，要比学生自己读教材、重复教师的话有价值得多。“一个人在把自己的思想用语言表达出来之前，还没有把他潜在的学习变为可同自己或别人交流的思维。”①

（4）肯定学生在学习中所犯错误的意义。科学本身是一个不断发现、核对、验证、重复的过程，教师要让孩子们像科学家一样经历所有这一切。因此，学生在学习过程中出现各种各样的错误不仅是必然的，而且是必需的。教师要鼓励孩子们从错误中学习，通过寻找原因、纠正错误来澄清思想、提高认识。

（三）纲要信号图式教学法

这是苏联教师沙塔洛夫在自己 30 年的教学实践基础上创立的。所谓纲要信号图式，是一种由字母、单词、数字或其他信号组成的直观性很强的图表，是教学辅助工具。它通过各种“信号”提纲挈领、简明扼要地把需要重点掌握的知识表现出来。图表篇幅不一，有时一张图表仅由几个信号组成，有时一张图表可以包括教科书中二三节甚至四五节课的内容。

例如，在苏联七年级历史课中，有关于俄土战争中奥地利雷姆尼河畔一次战役的内容：苏沃洛夫率领俄军七千人和奥地利盟军 1.8 万人与土军 10 万人作战。土军包围住奥军，但没有发现俄军动向。苏沃洛夫趁敌不备，日夜兼程，以骑兵迂回袭击敌军的侧翼和后方，使敌人溃不成军、狼狈逃窜。这一战役可以用纲要信号图式来表达如下：

1789 年 $\frac{\text{奥地利}}{\text{雷姆尼河}}$ 7 18 100 指挥所

① ［美］兰本达等著，陈德璋等译：《小学科学教育的“探究—研讨”教学法》，人民教育出版社 1983 年版，第 173 页。

在教学中，应用这一图式简明扼要，能使学生对当时战役的进展情况产生鲜明的印象。据报告，应用纲要信号图式法大大提高了教学效率。

有人指出，纲要信号图式法的突出作用，是在教学中贯彻理论知识起主导作用的原则，为发挥学生各方面的潜能提供了可能性。

这一方法的具体运用包括以下六个阶段。

（1）按照教材内容详细讲解教学内容。

（2）出示纲要信号图式，进行第二次讲解，突出重点，分析难点，指出各部分之间的逻辑关系，并加以概括。

（3）把小型的“图式”发给每个学生进行消化。

（4）要求学生课下按“图式”进行复习。

（5）在下一次课上，让学生根据记忆在自己的练习本上画出图式。

（6）让学生在课堂上按图式回答问题。

（四）暗示教学法

这是保加利亚医学博士卢扎诺夫创立的教学方法，20 世纪 60—70 年代在欧美国家产生了巨大反响，尤其在外语教学方面，被公认为创造了奇迹。

暗示教学法采取与传统教学法完全不同的做法，上课如同游戏、表演。以外语教学为例，每一课包括 200—250 个单词、一些新的语法、一个主题对话，主题对话是一种教学剧本，有生动的情境、有趣的情节和戏剧冲突。教材还包括一套专门的练习，称为“练习曲”。教学活动一般包括：介绍情况，给每个学生取一个新名字，假设一个新职业，学生据此进行各种游戏和表演活动。运用这种教学方法，学生能够在六七周内基本掌握一种新的语言。

暗示教学法是建立在不同于以往的教学理论基础之上的。卢扎诺夫认为，传统教学低估了人的巨大潜力，缺少建立在医学、生理学、心理学和艺术等基础上的综合性教学手段，因而只能调动大脑的一部分功能，而且是与机械的、逻辑的、非感情的、无趣的教学相联系的那一部分功能。卢扎诺夫在印度参观时，受到瑜伽功的启发和影响。他发现瑜伽教徒通过强化联想能够记住经书上的十万多个词，由此建立了暗示教学法的基本原理：广泛利用环境的暗示信息，充分利用人的可暗示性，使理智与感情统一，有意识功能和无意识功能统一，尤其是调动和发掘大脑无意识领域的潜能，使学生在愉快气氛中不知不觉地接受信息。

暗示教学法的具体做法主要有以下几个方面。

（1）善于激发学生动机，设置能够诱发学生学习潜力的外部环境，充分考虑学生个性的完整性，尽可能彻底地消除学生的紧张心理，尊重学生，帮助学生建立自信。在暗示教学环境中，一反教室的常规，不用课桌，而是将几十把椅子排成半圆形，还选择让人感觉松弛、舒适的颜色做教室装饰。

（2）用跨学科的观点，按课题编制较大的教学单元，加强教学的整体逻辑的感情效果。

（3）充分利用各种艺术手段，采用音乐、舞蹈、戏剧、电影等单项或综合的艺术形式配合进行教学。在学生为戏剧表演等做准备而阅读教材——主题对话时，用微小的音量播放背景音乐，通常是用柔和舒缓的古典音乐，据说这样能够使人的大脑处于最佳的记忆状态。而在正式表演时则根据“剧情”的需要，用较大的音量播放其他精选的音乐，以强化表演者的印象。

（五）非指导性教学法

美国人本主义心理学家卡尔·罗杰斯以自己“以病人为中心”的治疗理论为基础，将其应用于学校教学领域，形成了颇具特色的“以学生为中心”的教学理论。罗杰斯批判传统教学只重视传授一些陈旧过时的知识，不能适应当代急剧变化的社会需求；而且这种教学导致学生知情分离——理智是由学校培养出来的，情感是在生活中体验到的，两者各自独立。在批判的基础上，他提出了新的教育目标——“完整的人”，即知行合一的人。

如何培养完整的人呢？罗杰斯提出了非指导性教学，这是由他的“非指导性治疗”演变而来的。非指导性教学根本目的在于，使学生通过自我反省活动及情感体验，在融洽的心理气氛中自由地认识自我、表现自我，最后达到改变自我、实现自我。罗杰斯强调，“非指导性”仅仅是对传统的指导性教学的否定，并不等于取消指导。传统的指导性教学是以教师为中心的，注重知识和技能，采取比较固定的步骤；而非指导性教学则以学生为中心，不重视技术，只重视态度，主要是移情性理解，无条件尊重和真诚。非指导教学重视作为个体的学生自己具有生长的可能性。在非指导性教学中，教师的角色由指导者变成了促进者。

非指导性教学的基本特征如下。

（1）极大地依赖个体成长、健康与适应的内驱力，坚决排除各种有碍于学生成长和发展的障碍。

（2）强调情感因素，强调教学情境的情感方面而不是理智方面。要求教学要尽可能直接进入学生的情感世界，而不是借助理性的方法去干预或重组学生的情感。

(3) 强调学生“此时此刻”的情形，而不关心他过去的情感和经验。

(4) 强调人际接触和人际关系在教学中的地位。

所有这些，都迥异于传统教育，因此非指导性教学一经问世，便引起了强烈的反响，并且受到国际上广泛的关注。以下是罗杰斯本人执教的一堂课的情况。

这门课程完全是无组织的。在任何时候，任何人甚至是教师本人都不知道课堂的下一刻会出现什么，会出现哪些讨论课题，会提出哪些问题，会形成什么样的个人需要、感情和情绪。罗杰斯自己造成了这样一种无组织的自由气氛，如同人们允许彼此为所欲为那般自由。他用一种友好的、轻松的方式与学生（大约 25 人）一起围着一张大桌子坐下，并且说：如果我们表达自己的意愿并作自我介绍，那是令人高兴的。接踵而来的是一阵紧张的寂静，没有人说话。最后，为了打破这种沉默，一位学生羞怯地举起手，发了言。又是一阵令人不快的安静，然后，又有一位学生举手。此后，更多学生举手了。教师从没有催促任何学生发言……

第七节 教学手段

一、教学手段的概念及其发展

教学手段就是教学活动中师生互相传递信息的工具、媒体或设备。

在很长的历史时期内，教学论中没有关于教学手段的专门研究和论述，有关的内容通常包括在教学方法理论中。近年来，教学手段逐渐成为教学论中的一个相对独立的范畴，主要是因为现代化教学手段出现和迅速发展，并且在教育实践中发挥着巨大的作用，日益显示出其深远和重要的意义。

（一）传统的教学手段

最早的教学手段就是人自身的活动，如口耳相传、示范、模仿、练习，主要通过语言，也包括表情、动作、形体等进行。

文字和书籍的出现、造纸和印刷术的发明，促进了教学手段的重大进步，使得教学活动能够摆脱个人直接经验的局限，学习以书本知识、理论知识为主的间接经验。

文艺复兴前后，出现了专门的教学手段。夸美纽斯编写的《世界图解》是较早的教科书，裴斯泰洛齐的“算术箱”和福禄培尔的“恩物”都是专门的教具。粉笔、黑板、教鞭、模型、标本等，大多是在班级授课制条件下逐渐出现和发展起来的。这样一些教学手段的出现大大提高了教学活动的效率，促进了普及义务教育的发展。

（二）现代化的教学手段

随着工业革命的发展，各种以现代科学技术为基础的教学手段逐渐发展起来。先后出现了用于教学的幻灯机、电影、唱片、录音机、闭路电视和语音教室等。

现代化教学手段的出现和运用，不仅提高了教学活动的效率，而且使得教学活动本身产生了重要的变化，扩展了教学活动在时间和空间上的范围，达到了过去所没有达到的广度和深度，将教学活动带进了一个新的阶段。

二、现代教育技术作为教学手段的意义

国内有学者指出，一般的现代化教学手段如闭路电视、电子显微镜等的应用，比起传统的教具，大大地丰富、扩展、灵活、精巧、高效……这是显而易见的。但是，它们所应用的教学原理，基本上没有本质的变化，仍然是传统教学论上讲到的那些，特别是直观原则和演示、实验法的原理。一般的现代化教学手段主要是提供感性形象知识，借以形成概念，为此，要明确目的，精心选择，与语言指导、启发思考等结合起来使用。唯有程序编制与计算机的出现，其应用和功能原理则引起了教学的质的变化。这种意见是十分正确的，计算机进入教学领域所产生的意义，是所有其他教学手段无法比拟的。

第一，现代教育技术集声、文、图、像于一体，极大地拓展了知识信息来源。容量庞大，内容充实，形象生动，能够将宏观的遥远太空与身边事物的微观样貌都清晰地呈现在学生面前，其中许多是过去所无法想象的，也因此可以令教学更具吸引力。

第二，现代教育技术由于能够充分地利用学生的视、听、动觉，许多过

去难以为学生所理解的知识变得清晰明确，从而使得学习效果显著提高。教师的部分劳动将可以由技术手段所替代，然而，这不仅不是宣告教师的角色会消失，而是恰恰相反，将促使教师的角色升华到更高的境界：教师应当也可以把更多的智慧和精力投入到小学生发展的考虑上。学生在学习中反映出的主要问题有哪些？应当给予什么样的帮助？需要安排哪些必要的讨论？应该继续什么样的实践环节？需要补充哪些重点讲解和演示？……这样一些在以往的教学中难以真正关注的问题，在技术手段的协助下，可能得到更好的解决。

第三，现代教育技术为个别化教学的实现开辟了广阔的前景和极大的可能性。根据每个学生的差异进行个别化教学，以满足每个学生的独特需求，是人们长期追求的教育理想。使每个学生得到适合他的教育，是现代教育的基本命题，在以往的教学手段和缺乏弹性的班级授课制条件下，这又几乎是不可能的。通过现代教育技术营造的个别化自主学习的教学环境与系统，每个学生可以以此为基础独立完成相当部分的学习任务，进度快的可以捷足先登，进度慢的可以稳扎稳打，速度和时间的差异完全是个人的事情，不会与他人发生矛盾冲突。同时，合理的设计使得学生能够分别得到自己需要的独特参考和帮助，各得其所。所谓“齐步走”“一刀切”的弊端可以在相当程度上得以改善，从而令教学最大限度地适应学生的个别差异。

三、不断提升现代教育技术在教学中的积极作用

现代教育技术手段所显示的蓬勃生命力，不断地提醒我们，它的发展仍然在继续，它既为教学带来了巨大的机遇，也带来了严峻的挑战。如何在教学中恰当地运用现代教育技术，并没有现成和稳定的答案，它向课堂教学提出的许多问题，目前也还没有明确的答案。比如，人机对话与人人对话的关系是怎样的？教师的哪些作用是技术手段仍然无法替代的？慕课及翻转课堂在小学阶段是否适用？这些问题仍然在探索之中。因此，在今后相当长的时期内，如何在教学中运用现代教育技术手段，将会是小学教师必须不断地付出慎重思考、做出判断的严肃课题。

就当下中国小学教育的一般情况，以下几种倾向较为常见。

第一，拒绝排斥的态度。近年来，面向学校的各色各样的现代教育技术手段大量地、不断地涌现，常常令人有应接不暇甚至不知所措的感觉。在技

术发展空前强劲的时候，这种感觉其实是正常的。但部分教师因此形成了比较消极的态度，“任凭风浪起，稳坐钓鱼船”，以各种借口拉开自己与现代教育技术的距离，固守传统的手段。这种态度的最大损失是，失却了本来可能从技术中得到的好处。

第二，盲目求新的态度。不断地求新，只要听闻有新的手段，马上“拿来”并且抛弃旧的。这种态度的不恰当在于，现代教育技术不同于生活中的时装或游戏，“新”与“好”并不总是一致，要允许技术有成熟、修正、完善的过程。

第三，大而化之的态度。面对某种现代教育技术的成功，有时教师会放弃自己的比较、判断的权利。例如，国外出现了慕课、翻转课堂的尝试，国内也有相当多的介绍和模仿，许多教师趋之若鹜。事实上，每一种现代教育技术及其应用，其效果都不是无条件的。就如翻转课堂，是不是适合于小学生？是不是适合于所有科目？是不是适合于任何教学内容？没有对于这些问题的具体分析、比较、判断便加以采用，是非常令人担忧的。

总之，面对现代教育技术，要积极地拥抱，不断地学习，也必须要有实事求是的科学精神和审慎的态度。

第八节　小学教学工作的实施

一、教学工作实施的一般过程

一般来说，教学工作的实施，由备课、上课、作业布置和批改、课外辅导几个环节构成，这是迄今为止我国小学教学工作具体实施最常见、最普遍的过程。主要适用于学科课程，特别是教师讲授为主的教学模式。当课程不再是学科课程和讲授为唯一类型，教学工作的实施过程则会有所不同。对此后面将专门讨论。

（一）备课

备课是教学工作的基础，备好课是上好课的先决条件。备课的过程，是教师提高自身文化科学知识修养的过程，也是教师积累、总结教学经验和提高教学能力的过程。

备课主要从三个方面为上课做好准备。

1. 钻研教材

钻研教材包括学习课程标准（教学大纲）、研究教科书、阅读与教学内容有关的参考材料。

课程标准（教学大纲）是按照小学开设的各门课程编写的。课程标准全面地说明和解释了每门课程的目的、要求、主要内容及其顺序和逻辑，通常还有关于教学方法的建议，本学科各年级之间的联系，与其他学科的联系等。学习标准或大纲，可以使教师从宏观和整体上把握所教学科，从而对备课的具体部分在学科体系中的意义和地位有准确和自觉的认识。

教科书是教学的主要工具。教师必须钻研教科书，掌握主要内容、重点、难点、关键所在等。同时，教师要意识到，教科书本身不是教学的目的，而是为实现教学根本任务服务的，教学的根本任务和目的在于学生的发展，教师在钻研教科书时必须考虑，如何利用它来促进学生态度、情感、价值观、知识和各种能力的进步和提高。正如人们所说，教师不是教科书，而是利用教科书教学生。

各种参考资料是教科书的重要补充，教师阅读参考资料可以获得大量有价值的信息，用来满足教学的需求。应当特别指出的是，有些教学参考书十分细致，基本上是完整的教案，但这样的东西并不能代替教师自己的备课，因为教学是永无止境、不可重复的。每个教师所面对的班级都是独一无二的。在现代教育技术繁荣的今天，网络上的教育资源应有尽有，这个问题就更加突出。即使是著名教师的成功教案，也只能作为备课的参考，而不能作为替代物，如果照搬到自己的课堂，必定会失去其光彩甚至生命力。

2. 了解学生

学生既是教师教学的对象，更是全部教学活动的主体，成功的教学只能是建立在对学生充分而准确了解的基础上。只有根据学生的发展现状和发展需求设计和实施教学，才能获得良好的教学效果。

了解学生应当是全面的。学生原有的知识经验基础、原有的能力水平、学习态度和兴趣特点、班级一般状况和学生个体状况等，都是教师在备课时应当加以研究的。同时，教师应当注意从多种渠道获得有关信息，除了平时在教学活动中的表现、日常的作业和考试检查成绩之外，还应当注意了解学生在课外、校外的情况，尽可能对学生的了解全面、可靠。

特别要提出的是，心理学和教育心理学对不同年龄阶段学生的心理水平有全面的介绍，这些是教师了解学生的重要资源。然而，这些内容并不能替代教师对于学生的研究。心理学和教育心理学所提供和描述的学生发展水平，是普遍规律。而每一个教师所面对的学生群体，除了大体符合这些描述外，一定还有自己的发展特征，就如人们经常提到的，东北的学生与西北的学生是不同的，十年前的学生与今天的学生也是不同的。

3. 设计教学过程

在钻研教材和了解学生的基础上，教师要设计教学活动如何进行，具体地说，要完成以下三个计划的编写。

（1）学期（或学年）教学进度计划。这种计划应当在学期或学年开始时就编写出来。内容主要包括：学生基本情况的分析，本学期或学年教学的主要任务和要求，课程标准（教学大纲）和教科书的章节或课题，各个章节或课题的教学时数和时间安排，考试和考查的次数和时间，各个章节教学所需要的教学设备和教具等。

（2）单元（或课题）教学计划。在学期或学年计划的基础上，教师还要对课程标准（教学大纲）中每章或每个课题制订出单元或课题计划。内容主要包括：单元或课题名称、教学目的、课程类型、教学方法、时间安排、所需教具等。

（3）课时教学计划（教案）。这种计划一般按一节课为单位编写，是上课的具体方案。内容主要包括：班级、学科名称、授课日期和时间、课题、教学目的、课的类型、教学方法、教具、教学进程等。其中教学进程是教案的主要部分，教师要详细设计安排教学内容的展开、教学方法的运用和时间的分配等。

（二）上课

上课是全部教学工作的中心环节，教学质量的高低，取决于教师上课的水平。教师上课一定要有经过详细准备的教案，但上好课又不仅仅是有好的教案就足够的，相反，过分拘泥于教案可能会影响教学效果。教师只有善于根据实际情况灵活地运用教案，才能把课上好。一般来说，一节（次）好课应当符合以下标准。

1. 教学目的明确

教师对于一节课要完成什么任务，必须十分清楚，而且还应当以某种形式让学生也对此有所了解。教学目的是根据课程标准（教学大纲）或教科书确定的，必须符合学生的实际，而不能是教师的主观愿望。教学目的应当从学生发展的各个方面考虑，一般来说，获得知识技能的目的是比较明确和容易把握的，但教师不能局限于此，而应该照顾到学生个性的各个方面，并且将学生的个性发展上升到目的高度去考虑。

整个教学活动的进行都要贯穿教学目的。教学方法的选择和运用，学生活动的设计和安排，教学环节的组织和实施等，都要围绕教学目的进行。

2. 教学内容正确

教学内容要科学、合理。我国小学各门课程的内容从课程标准（教学大纲）到教科书都是由国家专门机构制定或审查的，科学性有很好的保障。但是教学总是发生在具体的教师与学生身上，教学内容的科学性要通过作为主导的教师来体现。教师还要能够按照课程标准（教学大纲）和教科书的要求，联系学生实际和教学条件，使教学主次分明、详略得当、前后有序。

3. 教学方法适当

教师根据教学任务的要求、教学内容的特点和学生的具体情况，以正确的教学原则为指导，善于选择和运用适当的教学方法。方法适当，学生的积极性才能调动起来，教学才能取得良好效果。

4. 教学过程紧凑

整个教学过程要结构严密，教师的讲解，学生的各种活动、讨论、练习，都要精心设计，安排妥当，使教学时间得到最大限度的利用，提高教学效率。

5. 学生主体性充分发挥

这是标准中最根本的一条。如果学生在教学过程中的主体地位没有保证，学生的主体性没有得到发挥，这就不是一节成功的课。上面几条标准，如果离开了学生主体性的发挥，也就失去了意义。学生主体性的发挥可以有不同形式和不同途径，核心是他们在教学活动中的主动性和积极性。

（三）作业的布置和批改

作业的布置与批改是教学工作的有机组成部分，是上课的延续。学生作业分为课内和课外作业两种，学生作业的直接目的在于巩固所学内容。此外，组织好学生作业的布置和批改工作，对于培养学生良好的学习态度、学习习惯和学习方法，锻炼和提高他们的智力和各种能力，都具有重要作用。

因为学生在完成作业的过程中，需要阅读教科书及参考书，需要进行独立思考，需要将所学的知识技能加以运用。

学生的作业大致有如下种类：阅读作业（如复习、预习教科书，阅读文艺和科技读物）；口头作业（如口头问答、朗读、复述、背诵）；书面作业（如演算习题、作文、绘制图表）；实践作业（如观察、实验、测量、调查）；等等。

布置作业应当遵循以下要求。

（1）作业的内容，应当符合课程标准（教学大纲）和教科书的要求，作业的目的要明确，每项作业都有明确的意图，为学生知识的巩固、技能的训练服务。

（2）作业的分量要适当，严格遵守国家规定。小学一、二年级一般不留书面家庭作业；三年级以上家庭作业一般每天不超过 1 小时，要做到难易适度，大多数学生经过一定努力能够独立完成，避免负担过重。要坚决杜绝“题海战术”和用作业惩罚学生的做法，保护小学生的身心健康。

（3）布置作业时要有明确的要求，规定完成时间。教师也应当根据具体情况对学生完成作业给予指导。

（4）对学生作业要认真、及时地批改。作业是教学活动的有机组成部分而不是附属物，通过批改作业，教师可以全面地了解学生情况，从而有效地调整自己的教学。教师的批改结果是重要的信息，将这种信息反馈给学生，能够使他们清楚地知道自己的进步和错误。教师批改作业的方式也应该多种多样，包括全面批改、重点批改、轮流批改、当面批改、指导学生互相批改等。

（四）课外辅导

课外辅导是教学工作的重要组成部分，是上课的补充和辅助，是适应学生个别差异、因材施教的主要途径和措施。在我国小学主要采用班级授课制，而且班级规模通常较大的情况下，教师尤其应当重视并尽量做好这项工作。

课外辅导的内容通常包括：解答学生的各种问题，指导学生完成作业，为由于各种原因成绩较差的学生补课并帮助他们克服学习上的困难，为成绩优秀且学有余力的学生提供个别指导，等等。课外辅导主要以个别辅导和小组辅导两种形式进行。

课外辅导要坚持正确的目的，以素质教育思想为指导开展这项工作，任何以课外辅导的名义进行的加课、补课，都是应当坚决制止和取缔的。

二、小学教学实施的不断探索

进入 21 世纪以来的我国基础教育课程改革，改变了课程结构上的单一，呈现出多元化、综合化趋势，最为突出的是增加了研究性学习这样的课程。显然，这就令教学实施过程也产生了变化。

研究性学习不同于学科课程，具有很强的综合性，以学生的自主性活动为基础。在研究性学习中，根据主题的要求，具体的活动方式是多种多样的：探究、体验、制作、调查……无论采用何种方式，都注重学生在活动中的亲身体验和经历。就这种课程而言，前述从备课到课外辅导的过程便不再适用。

在我国，研究性学习是新事物，广大教师对其驾驭远远没有达到像学科课程那样的程度，为此，以下几点特别应当注意。

第一，虽然在时间比例上远远低于学科课程，研究性学习仍然是学校正式课程，不是课外活动，更不是学生日常生活中的活动，必须要有明确的目标，必须令学生从课程中有所获得、有所提高。

第二，在研究性学习中，教师仍然是主导，也就是说，教学的成功与否，学生是否有所获有提高，仍然取决于教师。

第三，在研究性学习中，教师主导作用必须有所变化。如果简单地将在学科课程中的做法移植过来，无法适用。

第四，教师主导作用可以按照研究性学习的课程结构来实现。一般来说，研究性学习的课程包括主题、任务、评价标准这样几个方面，教师必须事前周密地准备。

第五，概括地说，教师的主导不再是围绕诸如“这个概念应该如何阐释”“这个法则需要列举哪些例题”等实施，而是围绕“学生完成这个制作可能遇到什么疑问和困难”“学生参与这种体验可能产生怎样的感受”等实施。而实施的方式也不再是直接给予解释说明，而是提出问题、组织交流、引导思考，等等。

思考题

1. 为什么说教学活动的本质是特殊认识活动？

2. 为什么要对班级授课制进行改革？

3. 讲授法有哪些优点，又有哪些局限？

4. 在教学过程中为什么要充分发挥学生的主体性？

教育实践活动

1. 试以小组为单位组织小学各主要课程的微格教学，每人参加 1—3 门课程的活动。

2. 组织一两次到附近一所小学观摩优秀教师课堂教学的活动，重点了解教师在教学方法上的创新。

第九章

课 外 活 动

【内容提要】本章主要阐述了课外活动的意义与作用、内容与形式，以及课外活动的设计与指导。通过本章的学习，我们将了解课外活动的概念、课外活动的特点及教育作用，进而理解课外活动对于完善学校教育与促进儿童发展的必要性，学会针对学生全面发展需求去设计和组织学生的课外活动。

第一节　课外活动概述

我们知道，课程是学校教育用以规范、承载和实现教育目标的制度手段，除了学科课程外，课外活动也是构成学校课程教学的重要教育内容和教育方式。但由于课程计划不对课外活动做明确与详尽的规定，而且，课外活动也并不一定在教室或学校的校园内进行，所以，课外活动也被看作潜在课程的重要内容，被一些教育工作者们称为“第二课堂”。

一、课外活动的概念及价值

（一）课外活动的概念

我们这里讲的课外活动，指的是学校教育活动的一种形式。课外活动最初是指由学校组织学生在课程计划（教学计划）和课堂教学形式以外进行的教育活动。从对课外活动的概念的表述中，我们可以感受到这一概念的相对性。也就是说，课外活动的产生，有赖于课程计划（教学计划）、课程标准（教学大纲）和教科书，以及实现这些正规课程的课堂教学活动的存在。它是在课堂教学活动之外，对学生进行多方面教育的有效形式，也是对课堂教学局限性的弥补手段。课外活动这种教育形式，为小学生创新精神和实践能力的发展提供了更广泛的实践机会，为发掘和成就学生多方面潜能和个性化发展拓展了渠道。

关于课外活动这一概念所指的教育活动，还存在另外两个不同的称谓，即第二渠道和第二课堂。这就是说，将课堂教学这种基本教育形式看作第一渠道或第一课堂，而把课外活动看作第二位。这两个概念的形成，也是基于对课堂活动与执行教学计划的课堂教学关系的揭示，但是多数学者认为，这两个概念不如课外活动这一概念严谨规范、含义清晰。随着人们对课外活动的教育意义认识的深入，教育界普遍承认课外活动是小学生全面、健康发展的重要教育形式，它与课堂教学互补互成，不应有主次之分。课外活动是促进小学生全面发展的重要且不可替代的教育组织形式。

教育部颁布的《义务教育全日制小学、初级中学教学计划（试行）》也采用了课外活动这一概念，并明确地将课外活动列入了教学计划。尽管人们在使用课外活动这一概念时仍然有明确的“计划外”含义，但鉴于课外活动已被纳入教学计划的事实，我们不得不对原有的课外活动概念进行重新定义。课外活动是指在课堂教学之外利用课余时间为学生组织的各种教育活动，以期使学生在个性化参与过程中实现全面发展。

（二）课外活动的价值

在小学教育中实施的课外活动，其教育学基础是人的全面发展理论、现代儿童发展观和小学教育基本目标。同时，国家制定的小学生教育基本目标，也为其实践提供了制度性支持。根据马克思人的全面发展理论，小学教育是为学生的全面发展奠定基础的教育，为了促进学生全面发展，除了学习知识、发展认知能力以外，小学生的身心健康、社会情感、人生态度、社会交往能力、独立性、创造能力和责任感等方面的发展，既是学生发展必不可少的重要内容，也是小学教育目标的重要组成部分。儿童的全面发展概念，广泛与综合地概括了儿童个性的时代性特征。而且，儿童发展是在其以主体身份的各种互动中才能实现的，依据这一发展机制，学生的全面发展需要借助于灵活多样的儿童活动过程才能实现。

然而，传统的学科课程的内容设置与课堂教学的组织形式，都是以促进儿童认知能力的发展为主要目的而创立的，注重的是系统知识的传递与掌握过程。在这种课程组织形式下，学生所学习的全部内容，都是以“学科”这样一种系统知识的面貌呈现给学生的。教学活动则围绕着学科知识的载体——教材展开，全部活动过程都以教材为主，从感知教材内容开始，过渡到理解其内容，最终落实到巩固和运用从教材中所学的知识上。而我们的教材内容又是以学科知识为主的，这样无论从教学的组织形式，还是从学生活动内容与方式方面，都相当单调，也不利于学生的全面发展，“高分低能”问题的存在，不能说与这种内容与方式都单调的教学过程无关。

由于这种课程教学的局限性，早在20世纪20年代，我国的中小学校就开始以课外活动的形式来丰富学生的学校生活和经验，以求有机会让学生展现和发展他们多方面的兴趣和才能。新中国成立以后，课外活动在中小学教育中得到了普遍的关注。尤其是在改革开放以后，对人才培养的关注已成为全社会的热点，课外活动也随之被公认为促进学生全面发展的有效途径，并在 80 年代形成了对课外活动进行理论探讨的研究高潮。之后，国家颁布了相关教育政策，推动了课外活动在学校教育中的普及，并最终将其纳入了中小学的教学计划。

二、课外活动的特点及教育作用

（一）课外活动的特点

与学科课程的课堂教学相比较，课外活动有自己的特点，具体体现在以下四个方面。

1. 自愿参与

学生参加课外活动是以自主选择为原则的。接受按课程标准进行的学科课堂教学，是学生的义务和责任，有一定的强制性。但课外活动的参与与否，参加哪一类活动，都是由学生按自己的兴趣爱好及各方面的条件来自主选择的。而且，学生还可以根据自己的能力，对不同活动水平进行选择。参与的主动性与学生的兴趣和能力相结合，可以调动学生在活动中较好地发挥自己的学习积极性和学习潜力，消除因被动学习造成的厌烦情绪或逆反心理对学习效果的负面影响。被激发与调动出的学习热情和主动性，不仅有助于增强学生在课外活动中的学习效果，还会使学生改变对课堂教学的感受，使他们不再把学习当作外来的任务和责任，从而全面增进学生的学习效果。

在实践中，有的数学教师根据小学生的心理特点和课堂教学内容，精心设计和组织数学课外活动，提高了学生对学习数学的兴趣，增长了数学才能，取得了良好的学习效果，如茹茂莱老师设计的“击鼓传花”游戏。该游戏就是将某一单元的概念和运算题由学生事先做成一些小卡片，游戏时以击鼓声为号，当鼓声停止时，“花”停在哪个学生手上，就由该生抽出一张卡片来回答上面的问题，如答不出，就由他公布题目，让其他同学抢答。学生参加这一课外活动的积极性都很高，既巩固了课堂教学的内容，又激发了学生学习数学的兴趣。

2. 自主活动

课外活动给学生提供了更大的自由、自主活动的空间。在参加课外活动时，学生的自主学习是基础，教师更多的是作为指导者，在学生自己解决问题有困难时，给予他们一定的提示或指导。自主学习使学生有更多的机会，自己决定读什么书，用什么样的方法解决问题，用什么样的合作方式来共同完成一个任务等。自主学习能力是现代学习化社会中对每个成员的社会适应能力的现实要求，也是在不断变化的现实中不可或缺的生存能力。课外活动对学生自主学习能力的培养作用，是课堂教学所不及的。

例如，让小学生利用所学的百分数知识，开展一次家用电器的普及率及增长率的社会调查，学生首先要决定自己选哪一样或哪几样电器为调查内容，还要根据自己的时间和其他条件决定调查的范围，如在城区还是在郊区进行调查，选多少家庭合适，等等。最后还要决定选什么样的调查方法，如是登门询问、电话访问，还是发放问卷。在进行决策时，学生都必须依据自己的条件和自己对活动的理解自主地进行选择。这样的调查活动，不仅可以使学生学会运用学过的知识解决实际问题，而且能通过自主活动过程来培养学生的独立性和责任感。

3. 形式多样

课外活动的组织形式是灵活多样的。课外活动的组织形式不受教室的限制，为学生提供了更丰富的认识世界、获取知识和培养各种能力的途径。学生可以采用科技活动小组、读书会、实地调查、游戏、报告会、科普讲座、兴趣小组和参观访问等多种形式进行活动。即使是同样的活动内容和目的，也可以通过不同的活动形式来实现。在活动过程中，师生关系的互动性增强，学生之间的合作性关系加强，又使这一活动形式本身也具有重要的教育作用。

课外活动的形式，更可以根据各个学校的具体情况和地区特点创造出具有自身特色和社会意义的各种活动模式。例如，安徽太和县旧县小学地处偏远的农村，但它的课外种植和饲养活动搞得有声有色，学生自己动手开垦土地，挖养鱼池，建饲养场。他们建立了种植油菜、棉花、小麦、玉米等农作物的各种小组并进行种植活动，还建立了饲养鸡、兔、鱼、蜂等的各种小组并进行饲养活动。这些课外小组的活动，不仅使学生增长了实践知识，更培养了他们对科学知识尤其是农业科技知识的兴趣与热爱。兴趣小组的许多学生，都在毕业后成了各方面的专家能手，他们培育出了大豆、玉米等新的优良品种，创造出了养猪、养蜂等经济动物的科学饲养方法。不仅如此，兴趣小组的活动还促进了全校教育质量的提高，就连升学率也比周围学校高，使学校拥有了良好的声誉。

4. 内容开放

课外活动的学习内容是开放的。课外活动不受或不完全受教学计划的控制，它主要以学生的兴趣、爱好、好奇心等为基础，结合学校的条件开展活动，既可以充分发挥教师的特长，建立各种兴趣小组，给学生创造条件和机会，发掘他们的潜力，展现他们的天赋，使个性的发展丰富多彩，又可以充分利用大众传媒，把最新的信息引入学生的认识范围之中，使学生的知识经验更贴近现实生活，更能体现时代精神。

举例来说，按照课程标准，生物学知识并非小学阶段的重要知识内容，但儿童的天性却使他们对各种动植物都极有兴趣。以小学生对动植物的强烈兴趣为基点，福建漳州市某小学广泛地开展了以生物内容为中心的课外活动。结合闽南地区生物资源的特点，他们建立了各种课外活动小组，组织学生搜集各种动植物品种，学习制作各种类型的动植物标本。他们根据学生的兴趣，组成了以水果、水产、昆虫、蔬菜、作物、花卉、中草药、禽鸟和蛇等为中心的各类活动小组，调查资源分布，搜集和制作标本。仅荔枝一种水果，他们就搜集到了 14 个品种。他们的调查和搜集工作取得了很大的成绩。其中关于闽南水果和水产资源的调查还被市科委列为科研项目。学校在课外活动取得成果的基础上，建立了“红领巾闽南生物馆”，获得了省内外参观师生的普遍好评。该校生物课外活动“成了学生扩展知识、锻炼能力、发展智力的乐园”。

（二）课外活动的教育作用

课外活动的这些特点，都是相对于课堂教学而言的。课外活动所具有的教育作用，则建立在这些特点之上。正是课外活动的这些特性决定了课外活动具有如下教育作用。

1. 培养学生的主体精神和自主学习能力

学习化社会的来临，使学校教育在知识方面为学生将来生活做准备的功能受到了极大的挑战。学生在学校所学到的知识，再也不能保证学生在他们个人生活中的成功和为社会做出的贡献。而自主精神和自主学习能力则可以使社会成员迅速适应社会的变化，把握自己的人生，使之与社会进步相协调。在课堂教学过程中，学习内容是被限定的，学习方法又以接受为主，这使学生主体性的养成和独立自主学习能力的培养，必然受到一定的限制。而课外活动则可以在这方面为学生发展制造出无限的机会与活动空间。

2. 开发学生的潜在能力，培养学生的个性和创造性

课堂教学的统一性，会使学生很多具有个性特色的潜在能力被忽视甚至

被压抑了。课外活动则给了学生充分地展现个人兴趣爱好的机会，能让学生更好地了解自己，扬长避短，发挥自己的优势，在发展过程中形成自己的个性特点。课外活动相对自由的活动内容、方式等，也给学生创造了表现自己个性和反复强化个性发展的可能性。在课外活动中，统一的分数标准已不再是衡量和评价学生的重要尺度，而在某一方面的独特表现和突出进步，则是课外活动所关注的价值取向。这一价值倾向性鼓励学生尽其所长，选择能体现自己个性优势的发展方向。这样，以个性充分发展、充分发挥为基础而实现的儿童整体的全面发展，才能表现出人的本质和人类的潜在能力。个性的形成与发展，也是学生创造性能力形成的重要前提，创造性的本质特点是与众不同，压抑或不能充分展现个性的教育是无法培养人的创造能力的。

3. 培养学生的组织、合作、礼让等社会交往能力

在课外活动中，学生有更多的机会面对小组活动、社会调查、合作实验等自主性活动中所需要协调的人际关系问题。要处理好这些关系，学生就必须了解自己所面对的活动的性质、目标，参与活动者各自的能力及其他特点，根据这些了解来建构活动所必需的分工合作关系，在建构这种关系的过程中，学生必然要经历角色分配、相互协调、尊重他人和向他人学习等事情。经历是最好的老师，这些经历会让学生积累大量的经验，从而形成有效地组织自己的活动、与人合作、宽容和礼让等社会性技能。

4. 拓宽学生的知识面，增强学生的社会责任感

课外活动内容的开放性，使学生能够超越教学计划和课程要求去扩大自己的视野和经验。无论是科学知识、文学艺术还是生活技能，都可以作为学生的活动内容，让学生通过实践活动，感受生活的丰富多彩，感受知识、技能的价值与意义。课外活动内容开放，允许大众传媒把最新的科学发现、社会热点问题引进学生的学习过程，为学生创造更多的契机参与某些社会实践。例如，一些学校组织的关于某些社会问题的辩论会，可以使学生关心社会，并学会分析问题和形成自己的看法；对土地沙化问题的关心，能使学生积极参与植树活动和环境小组活动。视野的拓宽和活动的实践性，能够让学生学会关心、参与社会生活，并进一步形成强烈的社会责任感。

第二节　课外活动的内容与形式

一、课外活动的内容

由于不受课程计划、课程标准和教育形式的限制，课外活动的范围十分广泛，内容也十分丰富。学校现行的课外活动内容，基本上可以分为以下几种。

（一）科技活动

在“科学技术是第一生产力”思想影响下，科学探索和科技发明活动在我国受到空前的重视，发展学生对科技的兴趣和科学探索精神，成为学校课外活动的重要内容之一。与课堂上学习系统的学科知识相比较，在课外活动中，学生从事科技活动时，更强调动手过程，让学生在自己动手实践中综合利用已有知识、全面地认识事物和解决问题。在实际操作过程中，增长学生对某一领域的知识经验和动手能力，是科技活动的主要特点。例如，航模舰模小组、园艺小组、无线电小组、计算机小组等，都具有很强的操作性。

（二）学科活动

由于课堂教学是以课程标准为依据的，教学目标、内容、进度对全班所有的学生都是一样的，这种情况不能满足一些学生对某一学科的特殊兴趣和更高的学习要求。而课外活动中的各种学习小组，则为学生提供了一种机会去进一步钻研自己感兴趣也更适合自己能力的学科知识，如数学小组、外语小组、绘画小组、声乐小组，等等。这些小组的活动，不是对课堂教学中相关学科知识的简单重复，而是对课堂教学内容的加深和扩大，并强调实际应用，具有自己的侧重点，如物理小组以实验能力提高为重点。

（三）文体活动

学校的课外文体活动，包括文学、艺术、娱乐、体育训练与体育竞赛等内容。

中小学的文学艺术类的活动内容主要围绕书法、绘画、歌咏、舞蹈、音乐、摄影和雕刻等展开。许多学校都有自己的乐队和舞蹈队，以此来丰富学生的精神生活。组织文学艺术方面的课外活动，主要目的是培养学生对文学艺术的爱好与兴趣，提高他们的欣赏能力，并为创造能力的发展打好基础。

体育活动注重技能的训练、体能的提高和意志力的培养。体育活动多以专项小组的形式进行，如各种棋类小组、体操、武术和田径小组等。喜欢运动是儿童的天性，除了专项活动小组外，学校还应该针对全体学生提供特定的体育活动时间和活动器材，使每个学生都能按自己的喜好选择一些活动项目进行经常性的锻炼。这样做不仅有利于学生身体素质的整体提高，也有利于学生培养社会交往能力，更能提高持续活动所需的意志力。

（四）课外阅读活动

在信息化与学习化社会中，阅读能力是生存能力，阅读活动是生活方式的重要组成内容。学校中的课外阅读活动是学生增长知识经验，提高自觉阅读能力的一个重要途径。一般而言，学校组织的课外阅读活动，不限于与所学科目相关的范围，因而有助于扩大学生的知识面和对新知识、新见解的敏感性。在活动中，教师会对学生进行一定的辅导，包括介绍和推荐新书，进行阅读方法的指导，组织讨论或辩论，对阅读中遇到的各种观念冲突进行适当分析或争辩等。这些学习方式有利于学生判断能力的提高。搞好课外阅读活动，不能只搞书评小组、读书会等形式，还要开办面向全体学生的阅览室，为学生提供一定数量的、有助于学生成长的书刊。

（五）游戏活动

游戏是儿童学习与生活的重要内容。没有游戏的童年，将难以养成儿童热爱生活、开朗乐观的生活态度。游戏活动，不仅能让学生有机会感受生活的多姿多彩，有机会展现自己的生命活力和丰富想象力、创造力，也会让学生学会如何制订游戏规则，养成遵守游戏规则的习惯，培养学生的主体精神和协作精神。尤其在小学教育阶段，游戏活动应该成为学校课外活动的重要内容，通过有指导的游戏活动，让学生轻松愉快地学习和形成各种社会性知识、能力，提高其心理综合素质。

（六）社会活动

社会活动是培养学生互相关心、合作和社会责任感等素质的重要途径。学校搞社会活动一般以社会公益活动为主，如关爱孤独老人，上街进行环保宣传、交通安全宣传、拥军小组活动、支农义务劳动等。但这仅是社会活动的一些方面，实际上，学校的课外活动的范围应是十分广泛的，例如，对儿童网瘾、环境污染等各种专题性社会调查、对社会热点问题的讨论等，都能够培养学生认识问题和分析问题的能力，以及团队精神与社会责任感。

（七）主题活动

主题活动是就某一特定专题而开展的短期或长期的专门活动。这种活动往往有特定的具体目标，活动内容和形式也具有一定的稳定性，如主题班会、学雷锋小组等。这种活动既能增加学生与活动目的有关的知识，也能培养相关的情感和态度，长期活动则更有助于培养小学生做事情有始有终、持之以恒的意志和品质。

主题活动的某些内容可能会与社会实践相联系，尤其是具有社会公益性的主题活动，但又不限于社会活动的范围。如河北省石家庄市某小学的“文明信使小队”，以学习文明、传播文明为宗旨，其主要活动内容有两项：一是在校园内从自己做起，讲文明、讲礼貌，做文明语言和文明行为的榜样；另一项主要内容是，每逢节假日，队员们到街头巷尾去清除乱贴乱画和白色垃圾。

主题活动的内容可以是关于个人、集体、学校和社会生活各方面的主题，活动的形式也比较灵活，同一主题可以采取不同的形式进行。比如，围绕“小学生的压岁钱该怎么花”这一主题，就可以组织学生进行调查，了解学生压岁钱的获得和支出情况。在此基础上还可以举行讨论会，分析和比较学生压岁钱使用的各种情况和效果，看如何使用更合理，让学生制订使用计划；也可以把讨论的形式变成写调查报告的形式；还可以围绕如何更好地利用这些钱做些更有意义的事情，设计和实行一些管理方法，如可以组建一个班级小银行，建立自己的账户，由学生自己管理，并有计划地利用利息为班级或他人做些有意义的事情。这些活动既能培养学生的理财能力和节俭生活态度，又能培养他们的爱心与社会责任感。

二、课外活动的组织形式

组织形式灵活多样、丰富多彩，适合具有各种特点与需求的学生，是课外活动的一大特点。根据不同的分类标准，课外活动的组织形式可以划分为不同的种类。这里只以参加活动的人数（即活动的规模）为标准进行分类，学校课外活动的组织形式可以分为以下三种。

（一）个人活动

个人活动（也称个别活动），是学生在教师的指导和帮助下，根据个人的特长、能力水平和兴趣爱好独立地进行的各种学习和实践活动。如课外阅读、绘画创作、各种体育技术和训练等，这些都需要大量的个人活动。实际上，所有的课外活动都会在一定程度上存在个人的独立活动形式。这里讲的个人活动，主要强调的是在教师专门指导下的单独活动，这往往是针对特长生和某些方面有学习障碍的学生实施的一种活动形式。对于后者而言，有助于其平衡发展，对于前者而言，有助于其发掘潜能和培养自学能力、独立钻研能力。

课外阅读与写作，是小学经常开展的以个人为主的课外活动。实践证明，以学生个人活动为主的课外活动如果指导得当，就会收到普遍性的教育效果。例如，北京通州区某小学课外阅读活动取得了相当出色的成绩。该校引导学生与好书交朋友，规定阅读量，对不同年级提出不同的读书要求，使全体学生都积极地参加课外阅读活动，再以个人阅读和好词佳句摘抄、读书笔记、作文等为基础，创办《新苗》小报，鼓励学生投稿，进一步调动学生个人进行读写的积极性，再通过展览和讲评学生的摘抄、日记、作文等促进活动的深入开展。“读书丰富了学生的知识，开发了智力，提高了学生能力。”许多学生的作文得以在各级书刊和报纸上发表，学校成了“写作先进校”。

（二）小组活动

课外活动小组，是各种普遍参与的持续性专项活动中最基本的组织形式。各种课外活动小组，多数直接在小组前面冠以专项活动的名称，如数学小组、航模小组等，有的则改称社团或学会等。这种小组活动主要依据学生的兴趣和特点进行组织，也有的进一步按学生的水平再进行分级的小组划分。小组的人数也没有定数，一般由活动的性质和内容决定。需要较多个别指导的活动，人数可以少一些，如各种音乐演奏小组、体育技能训练小组、绘画和写作小组等；而需要一般性指导的小组，人数则可略多一些，如各种学科小组。小组具体规模的确定，要依学生和教师的实际匹配情况而定。

学校要为课外活动小组提供相对固定的活动场地，使小组活动有计划地按进度进行。学校还要给活动小组配备有专长、有能力的辅导教师。学校对学生参与小组活动不要做过多的限制，而应以学生个人的自愿和兴趣爱好为主要依据。

值得明确指出的一点是，不要以学生的一般学习成绩为依据去决定学生能否参加课外小组活动。有的学校明确规定，学习成绩不好的学生不能参加课外兴趣小组活动，理由是他们需要把自己的精力多放在课堂教学内容上，参加小组活动会影响其学习。其实这是一种误解，至少是片面的看法。儿童的发展是有个性特点的，一般性成绩情况并不能代表特殊潜能的发展情况。也就是说，一个学习成绩平平甚至较差的学生，完全有可能在某个方面具有特殊的潜能，给他机会，他就可以把这种潜能展现出来，成为一个有独特才能的专门人才。另一方面，学生的学习兴趣是可以扩散的，对某方面的特别兴趣和成功体验，有助于其全面提高其学习兴趣、增强自信，进而全面提高学习成绩。因此，给学生以表现机会是至关重要的。

（三）群众性活动

以这种形式进行的课外活动具有普及性，形式上适合大多数学生，其内容也是大多数学生所需要的。群众性活动的规模比较大，至少以一个年级的学生作为活动参与者，也可扩大为全校活动或校际联合活动。这种活动形式由于规模较大，适合的活动内容主要为两大类：一类是学生都能接受的经常性活动，如好书阅读活动，绿色环保行动者活动等的普及教育活动；另一类是适合全体学生参与的一次性大型活动，如各种报告会、讲座、文艺演出、竞赛、仪式、运动会和专题教育活动等。

例如，北京市昌平区某中心小学的“热爱家乡”主题教育活动，就是一种全校范围内的群众性课外活动系列。全部活动分四个步骤。第一步是调查、了解家乡的变化，并把由调查、参观和访问得到的资料编成文艺节目表演出来，展现家乡的进步。第二步是感受家乡的繁荣，组织学生参观各个乡镇企业，了解家乡生产的产品和特产。第三步是展望家乡明天。通过参观、听报告和了解家乡的发展规划，让学生对家乡的未来发展充满信心。第四步是让学生为家乡的发展做贡献。通过“做家乡的小主人”“为家乡添光彩”“当好家乡的小卫士”等专题活动，使学生乐于参与社会公益活动，爱护家乡的公物和环境，并养成做家务劳动和自我服务的好习惯。

第三节　课外活动的设计与指导

一、课外活动的设计

课外活动是学校为学生提供的有目的的教育活动。课外活动的教育效果，在很大程度上取决于对它们的设计情况。对课外活动的设计，应该在两个层次上进行：一是对学校课外活动做出整体的规划和设计的总设计；二是对具体活动项目进行设计。这两种设计都要考虑活动的教育时间、活动的内容的特点、适当的形式、可利用的资源条件等。把这些客观情况与设计原则结合起来构成了课外活动设计的基本方法。在对课外活动进行设计的时候，应遵守一些基本的设计原则。

课外活动设计的主要原则如下。

1. 以学生的年龄特征和个性化发展需求为基础

儿童心理发展规律表明，儿童在某个年龄阶段的能力水平、兴趣倾向和个性特点，是制约其学习与发展的重要因素。因此，要针对活动者的情况，对不同年龄阶段儿童课外活动的设计，要从内容、形式和活动目的等各方面反映出活动者的差异。课外活动只有适应学生兴趣特点、思维特点和操作能力的活动，才是有的放矢的，才能取得预期的效果。

2. 以培养学生的科学精神、创新意识、动手能力、个性特点和合作能力为主要目的

课外活动与课堂教学有很大区别。课堂教学的内容是统一的，目的是让学生掌握共性的知识，学习方法是接受和练习，学生参与的基础具有一定的强制性。而课外活动是学生自愿参加的，其学习以兴趣为基础，以自主活动的探究性操作为主要方法，活动目的更倾向于促进其个性化发展，培养小学生的动手能力、创造性思维能力和开拓精神。在设计课外活动时，要从组织形式、学生的实际活动方法等方面突出课外活动的主要目标，避免使课外活动成为学科教学的补充形式。

3. 知识性、趣味性和实践性兼顾，使课外活动的组织形式和活动方式灵活多样、丰富多彩

这一原则要求设计者在课外活动的设计过程中，既要注重增加学生的知识，又要使活动内容和方式、方法生动活泼，对学生有吸引力，还要使活动具有较强的操作性，给学生动手实践的机会。这种要求反映在设计方面，就是要使活动内容尽量丰富、广泛，活动形式要灵活、富于变化，活动要具有操作性，让学生有亲身体验的机会。只有这样，学生才不会对课外活动产生乏味和厌倦的情绪，也不会觉得自己是置身事外的旁观者。也只有在学生能够与活动过程及活动中的人产生互动时，才能实现课外活动对学生发展的促进作用。

二、课外活动的指导原则

教师在组织和指导学生参与具体课外活动时，应遵循以下基本原则。

1. 维护学生的主体地位，尊重其意愿与兴趣

自愿参与是课外活动的一项基本原则，也是学生学习和活动积极性的源泉。在课外活动指导中，教师不能以自己的判断为依据，要求学生学习什么内容或不学习什么内容。对于儿童来说，兴趣是最持久、最有力的学习动力。兴趣可以使儿童主动、愉快和不知疲倦地工作，遇到困难时，也会积极思考，锲而不舍地寻求解决的办法。由于老师的干涉而使学生放弃自己的兴趣与爱好，对学生可能会造成终生遗憾，对社会可能会失去一个具有特殊才能的人。发展学生的个性是课外活动的重要任务之一，而自主性既是个性的核心内容，也是个性得以不断成长的基础，因而在课外活动中要尊重学生的自主性，并以此来培养和发展自主性。

对学生意愿、兴趣的尊重，还应体现在活动过程中。无论采用何种活动内容和形式，在活动的进行过程中，都应当给学生留有表达个人意见和愿望的机会，让学生对做什么好、怎么做等问题提出自己的看法，更可以对学生的不同意见进行讨论，在集思广益的基础上形成有创造性的见解和意见。这样的课外活动才是真正以学生为主体的活动。实践证明，课外活动在活动过程中越是尊重学生主体地位的活动过程，越是能够产生优异成绩。

2. 注重学生的平衡发展，兼顾全面发展与特殊能力的养成

这里讲的平衡，是指学生心理素质方面的平衡，如观察能力、理解能力、分析判断能力、动手能力、乐观的生活态度、社会沟通和交往能力等的

协调发展。我们说发展学生的特殊才能是课外活动的任务之一，并不是不管学生的一般发展而仅专注于某项特长。事实上，没有一般能力的平衡发展，特长也不可能取得持续的发展。另外，关注学生的平衡发展，还要注意两个问题：不能只用知识的多寡来衡量学生，否则会导致学生为迅速增加知识而死记硬背，影响其一般性能力的发展与提高；也不能以竞赛作为课外活动的主要目标，专注于竞赛，尤其是以参加学校以外的竞赛为目的的课外活动，容易引起一定的问题，或者忽视了大多数学生的课外活动质量，或者造成参赛选手发展方面的障碍，如心理和精神压力过大造成的学习恐惧症、严重的片面发展等等。对大多数人的不良影响和对参赛选手的不良影响，还有可能同时出现。

即使是为培养学生某方面的特殊才能的课外活动，如绘画小组、航模小组、计算机活动小组活动等，也应该兼顾学生的一般能力、价值观念和行为方式方面的养成与发展问题，在活动进行过程中有意识地引导学生的全面发展，使特殊才能的训练发挥丰富和提升学生个人素质的教育作用。

3. 重视游戏和自由活动

从字面上看，游戏和自由活动没有目的性，也不需要指导。有些教师甚至对游戏和自由活动有些排斥，认为游戏是浪费学生宝贵的学习时间，自由活动是纵容学生胡打胡闹。事实上，游戏和自由活动也是有教育作用的。其作用力的大小和性质，取决于有没有教师的指导和教师如何对其指导。游戏和自由活动，都可以通过一定的指导而产生某些特定的教育作用。

例如，一场班内踢球游戏，就会因是否具有竞赛性质而引出对竞争与合作的认识和体验，如何分配两组人员又会引入公正概念。教师可以针对学生发展的需要或弱点，提出不同的游戏要求和规则，让学生通过游戏学会认识问题和解决问题。

即使是没有经过事先设计、没有明确目的的游戏和自由活动，只要是在班级范围内进行的，就有一个参加活动的学生如何协调的问题，小学生就会自己主动地讨论如何制定游戏规则、怎么遵守游戏规则和如何对违反规则进行处罚等问题。这一过程具有独特的教育作用，对学生的独立性、组织能力、正义感、责任感的养成都有潜移默化的作用。

因此，在小学阶段的课外活动中，游戏和自由活动应该占有较大的比重。在低年级应以游戏为主。刚刚开始学校生活的小学生，一切都要从头学习。教师为了规范他们的行为，每件事该如何去做，从头到尾一步步都规定得十分明确，学生只能照做不误，根本没有独立性和自主性可言。如果在课外活动中，再没有了游戏的位置，学生的主体性和独立精神恐怕就会泯灭在萌芽状态了。因为经验告诉他，学校生活是不需要甚至不允许有自己的兴趣、自己的主意和自己的做法的。一旦依赖性、被动性形成了，再去发掘他们的自主性和主体精神，必定事倍功半。意识到这一点，我们就应该在小学的课外活动中增加游戏和自由活动的内容。

思考题

1. 讨论课外活动的主要特点和教育作用。
2. 讨论课外活动与课堂教学的关系。
3. 讨论如何利用课外活动丰富与提升学生的素质。

教育实践活动

1. 设计一个简单的课外活动指导方案（包括活动的主要目的、活动内容、活动方式和注意事项等内容）。
2. 到附近一所小学观摩、了解其课外活动的组织实施情况。
3. 设计一个可以培养学生合作性的游戏活动方案。

第十章

班主任与少先队工作

【内容提要】本章主要阐述了班主任工作和少先队工作的基本原理和方法。通过本章的学习，我们将理解班队工作的重要性，认识班主任和少先队辅导员的任务及责任，掌握开展班队工作的基本内容和方法，培养担任班主任和少先队辅导员的荣誉感，初步具备担任班主任和少先队辅导员的素质，为做好班队工作打下良好基础。

第一节　班主任工作

班主任作为一种教育角色出现在教育制度中是与班级授课制的创立有密切联系的，有了班级，才有班主任的角色。班级是学校教学和管理的基本单位，学校对班级的管理和领导，主要是通过班主任具体实施的。因此，要了解班主任工作，就要研究班级和班集体，研究班集体建设的要求及方法等等。

一、班级、班主任和班集体

（一）班级

班级一般是指将年龄相近、知识水平程度基本相同、有共同学习任务的同一年级学生编成有固定人数的学生群体。班级的主要特点是具有行政性、同一性和独立性。行政性是指班级是学校进行教学及管理的基层行政组织；班级的组成是按照一定编班原则和规定划分的，班级成员与班级同时存在。同一性是指无论平行班级间还是班级成员间都存在各种差异，但总的学习目标、内容及要求都是统一的。独立性是指班级作为学校教育的基本单位和学生的基层组织，绝大多数的教育活动是独立开展的。班级是班主任工作的对象，是建立和培养班集体的基础和条件。班级也是学生学校生活的主要场所，既是学生成长的基地，更是学生心理上的“家”。

（二）班主任

班主任是受学校委托，按照学校的教育要求和班级教育目标，全面负责和主持一个教学班各项工作的教师。班主任除具有一般教师的职能作用外，就班级而言，还具有许多特殊的责任，具体体现在以下三个方面。

1. 班主任是班集体的培育者

苏联教育家马卡连柯认为：“集体是活生生的社会有机体，它之所以是一个有机体，就因为那里有机构、有职能、有各部分之间的相互关系和相互依赖。如果这样的因素一点也没有的话，也就没有集体了，所有的只是随随便便的一群人罢了。”① 在班集体里，班主任作为班级的一员，要力求尽快缩短师生间的心理距离，融洽师生关系，获得学生的信任；班主任作为班集体的培育者，承担着促使学生从学生群体成员转化为班集体成员的责任，必须按学校要求精心拟定班级目标，通过教育教学及活动培养班集体。

2. 班主任是班集体的教育者

班主任是班集体的教育者，这是班主任工作教育职能的根本体现。首先，班主任也是教师，是引导学生学习科学文化知识的教导者。其次，班主任又是学生健康成长的引路人，班主任内在气质、师德风貌、品德修养，都会成为教育因素，直接影响学生。成功的班主任工作证明，在班主任的整体素质结构中，班主任人格力量的影响最大，因为教育力量只能从人格的活生生的源泉中产生出来。班主任对学生思想教育的权威性，关键取决于班主任的人格风范。再次，班主任对学生的影响是长期的，优秀班主任不仅影响学生的今天和明天，甚至会影响学生的一生。

3. 班主任是班集体的管理者

班主任是班级工作的领导者。班主任对班级的管理是全方位管理，既要管学习常规，又要管生活常规；既要管学生个体行为规范的养成，又要管班集体班风班纪的养成；既要管学生的校内活动，又要管学生的校外活动；既要管学生间、师生间的关系协调，又要管学校与社会、与家庭间的关系协调。班级管理工作对于班主任来说无小事，需要班主任事事在心，全面管理。当然“管理”应当是充分尊重学生的主体性的教育活动，绝不只是居高临下的强制约束。

以上表明，班主任特殊的角色身份决定了班主任特有的教育功能。班级建设和管理是一个十分复杂的过程，只有具备优良素质的教师才能胜任。

2009 年，教育部颁发的《中小学班主任工作规定》明确指出：“中小学每个班级应当配备一名班主任”；“班主任由学校从班级任课教师中选聘。聘期由学校确定，担任一个班级的班主任时间一般应连续 1 学年以上”；“教师初次担任班主任应接受岗前培训，符合选聘条件后学校方可聘用”；“选聘班主任应当在教师任职条件的基础上突出考查以下条件：作风正派，心理健康，为人师表；热爱学生，善于与学生、学生家长及其他任课教师沟通；爱

---

① ［苏］马卡连柯著，刘长松等译：《论共产主义教育》，人民教育出版社 1954 年版，第 403 页。

岗敬业，具有较强的教育引导和组织管理能力”。

（三）班集体

班集体就是指由全班学生组成的集体。班集体的形成主要有以下特征。

（1）目标性。班集体以本班全体学生的全面发展为共同目标，在德、智、体、美等诸方面都有明确的目的和任务，并能为实现这一目标而进行共同的活动。

（2）组织性。班集体有健全的组织，有团结一致的领导集体。

（3）纪律性。班集体有全体班级成员遵守的道德行为规范，有严格的自觉纪律要求，有正确的舆论和班风。

（4）民主性。班集体成员大多数年龄接近，发展水平相当，同学之间、同学与同学干部之间容易形成民主平等、团结友爱的人际关系。

良好班集体自身就是巨大的教育力量，它有着许多十分重要的功能，具体表现在以下三个方面。

1. 班集体是学生形成集体意识，促进学生社会化的基地

学生在班集体中生活学习，师生间和同学间的交往已转化为集体成员间的交往，具有了社会性质。在班集体活动中，学生作为集体的一分子，不得不进行角色转换。例如，在家里许多学生更多的体验是别人为自己服务，但在班集体里自己成了主人，这就要求他们必须对集体尽自己的义务，承担对集体的责任，从而享受集体生活的权利。另外，作为班集体成员，学生还要自觉遵守各种班规班纪，这种品质正是他们不断认识社会、学做社会人的重要途径。可见，学生集体意识主要是在集体生活中通过集体教育、集体活动逐步培养起来的。班集体是学生认识社会的窗口，也是社会影响学生的一个重要渠道。

2. 班集体是促进学生个性全面发展的重要条件

马克思曾说过：“只有在集体中，个性才能获得全面发展其才能的手段，也只有在集体中才可以有个人自由。”① 班集体按照学校要求，根据学生年龄特点以及身心发展的规律开展丰富多彩的活动，为学生个性的全面发展提供了条件。一方面，每个学生的聪明才智和特长在活动中得到充分表现和发挥；另一方面，班集体活动严格有序的要求，团结友爱的合作，成败共担的责任，使每个集体成员的个性受到教育和熏陶，使个性得到培养和发展。

---

①《马克思恩格斯全集》第3卷，人民出版社1960年版，第84页。

3. 班集体不仅是教育的客体，而且是教育的主体

班集体的这一功能表明，班集体在逐渐形成和发展的过程中，本身也在接受着教育。而一旦班集体形成，它又会以其目标、纪律、舆论等影响着集体中的每个成员，不断按照班集体的标准去规范和改变他们的行为。

二、班主任的职责和任务

（一）班主任的职责

学生时期是人生打基础的重要时期。特别是小学生，在这一时期，他们不仅要长知识、长身体，而且还要逐步培养正确的政治思想和信念，树立起远大的革命理想，形成良好的道德品质，掌握将来服务于社会和人民的本领。为此，班主任的基本职责是组织和培养良好的班集体，对全班每个学生的发展全面负责。具体说来，主要有以下七点。

（1）按照德、智、体、美、劳全面发展的要求，联系本校本班实际，对全班学生进行思想品德教育，着重培养他们良好的道德品质、学习习惯、劳动习惯和文明行为习惯。

（2）与其他任课教师协调联系，全面了解学生的学习情况，有针对性地对学生进行学习目的教育，激发独立思考和创新意识，培养科学精神和创新思维习惯，确保学习质量提高。

（3）关心学生的身心健康，针对不同时期学生的年龄特点，进行生理和心理的健康教育，指导学生强身健体，培养良好的卫生习惯。

（4）指导班委会和少先队工作，培养团结友爱、积极向上的班集体，做好学生的个别工作。

（5）指导学生参加劳动实践，培养热爱劳动的习惯和艰苦奋斗的精神；关心学生课余生活，大力开展各种有益的课外活动，培养学生的广泛兴趣和特长优势。

（6）抓好班级日常管理，加强常规训练，做好品德评定和学籍管理工作。

（7）经常与家长联系，发挥社会的教育力量，增大教育合力。

（二）班主任的任务

2009年，教育部印发的《中小学班主任工作规定》明确指出：班主任应全面了解班级内每一个学生，深入分析学生思想、心理、学习、生活状况。关心爱护全体学生，平等对待每一个学生，尊重学生人格。采取多

种方式与学生沟通，有针对性地进行思想道德教育，促进学生德智体美全面发展。

从以上规定可知，班主任的任务涵盖对班级的全面管理和对全体学生的全面负责。具体表现为思想品德教育、文化学习指导、集体意识和行为规范教育、身心健康教育等方面。各项教育任务有不同侧重，但各项任务又是有机统一，各项任务并重，综合管理。下面侧重思想品德教育和文化学习指导两项任务做简要分析说明。

1. 思想品德教育

这是班主任工作的一项重要任务和重点工作，是培养社会主义事业的建设者和接班人的需要，也是小学生年龄特点和思想品德发展规律的要求。班主任应本着对祖国未来负责的态度，从本班实际出发，将思想品德教育渗透到班级教育和管理的全过程。在小学，上好（或配合上好）道德与法治课，贯彻落实好《中小学生守则》，开展各种有教育意义的活动等都是班主任进行思想品德教育不可忽视的内容。

2. 文化学习指导

学习是学生的主要任务，班主任要教育学生端正学习态度，明确学习目的；从教育学生喜爱自己所教学科入手，激发和培养广泛的学习兴趣，使他们热爱各门功课的学习；着眼创新意识和实践能力的培养，加强学习方法指导，养成良好学习习惯；重视学科教师间的关系协调，充分发挥教育群体的整体功能。

三、班主任工作的内容与方法

（一）了解和研究学生

班主任要实现对本班级规范化、科学化的管理，提高工作质量和效率，首先要全面正确地了解和研究学生。俄国教育家乌申斯基说："如果教育家希望从一切方面去教育人，那么就必须首先从一切方面去了解人。"① 学生是班集体的主人，但学生的发展又存在着差异，班主任要教育好学生，就得先了解和研究学生，这是做好班级工作的先决条件。

了解和研究学生的内容主要有两个方面。一是了解和研究班集体，包括集体的基本情况，如总人数、性别结构、生源状况、年龄分布等。二是了解

---

① 转引自胡寅生主编：《小学教育学教程》，人民教育出版社 2000 年版，第 397 页。

和研究学生个人，包括学生的基本情况，如姓名、性别、年龄、健康等。

了解和研究学生，要注意全面性、经常性和发展性。全面性就是要全面地看待学生，既看到学生的优点，也看到学生的不足；既看到学生在校内的表现，也看到学生在校外的表现。经常性就是要把了解和研究学生作为班主任的常规工作，充分利用一切场合条件，做到常抓不懈。发展性就是要用发展的观点看待学生，既看到学生的过去，也看到学生的今天，还要预见学生的明天。

学习活动是班主任了解和研究学生的主要途径。由于小学生学习活动极为丰富，班主任了解和研究学生的方法也多种多样，如观察法、谈话法、问卷法、作品分析法、调查法和测量法等。

（二）组织和培养班集体

建设好班集体，是班主任的一项重要工作，也是班主任最基本的任务。那么，班集体是如何形成的，怎样组织和培养班集体呢？

1. 班集体的形成和发展

班集体不是自发形成的，它有一个发展过程。一般认为，刚组成的教学班，经过班主任长期系统的组织培养工作，由松散的学生群体转变成为健全的班集体，大致要经过组建、初步形成和形成发展三个阶段。

（1）组建班集体阶段。在新组建的班级中，同学之间、师生之间相互陌生，学生心里还没有班级的概念，群体松散，班级吸引力差，共同目标和行为规范尚未形成。在这一阶段，班级活动都依赖班主任直接组织和指挥。实践表明，班主任在这一阶段如果抓不紧，教育引导不力，组织管理不严，班级很容易出现松弛、涣散现象。因此，有经验的班主任都十分重视从以下方面进行新班的组建工作。首先，抓紧时间全面了解学生，尽快掌握熟悉班级和学生的整体情况，注意发现、选择和培养积极分子。其次，建立班级规章制度，对学生的学习、生活提出切实可行的要求。最后，组织和开展班级活动，促进同学之间的交流，增进了解，提高班级的吸引力。

（2）班集体初步形成阶段。在班主任的引导和培养下，班集体出现了许多新特点，如同学间彼此有了一定了解，友谊加深；班级积极分子已涌现出来，集体有了骨干力量，班级核心初步形成。但是，这时的班集体还十分脆弱，集中表现在班级行为规范尚未成为学生的共同需要，集体舆论还没有形成，班级目标还没有转变为全班同学共同自觉追求和行动的动力。针对这种情况，班主任应抓住时机，积极向全班同学推荐班干部人选，及时组建班委会，并通过精心指导和培养，逐步放手让学生干部自己组织开展班队工作，锻炼学生干部组织活动和独立工作的能力。同时，还应注意继续扩大积极分子队伍，增强班级的凝聚力和号召力。另外，班主任还要重视班级规章制度的贯彻执行，培养学生自觉遵守班级行为规范的习惯，为形成良好班风打下基础。

（3）班集体的形成发展阶段。在前两个阶段工作基础上，班级群体已成为班集体，其主要标志是，班集体有了一个较稳定的、团结的领导核心，班干部能独立开展各项工作；班级目标已成为学生个体的奋斗目标，是非观念增强，正确的集体舆论和班风已形成。不过，班集体形成并不等于班主任工作结束，班集体还需要进一步巩固和不断发展，班主任要根据班级情况提出更高层次的奋斗目标，争创优秀班集体。还要针对班内学生不同特点，充分发挥学生特长，从整体上提高全班学生的素质。

2. 组织和培养班集体的要求及方法

良好班集体的组织培养，虽然会因学校、教师、学生等条件不同而方法上各异，但是，班集体的形成和发展仍有一定规律可循。因此，组织和培养班集体的要求和方法也有许多共同之处。

第一，确立目标。班集体的奋斗目标是班集体形成的条件和发展的动力，与学生一起制订班级目标是班主任创建班集体的首要工作。

由于目标具有很强的导向和激励作用，因此，确立班集体目标有以下基本要求。第一，体现时代精神。班集体目标既要符合教育方针和教育的培养目标要求，体现社会发展的时代特征，又要符合班集体两个基础文明建设的需要以及新时期社会主义现代化建设人才素质的新要求。第二，有明确的指向性。班级目标是全班同学共同奋斗所要达到的最终目的，具有很强的导向性。目标必须明确具体。特别是小学班级目标，要考虑到小学生认知水平低，社会经验少的实际，应让小学生明确该做什么和怎么做，把集体的大目标和个人的小目标统一起来。第三，注意目标的层次性。一般说，远期目标要“高而可攀，望而可即”，有鼓动性和号召力；中期目标既要反映阶段性或者专题性的要求，又要发挥承上启下、远近衔接的作用；近期目标则要明确具体，又要与长、中期目标保持一致。第四，有可行性。目标价值能否得以体现，关键还取决于既能照顾学生年龄特点和接受水平，又要掌握好目标水平高于现实水平的差距。合理适当的差距才有吸引力，才能激发学生奋发向上的斗志，挖掘学生发展的潜能。

第二，建立班委会。班委会是班主任做好各项工作的有力助手。建立一个勤奋学习、团结友爱的班集体，必须组建好班级的领导核心，挑选能团结同学、办事认真、关心集体、乐意为班级服务的积极分子参与班级领导工作。

建立班委会，应遵循四个原则。①民主性原则。无论是班委候选人的物色还是班委人选的最后确定，班主任都应广泛听取学生意见，充分发扬民主，真正由大多数信赖的学生组成班委会。②用其所长原则。就是根据学生的兴趣爱好和优势潜能差异，充分利用学生所长来为班级服务。③教育与锻炼相兼的原则。班干部培养也是教育学生的重要途径，班主任应以班委组建为契机，强化服务意识和学习锻炼意识的教育。特别是小学生，参与积极性较强，许多班主任抓住这个心理热点，采用班委轮换制，充分利用学生的积极性，让更多学生参与班级管理，从中得到管理体验，受到锻炼。④关心爱护与严格要求相结合的原则。学生干部在学习之外要承担一定的社会工作，负担较一般同学重，班主任应给予更多的关心和支持。对待学生干部，班主任要帮助他们处理好学习与工作的关系，要树立学生干部的威信，但对他们的缺点、错误，既不迁就也不简单指责批评，注意工作方法指导，让他们摆正自己与学生之间的关系，戒骄戒躁，以自己的模范行动去取得全班同学的信任。

班干部产生形式和方法多种多样。如“选举制”，由学生直接进行民主选举；“委任制”，在广泛征求同学意见，通过全面了解基础上，由班主任直接任命；“竞争制”，在自荐基础上，通过公平竞争选举干部。用以上方法产生学生干部，各有优缺点，班主任要注意优势互补，扬长避短。

第三，培养正确的舆论和良好的班风。正确舆论，就是根据是非标准所做出的符合客观事实的意愿和态度。它是衡量集体觉悟水平的重要标准。形成正确的班集体舆论，有利于促进团结、鼓舞学生的上进心，发扬正气，有利于班级良好人际关系的建设和组织机构的健全与完善。正确的集体舆论是学生自我教育的重要手段，也是班集体形成的重要标志。

班风是班级成员的思想、言行、风格、习惯等方面表现出来的班集体特有的一种精神面貌，是班级“个性特征”的体现。良好班风有很强的制约功能和教育功能，并主要以舆论或规范的形式体现。良好班风是班集体构成要素长期相互作用，不断发展的结果，是班集体形成的综合标志。

正确舆论和良好班风是相互联系的。良好班风的形成，需要正确舆论的支持，而良好班风一旦建立，又会促成良好的集体舆论。班主任培养正确的集体舆论和良好班风，需要做好以下几项工作。

一是加强思想政治教育，提高认识。正确的集体舆论和良好班风，首先要使学生掌握正确的价值观念和判断标准，树立起正确的是非观、荣辱观和美丑观。班主任应认真组织学生学习学生守则和行为规范，明确要求，教育学生逐步养成正确的道德理念。

二是抓好常规训练，严格行为规范。集体舆论和班风的形成是一个渐进的、不断发展和巩固的过程，班主任应从大处着眼，小处入手，从日常的学习、生活开始，严格要求，严格训练，教育学生从自我做起，从身边做起，从小事做起，加强行为习惯的训练和培养。

三是培养集体荣誉感和责任感。正确舆论和良好班风的形成，要求每个班级成员认识到集体的价值和作用，只有这样，学生才会自觉去维护集体的声誉，明确自己的责任。集体荣誉感在集体活动中是一种巨大的心理动力，也是责任感形成的心理基础。班主任要利用一切教育时机，将学生的一言一行与整个班集体联系起来，教育每个学生明确自己对集体应担负的责任和义务。

四是奖惩强化。要形成正确舆论和良好班风，严明的纪律是保证。班主任要及时对好行为给予表扬和奖励，对不规范行为要批评和抵制，努力营造以遵规守纪为荣、爱班如爱家的风气。奖惩不宜太泛太滥，奖励要以表扬和精神鼓励为主，惩罚要以批评教育为目的，不能损伤学生的自尊心，更不能搞体罚或变相体罚，不能用经济惩罚简单地代替思想教育。

第四，组织开展班级活动。一个良好班集体的建设必须通过各种活动来实现。这是因为集体活动可以产生凝聚力，能使每个学生的主体积极性得以发挥，能使师生关系不断密切。集体活动也是学生个体实现全面发展的一个重要途径，有利于培养学生良好的思想品德，特别是有利于小学生道德内化，促进其道德认识转化为道德观念；集体活动也有利于拓宽学生的视野，丰富多彩的班级活动是班级建设的必要条件，是班级目标实现的保证，是全面育人的途径。班级活动范围广、形式多，其中最主要的、经常开展的班级活动有教学活动、主题性活动、少先队活动和社会公益活动等。下面重点介绍和分析教学活动和主题活动与班集体建设的关系。

班级教学活动，是占时最多，贯穿班级始终的活动。教学活动蕴藏着丰富的班集体建设功能，而这些功能的发挥需要一定的途径，班主任只有充分挖掘蕴藏于教学活动中的班集体建设因素，才能加快班集体的形成和发展。研究表明，通过教学创建班集体的途径主要有四种。

其一，建立教学协作制度，形成教育合力。以班主任为协调者，建立班级科任教师的协作制度，有利于发挥教师集体在班集体建设中的主导作用。这种协作制度就是以教学为纽带，以班主任工作为中心，统一调整教师集体的教学思想，及时分析班级学生在各科教学中的情况，有针对性地制订和采取本班教学和班集体建设的规划和措施，确定相互协作的方式，从而发挥教师集体的示范、教导、统一和互补等功能。

其二，开展以小组为单位的集体教学。这种教学的目的是在组织形式上保证每个学生在教学和集体活动中发挥和发展其主体性。开展小组集体教学促进班集体建设的基本要求是：教师结合教材和学生特点，适当地开展一些小组集体性活动，以扩大教师与学生、同学间的相互交往，激发学生的学习兴趣，增进友谊，从而使班集体的凝聚力加强。

其三，努力优化教学情境。目的在于通过教学情境的设置，充分发挥班集体和学生个体自我选择、比较、探求的主体意向，获得教育者预期的教育效果，刺激和丰富班集体的各种积极感受，对学生与班集体的发展起升华作用。通过优化教学情境来促进班集体建设，关键就在于教师要调节好各种外部影响，将教学与建设班集体的任务有机地统一起来。

其四，建立师生集体的双向调节机制。教师集体与学生集体之间的双向活动，对于教师多途径、多渠道地了解学生，获得较全面、准确的教育信息反馈，修订教育对策，提高教育质量具有重要意义；对于学生，通过双向活动，从课内到课外进一步认识和接近教师，有利于师生感情的沟通和班级民主制度的形成。①

（三）做好个别教育工作

苏联教育家苏霍姆林斯基曾经说过，每个学生都各自是一个完全特殊的、独一无二的世界。每个学生都有自己的特点、兴趣、情感和需要，具有不同的发展水平。要让不同的学生都有所提高、有所发展，班主任必须根据学生的个体差异，采用不同的方法去做好学生的个别教育。班主任对学生的个别教育工作面向的是全班每一位同学。这里着重从类别上分析对优秀生和后进生两类学生的教育工作。

1. 优秀生的教育工作

优秀生一般指在班级中德、智、体、美、劳诸方面发展比较好的学生。

---

① 班华主编：《中学教育学》，人民教育出版社 1994 年版，第 454—455 页。

这类学生在班集体中是骨干，是班主任和教师的得力助手，在同学中有威信、有影响。因此，优秀生的培养和教育对班集体建设关系重大。

优秀生是一个相对的概念。特别是小学生，可塑性大，不稳定性突出，在一定条件下变化的可能性大。因此，班主任对优秀生的教育既要体现培养和爱护，又要体现严格管理和严格要求。

（1）加强理想教育。优秀生一般都具有言行一致的健康人格，有积极向上的生活态度，有强烈的求知欲和创新精神。但是，班主任仍不能忽视对他们进行学习目的的教育，端正学习动机，树立为祖国、为人民发奋学习的志向，不断向他们提出新要求，引导他们向更高的目标奋斗。

（2）客观评价。优秀生不是完人，也需要一分为二地看待。班主任要看到他们优秀的主流，肯定成绩，创造条件扬其所长。同时，对优秀生的缺点及不良倾向，班主任也不能袒护、迁就，应及时教育引导。特别是优秀生优越感强，容易骄傲自满，处理不好与一般学生的关系。班主任要经常教育他们在成绩面前看到不足，在表扬中看到差距，能够正确地评价自己和他人，搞好同学间的关系。

2. 后进生的转化教育工作

后进生通常是指那些智力发育正常，有品德不良行为或学习成绩差的学生。按类型划分，小学后进生主要有四类：学习成绩差的后进生；纪律差的后进生；学习成绩和纪律都差的“双差”后进生；学习或纪律时好时差的准后进生。后进生人数虽少，而对班级的消极影响大，如果不做好后进生的转化工作，班级正常教学秩序以及日常生活常规就会受到影响。

班主任做好后进生的转化教育工作要注意三点。

（1）以爱动其心。无数转化后进生的教育经验表明，教师只有用一颗热爱学生的赤诚之心去对待后进生，与其建立起融洽的关系，才能感化后进生。后进生在自己的成长过程中，受排斥、被讽刺、遭冷眼的体验较多，他们内心更需要温暖，需要爱。班主任从思想上、学习上、生活上去关心和爱护，让他们感悟到教师的爱心和期待，从而点燃起希望之火，自觉将教师的爱转化为积极向上的内部动力。

（2）以理服其人。后进生除了具有一般学生的特点外，还有许多特殊之处，如自尊心特别强，思想、行为的情绪性色彩明显，意志和毅力薄弱，是非观念模糊，学习态度不端正等。作为后进生，他们也知道自己存在的缺点和不足，但他们不一定都清楚地意识到这些问题的性质和危害，更难独自找到摆脱这种处境的方法。班主任做后进生的转化教育工作，绝不能一概地就事论事做简单处理，要针对问题引导学生去明察问题，分析根源，清楚性质，明白危害，改过自新。

(3) 以智导其行。后进生形成原因错综复杂，可以说，后进生的转化教育工作，是集科学性和艺术性为一体的工作，它要求班主任既要注重科学性，又要注重艺术性。后进生的转化教育是一个渐进的教育过程，其中难免会有反复和冲突。对此，班主任在转化教育过程中，要利用教育机智，善于捕捉后进生身上的闪光点，及时给予表扬鼓励；对过错反复现象，要耐心说明，持之以恒，善于在反复中抓教育，帮助他们总结经验教训，增强与诱因做斗争的抵抗力。

后进生的转变往往需要一个较长期的过程。一个称职的班主任应当具有的重要品质之一是对于后进学生工作的耐心与爱心。

(四) 营造优雅的班级环境

班集体是学生在学校生活中的“小社会”，是社会影响学生、帮助学生进入社会的通道之一。

有特色的班级环境，对学生具有潜移默化的教育影响和感染力，而且这种作用是深层次的，它可能使学生终身受益，也可能让学生终身缺憾。苏霍姆林斯基说：“无论是种植花草树木，还是悬挂图片标语，或是利用墙报，我们都将从审美的高度深入规划，以便挖掘其潜移默化的育人功能，并最终实现连学校的墙壁也在说话的远大目标。”① 良好的班级生活环境，犹如一位无时无处不在的老师，它总在告诫着每位学生作为集体一员该做什么，不该做什么，使他们感到集体生活的幸福和快乐。

班级环境建设，首先要从教室布置开始。教室是班集体学习生活的主要场所，布置要考虑学生的年龄特点和学习特点，一般来说要简洁高雅，不宜花哨杂乱。班训、班徽或者治学格言可悬挂在教室的醒目之处，精选的名人画像、名言警句、奖状奖旗可安排在教室两侧。这种环境时时刻刻发挥着提醒学生、教育学生和鞭策学生的作用。其次要办好班报。班报是班级重要的传媒，在班集体建设中既有以正压邪的舆论宣传作用，又有交流思想、交流学习经验的沟通作用。在办班报过程中，学生的主人翁意识和创造力、想象

① 转引自戴联荣、薛晓阳编著：《小学班级文化建设》，南京师范大学出版社 1999 年版，第 33 页。

力都会得到培养。最后要建好图书角、生态角。图书角就是班级“小图书室”，班主任可动员和鼓励学生将自己喜爱的书报拿到集体来与同学交流共享，这是培养奉献精神、进行集体主义教育、调动学习积极性的有效途径。建设生态角是教室的绿化工程，班主任要组织学生利用教室空闲地或者窗台栽种少量适宜室内生长的植物，用以调节教室气氛，美化学习环境。生态角的建设，除有利于学生身心健康的调适外，还有利于强化学生的环境意识、现代生态道德意识。

（五）协调好各方面的教育力量

班级工作力量是由多方面教育力量构成的教育整体，除学校领导外，其他任课教师、少先队组织、学生家长也是十分重要的教育力量，只有协调并发挥好这些力量，才能保持教育方向的一致性，教育要求的统一性，教育活动的协调性。

1. 加强与其他任课教师的团结合作

其他任课教师是班级教育工作的重要力量。发挥和调动其他任课教师的作用，首先，班主任要尊重其他任课教师，虚心向他们学习；也要教育学生尊重其他任课教师，认真接受他们的教育。其次，要加强联系，班主任主动向其他任课教师介绍班级和学生的情况，广泛听取他们的意见；发挥其他任课教师的特长，让他们参与班级管理和重大活动。最后，还要注意及时处理其他任课教师与学生的矛盾，建立起和谐的师生关系。

2. 做好班级少先队工作

在小学，班主任一般都兼任着少先队中队辅导员的工作。因此，班主任要充分认识少先队组织在班集体中的核心地位和教育的助手作用；要尊重少先队组织的独立性，热情指导，为开展少先队活动创设条件；要协调好教学工作与班级少先队工作的关系，协调好班委会与少先队组织的关系，要处理好良师与益友的关系。

3. 做好家长工作

英国著名的《曼彻斯特调查报告》指出：“教育成功的主要因素在于家庭环境内，家庭因素的重要性几乎两倍于社区和学校两项因素的总和。”①由此可见，做好家长工作，争取家长对学校教育的支持配合，也是班主任的

---

① 转引自徐复兴主编：《小学班主任工作》，上海教育出版社 1998 年版，第 197—198 页。

一项重要工作。

班主任进行家长工作的内容主要有三项：一是向家长宣传国家的教育方针、教育法规以及小学的培养目标；二是向家长介绍学校和班级以及学生情况，争取家长的支持配合，同时也了解学生在家庭的表现，达到相互沟通，使学校教育与家庭教育协调统一；三是向家长宣传家庭教育的理论和经验，帮助家长掌握科学教育子女的方法，特别是关于独生子女的教育方法。

班主任进行家长工作的形式和方法很多，如家庭访问，这是班主任联系家长、了解学生最常用的方法。家访要尊重家长，要正确地反映学生实际，切忌搞“告状式”家访。当前，由于通信条件好，有的班主任用电话联系的方式代替家访，这是不恰当的。再如，召开家长会也是联系家长互通信息的好方法。开好家长会，要求班主任精心准备，中心要突出，时间要恰当，形式要合理，会场要得体，要防止将家长会开成训话会。此外，建立书信联络制，成立家长委员会，举办家长接待日等，也是目前班主任联系家长经常使用的方法。

（六）做好班主任工作计划和总结

班主任工作计划的制订和总结，是班级工作不可缺少的环节，是班主任工作达到预定目的的重要保证。

班主任工作计划的制订，要根据教育方针、小学培养目标、教育政策和法规，要与学校工作计划和本班实际相联系。计划要全面，目的要明确，条理要清楚，阐述要简练，操作要可行。计划一般分为学期和月（周）计划。学期计划的内容包括班级学生基本情况分析，班级工作的指导思想和班级共同奋斗的目标，教育工作的内容、主要措施及时间安排等。月（周）计划是学期计划的细化，主要包括具体活动的内容、基本要求、组织措施和完成期限等。

班主任工作总结是班级工作过程的最后一个环节，它既是对工作计划执行情况的检查，也是对工作质量的全面评估，以便总结经验教训，不断改进工作方法，提高工作效率。要使总结客观真实，班主任应注意日常班级管理和活动资料的积累。总结不是平时工作的简单复述，要有事实、有分析，善于把感性经验上升为理论，不断探索班级教育的规律，为今后进一步做好班主任工作打下基础。

第二节　少先队工作

在我国少年儿童教育体系中，少先队组织以其特有的组织形式和活动方式对少年儿童的全面发展和健康成长起着不可替代的教育作用。小学教师应积极支持、参与和开展少先队工作，为把少年儿童培养成为社会主义事业合格的建设者和接班人而努力奋斗！

一、少先队的历史、性质、任务与组织机构

（一）少先队的光荣历史

中国共产党历来把培养、教育少年儿童看作实现共产主义的一项根本事业。中国少年先锋队（简称少先队）正是在党的领导下，在共青团带领下，将一代又一代少年儿童培养成为革命事业的接班人，取得了辉煌的业绩，形成了优良的革命传统。

20世纪20年代，中国共产党在领导人民大众开展革命斗争的同时，也把少年儿童组织起来。1922年在湖南、江西边界的安源矿区，中国共产党建立了第一个少年儿童革命组织——安源儿童团。1925年在上海、武汉、天津、广州等地都成立了劳动童子团。劳动童子团以养成劳动儿童团体生活习惯、勇敢牺牲精神以及为劳动阶级服务理想为宗旨，以红色领带为标志，以右手五指并拢举到额头为团礼，以“准备着打倒帝国主义！准备着打倒军阀！准备着做全世界的主人!”为口号，活跃在浩浩荡荡的革命行列里。1927—1936年土地革命时期，中国共产党在苏维埃地区为少年儿童建立了共产儿童团，并委托共青团带领儿童团员学习文化、宣传卫生、拥护红军、站岗放哨，开展文艺宣传，积极参加对敌斗争。1937—1945年全面抗日战争时期，许多抗日根据地成立了抗日儿童团组织，儿童团在青年救国会的领导下宣传抗日、侦察敌情、拥军优属、生产劳动，发挥着重要作用。解放战争开始时期，上海有了地下少先队，解放区有少年儿童革命组织儿童团，以及少先队。1946年6月，成立了晋绥边区少年先锋队，少先队员、儿童团

员在党的领导下积极参加革命斗争，开展军事操练，配合民兵放哨，参加救护伤兵，开展支前活动；敌占区的地下少先队秘密发传单、贴标语、送情报，给予敌人沉重的打击。1949 年 10 月 13 日，党委托青年团建立了全国统一的少年儿童组织——中国少年儿童队。1953 年 6 月中国少年儿童队改名为中国少年先锋队。中国少年先锋队用红旗的一角——红领巾作为队标，它象征革命的胜利；队礼是五指并拢，高举过头，表示人民利益高于一切；呼号是“时刻准备着，为共产主义事业而奋斗！”；以星星和火炬作为自己的队旗，引导少先队员在党的领导下向着光明的未来前进。

“文化大革命”期间，少先队组织遭到摧残，少先队的名称也被取消。1978 年 10 月，经党中央批准，共青团十届一中全会决定恢复中国少年先锋队的名称，少先队组织重新活跃起来了。党和国家领导人高度重视少先队对少年儿童健康成长所发挥的特殊作用。1980 年 5 月 26 日，邓小平同志为《中国少年报》《辅导员》杂志题词：“希望全国的小朋友，立志做有理想、有道德、有知识、有体力的人，立志为人民作贡献，为祖国作贡献，为人类作贡献。”1990 年 10 月 13—17 日，少先队首次全国代表大会强调，培养和造就千百万忠诚于社会主义事业的合格接班人，是保证国家长治久安的战略问题。①

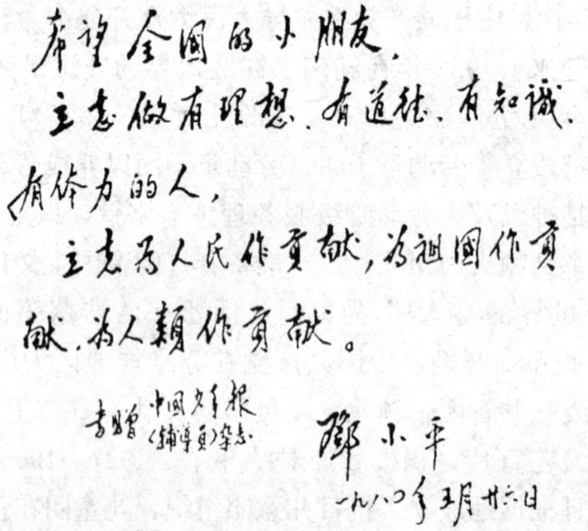
希望全国的小朋友，
立志做有理想、有道德、有知识、
有体力的人，
立志为人民作贡献，为祖国作贡献，为人类作贡献。
书赠中国少年报《辅导员》杂志
邓小平
一九八〇年五月廿六日

① 参见李艳主编：《全国少先队工作会议及代表大会概览》，中国青年出版社 2016 年版，第 225 页。

2004 年 10 月 13 日，中国少年先锋队迎来了建队 55 周年。在党和人民的热情关怀下，少先队深入开展以“五自”为核心的“中国少年雏鹰行动”，积极推进素质教育，努力为少年儿童健康成长服务。

2009 年是少先队建队 60 周年，“四好少年”成为这一时期全国各地少先队组织开展活动的重要指示精神与目标——“争当热爱祖国、理想远大的好少年，争当勤奋学习、追求上进的好少年，争当品德优良、团结友爱的好少年，争当体魄强健、活泼开朗的好少年”。

2014 年，习近平总书记在北京市海淀区民族小学参加学校少先队主题队日活动时强调：“要让社会主义核心价值观在少年儿童中培育起来，家庭、学校、少先队组织和全社会都有责任。少先队要坚持开展组织教育、自主教育、实践活动，把广大少年儿童团结好、教育好、带领好。”

2017 年，经党中央批准，共青团中央、教育部、全国少工委联合印发的《少先队改革方案》明确指出：“全面贯彻习近平总书记系列重要讲话特别是关于青少年和共青团、少先队工作的重要指示精神，准确把握中国特色社会主义群团发展道路的基本特征和基本要求，以保持和增强政治性、先进性、群众性为基本要求，坚持少先队作为中国特色社会主义事业战略预备队的基本定位和促进少年儿童全面发展的工作主线，紧紧围绕立德树人的根本任务，推进少先队工作改革创新，增强少先队的思想性、先进性、自主性、实践性，增强少先队员的光荣感和组织归属感。”它针对当前少先队存在的主要问题提出以下改革措施：改革少先队领导体制和运行机制，加强少先队基层组织建设，改革创新少先队教育和活动方式，努力提升少先队服务能力，强化少先队工作专业支持，优化完善少先队工作支持保障。改革方案的提出顺应时代脉络，强调少先队组织与少先队工作应与少年儿童实际紧密联系，以提升凝聚力与影响力。

随着改革开放的不断深入，我国少先队进入了全面发展的新时期。少先队先后开展“我们爱科学”“‘手拉手’互助活动”“跨世纪中国少年雏鹰行动”“红领巾心向党”等重要活动。这些活动不仅顺应了时代的发展，丰富了少先队员的生活，引发少先队员在自主性、创新性等方面新的体现，展示出新的能力与精神面貌，而且促使少先队自身的建设与改革焕发出少先队组织内在的活力，从而更加立体与饱满。

（二）少先队的性质

中国少年先锋队是中国少年儿童的群众组织，是少年儿童学习中国特色社会主义和共产主义的学校，是建设社会主义和共产主义的预备队。少先队的性质可从以下方面来认识。

1. 群众性和先进性的统一

党建立少先队的目的就是“为了组织和教育全体少年儿童”。少先队是一个有着严密组织、丰富多彩活动和先进价值导向的少年儿童同辈群体，很好地满足了队员求生、求乐、求知、求群、求尊、求新的内在需要，① 因而对少年儿童特别具有感召力和吸引力。少先队以“先锋”这样一个富于教育意义的称号命名，并不是要求少先队组织和少先队员都能成为“先锋”、都起到先锋作用。相反，我们应当坚持组织起来受教育，而不是教育好再组织起来的原则，把全体少年儿童吸收到少先队中来，实现“全童入队”，让他们在这所特殊的“学校”里更好地接受共产主义教育，成为社会主义事业的接班人。

2. 政治性和社会性的统一

少先队兼有无产阶级政党的预备队和当代中国群众性社会团体两重属性。少先队特定的建队目的和宗旨、特有的组织形式和标志、特殊的活动内容和方式，都充满着丰富的政治内涵和革命意义。这使少年儿童从入队那一天起，就把自己的学习、生活和共产主义事业紧密地联系起来，从而在他们幼小的心田早早点燃起为共产主义事业而奋斗的理想火炬。然而，少先队又不是单纯的政治组织，它作为一个服务少年儿童的社会团体，又代表着少年儿童的权益和要求，应促进其社会化，帮助少年儿童成为社会需要的合格人才。这种群团组织的社会性内涵与少先队的政治宗旨是内在一致的。

3. 服务性和自主性的统一

少先队是中国共产党领导下的少年儿童的群众组织。少先队的一切工作都是为队员全面发展和健康成长服务的。但就组织性质来说，少先队不是学校行政的附属机构，队员与辅导员之间也不同于学校教育教学中的师生关系。队员是少先队的主人，队的全部工作都是由队员自己来当家做主。只有尊重少年儿童的主体性，尊重他们的生存权、发展权、受保护权与参与权，为他们的健康成长服务，才能体现党的全心全意为人民服务的宗旨，完成党交给的光荣任务。因此，学校校长、教师和辅导员不能用行政命令限制干预

---

① 参见张先翱：《服务队员首先要了解队员》，载《辅导员》1999 年第 3 期。求生指生理、安全的需要，求乐指快乐、兴趣的需要，求知指学习知识的需要，求群指交往、合群的需要，求尊指尊重、荣誉的需要，求新指创新、自我实现的需要。

或包办代替少先队的独立活动，而应尊重少先队的组织和少先队员的小主人地位，热情地指导和帮助少先队工作，充分发挥少先队组织的作用，真正体现其为少年儿童服务的宗旨。

（三）少先队的基本任务

按照队章规定，少先队的基本目的或任务是：团结教育少年儿童，听党的话，爱祖国、爱人民、爱劳动、爱科学、爱护公共财物，努力学习，锻炼身体，培养能力，立志为建设有中国特色的社会主义现代化强国贡献力量，努力成长为社会主义现代化建设需要的合格人才，做共产主义事业的接班人。维护少年儿童的正当权益。

为适应现代社会和儿童自身发展的需要，党团组织赋予少先队新的职能和使命。一是团结教育，即发挥自身优势，在组织中育人，坚持教育与自我教育相结合，促进少年儿童社会化，培养社会主义事业合格的建设者和接班人。二是代表参与，即作为党团组织领导下的少年儿童正式团体，少先队代表全体少年儿童参与社会生活，参与有关的政策制度制定，反映少年儿童的心声，替少年儿童谋利益，监督社会，维护儿童合法权益。三是服务保护，即依法强化少先队在社会生活中的地位作用，净化少年儿童生存环境，教育少年儿童学会自我保护，为少年儿童健康成长服务。

少先队与学校的任务在本质上是一致的，但又各有侧重。少先队主要是通过适合少年儿童特点的、丰富多彩的、有教育意义的活动来完成教育任务的。少先队的工作及其组织作用对学校教育来说，绝不是可有可无、无足轻重的。少先队组织的特有性能和长期实践表明：少先队是学校教育必不可少的得力助手，是学校搞好教育工作、提高教育质量、贯彻教育方针、全面完成教育任务的有力保证。① 与此同时，少先队应接受学校行政的指导和帮助，共同促进少年儿童的健康成长。

（四）少先队的组织

1. 少先队的组织机构

共青团受党的委托直接领导少先队。全国和地方各级少先队工作委员会是全国和地方少先队经常性工作的领导机构。少先队基层组织一般建立在初中和小学，以学校为单位建立大队，大队下分中队，中队下设小队。随着社会的发展，少先队工作将逐渐社会化，即利用社区、社会中介机构和青少年

---

① 段镇著：《少先队学》，上海人民出版社 2015 年版，第 93 页。

活动阵地等物质依托，调动全社会的积极性，建立校内外并驾齐驱的少先队组织体制。少先队组织坚持民主集中制原则，队干部应在集会上通过民主选举的形式产生。选举是少先队组织生活中的一件大事，通过选举可以使少先队员学习过民主生活，充分认识到少先队是自己的组织。选举过程是一个很好的教育过程。

2. 少先队的组织教育

“把全体少年儿童组织起来”是少先队组织工作的方针。队章规定，“凡是 6 周岁到 14 周岁的少年儿童，愿意参加少先队，愿意遵守队章，向所在学校少先队组织提出申请，经批准，就成为队员。”这就是说，少年儿童入队除年龄限定以外，凡自愿申请就应吸收入队，而不应附加其他条件。

在争取“全童入队”的基础上，少先队应当发挥组织优势，分层组织，分层教育，提升科学性与时代性，使入队、离队的整个过程成为一个系统的教育过程。入队前要加强对少年儿童“我爱红领巾，早日加入少先队”的入队动机教育，使他们初步做到“六知四会一做”：知道队名、队旗、红领巾、队礼的基本含义，队的领导者和队的作风；会戴红领巾、行队礼、唱队歌、呼号；入队前要做一件好事，或克服某一缺点，争取一点进步，以实际行动争取入队。少先队组织要选择有纪念意义的日子和场所，举行隆重的入队仪式，发挥组织符号的象征作用，增强队员组织认同感。入队后应加强队的基本知识教育和纪律作风教育，培养队员的组织观念与热爱队组织的情感，使他们珍惜红领巾的荣誉，自觉主动地履行队员的权利和义务，做一名好队员。在教育的过程中，应对队员的思想和言行进行奖励和处分。根据队章的规定，奖励和处分应由少先队组织决定和执行，辅导员应深入了解情况，细心分析，与校长、班主任共同研究，帮助和引导少先队员正确执行奖励和处分。最严厉的处分是停止队籍。在队员改正错误后可以恢复队籍。队员满 14 周岁，应组织他们离队，做好离队教育，鼓励他们不断追求，向更高的目标努力。

二、少先队活动及辅导

少先队团结教育少年儿童的主要途径和方式是开展丰富多彩、生动活泼的少先队活动。少先队的活动是少先队的生命。少先队的性质、宗旨、功能都要通过少先队活动来体现和实现。没有丰富多彩的少先队活动，少先队组织便成为一个空壳，也就失去了对少年儿童的感召力和吸引力。少先队员在自己当家做主的活动中增长知识、丰富情感、锻炼意志、增长才干。

（一）少先队活动的基本内容和形式

1. 少先队活动的基本内容

（1）基础的共产主义教育。指以爱祖国、爱人民、爱科学、爱劳动、爱社会主义为基本内容的社会主义道德教育和共产主义启蒙教育。包括：①以爱国主义为起点的共产主义理想教育；②以学英雄为主要内容的革命传统教育；③以集体主义为主要内容的道德品质教育。

（2）劳动教育。组织少年儿童参加力所能及的自我服务劳动、家务劳动、社会公益劳动，培养学生正确的劳动观点、良好的劳动习惯和艰苦朴素、勤俭节约的思想品质。

（3）科学教育。旨在培养队员爱科学、学科学、用科学的兴趣和能力。

（4）体育和美育活动。培养队员对体育的兴趣爱好、正确的审美观点和审美能力，促进少年儿童个性健康和谐发展。实践证明，少先队活动对培养和发现各类优秀人才幼苗有着特殊的意义。

2. 少先队活动的基本形式

（1）队会。队会是少先队集体活动的重要形式，分为大队会、中队会和小队会。大队会一般在重大节日、纪念日举行，通常围绕党的中心任务、大队的中心工作或是向队员集中进行某种教育而开展；大队会的召开应针对儿童的不同年龄和水平，次数不宜过多，要开得隆重热烈，给队员以深刻的印象。中队会一般是为了落实大队计划而举行的，也可根据队员普遍存在的问题单独举行，分为主题队会和“即兴式”队会两种形式。主题队会一般是围绕一个中心内容（或主题）所开展的活动，如“勤俭节俭是个宝”“雏鹰跨世纪”等；“即兴式”队会是根据实际情况当场选定主题，在规定的时间内由队员自己设计，自己组织召开和总结。小队会是由小队长直接组织的全小队队员参加的活动，可按中队会布置的计划和任务开展，也可根据本小队实际独立开展。队会成败的关键是会前准备是否充分、得当。

（2）礼仪活动。指少先队的礼节和仪式，如敬礼、集会时的列队，逐级报告人数、出旗、唱队歌、呼号等。礼仪活动一般用于集会、检阅、升国旗、迎宾、夏令营及新队员入队等活动。少先队礼仪教育能使队员感受到组织的力量，更形象地认识到少先队的共同奋斗目标和组织纪律性。

（3）阵地活动。阵地活动是少先队大队或中队运用自己建设的专门阵地开展的经常性活动。少先队的阵地大致分为三类：一是组织教育方面的，如队室、光荣簿、鼓号队等；二是宣传方面的，如队报、红领巾广播站、知识角、小画廊、英语角等；三是活动方面的，如小苗圃、养殖场、小花坛、气象哨、服务角、科技角、卫生角等。

（4）参观、访问、旅行及各种社会实践。这是引导少年儿童广泛接触社会生活、接触大自然，获得直接经验和真情实感，受到生动教育的方法。参观对象包括自然景物、文物古迹、建设成就和劳动场面等；访问对象包括英雄人物、劳动模范、革命前辈、各业名人等；旅行包括郊游、远足、登山、寻访革命遗迹等；社会活动包括社会调查、义务劳动、拥军优属、助残扶贫等。随着改革开放的深入，少先队与各国少年儿童组织的国际交流互访也日渐增多。

（5）夏（冬）令营活动。这是利用寒暑假组织少先队员过集体生活并对他们进行集体主义教育或科技教育的好形式。这类活动一般由市区县共青团组织、少先大队或中队组织开展。内容可以是综合性的，也可以是专题性的，如航空、航海、军事、科技、地质、环保、天文、生物、无线电、音乐、体育等夏（冬）令营。活动开展前应根据主题需要做好充分准备：设计活动计划、编排活动日程路线、准备活动物品、选择布置营地，采取安全、卫生措施等。要尽量集中食宿、过军事化生活，制订相关规章制度，以锻炼少年儿童独立生活能力，培养其吃苦耐劳精神、团结协作精神和组织纪律性。

（二）辅导少先队开展活动的基本原则

辅导少先队开展活动应遵循以下基本原则。

1. 教育性与趣味性相结合的原则

少先队活动要从少先队员的思想、学习和生活实践出发，以共产主义精神教育、引导他们，体现社会主义方向，使他们树立崇高的理想。少先队活动的主题、内容、方式、方法乃至时间、地点都要充分考虑其教育意义，使教育性体现在活动的整个过程中。同时，少先队活动又应避免单纯政治教化的倾向，要适应少年儿童的年龄特点，从儿童全面发展的需要出发，使活动开展得丰富多彩、生动活泼、趣味横生，具有吸引力和感染力，为少年儿童所喜欢、所接受，真正进入少年儿童的思想、情感和生活中去。同时，趣味性应服从教育性，要努力提高少年儿童的趣味水平，培养其高雅的情趣。

2. 自主性与指导性相结合的原则

如果说少先队活动是少先队的生命，那么自主性则是少先队活动的生命线。少先队活动要充分发扬民主，让少先队员学习自己管理自己、自己教育自己，发挥主动性、积极性，充分尊重队员在活动中的小主人地位，使队员成为活动的主体，真正动起来。辅导员切忌包办代替、强迫命令，将队员置于从属地位。诚然，这并不意味着否定辅导员的作用，辅导员在活动中应当起到不可或缺的参谋、服务、顾问、支撑作用，从而把自己的精心辅导与充分发扬队员的主人翁精神有机结合和统一起来。

3. 实践性与创造性相结合的原则

少年儿童活泼、好动、合群，思维具体，乐于参加趣味性强、富有教育意义的集体活动。为此，辅导员应带领队员经常接触社会、接触大自然、接触现代科学技术，寓教育于生动活泼的实践活动之中，在实践中求真知，长才干。同时少先队活动应主动适应社会发展和少年儿童的新特点、新要求，力求活动主题、内容和形式推陈出新、富有创意，充分发挥少先队在实施素质教育、培养少年儿童的创新精神和实践能力过程中的特殊作用和功能。

三、少先队辅导员的职责与基本条件

加强辅导员队伍建设是做好少先队工作的关键。

少先队辅导员是少先队的亲密朋友和指导者，是做好少先队工作的主要力量。辅导员要以自己的出色工作体现对党和人民的高度责任感。

（一）少先队辅导员的职责

少先队辅导员是由共青团选派优秀团员或学校聘请思想进步、作风端正、热爱少年儿童的优秀教师或各条战线的先进模范人物担任。包括校内的大、中、小队辅导员，也包括校外辅导员。辅导员的职责是“以共产主义精神教育少年儿童，辅导少先队的全部生活，使少先队员成为德、智、体、美全面发展的一代新人，成为社会主义现代化建设的预备队和共产主义事业的接班人”。各级辅导员的职责在总的方面是一致的，但由于工作岗位不同，具体职责略有不同。辅导员应正确处理当指导者与当亲密朋友的辩证关系，认真履行自己的职责和使命。其中，中队辅导员一般由班主任兼任，便于结合队员的实际，扎实有效地开展少先队工作。班主任兼任中队辅导员，构成两种不同的角色关系，即师生关系和同志、朋友关系。因此，中队辅导员应交替担任好这两种角色，既要当好学生的良师，又要做好队员的益友。

（二）少先队辅导员的基本条件

当一名少先队辅导员，只有具备良好的思想、理论、知识、能力、作风和品德等全面的修养，才能取得家长的信任、社会的支持和队员的信赖、尊敬与热爱，才能成为团组织与少先队员之间的纽带和桥梁，完成党交给的神圣使命。为促进少先队辅导员队伍建设，国家有关部门还印发了《少先队辅导员管理办法（试行）》。

一名优秀的少先队辅导员应具备以下几方面的基本条件。

1. 热爱儿童，献身事业

热爱少年儿童、热爱少先队工作是辅导员的基本品质，是做好少先队工作的动力源泉。这种深厚的教育爱是基于对革命事业的责任感，是建立在对少先队事业意义和价值的深刻理解基础之上的。正如优秀辅导员们所说的那样："如果让我选择职业的话，一百个志愿我都填上少先队工作！""我要让红领巾和白发一起飘动！"这种深厚的教育爱具体表现为辅导员在少先队员、少先队工作的热心、细心、耐心、知心上。热心，是以高度的责任感、满腔的热忱关爱少年儿童，把自己的全部心血和智慧都倾注在少先队工作中，无私奉献，乐此不疲。细心，是从把少年儿童一代培养成革命事业接班人这一远大目标出发，关注少先队员的进步和成长，深入实际，放下架子，细心研究少先队员的思想和表现，探索少先队工作的特点和规律。耐心，是主动热情、持之以恒地帮助少先队员，耐心说服、循循善诱，不忽视、不歧视、不厌倦、不埋怨。知心，是指深入少先队个体和集体中去，同少先队员打成一片，站在队员的角度，为他们着想，了解他们的内心世界、愿望和要求，有一颗与少年儿童相知相通的不泯童心，做少先队员亲密、可敬的大朋友。

2. 严于律己，以身作则

辅导员是少先队员的榜样，他们每天生活在少先队员中间，他们的思想、言行、作风、仪表对队员起着潜移默化的影响。辅导员必须加强自身修养，树立远大的理想和抱负，养成高尚的品德、良好的作风、文明的言行，事事处处做少先队员的表率。

3. 勤奋学习，精通业务

辅导员是少先队科学艺术教育的"播火者"，是少先队活动的参谋和顾问。优秀的少先队辅导员像一块磁铁，紧紧地吸引着少先队员的心；像一柄火炬，熊熊燃烧，照亮少先队员的思想；又像无所不能、无所不会的"博士"。这一切都来源于辅导员勤奋学习、刻苦锻炼。为此，辅导员要努力学习党的方针、路线和政策，学习少先队的专业知识，掌握教育科学理论和少先队工作的特点、方法和原则，学习人文社会科学、自然科学，了解时事政治、生活常识、名人名言、文学艺术等等。与此同时，辅导员还应努力提高自己的能力，如思想工作能力、制订计划能力、组织活动能力、表达能力和宣传鼓动能力等。

4. 潜心研究，勇于创新

少先队工作的对象是人，少先队工作的过程有其特点和规律，这就要求辅导员深入调查研究，勤于积累和总结，不断探索实践，并且在此基础上勇于创新，不断拓展活动的主题、内容和形式，使少先队工作既扎扎实实，又富有创意、新意和活力，达到新的水平和高度。

思考题

1. 什么是班集体？班集体有哪些职能？

2. 简述班主任的职责和任务。

3. 试概述培养班集体的要求及方法。

4. 如何正确理解少先队的性质？为什么有了学校还必须有少先队组织？

5. 谈谈辅导员工作中“指导者”与“亲密朋友”的辩证关系？怎样才能成为一名优秀的少先队辅导员？

6. 少先队活动有哪些基本内容和形式，应遵循哪些基本原则？怎样理解和把握现阶段少先队工作的整体思路？

教育实践活动

1. 利用教育见习、实习机会，组织一次主题班（队）会。

2. 以“假如我是班主任”为题，开展一次班级演讲活动。

3. 参观附近一所少先队工作开展得较好的学校，了解少先队阵地活动开展情况，观摩一次主题队会和礼仪活动，听取有关经验介绍，认真思考活动的得失。

4. 试以一个班主任或少先队辅导员的身份拟订一份班主任或辅导员学期工作计划。

第十一章

学校心理辅导

【内容提要】本章介绍了关于学校咨询与辅导的基本知识，包括心理辅导的基本任务、专业的学校心理辅导人员的主要工作、一般教师如何在学校心理辅导中发挥作用，以及开展学校心理辅导工作的主要原则与方法。

第一节　学校心理辅导概述

学校心理辅导，是指学校咨询工作者直接或间接地对学生在发展与适应上的需要给予帮助和指导，以及对有关的心理和行为问题进行识别与干预的过程。学校心理辅导工作在发达国家的中小学当中开展得比较普遍，专业化程度较高，在我国也呈现出良好的发展趋势。因其更加强调在学校教育整体中促进学生及教师心理健康的重要性，目前从系统工作的角度通常称为学校心理健康教育，专职从事心理健康教育的教师称为心理健康教育教师（教育部于 2017 年下半年开始在试点省份的中小学教师资格考试中增设“心理健康教育”学科），习惯上简称为心理教师。为了和国际通行用语保持一致，我们仍采取学校心理辅导的提法，而对国内学校心理辅导专业人员的简称则统一为心理教师。师范生之所以应当了解学校心理辅导的基本知识，首先是因为目前普通教师尤其是班主任实际上分担了一部分学校心理辅导的工作；其次，即使在有专门学校咨询工作者的学校，其他教师和管理人员充分理解这一工作并积极参与合作是十分重要的；再次，学校咨询工作的基本精神对日常教育活动也有多方面的启发。

一、学校心理辅导的发展概况

（一）早期的职业指导活动

现代的学校心理辅导起源于 20 世纪初美国的“指导运动”。当时社会和教育部门对学生择业求职及职业适应上面临的各种困难越来越关注，于是开始设立帮助机构以提供职业指导。帕森斯在《选择职业》一书中指出，要减少职业适应方面的困难，就应当进行适当的职业选择，使人与职业合理地匹配。而这就要求学生对不同职业的内容和社会环境、对自身的素质、能力及兴趣等有比较清晰的认识，并进行理性的决策，指导者的任务就是要在这些方面给学生以帮助。此后，有关职业指导的课程或讲座引进一些学校，美国政府在 20 世纪 20 年代开始规定学校应开设职业指导课程。30 年代，心理测量学得到了长足发展。在职业指导活动中大量运用各种测量工具，使“指导运动”越来越具有心理学色彩，并促进了其影响的扩大，越来越多的学校成立了专门的教育与职业辅导中心。在这一阶段，帮助学生的活动主要定位在指导，帮助者处于主导地位，他们根据丰富的知识经验、专业技能，评估学生的特点，提供与职业有关的信息，为学生的决策起导向作用。

（二）心理咨询与治疗活动的开展

心理卫生运动是学校咨询的另一个来源。自 20 世纪初开始，心理学关注的焦点之一就是帮助人们解除精神上的痛苦和克服环境适应上的障碍，提高心理卫生水平。在对精神疾病的治疗中，心理学疗法开始占据重要的位置，心理学家通过与病人间的会谈分析病情，帮助他们恢复健康。此后，针对有严重心理疾病的患者进行的心理治疗，逐渐扩展为对心理基本健全但在学习工作及生活中遇到压力或困难的普通人进行的心理咨询。到 20 世纪 40 年代，心理咨询开始作为独立的专业领域在学术界和社会上获得承认。罗杰斯在《咨询与心理治疗》一书中强调，咨询过程应当充分重视当事人（接受咨询帮助的人）认识和改善自我的能力与责任，提出了“当事人中心”的观点，指出咨询师（提供咨询帮助的人）不应当扮演居高临下的仲裁、指示角色，而是以平等、真诚的态度，认真倾听、接受和鼓励当事人表达情感、认识自己、激发起改善的愿望。此后，许多心理咨询的理论流派和治疗模式纷纷诞生。以平等的帮助、处理适应障碍为特点的咨询，开始产生越来越大的影响。针对在校学生的学校心理辅导（在美国称为学校咨询），与针对社会各层面普通人的心理卫生咨询一起，均得到了较广泛的普及。在学校咨询领域，学生在学习和生活的适应当中出现的各种困难与障碍日益受到重视。

（三）面向全体学生的发展

自 20 世纪 60 年代以来，心理学界以马斯洛的理论为代表的人本主义思潮产生了重要的影响，埃里克森等人对儿童心理发展的研究也日渐深入。在这种背景下，学校咨询越来越强调咨询服务不应当只是局限于对少数学生的治疗矫正，而要关心全体学生的发展需要。布洛克尔在《发展性咨询》中提出，咨询应当帮助广大学生认识、理解和接受自己，度过发展过程中的危机。此后，越来越多的学者认为，咨询应该以预防问题的发生为目的，而不是等到造成严重的行为障碍再去矫治。到 80 年代，发展性咨询的概念得到广泛的认同。进入 21 世纪以来，发展性咨询已经成为学校咨询工作的主流，全美学校咨询师协会于 2003 年正式提出了指导全国学校咨询工作的 ASCA

模型并于2012年提出修订版。它明确指出，学校咨询应当是由学校咨询师组织协调，由学校领导和教师、家长及其他专业人员共同参与的综合工作，其对象是全体学生，目标在于促进学生在学业、职业和个性—社会性的发展。它还强调，在当前美国国内的教育改革当中，学校咨询应当在提高学生学业成绩，缩小学生之间的差距，促进教育公平方面扮演积极的角色。

（四）我国心理健康教育工作的发展

教育部于2002年颁发了《中小学心理健康教育指导纲要》，并在2012年颁发了纲要的修订版，对中小学心理健康教育的目标和途径作了明确的阐述。学校心理辅导工作的内涵是与心理健康教育一致的。《纲要》指出，开展中小学心理健康教育，要面向全体学生，通过普遍开展教育活动，使学生对心理健康教育有积极的认识，使心理素质逐步得到提高；同时关注个别差异，根据不同学生的不同需要开展多种形式的教育和辅导，提高他们的心理健康水平。心理健康教育的目标是：使学生不断正确认识自我，增强调控自我、承受挫折、适应环境的能力；培养学生健全的人格和良好的个性心理品质；对少数有心理困扰或心理障碍的学生，给予科学有效的心理咨询和辅导，使他们尽快摆脱障碍，调节自我，提高心理健康水平，增强自我教育能力。心理健康教育的途径和方法包括：开设心理健康选修课、活动课或专题讲座；个别咨询与辅导；在学校教育教学活动中贯穿心理健康教育；与家庭同步实施心理健康教育。在《纲要》指导下，各地对心理健康教育工作重视程度日益提高，一些地方已明确要求学校设立专职或兼职的心理健康教育教师岗位和心理健康教育管理机构。目前，专业师资队伍匮乏的问题显得十分突出，一般教师经过一定培训担任兼职心理健康教师的情况比较普遍。

二、学校心理辅导的基本任务

从根本上看，学校心理辅导的目标在于为全体学生心理的健康发展提供帮助。具体而言，不同处境的学生所需要的帮助可能是不同层次的，这就决定了学校心理辅导的任务是多层次的。学校心理辅导一般可分为缺陷矫正、早期干预、问题预防和发展指导四个层面。

（一）缺陷矫正

对于极少数长期处于恶劣环境下并已经产生、积累了严重的心理和行为障碍的学生，需要进行系统的矫正。但对于一般的心理教师而言，在专业技术上的要求过高，而学生本人接受咨询帮助的动机又往往很弱，在过于困难的情况下，应当考虑将被矫正者转介到更专门的治疗机构。

（二）早期干预

面向少数学生进行，他们可能已经出现某种程度的心理和行为问题，如果得不到及时的帮助，就可能发展成严重的心理障碍。早期干预就是指在问题出现初期给予学生帮助。例如，学生出现破坏纪律的行为，暴露出的问题可能是行为缺乏自制力，而如果持续发展下去，可能会引起同学的排斥和家长的责罚，而产生自暴自弃的心态。心理教师应当及时给予适当的帮助，训练他克服不良行为习惯，并努力增强他的自信心。

（三）问题预防

对于部分学生来说，目前并没有出现明显的问题，但是某些学生心理素质比较薄弱，有可能在一定环境条件下出现问题。问题预防就是指在可能的问题发生之前，主动开展各种形式的工作，提高学生应付将来问题的能力。例如，一些平时比较容易紧张的学生，当毕业考试临近的时候，有可能出现考试焦虑症。为了防止其发生，心理教师可以提前较长时间就对这些学生进行集体辅导，讲授自我放松、缓解紧张的方法。

（四）发展指导

发展指导面向全体学生进行。学生随着年龄的增长，生理和心理要经历一系列的发展阶段，社会对他们的要求与期望也逐渐增加，他们在成长过程中可能会出现一些普遍性的问题。在此之前，我们就应该主动开展必要的指导活动，帮助学生成功完成心理—社会发展任务。例如，发展学生的自我意识、自尊心、交往能力、对他人的尊重，帮助学生理解和控制自己的情绪、增强行为自控能力，等等。从长远看，这才是减少问题发生的可能性的治本之策。

从实际情况看，在学校咨询开展起来的地方，干预和矫治的任务比较容易受重视和强调。但这项任务由于多数是以个别咨询及小组咨询的方式进行，而且时间较长，而心理教师本身数量严重不足，工作时间有限，即使完全投入在这项任务中，影响面也是有限的。相反，预防和发展指导的工作是面对多数或全体学生进行的，如果开展比较得力，不仅有助于促进学生的整体素质和适应能力的提高，也可以有效减少需要干预的严重问题的数量，使咨询工作者摆脱奔波劳碌的处境，从而又有更多的精力加强发展指导工作。因此，学校心理辅导工作应当在预防与干预之间取得平衡。当前，我国学校心理辅导工作还处于起步阶段，从事心理教师的人员更是特别缺乏，而且心理辅导的专业训练程度又较低，因此一开始可以更偏重发展性指导的任务，但在以后的发展阶段有必要逐渐增强咨询服务方面的专业力量。

三、学校心理辅导的主要工作

为完成上述任务，学校心理辅导要开展的工作主要包括以下方面：针对学生的个别问题提供心理咨询服务；在班级中开展课程方式的心理健康辅导；为其他教师以及家长担任顾问或提供间接咨询；配合学校教育需要开展心理测评工作；组织协调学校和社会的有关资源共同参与心理辅导工作等。其中前两项工作在后面两节中将进行进一步的介绍。

（一）针对学生的个别问题提供心理咨询服务

干预和矫治的任务主要是通过心理咨询（简称咨询）活动完成的。主要方式有个别咨询、团体咨询、电话咨询和通信咨询等，其中最主要的是在咨询室进行的面对面的咨询。咨询活动应当独立于一般的班主任工作。在有条件的学校应建立单独的咨询室，咨询工作由专职人员担任。对一般咨询难以矫正的障碍，需要接受专门机构的治疗，这时就要求学校咨询工作者担负起转介的责任，对学生的障碍程度及类型做出一定的诊断，向家长建议适当的治疗机构并联系安排转诊事宜，包括介绍已了解到的学生的情况和已采取的治疗措施等等。此外，在从事学校心理辅导工作的同事之间，各人擅长和不擅长处理的问题往往有所不同，彼此间也可以互相转诊当事学生以提高咨询的有效性。

（二）在班级中开展课程方式的心理健康辅导

预防和发展性指导的任务主要是通过课程方式的心理健康辅导活动完成，通常以班级为单位开展。心理健康辅导应当力求获得学校领导的支持，列入固定的课程安排当中；在有必要设立临时课程的时候，应当与其他科任教师协调配合。与其他课程一样，心理健康辅导也需要进行课程计划与准备，课堂上也包括讲授、练习等环节。但应当特别注意：心理健康辅导的目标不是停留在知识的了解上，而是要使学生在行为的层面掌握一些技能，在观念态度的层面产生某些改变；课程应当紧密结合学生的生活与学习活动的实际，以丰富多样的活动为主，力求激发全体学生的参与。

（三）为其他教师以及家长担任顾问或提供间接咨询

家长和教师在与学生相处并对他们进行教育的过程中，经常出现这样那样的疑问，即如何理解子女或学生的已经出现和可能出现的问题，采取什么样的方式方法解决或防止问题，等等。心理教师作为专家可能提供较好的建议，但是有几个值得注意的问题：其一，当事学生的情况是由家长或教师转述的，如果家长或教师本人处于情绪困扰当中，就可能掺杂一些带主观偏见的成分，需要冷静识别判断；其二，心理教师建议的，是家长或教师处理问题的态度和做法，应当与后者进行充分沟通，使其在态度上产生共识，对实施方法有比较透彻的掌握；其三，要追踪了解贯彻教育措施的结果，同家长或教师及时讨论应当改善或调整的地方；其四，应当考虑到，在有些情况下，问题的解决取决于学生和家长双方的共同改变，也许需要学生和家长共同接受咨询，在专家帮助之下，改善彼此的关系或整个家庭氛围。

（四）配合学校教育需要开展心理测评工作

应学校领导或其他教师的要求，心理教师可能组织进行心理测评，为他们的某些教育决策提供参考；心理教师不仅要监控测评的实施，更要对测评的解释负责。这里特别需要注意的问题是，学校进行测评的目的往往在于诊断鉴定学生当中的特殊个体，其中包括智力低下和学习障碍的情况，这时测评结果的解释和运用必须十分慎重。尤其要避免擅自公布结果甚至以“诊断结果”为依据，给学生贴上差生的标签。在咨询过程中也常常要运用一些测评工具或方法对学生个体进行评估，以作为咨询帮助的基础。在这里心理教师应当注意的是，不要机械地对待测评结果，而是应当结合对学生的具体观察，参照从其他渠道了解到的有关信息，综合起来对学生的特点和现状进行判断。

（五）组织协调学校和社会的有关资源共同参与咨询辅导工作

由于促进学生心理健康是一项长期而复杂的工作，更由于学生成长发展的环境包括家庭、社会和学校等多方面，心理教师应当注意组织协调学校和社会各方面力量，包括家长、学校领导和其他教师、社区有关的管理部门和医疗机构等，共同参与和促成学校心理健康计划。例如，邀请校外专家主持讲座，向家长普及心理健康和儿童发展方面的知识，与教师、家长和社区管理人员及时沟通问题多发学生的情况，等等。在规模较大的学校里，心理教师往往有好几位，他们可能有相对的分工，如专门负责课程辅导、负责咨询服务或负责测评等，而彼此间的沟通、协调与配合也是十分重要的。在担任顾问工作时，还常常需要和相关的老师或家长组成工作小组，共同研究如何帮助处于困境中的学生。

四、小学心理辅导的特点

（一）小学生对心理辅导的需要

依据《中小学心理健康教育指导纲要（2012年修订）》对于小学生的发展性辅导内容的说明，结合一些省份实施纲要中对不同学段学生发展性需要的分析①，可以概述如下：小学低年级主要是要了解和适应班级、学校环境及日常学习生活基本要求，初步具备自我控制能力，有规则意识和时间意识；学会与老师和同学交往，融入集体和建立友谊；体会学习的乐趣，愿意完成学习任务；小学中年级发展内容包括了解自我，学会体验情绪并表达自己的情绪；发展开朗、合群、自立的健康人格；在学习活动中发展自主能力和探究精神，获得自我效能感；适应不同的社会角色要求，处理好学习与休闲的关系。小学高年级则包括初步认识自己的兴趣和能力特征，悦纳自我，合理表达自己的情绪；了解青春期生理心理的发展状况；学会处理人际矛盾，维持良好的同伴关系，在各种活动中学习与人合作。激发对未来升学和职业生涯的理想，并联系到当前的学习目标，积极克服学习困难，建立自信，初步形成自己的学习策略和方法。而部分小学生适应困难需要得到咨询帮助的问题也多集中在：和同伴的关系紧张、对父母管教抵触；对学习要求适应困难、违规行为频繁；学业压力过大、自卑退缩；对父母关系紧张而困扰，以及欺凌与被欺凌问题等。

（二）小学心理教师的工作侧重点

在小学，人们对学校心理辅导工作的了解和重视程度相对不足，心理教师的工作首先要注意宣传学校心理辅导的意义，让学生、教师和家长了解当他们遇到心理问题时，可以从心理教师那里得到什么样的帮助，以及如何获取帮助。其次，学生许多问题的背后都有来自父母的重要影响，咨询帮助过程中应当尽可能引导家长参与并促成其积极改变。再次，心理教师应当主动发起与其他教师的合作，更好地了解和满足学生对心理辅导的需要；进一步地，咨询工作不仅要针对学生个人的心理调节或行为改善，更要注意尽可能地改善其在学校所处的环境。例如，对离婚家庭的孩子的心理适应问题，可以考虑在班级内组织学生讨论离婚和离婚家庭，让大家增加对离婚家长与孩子的理解，消除对离婚家庭孩子的种种偏见。

---

① 广东省教育厅：《广东省中小学心理健康教育活动课内容指南》，2016年。

（三）小学教师和学校心理辅导

从以上的介绍中可以看到，心理辅导工作通常由心理教师主持，但学校中普通教师也应当给予积极关心和支持。对学生进行专门的咨询帮助，需要接受专业训练者才能胜任。普通教师可以做的是，对某些学生在心理和行为上的问题细心观察，尽早与咨询人员沟通，以判断问题的性质，在必要时介绍学生与咨询者接触；对课程辅导工作，普通教师则应当积极配合，帮助咨询人员熟悉本班学生的情况，在上课条件上给予支持，及时反馈课程辅导的效果；等等。在缺少或没有专门咨询人员的学校，普通教师可以兼任部分心理健康辅导课程，但应当尽可能地接受相关的培训。班主任可以运用有利的工作条件，在班会活动中融合心理健康教育的内容。学科教师在自己的学科教学设计和实施过程中，依据多元智能教学的思想，渗透发展学生自我身心智能和人际智能的目标，则是对全员参与心理健康教育的充分体现。此外，在平时的教育教学工作中，普通教师多了解一些咨询工作的基本原则和方法，则会有利于更好地倾听和理解学生，更有效地帮助学生处理学习和交往中的日常问题。应当注意的是，一般教师不宜贸然进行心理诊断和治疗工作，尤其要避免轻易给学生扣上有心理或行为障碍的帽子的做法（例如，公开讲某某学生有多动症、抑郁症或阅读障碍等），这会对学生的自我评价、自我期望以及他在同学中的印象，产生极大的消极影响，而对以后的教育工作也非常不利。

第二节　咨　询

一、咨询的目标和原则

（一）咨询的目标

咨询的目标，就是由提供咨询的心理教师向咨询对象（通常是个别的）提供心理上的帮助，以使后者克服当前的心理困扰，并提高自身应对挫折的能力。从前来接受咨询的学生（以下简称来访学生）的角度看，他寻求咨询的直接动因，是一段时间以来难以摆脱的心理上的困扰，如与同学的矛盾冲突、因为课堂上违纪受到批评、考试的压力、对父母关系不和的烦恼等。他希望通过咨询恢复情绪上的平衡，或在行动上获得指导，等等。咨询的直接目标是使学生解除心理困扰，顺利度过当前的危机。同时，咨询师还应当牢记，咨询的根本目标是促进来访学生的自立自强。如果来访学生只是解决了暂时问题，却对咨询师产生过度的依赖，以后大事小事动辄寻求咨询师的帮助，这其实意味着咨询的失败。咨询师不只是要使学生情绪紧张得到缓解，还要让他了解调整情绪的方法；不应当代替学生做决定，而是要帮助他学会如何做出决定；不是直接告诉学生如何做当前的事情，而是帮助他学习如何规划和控制自己的行为。总而言之，要通过咨询使学生增强独立处理自己的问题的能力和信心。

（二）咨询的基本原则

咨询能否取得成效，最关键的因素在于来访学生对咨询师的信任和对咨询过程的积极参与。要实现咨询的目标，咨询师主要应当把握以下几方面原则。

1. 积极关注和信任来访学生

让来访学生感受到咨询师的关怀和信任，是他愿意继续参加咨询并进而产生积极改变的根本前提。对学生的积极关注，意味着能从整体的人的角度接纳来访学生，承认他不管有什么样的问题，仍然是值得尊重和关心的。对每一位来访学生，都应当同样保持尊重，给予无条件的关心。一般的教师可能在集体教育的环境下对学生做种种比较性的评价，如学习成绩好坏，是不是守纪律等。咨询师特别需要注意，不受这些评价的影响以免对某些来访学生产生成见或排斥。在咨询师眼中，每位来访学生都同样是遇到困难、需要关心的人。当学生前来寻找咨询帮助时，往往已经较多地感到其他同学或老师、家长对他的不满、指责或者歧视，心理上相当自卑。因此，咨询师给予他的接纳和关怀显得特别重要。进一步说，咨询师只有对人性、对人的发展持乐观态度，才可能热情投入到咨询活动中去，并把这种信任传达给来访学生，激发他积极成长的自信与愿望。实际上，学生身上出现的这样那样的心理困扰，多数都是不良的人际环境作用的产物，而每个人身上都存在着克服障碍、力求完善发展的愿望与潜能，只要获得积极引导，来访学生是完全可能度过危机健康成长的，咨询师对此应有充分的信心。

2. 充分支持和鼓励来访学生

咨询师要切实地、敏锐地从来访学生身上发掘积极的、值得肯定的、有价值的因素，并对学生在咨询过程中的进步给予及时的鼓励。来访学生一开始总是感到情绪混乱、沮丧不振，咨询师不应对此指责教训，而是要加以切实的安慰支持，激发他们积极应对的心态（例如，“我能理解事情给你带来的烦恼，我们一起来看看怎么能把它处理好”）。支持和鼓励并不是对问题视而不见，而是要帮助学生更加接受自己，不因为一时的挫折和困扰而把自己看得一无是处。事实上，即使在学生的一些受到指责的行为中，也可能找到积极成分（例如，“用顶撞的口气和爸爸说话是不合适的，但这件事也说明你能大胆表达自己的不同想法”）；鼓励方式也包括引导来访学生经常评价参加咨询以来取得的进步，肯定学生本人在其中的主导作用，强化他的成功感，提高自信心。

3. 注重来访学生的主动参与

学生对咨询过程的主动参与是咨询取得成效的必要条件。首先，学生应当是自愿前来寻求咨询帮助者，强制性地要求学生接受咨询，是很难取得效果的。当然，小学生也可能常常在其他教师和家长的建议或要求下前来接受咨询，这时候咨询师更需要特别注意保护来访学生的自尊心，深入了解他真正感到困扰不安的地方，使学生体会到咨询师希望真诚帮助他的态度，而产生接受咨询的内在愿望。其次，在整个咨询过程中，咨询师都应当把学生置于主体的位置，帮助他判断自己的问题，决定自己的行动，而避免把自己的主观判断强加给学生，单方面给学生指令，等等。再次，在学生提出中断咨询时，即使咨询师认为还有必要继续，也不宜强行要求，而应当冷静分析学生希望中断咨询的原因，以平等建议的方式提出自己认为应当继续咨询活动的理由，或推荐其他的咨询师，最后让学生自己做出决定。

4. 严格为来访学生保密

保密是来访学生对咨询和咨询师产生信任的基础。来访学生在咨询中谈论到的个人问题和看法，不经过本人同意，咨询师不应当透露和扩散给任何其他人。咨询师还可能对来访学生的个人资料和咨询详情加以记录并建立档案，这更是不允许除有关的咨询工作者以外的任何人查阅的。来访学生常常会担心咨询师会把自己谈到的情况和想法告诉其他人，尤其是转告班主任或科任教师或是家长，咨询师应当以适当的方式向学生解释与保证咨询的保密性。当然，咨询师确信学生处于比较危险紧急的状况，需要家长或其他教师等参加干预时（如出现伤人或自杀企图、有危害社会的行为意念），则是例外的情况，但即使如此，也应该尽可能先向来访学生进行解释、说明。

二、咨询会谈的一般过程

咨询主要是通过咨询师与来访学生之间的会谈来完成的。咨询会谈的基本任务是在良好的咨询关系当中澄清来访学生的真正问题，进而找到适当的改变现状的途径。下面简述咨询会谈的一般过程。

（一）建立咨访关系

咨询师与来访学生的关系简称为咨访关系。与来访学生建立和发展良好的咨访关系，是贯穿咨询会谈始终的任务。随着咨访关系的深入，来访学生将逐步澄清自己的问题，产生改变的愿望，积极接受咨询师的影响和指导。在会谈开始阶段，建立咨访关系是核心任务。咨询师应当努力营造温暖亲切、安全可靠的心理氛围，而其关键在于用心倾听。咨询师的基本素质就是愿听和会听，倾听可以说是咨询会谈的灵魂。咨询师应注意把自己与通常的教师角色区别开来，在咨询初期，咨询师往往更需要多听少说。来访学生需要咨询师给他足够的机会，叙说自己所碰到的问题、所感受到的困扰，同时又要感到对方在耐心和专注地倾听；咨询师可以适时地表示对学生谈到的内容的理解，而过早地进行判断、急于劝导建议则是要注意避免的。当然，咨询师也应该对会谈过程有适当的掌握和控制。例如，当通过会谈对问题大体了解清楚之后，可以与学生商定对整个咨询的安排：大约进行几次会谈，会谈多长时间，什么时候见面会谈，会谈主要讨论什么问题等，对学生如何参加会谈有一个基本的约束；在会谈进行当中，当来访学生过分蔓延到无关话题时，不宜强行打断来访学生的谈话，以免使他表达的愿望受到打击，但可以通过提问、总结等方式机智地引导他回到中心问题上。

（二）澄清和评估问题

在随后的会谈中，重点任务是搜集资料并进行分析，对来访学生的问题加以澄清并做出评估。要仔细了解学生当前处境和他的反应的详情，主要方面包括：(1) 引起他困扰的是什么事情，问题涉及谁，在什么时候、在哪里发生的；(2) 他对问题的反应是什么，他感到什么样的情绪，他对问题是怎么想的，以及他在行动上做了什么；(3) 问题持续下去会有哪些后果；等等。此外，咨询师还可以向家长和教师了解学生在学校和家庭中的一般表现（例如，与同学、家长的关系，学业情况），成长经历，身体状况等。会谈是澄清问题的主要途径，咨询师应当特别注意与学生交流的方式方法。首先，咨询师要考虑如何提问。在会谈开始，为了尽可能充分地搜集到真实信息，咨询师应注意多用开放式提问（如“说说看哪儿遇到麻烦了?”“怎么觉得不顺心了?”等），避免掺杂个人臆测的判断式提问（如“是不是又和同学吵架了?”“你对爸爸很不满意是吗?”）。而在来访学生的回答过于宽泛和模糊时，就应该主动要求学生把谈话集中在一定的范围（例如，学生反复谈论某种模糊的不快情绪而不是陈述引起困扰的原因，可以问“能不能举个例子说说?”，学生同时或交错谈论若干件事情时，可以问“我们先谈谈哪件事?”）。其次，咨询师要善于进行总结。总结可以使会谈沿着一定的方向进一步探明问题，同时也因表示了对来访学生的谈话的理解而起到鼓励作用。简单的总结只是对来访学生谈话的要点进行简要说明，不添加自己的分析或解释。阶段性总结对双方一段时间内的对话内容进行概括，往往作为开始讨论其他问题的转折点。在每次会谈结束时，咨询师要对本次会谈的内容和收获进行总结，以巩固会谈成效，并为下一次会谈做好准备。经过一段时间的探查，咨询师可以对来访学生的问题有基本的判断。应注意辨别是否为严重的心理异常和精神疾病，如果是，就应当及时转送有关医疗机构。而一般学生的主要问题往往集中在与同学或家长关系紧张、学习方面的困难、经常出现某些受到批评的行为（如上课违纪）、消极情绪长期持续（如考试焦虑、对上学恐惧等）、突发事件造成感情创伤，等等。从咨询师的角度，则可以大致区分为情绪调整上的障碍、行为控制上的困难，以及认知和思维方式上的偏差几方面。当然，儿童心理和行为障碍的具体分类是相当复杂的问题，有待通过进一步的专业学习去了解。

（三）确定改变的目标

澄清问题之后，咨询师就可以着手确定咨询的目标，即通过咨询应当使来访学生在哪些方面产生积极的改变。对目标的确定，要由咨访双方共同参与，尤其要充分听取来访学生的意见，只有经过学生认同的目标和计划才能产生效果。来访学生往往一方面为问题所困扰，另一方面又不能为自己提出为改变现状应该做些什么。例如，学生抱怨说“我一见到表哥心里就打鼓，他老不理我，样子那么凶，他该想想我以前对他那么好，咱们别闹别扭了不行吗?”这里的问题是，学生只是说出了自己不满意的情况，不想这种情况再发生，但只是寄希望于别人的改变。而咨询师要引导他从积极的角度说明其所希望的状况是怎么样的，以及更进一步地，为了这结果自己可以控制、可以做的事情是哪些。例如，“我希望我和表哥像以前一样友好，我准备和他主动打招呼，为上次那件事向他道歉”。在帮助过程中，咨询师要注意耐心启发，避免因急躁而直接要求他应该怎么做。在很多时候，学生只有一种模糊的要改变现状的愿望，咨询师应当帮助他具体化，使之成为结果可衡量的、有完成期限的、可以达成的行为计划。比如，学生说“我也希望少玩一些电脑游戏以免耽误学习”，就可以以此为线索继续提示：怎么才算少玩了？例如，由现在的每周八小时减少到每周两小时；打算到什么时候达到这结果？例如，过两个月后。此外，目标应当切实可行而不是无法企及。当然为了达到目标总是要经过一段时间的逐步努力才能达到，这就要求把目标分解为多级可行的步骤，使之成为一个有效的行为计划。

（四）促成改变的实现

目标确立后，就可以进入实施阶段，即采取各种咨询技术与措施，影响来访学生朝目标产生积极改变。对帮助方法的一些介绍在后面另述。以下是一般需要注意的方面。首先，要继续强调学生的主动性。在这一阶段，咨询师主要通过分析、解释使学生产生对问题的领悟，通过指导、训练使学生学会新的行为方式。这可能会强化他作为教育者的权威地位，这时更要注意对学生启发而不是灌输、在方法上建议而不是在细节上大包大揽。其次，要引导学生把在咨询环境中发生的改变迁移到实际生活当中。例如，咨询师向学生传授一些调整情绪的方法后，再要求学生自己进行练习并逐步尝试在实际生活中运用，以家庭作业的形式加以检查。对学生的反馈与鼓励也十分重要，要对学生的进展及时加以肯定，当学生面临困难不想坚持时也要给予必要的督促。再次，在这一阶段也要对咨询过程本身经常评估，看咨询方法和措施是否能有效地推进目标，下一步需要如何调整，等等。

（五）结束咨询及追踪效果

会谈目的基本实现后，就可以考虑如何顺利地结束咨询。经过一段时间关系良好的咨询会谈，不少来访学生会喜欢上会谈中受关注的感受以及会谈的环境乃至咨询师本人，而不大愿意结束咨询。咨询师应当记住咨访关系是一种有始也有终的阶段性的关系，提早为结束做准备。咨询后期，咨询师可以在适当时候提醒来访学生，他不可能长期在来访学生身边提供帮助，自己以后还会碰到其他问题，主要靠自己解决；当目前问题基本解决时，要开始鼓励来访学生，他已经做得越来越好，可以开始自己去做了；还要告诉学生的是，以后遇到严重的困扰当然还可以再来找咨询师，一起探讨问题；由于咨询的目标也包括结束之后的自我持续改善，结束前还应当注意归纳总结整个咨询过程中所体现的进行自我决策、调整或控制的原则和方法，要求来访学生自己练习、举一反三，以使今后有可能独立应付问题，进行自我帮助。在会谈结束以后，通常要追踪咨询的效果。咨询师要向学生本人及其周围的师生、家长了解情况，获得关于咨询效果的评价。如果出现效果较差的情况，可以与学生协商是否要继续进行咨询；而不论咨询效果满意还是不满意，都会给咨询师提供很好的启发，促使他反思自己在咨询过程中需要改进的或需要继续保持的方面。

三、主要咨询方法介绍

咨询有多种方法或模式，这里只是将其大致划分为侧重调整情感的方法、侧重训练行为的方法以及侧重改变认识的方法，并进行简要的介绍。咨询师要根据来访学生的个人特征和所遇到问题的特点，选择合适的帮助方法，而在整个咨询过程中，往往需要多种方法结合使用。

（一）侧重调整情感的方法

侧重调整情感的咨询方法的基本观点是：人们在遇到情绪上困扰时，最直接的需要就是把它倾诉出来，得到别人的理解和宽慰。当咨询师给当事人以支持和温暖时，他就能够在情绪上充分地宣泄，并在此基础上更好地认识自己、接纳自己，比较现实地接受环境中令人不快的事实，同时以积极的心态去开始自己应该做的事情。咨询师的主要任务，就是形成让来访学生愿意倾诉和宣泄的氛围，使他感受到尊重与支持。

1. 鼓励表达

为了使来访学生的情感得到疏导，咨询师要以多种方式鼓励来访学生充分表达对引起情绪困扰的事件的感受。来访学生可能因为心存疑虑，或因为处于混乱的情绪当中，或是沉浸在对事件的细节的回忆中，而难以清楚地表达自己的感受。这时咨询师的鼓励非常重要，这种鼓励可以是简短的词语“请接着讲”“然后呢?”“还有呢?”或是一些语气词如“唔”“哦”等；有时则可以重复学生话语中的一些关键词，或是对学生话语做简短的总结；更多时候可以用非言语的反应，如目光接触、点头、鼓励的手势等。所有这些，都是要向对方传达“你讲的一切很重要，我在仔细听，我能理解，请继续讲”。有时也需要适当的沉默，表示“没关系，我会等着，你可以慢慢整理一下”。在充分感觉到咨询师的接受和理解之后，一些来访学生可能愿意更强烈地宣泄，比如哭泣，这时咨询师应继续鼓励、耐心等待。“你是不是觉得哭出来会好受一些?”“要是想哭的话就哭一会儿吧。”在来访学生哭泣时，不必急于言语安慰，目光和身体接触往往更有效，比如拍拍肩膀或后背、递上纸巾、手绢等。

2. 传达共感

在鼓励来访学生表达感受的同时，咨询师也要传达出自己在分担他的感受。当来访学生表达自己的痛苦、焦虑或冲突时，咨询师仿佛自己也正在经历，能够设身处地地感受对方的心情，体会到对方看待事物的角度，这时就产生了所谓的共感，即咨询师能够感同身受地进入来访学生的内心世界，并表现出同情和理解。一般的同情是比较容易达到的，往往自然地就会流露出来，如通过目光、表情、身体姿态等等；而深入的理解就不那么简单，它需要对表面的或笼统的情绪感受的内在含义（情绪所指的对象、情绪困扰的缘由等）有理性的判断，并且做出准确的言语表达（例如，来访学生说“以前我们天天都是一起上学，现在他不在，每回上学都怪难受的”，一般的安慰可能只是说“别难受，慢慢会好起来的”，而更准确的共感反应可能是“是啊，你们是好朋友，现在你很想念他，也觉得挺孤单是吗?”）。总之，咨询师表现出深入、准确的共感，是来访学生真切地体会到被接纳和尊重的必要条件。

3. 身体放松

除了引导来访学生宣泄和表达情绪，咨询师还可以进一步指导学生进行某种身体放松，这对情绪压力的缓解有比较直接的作用（放松训练对许多咨询方法都有辅助作用）。在焦虑、恐惧、沮丧等情绪产生时，都可以运用一些身体放松的方法来加以减缓。放松的方法有许多种，如呼吸调整法、肌肉深度放松法、冥想法等。放松过程中咨询师的作用主要是提供指导和暗示，如果条件允许，还可以进一步训练学生平时进行自我放松。

（二）侧重训练行为的方法

侧重训练行为的咨询方法的基本观点是：人们的心理和行为障碍，大多是在后天环境中习得的，同样可以通过学习正确的行为模式而加以克服，用好习惯代替坏习惯。咨询师的任务，就是为这种学习创造适当的条件，包括设计合理的行为步骤，提供强化及设立模仿的榜样，等等。

1. 设计合理的行为步骤

要帮助学生用恰当的心理或行为反应代替原有的反应模式，希望一蹴而就是不现实的，必须依照循序渐进的方式，设计若干连续的步骤以最后达到目标。例如，一名为“同陌生人在一起紧张害怕无法交往”所困扰的学生，直接要求自己“同陌生人进行交流”显然是困难的。因此，我们可以先确定一个较为容易实现的子目标，如“在一群人当中和别人进行目光接触”。做到这点之后，可以尝试“与朋友在宿舍里谈论熟悉的话题”，然后依次为“在课堂上站起来发言”“与陌生人打招呼，互通姓名”，等等。设计合理的步骤可以使学生经常体验到进步的喜悦，这是其主要的正强化因素，但来自咨询师的外部强化也相当重要。

2. 提供强化

咨询师运用强化影响儿童的行为时，订立契约或协议是一项较好的办法，即把与学生商定的行为计划相应的奖惩条件写成书面文字并签署姓名（也可以用录音代替），这样更能保证强化条件的严肃性和约束力。咨询师应当依照协议对执行结果严格地实施奖惩，但进行惩罚时咨询师要注意强调对事不对人，表示对学生一时的行为不满意，但是肯定他长期以来的努力。在间接咨询中，咨询师则是指导家长或老师与学生本人一起制订学生的行为计划和强化方案，敦促他按强化条件严格履行自己的诺言。

3. 设立模仿的榜样

在学生对正确行为的内容缺乏了解时，应当多提供合适的榜样，让学生进行观察，再要求他进行模仿。比如，对害怕与陌生人交往的学生，可以带他去观看其他学生在公共场所进行宣传活动之类正常接触陌生人的情况（也可在咨询场所利用录像进行），指导其观察那些学生如何同陌生人开始谈话，对话的具体内容，交往时的表情、目光、动作等，还可以询问那些同学的感受、体会；接着，要求他模仿观察到的情况进行演练（由咨询人员或其他学生扮演陌生人），有条件时可以摄录下来不断改进；最后，再要求他在实际中与陌生人对话。

（三）侧重改变认知的方法

以改变认知为侧重点的咨询方法的基本观点是：环境当中的人和事只是诱发情绪困扰的外部原因，而当事人对这些人或事怎样看待、怎样进行解释、思考和认识过程是怎样的，才是更直接的决定因素。在人们的习惯性思维中，存在许多不合理的观念或认知方式，使人们反复产生不良情绪而导致心理障碍。因此，咨询师的任务就是帮助当事学生认清自己在情绪困扰背后的不合理认识，代之以合理的认识，重新看待身边的人和事，从而消除情绪困扰。更进一步说，把合理的认知方式巩固下来，就能使整个心理健康水平得到提高。

不合理的认识主要包括以下几个方面。①绝对化要求，即要求事物完全按照自己的意愿发生发展。例如，经常告诉自己“我必须不能出任何差错”“他怎么可以那么批评我”“为什么这儿竟然排着这么长的队？”（合理的想法是：“我希望事情将如此，但它也有可能不完全合乎我的期望”）。②过度泛化，即把对某些事情的结果的评价推广到对整个人的评价。例如，经常说“这样的事都做不好，他（我）这个人简直一无是处”（合理的想法是：“这件事让我不满意，但并不意味着整个人都糟糕得无可救药”）。③夸大后果，即夸大一件不满意的结果所导致的影响。例如，对自己说“一切都完了”“什么希望都没了”“实在受不了”（合理的想法是：“我对这个结果感到失望，但我能够承受，其他方面还有努力的余地”）。

不合理的思维方式总是表现为对自己、对别人、对事情过分苛求，这样就特别容易感受到挫败，受到不良情绪的困扰。很多人在消极地自言自语时，背后的思维模式往往是“我在每件事上都不能有任何差错，如我期望的一样出色。否则，我这个人就太糟糕了”“别人应当总是夸赞我、照顾我、按我希望的做，否则，他们就太不好了”或是“周围的事情都必须如我意，想要的应该容易地得到，不想要的绝不可以发生。否则，可就太不公平了”。这里的“蛮不讲理”是显而易见的，但实际生活中人们却往往不知不觉陷入其中。

咨询师首先是通过询问帮助来访学生挖掘其不良情绪后面的不合理认识。很多时候，来访学生会强调他之所以生气或焦虑等是因为外部的人或事。咨询师可以一边让他仔细回忆当时的情绪反应，一边不断追问他产生强烈情绪的内在原因，即如何思考的过程。在观察到他的不合理认识之后，就可以通过辩论、启发等方式，使来访学生意识到他的认识的不合理的地方，转变到合理的思考方式上来，并通过反复练习加以巩固。

（四）游戏及艺术活动的运用①

由于小学生通过语言分析和表达自己的心理感受的能力有限，有时通过非言语的方式来达到咨询目标往往更为有效。游戏活动有助于儿童宣泄内心的消极情感，恢复心理的平衡。有时儿童显得暴躁易怒，其原因可能是在某些场合中受到挫折而把愤怒不恰当地发泄到其他人和事身上。这时如果接受

① 本部分（四）（五）为选讲内容。

游戏疗法，咨询师会鼓励儿童按自己的意愿在游戏室内随意活动，“想玩什么玩具都可以，想怎么玩就怎么玩”，甚至当儿童表现出一些攻击性行为时，如摔打玩具，不理睬咨询师等，也不会受到指责。当儿童真正体会到宽容、接纳和尊重时，他所积压的消极情绪就会慢慢缓解，而进一步的咨询帮助也就有了基础。更积极地，咨询师可以在帮助过程中引入绘画、舞蹈及音乐等方面的活动。儿童通过没有主题的任意发挥想象的绘画，通过自由发挥的即兴的跳舞唱歌，使内心的情绪得到强烈的表达，并在咨询师热情鼓励下产生更积极的内心感受。

（五）团体咨询的运用

由于小学生的心理问题经常具有某种共性，也由于咨询师比较缺乏，可能会比较多地采用团体咨询的方式。团体咨询的方法比较适合发展性问题，如自我认知和自我接纳的问题、人际感受性和人际交往技能的问题，等等。在组织参加咨询活动的小组时，咨询师通常考虑将有相近问题或需求的学生组织在一起，有时也吸纳行为适应良好的学生参加以便提供合适的示范，但建组时应当充分尊重学生自己的意愿。一个小组的成员一般在 5—10 人，小组活动最好定期举行，比如，每周一次，每次一小时左右。小组活动多为自由讨论，让每个成员尽量表达自己的真实想法、情感和意愿，达到情绪宣泄或认知领悟的效果。为此，咨询师要协助学生形成尽情表达的氛围，鼓励学生既积极参与又认真倾听；还应该提出和维护保密原则，即所有成员都不跟其他人透露小组成员在活动时说话的内容；至于具体的活动方向或谈话内容，可以尽量由学生自己决定。此外，团体咨询也常常采取角色扮演、集体游戏等方式。

第三节　心理健康辅导

一、心理健康课程辅导的目标与原则

（一）心理健康课程辅导的目标

心理健康课程辅导是指学校咨询工作者通过课程方式（通常以班级为单

位），为学生提供心理上的辅导和帮助，以促进学生心理健康发展。心理健康辅导活动一般要安排成专门的课程（简称辅导课程），面向学生集体有计划地、连续地开展。但与其他课程不同的是，其目的是直接满足学生维护和发展自身的心理健康的需要。学生心理健康发展的需要包括两个层次：①一般性的需要，指在某一年龄阶段的所有儿童中普遍存在的心理和行为发展上的需要（如小学生入学后对新的集体环境的适应，与同伴及教师建立关系，在学习活动中获得成就感，等等）；②特殊性的需要，指本校、本班学生或某些特殊学生群体，由于处在特殊环境中或遇到特别事件的冲击或压力而产生的解除困境、度过危机的需要（例如，所在校要与另一所学校合并，多数学生可能都会产生一种特别的不适应）。相应地，心理健康课程辅导也可以分为一般性的辅导和特殊性的辅导，前者面向每位在校学生持续地开展，后者往往是为部分学生临时设立。当然，一般性的辅导也需要充分考虑本校、本班学生的实际情况，开展得更有针对性，而特殊性的辅导也应当引导学生把对特殊情境的适应扩展到心理健康水平，加以整体提高。心理健康课程辅导通常由专门的学校咨询工作者主持，他们可以有计划地到各个班级巡回教学；一般教师在专门培训机构接受训练后，也可以成为心理健康课程辅导的组织者（以下简称辅导人员），从而缓解专门人员不足的问题；由学校咨询专家对本校有关教师进行示范培训，也是好的办法；另外，同伴教学的方式也值得推荐，一些课程内容可以让接受过训练的学生再去教其他同伴，尤其可以让高年级学生教低年级学生（跨年级结对帮学），这对担任传授和接受角色的学生双方都有益，但咨询人员应注意对他们督察、指导。

（二）心理健康课程辅导的基本原则

由于具有课程的形式，心理健康课程辅导常常容易与其他学科教学活动混淆。而为了真正达到促进学生心理健康的目标，有必要特别强调以下几项原则。

1. 侧重心理健康课程辅导的活动性

以技能形成为导向的心理健康课程辅导的目的主要不在于知识的记忆，而在于使学生掌握一定的处理自己在适应环境中的问题的方法。辅导课程的内容不是像数学、语文那样的关于外部世界的间接知识，而是如何调节与控制自身的心理与行为的训练，它以一定的知识为基础，但课程的主体部分是学生的实践与练习，以形成相应的技能或达到态度上的改变。如果只是让学生停留在对一些知识的死记硬背上，就称不上是辅导课程了。心理健康课程辅导的主要形式是活动。过于抽象或专门的知识要尽量减少，要避免使辅导课程成为变相的心理学课程。如果涉及一些心理学概念，一定要转化成浅显、易懂的形式，而重点在设计生动有趣的活动吸引学生参加。这当然是高难度的任务，但是，如果让学生把辅导课程看成是一门枯燥难懂的甚至要背上考试负担的学科而感到畏惧，那还不如不开设这样的课程。辅导人员在组织和引导学生活动的过程中，讲授时间明显比其他科目教学少，但是对讲授质量的要求更高了，在活动之前要充分地激活学生的参与热情，活动中要注意启发学生的思考，活动结束时要做好总结或帮助学生总结。

2. 紧密结合学生的生活实际

心理健康课程辅导虽然属于有计划的教育活动，但十分强调以学生为中心的立场。离开学生生活实际的强制灌输是达不到帮助的目的的。首先，课程的总体安排在保持一定的系统性的同时，更要强调根据接受辅导的学生群体的实际情况进行灵活的调整。要密切注意学生在实际生活中发生的造成心理影响的重要事件，进行有针对性的辅导。例如，当学生在本班某同学遭遇交通事故之后，就应当及时安排关于情绪疏导的课程内容，并引入怎样在安全方面进行自我保护的讨论（即使这样要改变原来的课程计划）。其次，在讲课材料中，要尽可能地结合学生生活中的实例。辅导课程从学生熟悉的人和事开始，最能激发学生的兴趣；讨论学生的实际经历，最容易被学生理解。因此，辅导人员平时对学生生活的实际内容（尤其包括在课外和家庭生活中的）多观察、多接触是非常重要的。另外，在课程进行当中，要给学生留下充足的时间，让他们表达自己的实际体验与看法，这时候辅导人员的角色更多地不是宣讲者，而是倾听者、对话者。

3. 调动学生全体的参与

心理健康课程辅导的目标是全体参与者在心理和行为上的积极改变，这就要求辅导人员要尽量给每个学生同等的参与活动的机会。辅导人员不能忽视那些内向、腼腆的学生，而要鼓励他们积极地表达自己的感受、看法，或在演练中扮演适当的角色；对那些特别积极表现自己的学生，不是生硬地打断他们，而是向他们讲清楚，大家共同参与的活动才是成功的活动，鼓励他们给别人提供表达的机会。实际上，让不同的学生学会积极地、平等地参与课程的活动，本身就是对他们的人际交往能力的训练。为了有利于表达与交流，辅导班级的规模不宜过大（学生数一般在30人以内为好）。现在学校中的实际班级规模往往都很大，在人数过多的情况下，应该适当考虑拆分成小班开展辅导。更可行的办法则是在同一班级中分小组开展活动，如多进行组间竞赛性质的游戏、讨论分小组同时进行，等等。小组中往往需要产生一位组织者，他应当尽力让各位同伴有同等的表现机会，并且小组领导本身也要进行轮换。

二、开展心理健康课程辅导的过程

心理健康课程辅导的全面开展，对组织者（辅导人员）的素质有很高的要求。辅导人员不仅要对有关的咨询原理与技术有较好的掌握，而且应具备一定的课程开发的能力。下面简述完整的心理健康课程辅导工作所包括的四个阶段。

（一）需求分析

有效的辅导的基础是对学生的实际需要的了解。一般性的需要，可以通过研究发展心理学的有关材料分析确定，也可以找一些现成的针对一般性需要的课程设计；特殊的需要，就需要在本地区做专门的实地调查，搜集有关信息。调查对象可以包括学生、家长及教师和有关的社会机构，调查方法可以是谈话法、问卷法、座谈会等（参见第十四章）。例如，可能通过调查发现，本校四、五年级学生在校外聚集抽烟比较普遍，就可以考虑开设有关课程。

（二）课程准备

一般性的辅导，可以参考已有的课程设计，但在具体实施上应当根据本校、本班学生的特点进行适当调整和实际安排。备课环节仍是不可或缺的，辅导人员要写出详细的教案，明确课程目标，计划教学步骤，考虑教学材料的呈现，准备教具（活动用品），等等。辅导的重要部分是组织活动，活动内容允许有较大的开放性和灵活性。特殊性的辅导，则需辅导人员自己进行课程设计。这里的关键是把了解到的需要转换为课程目标。课程目标应当是学生的行为或心理上的某种改变，它应当尽可能是可观测到的。例如，了解到许多学生与同伴在一起吸烟的主要原因是经不住其中少数同学的劝说（不好意思对朋友说“不”），就可以把目标确定为让学生学会如何有效地拒绝别人的不合理要求，处理好来自同伴的无形压力。课程目标确定后，围绕它安排讲授内容和设计适宜的活动，也是一件细致复杂、需要高度创造性的工作。

（三）授课

心理健康课程辅导以发展技能为导向，在授课过程中，辅导人员的任务包括讲解、示范、指导等方面。在课堂上，适当的知识讲解仍是必要的，但应当努力做到轻松活泼、简明易懂，要注意尽可能多采用录像、图片等直观形式增强讲解效果，板书也要尽量醒目、多彩。辅导人员要善于利用榜样的示范作用。例如，关于如何与他人接近、沟通，辅导教师本人、做得较好的同学、教学录像中的人物，都可以作为学生模仿学习的对象，而那些通过学习成功地克服了原来的不适应或困扰的同学，尤其容易使学生觉得亲近、可学。辅导人员要耐心地指导学生进行练习，对练习结果提供准确的反馈、给予鼓励。在适当情况下，辅导人员也要布置家庭作业，引导学生把在课堂上学会的技能迁移到实际生活中，处理好自己的当前问题。

（四）课程评价

辅导课程实施之后，其效果如何，是否达到了设定的目标，对这些应当进行必要的评价。评价的依据可以来自辅导人员的观察，更多的则来自学生、家长及教师的反馈。有些课程的期望结果比较明确，容易观察到，如使学生学会给自己安排时间计划表，这只需要检查班级中有多少学生能做出一个合理的周计划表即可；有些课程的目标虽然容易理解，却较难测量，如提高人际交往的主动性，这可以从与学生长期相处的周围人如教师、家长那里，间接了解学生在参加课程前后是否有积极的变化。此外，也应对为课程投入的人力、物力进行测算，以对课程的效益进行更全面的评估。

三、心理健康课程辅导的主要领域

心理健康课程辅导的主要任务在于促进学生的心理健康，提高对环境的适应能力。辅导的内容，可以按心理健康的发展领域划分，包括个性和社会性发展、学业发展、职业发展。其中个性和社会性发展包括五个方面：自我认识、自我激励、自我控制，人际交流和人际合作。应该指出的是，多数时候一节课程对学生心理健康的积极影响并不局限于一个方面，只是往往有一个相对的侧重点。围绕这些一般的主题，辅导课程的具体设计可以有较大的灵活性。下面要论及几种心理健康课程辅导的设计，其中由俞国良等主编的《心理健康》（以下简称《健康》，北京师范大学出版社 2015 年版），按年级编写，影响颇为广泛。教材依据《中小学心理健康教育指导纲要（2012 年修订）》安排内容结构，涵括认识自我、学会学习、人际交流、情绪调适、升学择业以及生活和社会适应等方面。

（一）认识自我

心理健康发展意味着能够较好地认识自我。心理健康的人关注自己的情绪体验并能较清楚地分辨（如高兴、不快、伤心、气愤等），能对引起情绪的原因有一定的认识；能对个人的主要特点有基本的认识，包括对自己的外貌、行为习惯、性格、能力有所观察，能初步了解自己的长处与缺点，认识到每个人都有自己的长处，也允许有这样或那样的缺点。例如，《健康》三年级第一课通过自我介绍、画自画像等方式，让学生观察和表现自己的特点，并了解别人眼中的自己。

（二）自我激励

心理健康发展意味着开朗乐观，有自信心，学习和生活有一定的目标。心理健康的人能悦纳自己，不因自己在某些方面的不足而感到自卑，保持积极上进的心态；对学习和生活有热情、有兴趣，对将来充满希望并逐渐产生理想。例如，《健康》四年级第七课“我坚持，我成功”通过阅读和讨论活动，让学生思考自己要坚持的梦想是什么、努力对实现梦想的重要性。

（三）自我控制

心理健康发展意味着能够对自己情绪上的波动和行为上的动摇有较好的调整控制能力。心理健康的人能在遇到生活中的意外、挫折、压力时保持情绪的相对稳定，较少为焦虑、忧郁等消极情绪所左右；能比较好地计划和安排自己的时间，对已经确定的任务能集中注意，坚持不懈地完成，较少因为分心、动摇等半途而废。例如，《健康》四年级第二十课“当诱惑成为网事”，让学生分享在玩网络游戏与学习发生冲突时如何控制自己。

（四）人际交流

心理健康发展意味着与周围人相处融洽。心理健康的人愿意与别人进行交流，能清楚地表达自己的意见和愿望，同时也能认真地倾听他人、理解他人，不会把自己封闭起来；能够尊重他人的愿望，关心他人的需要，有同情心，愿意帮助人，而不是凡事以自我为中心，一味要求别人、支使别人。例如，《健康》三年级第十二课“真诚赞美朋友多”通过优点大轰炸等活动，让学生领会到发现同学的长处并真诚而得体地表达出来，对于促进友谊的作用。

（五）人际合作

心理健康发展意味着善于与他人进行合作。心理健康的人有较好的独立意识，而不是事事依赖别人缺乏主见；同时他也懂得与别人合作完成任务，知道互相激励、取长补短和分工合作，一起为共同的目标尽力；在与周围人发生冲突或分歧时懂得妥协，寻找彼此都能接受的解决办法。例如，《健康》四年级第十四课“超越嫉妒”，让学生换位思考，理解嫉妒和被嫉妒时的感受，并分享如何化解嫉妒情绪。

（六）学业发展辅导

学生在学校的心理和行为活动的中心是学习，成功地适应学习的要求是心理健康发展的综合体现。学业发展辅导重在对学习策略和技能的训练。其主题例如如何选择自己需要的信息、如何做笔记；如何有效地记忆；分析和反思自己对不同的科目、内容的学习方法；学会制订学习计划；有效管理自己的时间等等。许多辅导内容可以渗透到一般科目的学习中，而心理健康辅导课程更善于从行为和情绪的调控的角度帮助学生，如考试焦虑的控制、不良学习习惯的改变等。学业发展辅导也注重帮助学生完成不同学段的转换衔接。辅导主题如从幼儿园到小学学习的转变、小学生如何准备向中学学习的过渡；当中可能涉及更远期的（中学及中学后）的学业—职业发展目标，这就和职业发展辅导领域相关了。

（七）生涯发展辅导

这是在学校进行心理健康课程辅导的重要主题，目的在于使学生将来进入社会后能较快地适应以职业为生活重心的新的人生阶段。对小学生而言，还难以详细地、实际地讨论未来的职业计划，但应当开始建立对职业的初步认识，为在中学系统地进行职业发展辅导打下必要的基础。可以根据年级不同选择一些适当的辅导主题，例如：识别不同类别的工作者；讲述自己熟悉的人从事的工作活动是什么；讨论人们为什么选择某项工作；分析父母的工作如何影响自己的生活；理解工作和休闲的关系；等等。也可以包括认识自己的兴趣，畅想未来的职业理想，理解当前学习对未来理想职业的必要性等而辅导学生设立目标、掌握制订计划、理性决策的方法等主题，这对学生发展全面的生活技能具有广泛的积极作用，当然也会运用在未来的生涯发展中。

思考题

1. 学生心理辅导的主要工作包括哪些方面？一般教师如何配合或参与学校心理辅导工作？

2. 试分析自己在某一消极情绪下的不合理认识，并提出合理的认识。

3. 你认为学校心理辅导的原则和方法对其他教师的学科教学工作及班主任工作有哪些启发？

教育实践活动

1. 在有心理咨询与服务中心的学校，到咨询中心预约咨询，体验心理咨询的过程。

2. 在同学间互相以来访学生和咨询师的身份模拟咨询与辅导活动。

3. 选择一节心理健康辅导课（也可以尝试自己设计），到附近小学试讲。

第十二章
教育测验与评价

【内容提要】本章主要论述了教育测验与评价的基本概念、特点、方法和程序，以及存在的问题和如何解决这些问题。通过本章的学习，我们将为教育测验与评价的实践打下坚实的理论基础。

第一节　教育测验

在小学的课堂教学和其他教育活动中，测验都有着重要的作用。教师要把握学生的学习表现，如小学生加减运算的准确率如何？学生阅读能力怎么样？学生写作时语言是否通顺？针对这些问题，教师需要设计一些测验，了解是否达到了预期的教学目标。

一、小学教育测验概述

（一）概念界说

教师在日常工作中，会经常触及与测验有关的一些概念。这些概念有的有明显区别，有的意义相近，有的可以替换使用，但有的混淆就会出现问题。以下概念就需要我们特别掌握。

1. 测量

严格地说，测量是给事物的某种属性赋值的过程，回答了数量大小问题。如一把尺子量出长度，一份试卷测出学生的学习成绩。王鹏同学的身高为 1.50 米，是对身高的测量结果；而王鹏同学语文考了 90 分，则是语文水平的测量结果。测量结果既不包含定性说明（如王辉的作业很整洁），也无须做出价值判断（如王辉同学成绩优异）。测量只是一种定量描述，如王辉做完了 50 道题目中的 10 道题。教育测量包括了从身体素质到兴趣态度等多个方面，测量方法也多种多样。但必须要保证测量的客观性。

2. 测验

测验是测量的工具。通常测验是对于知识水平、情意状态、运动技能等的数量化测定，有广义和狭义之分。狭义的测验仅指一份试卷，而广义的测验指编制试题、实施测验、评分到报告成绩的全过程。在教育领域，测验只是测量的一种形式，主要用来测量学生的学业成绩和心理特点，如智力测验。如果说测量回答了“有多少”的问题，只考查量的大小，测验则回答了“某个人做得怎么样”的问题，包含了对测验结果的解释和评判。

3. 考试

规范的考试是教师在教学过程中必不可少的环节，是编制试题、评定学生学业成绩的过程，如期中、期末考试。关于考试与测验的区别有两种看法。第一种观点是从教育测量学中引出的，认为测验更为规范，从试题编制、实施测验到评分过程都有严格的程序，如儿童智力心理测验；而考试则是教师可自行安排、相对灵活、技术要求不高的测验形式。第二种观点与第一种正好相反，认为测验比较随意，如随堂小测验，而考试则较为正规，如高考，同时教师和学生对考试更重视。日常教学工作中，二者可以换用。

4. 评价

评价是依据一定的标准对某种教育活动的价值判断。评价包含定性描述或价值判断，更多的时候是二者兼而有之。教育评价往往是对教育测量的延伸，对测量结果给以进一步的解释和应用。但评价还可以借助其他非测量工具，如观察、访问、查阅档案记录等。例如，评价学生的学习状况要以测验成绩为基础，而评价学生的行为会更多地依据教师的日常观察。

（二）测验的功能

教育测验十分重要，其重要性体现在以下几点。

1. 激励功能

教师总是期望获得好的教学效果，学生也总是希望在测验中取得好成绩。测验能够推动教师努力工作，也能激发学生的学习热情；测验可以使教学目标更明确，使教与学更有针对性；测验还磨炼了学生应对挑战和压力的心理品质。对他们适应毕业后的社会竞争环境具有重要意义。

2. 诊断功能

诊断性测验主要考查两个方面：一是看学生的学习基础打得好不好，能否满足学习某种新知识的需要；二是看理解和掌握上有什么问题，原因何在。诊断性测验可以为教学提供丰富的反馈信息，使教师能针对问题及时地调整教学。诊断是教学过程中不可缺少的环节，因为教学是师生间的互动过程，教师总是要不断地了解学生在学习上的进展情况，考察是否有困难，以及产生困难的原因。就如同医生诊断，既要指出病症也要说明病因，而且只有找到了病因，治疗才能有效。如果教师只知道学生有困难而不知道症结所在，就可以出一些能具体反映学生困难所在的试题进行随堂测验。讲评试卷时，教师可以把测验中反映出的错误与问题反馈给学生，并在其后的教学中有意识地纠正这些错误。

3. 区分和选拔功能

测验能够把学生的学业成绩分成多个等级，从而为选拔提供依据，使选拔更为公平可靠。升学考试如高考就体现了测验的选拔功能。选拔性测验选拔标准取决于对人才的具体要求，如奥林匹克数学竞赛以竞赛成绩为主要选拔标准，而体校招生要选拔有特长、有潜力或有高技术水平的选手。

4. 评定功能

学生在学校里到底有哪些收获？教师的教学效果如何？学校的办学质量怎么样？为了回答这些问题，一定要考察学生在测验中的表现。总结性的测验能够全面衡量学生的学业发展水平，预测学生的学习潜力，并在很大程度上反映教学质量。测验结果还将影响到学校的分班、分组以及对教师和学校的评价。

5. 反馈和调控功能

在教师进行教育教学的过程中，教育测验的反馈和调控功能主要表现在两个方面：教师能够及时获取反馈信息，教育测验的结果作为最为直接的信息，能够使教师明白教学过程中的问题以及需要改善的地方，从而做出相应的调整；学生能够获取反馈信息，学生是学习的主体，通过教育测验，学生能够明白自己的学习情况，相对以前取得了多大的进步和发展等，从而会对自己的学习进行调整，有助于学习水平的提高。

二、测验的类型

依据划分标准的不同，教育测验可以分成不同的类型。从测验目的上区分，可以分成安置性测验、形成性测验、诊断性测验和总结性测验；从标准化程度上区分，可以分成标准化测验与教师自编测验；从测验内容上区分，可以分成成就测验和学能测验；从结果解释所参照的标准进行区分，又可以分成常模参照性测验、标准参照性测验和潜力参照测验。

（一）安置性测验、形成性测验、诊断性测验和总结性测验

1. 安置性测验

安置性测验的根本目的是分班、分组。在讲授新内容之前，教师常常要进行摸底测验，看学生是否掌握了学习新内容所应具备的基础知识和基本技能，比如，在进行乘法运算之前要考查学生是否掌握了乘法口诀表。因为测验目的是考查学生能不能跟上新内容，安置性测验涉及的范围比较窄，难度

也比较低。安置性测验还能够反映学生的学习快慢情况，使教学节奏更趋合理。如果测验结果说明一些学生掌握得很好，而另一些同学掌握得很差，教师就可以适当地放慢进度，让程度差的学生有补习机会，程度好的学生则可以做一些巩固性练习。

2. 形成性测验

形成性测验针对某一教学单元而设计，在教学过程中进行，其目的不在于评定学生，而是为了调控教学，如单元测验。教师首先要把课程内容划分为若干单元，然后根据某个单元的具体要求设置教学目标，在该单元结束时进行检测，了解教学中存在的问题，把握教学目标是否达到。形成性测验的题目可难可易，完全依据单元要求而定。

3. 诊断性测验

诊断性测验能够反映学习中常见的错误，诊断理解上有困难的地方，特别是找到困难的原因。诊断性测验的目的是发现问题，其评分不作为正式成绩。在批改试卷时，教师要留意学生容易犯哪些错误，为什么会出现这些错误。有时候，教师可以让学生口述解题过程，以了解问题所在。一般来说，错误是有一定规律的。比如，小学一年级的加减法运算，常见的错误有进位数加错、看错数字等。诊断出问题后，教师要针对这些问题进行指导和提示。过一段时间，再重新做一次测验，看经过辅导后学生哪些错误已消失，哪些错误还存在，再进一步采取补救措施。

4. 总结性测验

总结性测验用于对学生学习情况的阶段性总结分析。在一个段落或一门课结束后，教师会编制一套试题全面考查学生的掌握情况。总结性测验考核的内容比较广泛，形式比较正规，测验成绩可用来评判教学质量，或用于人才选拔。现行小学学科测验多采用闭卷形式，有时候也可以增加实践性任务。

（二）标准化测验与教师自编测验

1. 标准化测验

标准化测验从试卷上看并没有特别之处，但在试题编制、施测和评分过程中有着严格的规范。标准化测验试卷是由测验专家和教师共同编制的，试题质量较有保障。为了便于评分及保证评分的客观性，标准化测验多采用选择、判断等客观题型。其评分程序也有严格规定，对主观题，评阅者需要根据评分细则打分，有时还要对评分结果进行复核。在解释测验结果时，标准化测验有常模（常模是群体的平均水平）标准可对照。对照常模，就能知道与别人相比，自己考得怎么样。最典型的标准化测验是智力测验，如“比奈智力量表”，其常模是按年龄给定的，反映了在某个年龄段平均智商有多高。除年龄常模外，还有国家级、地区级或某个学校的常模标准。

2. 教师自编测验

教师自编测验是教师自己编制的测验，是在教学过程中，针对教学实际编制的。虽然标准化测验的优点正是教师自编测验的缺点，但教师自编测验也有标准化测验所不具备的优势。教师自编测验针对性、灵活性强，能反映教学中遇到的特殊问题。实际运用时，二者应当结合起来使用。

（三）成就测验和学能测验

1. 成就测验

成就测验是对学生学业成绩的检查，往往结合具体学科而设，如语文测验、算术测验等。接受测验的学生，在测验前需要熟悉所考查的知识和技能，考前准备得好一些，测验成绩就会好一些。学校平时的课堂测验和期中、期末考试等，都是成就测验。

2. 学能测验

学能测验，又称学能倾向测验，它考查学生在课程学习中所获得的能力，与学业成就有较大关系。学能测验不局限于某门课程，而关心各门课程都需要具有的一般能力，主要包括文字推理测验和数字推理能力测验等。文字推理测验，就是通过文字衡量学生处理和运用概念的能力；数字推理测验考查学生应用基本数学知识的能力。学能测验一般在小学毕业前进行，能在一定程度上预测学生的发展潜力以及能力发展的倾向。

学能测验与成就测验的区别在于，成就测验针对具体的教学内容而定，着重考查知识的掌握情况；而学能测验的测验内容比较宽泛，侧重于能力考查。

（四）常模参照性测验、标准参照性测验和潜力参照测验

1. 常模参照性测验

常模参照性测验根据学生在特定群体中的相对位置区别成绩的好坏，即学生个人所得的分数要与团体常模进行比较之后才能确定学生的水平。例如“这个学生的成绩处在中等水平”“他考了第一名”等等。常模参照性测验反映了考生在群体中的地位，也就是说，与其他考生相比这个考生考得怎么样？比较的范围可以小到班级、学校，大到整个地区、国家。选

拔性考试一般是典型的常模参照性测验，如高考。常模参照性测验要在所确定教学内容中，选出一些能区分出学生水平的题目，它不一定要面面俱到，但应该能拉开分数距离。题目难度以中等为宜，特别难和特别简单的题目要少一些。

2. 标准参照性测验

标准参照性测验考查是否达到了预先规定的标准，类似于各种执照考试，如驾驶执照考试。这种测验只关注考生是否达到了应该达到的水平，而不去管其他考生怎么样。比如对刚入学的小学生来说，能否从1数到100就是一个标准，只要达到标准，就算通过。在标准参照测验中，确定合格标准是重要环节。我们可以把“听写错误率不超过2%”看作合格，也可以把“做对85%的应用题”算作掌握了相关知识。由此可见，确定“合格”或“掌握”的标准是标准参照性测验能否取得成功的关键。标准参照性测验往往是针对某几个特殊的知识点而设计的，题目覆盖面广，尽可能地把所学的重要知识都包括进来。为了全面了解学生的掌握情况，标准参照测验不去刻意拉开学生间的距离，题目该难就难，该易就易，完全随知识点的要求而定。严格地说，学生如果掌握得都很好，都考100分也没问题。反之，如果所有学生都掌握得不好，那么大家都不及格也无不当。

常模参照性测验和标准参照性测验的区别是：前者注重学生之间的比较，后者关心有没有达到预定的学习目标。常模参照性测验适用于选拔性考试和总结性评定；而标准参照性测验适用于诊断和发现学生的不足，从而为改进教学提供反馈信息。在实际运用中，常模参照性测验和标准参照性测验并非完全对立。对某一份试卷，既可以按成绩的好坏将学生分成不同的等级，也可以考查是否达到了教学目标。

3. 潜力参照测验

根据维果茨基的“最近发展区”理论，潜力参照测验是将学生的实际水平与自身潜力相比较，从而了解学生是否充分发挥了个人潜力。比如，在潜力参照测验中，小红考了95分，小明考了85分，老师表扬了小明提醒了小红，原因在于小红依据自身潜力本可以考100分，而小明考85分已经是非常努力之后的结果，已经非常接近或者达到他的“最近发展区”。

三、良好测验的标准

选择、编制测验以及测验结果的分析都必须考虑测验本身的质量如何。

如果测验不能测到要测的知识和能力，或评分花时费力，同时又不客观，那么这种测验就存在问题。不管测验的目的是什么，好的测验都应当符合一定的要求，通常用实用性、信度、效度、难度和区分度等指标衡量测验的质量。信度、效度、难度和区分度等指标都可以量化，具体方法有待进一步的学习。

（一）实用性

实用性反映了试题的基本质量，其基本要求是便于组织、便于实施、节时省力。

（1）便于组织。题意及答题要求要清晰，文字要浅显，题型不复杂。

（2）便于实施。试题由浅入深，分量合理，便于填答，测验时间适当。

（3）容易评分。评分标准合理，易于掌握。小学教师工作很忙，如果阅卷要求过于烦琐，测验就不易推行。而且，阅卷过于疲劳，会影响评阅质量。

（4）结果要容易解释。测验结果评出来以后，要容易解释，如便于进行学生间的比较，或能够说明学生的学习程度，等等。

除实用性之外，试题的科学性、公平性、针对性、区分性也很重要。

（二）信度

信度又称可信度，指测验结果的前后一致程度，表示所测试分数的稳定性和可靠性。具体要求是：先后两次用同样的试卷测查同一批学生，则两次测验的分数应该比较相近；对同样的答卷组织两次评分，评分结果相近。如果上述评分结果相差悬殊，就表示试卷信度很低。

信度低的测验是没有用的。就像用一根橡皮筋去测量桌子的长度，每次都会随意伸缩，谁会相信这样的测量结果呢？教师在工作中应注意评分的客观性问题，尤其对主观题的评分很容易发生评分偏差。曾经有一个有趣的事例：一位大学历史教师为了评分方便，自己做了一份标准答案。但这份答卷竟然被其他学者评为不及格。① 评分的客观性常用评分者信度来说明，让几位教师批改同一份试卷，如果评分差不多，说明这份试卷的信度比较高。在作文评分中，评分者信度是一个特别重要的问题。为了做到作文或其他主观题的评分客观公正，应设计详细的评分

① 张玉田等著：《学校教育评价》，中央民族大学出版社 1998 年版，第 97 页。

指南。即使建立了评分指南，评分误差也不能完全避免。

提高测验信度的一般要求是：①题量不能太少；②成绩要拉开档次；③多出客观题；④建立详细的评分指南；⑤评分要认真。最后一条尤其要引起教师的重视。

信度低说明试卷受偶然因素的影响比较大。这些偶然因素可能有学生的临场发挥、教室环境的好坏等各种影响答题过程的因素。好的测验较少受到无关因素的干扰，能够较真实地反映学生的实际水平。

（三）效度

效度也称为测验的有效性，指一项测验能测到预先想测的知识和能力的程度。如提供资料让学生写条件作文，如果给的资料很难理解，就考查不出学生的写作能力，因为阅读能力影响了写作水平的表现。再比如数学试题不能有生字，否则本来是想考查数学能力的，但可能因为识字能力的差异影响了数学成绩。效度是针对测验目的而言的，测验结果只有和测验目标相比较才能了解其针对性和有效性；效度只在程度上存在差异，不论测验的效度高低，总能在一定程度上反映出学生某些方面的能力和水平；测验的效度应当从多个方面进行判定。

估计测验效度的方法主要有两种。

（1）内容效度，反映了题目对所考查内容的代表性问题。要求从预定教学内容中抽取有一定代表性的试题样本，使试题的覆盖面广一些，重要内容均有所涉及。如果内容效度低，就会发生这样的情况：试题主要针对某一部分内容，假如学生正好掌握了这些内容，成绩就很高；假如没有掌握这部分内容，成绩一定很低，即使其他内容掌握得再好也于事无补。

（2）效标关联效度，反映了测验分数和所选择的效标分数之间的一致程度。效标是检测效度时用到的参照标准，通常用一个较为公认的测验工具作为效标。如果教师自编测验要想获得认可，就需要与某个标准化测验进行对比。如果二者一致性程度高，即教师自编测验分数高，学生标准化测验分数也高，表示这个教师自编测验具有比较好的效度；反之则较低。

与信度相比，测验的效度更为重要。因为效度高的测验信度一定高，就如同打靶，只要打中目标（效度高），当然每发子弹都落在靶心（信度高）；反之则不然。为了提高测验的效度，应设计清晰的教学目标，并按照教学目标编制试题；测验的内容能够很好地代表整体内容；测验中的题目简明清晰，学生能够认识并理解其中的字、词、句，相应的测验内容能够激发学生的兴趣，题目的编排应当由易到难，有一定的区分度，并且前面的题目不应当暗含或提示后面题目的答案。

（四）难度

难度即测验的难易程度，它可以提供试题平均通过率的信息。一份试卷的难度取决于每道题目的难度。难度用全体被试在某题的得分率（P）表示。如果全部通过，则难度为1；如果谁都没有通过，则难度为0。难度值在0到1之间，难度值越大，表示题目越容易。高分段人数少，低分段人数多，表示试题难度较高。高分段人数多，低分段人数少，表示难度较低。难度中等时，最容易拉开考生间的档次。不同的测验对难度有不同的要求，如选拔性考试难度以中等为宜，否则很难进行筛选。一般来说，某一道试题答对的学生少于20％时便是难度过大，答对的学生多于80％时则是难度偏小。标准参照测验中，测验的目的是了解学生是否掌握了教学内容，是否达到了教学目标。当教学有效时，试题的难度系数会很大，此时更多反映出的是教学效果的好坏，教学质量和学习效果是影响难度系数的直接原因。教师在教学过程中，应当多依据教材内容和实际教学情况来进行测验，注重教学和学习的效果，不应当一味强调区分和选拔的作用。

（五）区分度

区分度是测验能否拉开分数距离的指标。试题的区分度也称鉴别力，表示某道题目能够将不同程度的学生鉴别开来的能力。测验通常包括几道或几十道题目，假设总分的高低能够说明能力的强弱，那么区分度高的题目表示总分高的考生在这道题上的得分也高。相反，如果总分高的同学这道题的得分反而低，则这道题的区分度比较低。在测验中会有这样的情形，因为题意不清，差生仅凭猜测就能得分，好学生却放弃作答，这样的题目区分度就有问题。

试题难度直接影响区分度，特别难的题目大家都不会做，特别容易的题目大家都会做，这两种题目区分度都很低。反之，中等难度的试题的区分度比较高，难度为0.5的题目，区分度最大。

四、测验的编制和实施

（一）确定试题内容

在选择试题内容时，应设计测验蓝图。测验蓝图包括确定测验目的、测验内容以及编制双向细目表等项内容。

1. 确定知识点

教学内容通常可以分解为一个个独立的知识点。如语文测验中通常把内容分为识字、听话说话、阅读和作文等几个部分。在此基础上，还可以再细分为分知识点，如识字包括辨形、析意、读音等。

2. 确定认知水平

布卢姆认知目标分类系统把认知领域的教学目标分为识记、理解、应用、分析、综合、评价六个层次，其中的识记、理解和应用是最简单实用的分类方法。我国有学者在此基础上提出了“识记、了解、简单应用、综合及创见”五个方面。

3. 确定每一测验内容的测验权重，根据标准将纳入测验的内容赋予不同的权重，为测验试题的数量，测验时间以及分数的分配提供依据。

4. 设计双向细目表

双向细目表是由教学内容和教学目标构成的。至于在每个学习水平上有多少道题目，应根据大纲要求而定。如果教学内容是生字学习，则识记的比例要大些。表 12-1 是一个双向细目表实例。①

表 12-1　小学自然常识测验题计划

目标 / 题数 / 教材内容	识记	理解	应用	分析	综合	评价	合计
生物世界	3	5	6	3	2	1	20
资源利用	2	3	3	1	1	0	10
动力和机械	2	3	4	2	0	1	12
物质、物性、能量	5	6	8	3	2	1	25
气　象	2	4	3	2	2	0	13
宇　宙	2	5	4	1	0	0	12
地　球	2	2	2	1	1	0	8
合　计	18	28	30	13	8	3	100

① 参见贾非著：《考试与教学》，吉林教育出版社 1994 年版，第 85—86 页。

（二）选择试题类型

课堂测验的题型有客观题和论文题两种。客观题包括填空、判断正误和多项选择等题型。论文题包括简答题和论述题。客观题要求学生从已知的选项中挑选答案。其特点是题目多，但学生没有作答自由，更无法用自己的语言答出自己的风格。在阅卷方面，客观题有很大优势，即评阅时速度快，准确率也很高。

论文题是向学生提出问题或叙述句，要求学生用自己的语言作答。论文题包括论述题和简答题。论述题允许考生自由作答，对答题篇幅没有限制。例如，题目可以是“论述对环境保护问题的看法”。简答题常用“指出”“列举”“简述”等指导语来限制论述的方式和篇幅，如题目是“请简要论述测验和评价的区别”。论文题给学生较大的自由度。学生可以根据自己对问题的了解，选择适当的材料，深入表达自己对问题的看法。论文题便于测量想象力、创造性和表达能力等方面的能力。

客观题的局限是，不能反映学生选择素材、组织内容和统整观点的能力。论文题的弱点是题目覆盖面小，评分也难以客观。同一份试卷，由不同的教师评分，给分差异较大，甚至同一个教师在不同时间评分，给分也会不同。另外，学生作答和教师评阅都会花费大量时间。

下面用表的形式对比两种试题的优缺点（见表 12-2）。①

表 12-2 客观题和论文题的比较

项 目	客 观 题	论 文 题
1. 考查方式	选择正确答案	自由表达看法
2. 考查内容	能考查各种技能，但不适于考查选材、组织、书写和解决问题等能力；能有效测量记忆性知识	能考查高层次思维能力，如选材、组织、书写和解决问题等能力；不能有效测量记忆性知识
3. 试题编制	较难编制	较易编制

① 参见［美］N. E. 格朗兰德著，郑军等译：《教学测量与评价》，河北教育出版社 1991 年版，第 66 页。

续表

项　目	客 观 题	论 文 题
4. 题目覆盖面	题目多，内容代表性强	题目少，内容代表性差
5. 激励功能	激励学生广泛了解知识	激励学生深入分析问题并有效表达
6. 答题过程	答题不受书写水平的影响	答题受到书写技能的影响
7. 评分	答案对错分明，评分容易，不易出现评分偏差；评分信度高	评分费时；评分信度低

因为客观题和论文题各具优缺点，所以搭配使用效果最佳。如果想在短时间内考查较多的知识点，最好采用客观题。如果想深入考查学生的能力，则论文题的答案提供了更丰富的信息。为了提高论文题的评分信度，需要设计详细的评分指南。数学实践中，教师还可以突破书本试题的限制，编制一些大作业，不仅可以增加学生的新鲜感，也能培养学生的观察和思考能力。比如观察作业，学生学了不同的图形后，可以让他们观察身边的物体，哪些是正方形、长方形、圆形、轴对称图形等，并让他们自己画出来。教师还可以布置一些口头作业、游戏作业、生活作业等。口头作业如让学生观察某种小动物或某种植物，上课时和大家交流。游戏作业可采用小组方式完成，如设计一张数学练习纸，里面的一些数字让学生用石头剪刀布的方式，赢的学生编一个数字，另一个学生填进去，然后两个人一起算出结果。生活作业可以联系节庆和民俗活动进行，如数学教师可让学生把家里的节日花费做成账单，并进行分类统计。再比如让学生学做一道菜，然后把原料、做菜过程记录下来，还可以把那道菜用手机拍了传到电脑上。展示这样的作业，能让学生相互学习交流，也促进了学生综合能力的提升。

（三）评分

计分方法可分为等级分和百分制两类。等级分在我国隋唐五代时就广为使用，百分制则是20世纪初教育测量学发展的产物。百分制的核心思想是教育现象可以得到精确测量，比如试卷中有10道题，每题10分，总分100分。

等级制的计分方法除五分制和A、B、C、D、E外，还有许多变形。最常用的有A^+、A、A^-，D^+、D、D^-，“达到”“稍欠”“需努力”等。在使用等级分时，各个单项成绩应单独汇报，不必给出总成绩，如分别给出听、说、读、写的成绩。单项成绩单独汇报有助于师生发现问题所在，并使掌握得好的方面形成正反馈。除一般的等级分外，教师还可以用通过或不通过来评分。在国外，甚至有人提出在小学阶段应取消评分制，而代之以其他评价方式如写评语等办法。①

使用等级分的好处是避免了在同一分数等级上学生间的攀比，减轻过分的分数竞争。但缺点在于，等级分比较粗略，难以反映个体间细微的差别，评分尺度也较难把握。此外，等级分在分数合成上困难更大。比如某学生语文得优、算术得良、常识得良，则三门课的总分是多少呢？可见，评分太细太严，会造成过分计较分数的学习心理。而评分太宽泛，虽然可以减轻学生的压力感，但不利于激励部分学生在学业上精益求精。教师要根据教学任务，灵活选择计分方式。

在评分时，教师要注意到自己对学生的看法可能会影响到评分过程。对那些淘气或学习不努力的孩子，教师会不会给他扣分呢？其实影响评分的因素很多，比如教师评分时的精神状态，对学生的好恶偏见，对卷面的要求等都影响着教师的评分心理。为了评分公正，教师应自觉地克服这些问题。

小学生好胜心比较强，教师在报告成绩时还可以采用一些比较活泼的做法，比如设计一些有趣的图章，像小红旗、小飞机、小花猫、开心的笑脸等表达对学生作业的满意程度。这些形象的标志会使成绩好的学生受到更大的激励，成绩差的学生也不至于特别失望。还可以使用奖状等方式，对学生进行相应的鼓励、要求和指导。对一些学习上有特殊困难的学生，如果学生某个小测验成绩有了明显的进步，给其发放奖状或喜报的方式也是有用的激励方法。班主任还可以设定一些特殊奖项，如“我是家务小能手”“讲故事大王”“小小魔术师”等。具体奖项设置应根据班级学生的特点而定，主要是突出培养全面发展的人的价值引领性。

在有关素质教育的讨论中，计分方法也引起了广泛讨论。为了转变当前教育实践中普遍存在的“片面追求升学率”问题，改用等级制的呼声很高。我国不少地区、学校采用了等级计分制，这对学生素质的全面发展确实有一定的作用。与百分制相比，等级制能避免“分分计较”的学习心理，减轻学

① 冯施钰珩编：《评估与测验》，朗文出版社1995年版，第82页。

生的考试压力。但同时我们也不能把过度追求分数竞争、以成绩论英雄的教育现状归咎于计分方法。

（四）测验分数的解释

测验分数的解释是测验过程的最后一个环节。

李明回家后告诉妈妈自己在算术测验中考了80分，那么他到底考得怎么样呢？其实孤立的分数并没有实际意义。如果班级里大多数同学都低于80分，则80分是一个不错的成绩。但如果其他人都高于80分，则80分就是班里最差的成绩。可见，分数只有经过解释才具有实际意义。

在解释分数时，既可以与其他同学的学习表现相比较，也可以与考核标准相对照。在常模参考性测验中，考生的成绩要与群体中其他成员相比较，而在标准参照性测验中，考生的成绩要与预先规定的标准相比较。无论是与其他考生比较，还是与规定的标准比较，分数的意义都是在比较中获得的。

在进行分数的比较时，应考虑到测验分数和物理测量不同，其测量值具有一定的局限性。同样考了85分的两个学生，其分数值虽然相同，但反映出的水平和存在的问题并不完全相同。用统计学的观点看，分数相差较小的两个成绩如83分和85分并不一定存在显著性差别，因为相差的2分可能只是由于偶然误差造成的。在测量身高体重时，可以说50千克是25千克的两倍，65千克比50千克重15千克。在教育测量中，很难做这样的比较。某学生在数学考试中得0分，并不意味着他的数学知识为零、能力为零。0分只意味着他一点也不会做某张试卷。再比如，有两个考生在语文测验中都考了95分，其中一人是拼写有错误，另一人则是组词有错误。所丢失的这5分，含义是不同的。更不用说语文和数学、数学小测验和数学竞赛中的学生得分了。教育测验中的分数不像物理测量一样具有确定的单位。在解释分数时，教师不应当过分夸大分数的含义，而应该有针对性地指出问题。

汇报成绩时，教师可以根据以前的情况，指出学生在本次测验中是否有进步，从而使测验更有激励效果。反馈考试结果时，教师可以采用多种方式。教师可以一对一与学生交谈，也可以只是把卷子发下去。在小学低年级，师生之间“一对一”的方式比较好，有利于教师有针对性地辅导学生。

第二节　教育评价

一、教育评价概述

最早的有组织的教育评价可以上溯到中国的科举考试。科举考试的目的是通过考试的方法来选拔人才，在唐朝时科举考试制度已经很完善。完善时期的科举考试不仅考查学生的书本知识，也考查学生的实际能力，是一种非常好的选拔人才的方法。但科举考试后来逐步形式化，演变成一种束缚知识分子思想的工具。

西方直到19世纪末期才开始实行正规的教育评价活动，早期评价研究主要集中在美国。赖斯的拼字测验是经典的评价研究，这项研究是在1895—1905年的十年间在美国全面开展的。作为著名的教育批评家，赖斯发现不同的学校在安排练习时间上有很大的不同，有的学校要求学生花大量的时间进行拼字训练。那么练习时间长，效果就一定好吗？赖斯于是在全国范围内取样，测评学生的拼写能力，结果发现练习时间对拼写水平没有影响，练习时间只要达到最低要求就可以。在此基础上，赖斯提出应当减轻学生的拼写负担。如果没有拼字测验这项研究，赖斯的批判力度是有限的。20世纪初，教育评价和教育测验发展很快，最有影响力的代表人物是美国教育心理学家桑代克，他被称为“现代教育测验之父”。20世纪50年代，美国教育学家布卢姆建立了教育目标分类学。直到现在，布卢姆的教育目标分类学仍然是重要的测验指标体系。

评价是在特定信息的基础上，对事物某种属性所做的价值判断。教育评价就是利用所有可行的评价技术来评量教育所期望的一切效果。① 如“某校办学水平很高”，这就是对学校工作的一种评价。很多教育效果，如学习态

① 李聪明著：《教育评价的理论与方法》，幼狮书店1980年版，第3页。

度、兴趣与习惯很难定量测量，但评价却适用于任何教育情境。如我们会判断人或者事物是好是坏，这就是在做出评价，而“好”与“坏”都是价值判断。

如果说测量给定了量的大小，评价则体现了价值判断的过程。在日常生活中，人们每天都要做很多选择。实际上，小到购买物品，大到职业选择都是一个从评价到选择的过程。因为涉及价值判断，评价是一种比较主观的活动。对学生同样一种表现，不同的教师会做出不同的评判，因为这些教师所采用的评价标准并不完全相同，也就导致了评价结果的不同。

目前教育评价的概念有广义和狭义两种。广义的教育评价包括对教育活动一切方面的评价；狭义的教育评价主要是对学生发展的评价，又称为学生评定。① 广义的评价较为笼统，狭义的评价关注教育效果而不看过程。在以下有关评价的讨论中我们将采用广义的评价概念。

教育评价能促进变革。评价是一种回顾现在、展望未来的活动。评价还能帮助我们反思一些习以为常的问题。例如，学生学业成绩的好坏是否能够说明办学质量？学校除了提高学生的学业成绩外，还应当发展学生的哪些能力？从这个意义上讲，评价能够开阔教育者的思路，引发教育观念的变革。

二、小学教育评价的类型

从评价的规范程度上考虑，教育评价可以分为正式评价和非正式评价。例如，在教学过程中教师以口头或书面形式做出的评价报告是正式评价，而对学生的一般印象和看法属于非正式评价。从解释评价结果的标准考虑，教育评价可以分为相对评价和绝对评价。从评价的功能上区分，教育评价则可以分为形成性评价和总结性评价。

（一）相对评价和绝对评价

对应于常模参照性和标准参照性测验，教育评价可分为相对评价和绝对评价。相对评价是在群体中进行对比，这时衡量标准是相对的，如某个教师教得好不好是通过与其他教师相比较而获得的。所谓“矮子里拔高个”“水涨船高”就与这种评价方法有关。

绝对评价要与预定的标准相比较，只要达到了标准，就称为合格。例如，在进行学生全面发展评价时，可以设计一个固定的标准来衡量学生发展

① 张玉田等编著：《学校教育评价》，中央民族大学出版社 1998 年版，第 20—21 页。

状况，那么评价结果就可能是某个班的学生发展得都很不错。有些国家规定教师要达到一定的专业要求，必须通过某种资格认证考试，才能获得教师资格，这也是一种绝对评价。

（二）形成性评价和总结性评价

对应于形成性测验和总结性测验，教育评价可分为形成性评价和总结性评价。

形成性评价是指在教育活动中，以改进工作为目的而开展的评价。通过揭示问题和反馈信息，这种评价对改进教育工作质量很有帮助。近年来，有些国家开展了教师教学质量的形成性评价，要求教师在自我评价和他人评价基础上，分析工作中存在的问题，设计下一步工作目标，并在实践中落实这些目标。在这个过程中，要不断进行反馈，以期实现提高。

总结性评价是对教育活动结果的评价，其目的在于评判活动效果。比如，鉴定一所学校的办学能力，考察教师的工作质量，等等。这种评价具有事后检验的性质，一般是上级教育管理部门开展的评价活动，其评价结果会影响行政决策。

形成性评价和总结性评价在评价技术上并没有差别，只是实施过程不同。前者贯穿于教育活动的全过程，以改进工作为目标；后者要等到教育活动结束时才进行，目的是鉴定、分等。

表 12-3 展示了重视学生的评价表现所能提高的教学决策的种类。

表 12-3　重视学生的评价表现所能提高的教学决策的种类

教学评价时间点	教学计划的收益
在教学结束或临近结束时	无
在教学前，但没有特别考虑教学	很多
在教学前，并优先考虑评价的教学指导意义	非常多

（三）个体内差异评价

个体内的差异评价可以从两个方面来理解，即把评价对象的过去和现在进行比较；把具体某一评价对象的不同方面进行比较。此种评价方式具体分为两种：一方面可以按照时间的发展进行纵向比较，如教师可以将学生不同单元的测试成绩进行比较，也可以将学生的期中和期末成绩进行比较；另一方面可以就学生的某几个方面进行横向比较，如教师评价学生的语文水平，就可以依据学生掌握的词汇量、阅读理解水平以及写作水平进行比较而做出评价，了解学生在某些方面的具体情况。

此种评价方式充分尊重了学生的主体性，在使用的过程当中不会给学生造成过度的压力和心理负担，但是因为缺乏与群体内其他对象的比较，容易降低评价的效果。因此需要将此种评价方式与其他评价方式结合起来，从而发挥其功效。

（四）单项评价

单项评价指对学生的某一具体方面进行评价。如对学生语文科目学习成绩的评价，或者学生某项能力的具体评价，如对英语学习的口语、听力、阅读理解能力等方面的评价。在学科教学中，教师可以进行一些有针对性的单项评价。如在某段时间聚焦于阅读能力进行测评，且结合课表的要求、参考已发表的一些测查工具对学生进行诊断式评价。这样做的好处是，教师能够找准学生某一个方面的问题，如果是词汇量不足就增加相关学习；如果是阅读速度慢、阅读理解能力差等原因可进行一些有针对性的训练。单项评价在对于学习困难学生的问题诊断上也能发挥好的作用，比如数学学习困难的学生认知障碍到底发生在什么地方，找到了症结才能有效干预。教学实践中，教师可以通过与学生的对话交流了解学生为什么学不会某个内容，进而了解其学习准备状态。与其卡在一个学不会的障碍点上，不如一直往前面的知识基础推，看看需要把哪些基础补上。所以，单项评价具有很好的诊断性功能，常常需要一对一进行。在测评工具的选择上，教师也可以比较灵活，这道题不会，可以再问一个简单的问题看会不会。

（五）定量评价和质性评价

在进行教育评价的过程中，可以依据采用的方法不同将其分为定量评价和质性评价。

定量评价需要借助数学分析方法对资料进行处理和进一步的分析，主要采用测验、考试和使用量表的观察法。如教师对某一班级的语文学习情况进行定量评价，可以收集该班学生语文学科的考试成绩，然后运用数学统计的方法得出该班语文平均分数与整个年级语文平均分数的差异，进而对每个学生的成绩进行相应的排名分析。而质性评价是针对每一个学生自身特点而进行的一种个案式评价方法，本质上就是一种个体内差异评价。质性评价是教师对学生日常的表现等加以描述，并给出评价。质性评价强调以欣赏的态度对待被评价者，发现评价对象的“闪光点”。在小学工作中，质性评价非常重要，不仅简便易行，也能起到好的激励作用。如有一所小学的语文教师让学生每天写一篇跟自己的生活相关的日记进行练笔，并强调内容一定要真实具体。而对日记的评价方式是，班主任和科任老师分别给每个学生写几句评语，促进了师生之间的理解和交流。这所学校对于学生的作文也进行同伴赏析，方法是老师先选出写得真实鲜活的作文，并投影到屏幕上，然后让其他同学针对这篇作文和作者进行提问交流，之后同学们再对于作文的修改提出意见供作者参考。

具体的评价实践中，定量和定性相结合的评价方法也比较有用，如对于学生的语文学习从听说读写四个方面进行测查，给出每个部分的得分以及进步情况，再结合教师的日常观察进行解释，说明做得好的方面，对于存在的不足给出具体的指导建议。

（六）小组评价

教师在教育教学的过程中可以依据不同的标准和需要对学生进行分组，然后以小组的方式对学生做出评价。运用这种方法，一方面可以加强学生之间的合作和交流，培养学生的合作能力；另一方面可以增强学生的责任感，通过小组作业的方式让每个成员都为小组最终的评价结果而努力。小组评价既要突出小组的捆绑式评价，又要兼顾学生个人的评价。在组成小组时，要让优等生、中等生和学习困难学生合理安排。每个小组都要选出组长、讨论记录员、汇报员等，并间隔一段时间互换角色。通过给每个小组的合作成果、讨论状态、创造性展示等方面各加“一颗星”的方法，开展小组间的竞赛。小组汇报时，以前没有发过言的同学发言，要加“一颗星”。别的组发言，其他组认真倾听的也要加“一颗星”。总之，方法可以灵活，通过在黑板上列出小组，并给每个组加一颗颗“星”的方式，能够促进小组内的合作。小组学习具有兵教兵的作用，这种方式可以带领学生共同完成学习任务，特别是引导学习能力比较弱的学生跟上其他同学的思维，小组之间的汇报交流和教师的考评将在小组内形成互帮互学状态。

三、小学教育评价的内容

教育评价可以拓展到教育的方方面面。在宏观层面，涉及教育目标、教育结构和教育管理体制等方面。在中观层面，包括教师队伍、办学条件、学校各项工作等。在微观层面则主要关注学生的学习和发展。在小学教育活动中，学生发展评定、教师授课质量评价、课程和教材评价是最主要的评价活动。此外，诊断学校中存在的特殊问题，评价教改活动，评估学校的总体表现也较为常见。下面介绍三种主要的评价活动。

（一）学生发展评定

学生发展是衡量学校办学水平的关键指标。它不仅是升学与就业指导以及因材施教的基础，还能帮助学生正确估计自己，了解和发展自己的特长。评定学生要考虑许多方面，最基本的有学业成就、行为表现和身体状况三个方面。

学业成就不仅包括学生在知识领域的学习成绩，还包括技能和情意（即情绪、意志）领域的学习表现。由于知识更新特别快，学生在学校里主要是学习基础知识，练好基本功。在此基础上，培养学生学习知识及运用知识的能力是关键所在。培养学生运用知识的能力的过程中，实际技能的训练应当引起重视。小学课程比较强调技能的培养。语文课的听、说、读、写都有具体的技能要求，例如识字方面运用拼音、分析字形和查字典就是最起码的技能要求，而自然、手工和音体美等课程注重实际操作、运动及艺术技能。情意领域的学业表现有态度、兴趣、习惯和鉴赏力等学习品质。在评定学生的学业表现时，知识和技能只是学习的结果，而态度、兴趣与习惯则反映了学生在学习过程中的表现和特点。在终身教育背景下，知识的积累并不是最重要的，爱学习、会学习等学习品质对学生的发展更具影响力。因此，情意领域的学业表现评价十分重要。另外，思维领域内能力的发展对教育教学的进行以及个人的发展而言有举足轻重的作用，既包括思维技能和品质的发展，也包括创新精神的发展。思维技能包括概括、抽象、归纳、推理、想象和判断，还包括发散性思维方法。思维品质指流畅性、广阔性、逻辑性、独特性等。

不同学科对于学生学业发展的评定方法不同，但注重评价的发展性是共同的目标。《义务教育全日制数学课程标准（2011 年版）》指出："评价的方式应当多样化，可以将考试、课题活动、撰写论文、小组活动、自我评价及日常观察等多种方法结合起来，形成一种科学、合理的评价机制。"

行为表现评价也就是操行评定，用以考察学生在道德品质和行为处事上的优点与不足。我国正处于经济转型时期，学校中普遍存在着偏重智育、忽略生活和品德教育的现象。操行评定应考察学生在品德修养和性格特征等方面的特点和表现，如礼貌、勤奋、进取精神、合群性、公德心、朴实性、集体意识、责任感、社会适应性等。一份好的操行评语不在于面面俱到，而要能反映学生的独特特征。在评定小学生的行为表现时，要多挖掘学生的优点，同时有针对性地提出进一步改进和提高的意见。既指明改进的方向，也说明这样做的理由，使学生从中有所感悟。

身体状况评价的内容包括体质、体力、精力、卫生习惯和良好的生活方式等方面。体质评价要考察下述五个方面：①身体发育水平；②生理机能水平；③身体素质和运动能力；④对外界环境的适应能力；⑤心理状况。小学生身体状况是全面发展的一个重要方面，应在学生发展评定中得到足够的重视。

评定结果应当是对整个评定过程的记录和说明，而不仅仅是测验得分。评定可以针对各种情境，考察学生在具体活动中的表现。例如，要评定学生的学习兴趣，就要观察学生在课堂上的表现，评定时还要根据课程内容，对照学生以前的学习状况来做出综合的考察。同样是听课不专心，原因却是多种多样的。教师要针对实际情况，做出具体分析。由此可见，评定比测验结果蕴含了更多的信息，能够起到更好的反馈作用。

教师给学生写的评语要生动而具体，要抓住学生的特点，既要展现优点，也要坦诚地指出不足。研究显示①，孩子对最符合他个性特征的句子记忆最深，如：“你个子虽小，却有惊人的爆发力，所以体育一向是你的特长。”

（二）教师授课质量评价

在小学教学中，教师起着特别重要的作用。由于年龄小，小学生尚不具备较强的自学能力，他们的学习兴趣、学习方法、学业成绩都要受到教师授课质量的影响。上好每一堂课既是对教师的基本要求，也是关系到下一代健康成长的大事。授课质量评价不仅利于课堂教学改革的推进，还利于教师专业发展。一方面能让教师清楚地知道自己的教学特点，了解长处与不足，从而扬长避短，提高课堂教学质量；另一方面可以提供新老教师相互学习的机会，促进年轻教师的成长，不断提高个人的教学能力和教学水平。

在进行授课质量评价时，首先要确定评价的标准，这个标准要明确、具体、相对独立，要能够全面衡量教学的各个方面。

苏联著名教育学家巴班斯基认为教学质量可以从以下方面去衡量：①对新事物的感受；②教育分寸；③本学科的知识；④发展学生的思

① 陈桂生主编：《到中小学去研究教育：“教育行动研究”的尝试》，华东师范大学出版社2000年版，第154页。

维；⑤培养学生的一般学习技能；⑥培养学生对学科的兴趣；⑦以个体方式对待学生；⑧学科课外活动的组织。①

实施授课质量评价时，不同的学校可能会选用不同的评价标准，但基本都会涉及以下几个方面：①教学目标完成情况；②学生的课堂参与情况；③内容安排；④教学方法；⑤语言表达；⑥教学原则的贯彻。具体到每个方面还应当具体化，如“学生的课堂参与情况”可能要考虑以下特征：能跟上教师思路，积极思考，善于提出问题或者有独特见解等。再如教学方法的评定标准可细化成表 12-4。

表 12-4　教学方法的评定指标②

评定标准	
内　　容	等　级
1. 有效地运用启发式原理进行教学（此条不在于看教师讲的多少，关键是怎样讲，怎样有效地运用启发式原理讲） 2. 课堂教学气氛活跃，学生学有所得 3. 充分发挥教具和演示实验的作用，教学直观，或创造感知环境，让学生主动学习 4. 能深入浅出讲清概念，引导学生深化概念	优
基本能做到以上几点	良
做到 1、3 两条	中
不及中等者	差

教师授课质量评价包括专家、同行、学生评价和自我评价。现代教育评价强调教师要增强自我评价意识，加强评价的形成性功能。在进行自我评价时，教师既不要妄自尊大，也不要妄自菲薄，要善于自我衡量，找出自己的长处与不足。对于一名年轻教师，教学上存在一些问题是难免的，如果善于反省，问题反过来也可成为动力。学校在开展评价活动时，也应注意评价结果的协商和反馈，减轻教师的心理顾虑。发展性教师评价作为一种新型的教

① 张玉田等编著：《学校教育评价》，中央民族大学出版社 1998 年版，第 142—146 页。

② 吴钢著：《现代教育评价基础》，学林出版社 1996 年版，第 266 页。

师评价制度，能够帮助教师在教育活动中不断认识自我、完善自我和发展自我；在评价的过程中应当注意教师专业发展和素养的提高、发挥教师自我评价的功能、教师评价信息的广泛沟通、评价的分析性和解释性以及未来发展的规划和目标。

对教师的授课质量进行定量评定虽然能够在一定程度上反映教师的教学水平，但其形成性功能并不是很强。在小学教学实际中，多采用听课、评课的深入交流形式评价教师授课质量。评课时也不是局限于固定的评价指标，而是能够结合具体情况分析教学的特色和问题。对小学教师而言，评课是很重要的一种能力，因为评课是教学常规的一部分。日本学者佐藤学教授认为：评课不要放在“应该如何教”的问题上，而是关注学生学的情况；听课者不是要提出对上课教师的“建言”，而是阐述自己在观摩了这节课之后“学到了什么”。这是因为，日常同行评课的目的并不是对上课情况做出好坏判断，而是要促进相互间的学习和交流。而且，对上课好坏的评论也会造成评课现场的某种紧张气氛，上课教师听到自己教学中的问题也难以吸收改变。所以好的方法是，听课之后，大家互相讨论这节课哪里有意思，哪里上起来比较困难，学生课堂上的表现是什么样的，且交流过程中应将学生上课时的具体情景再现出来。这样一种评课方式，要求评课者关注孩子的学习过程，然后围绕“怎么让孩子学得更好”畅所欲言。其好处是，评课的氛围更加开放，而且针对学比针对教更能触及教学的本质。对于小组合作式教学，这种评价方式更加适用，因为评课的教师可以到小组中进行观察，发现存在的问题。评课关注点从“怎么教”到“怎么学”的转变对新手教师尤其重要，因为这会让自己放松，避免批评别人带来的尴尬和不安。

评课过程中，不要泛泛而谈，应结合教学过程中的具体事件，发掘教学中可贵的地方，并能针对两三点有改进空间的方面进行具体的分析探讨。

（三）课程和教材评价

课程和教材是教育评价中容易被忽略的部分。事实上，课程是学校教学改革的基础，只有站在分析和评判教材的高度，才能使教学内容的安排更为合理。如果不从课程入手，教学改革很难深入。当我们评判学校教育重智轻能、批评教育质量不高时，可曾想到首先应该检讨的是课程和教材是否适当。

我国香港地区教育署在全面检讨学校课程时，曾经提出以下问题。①

（1）今后我们的学生应该学些什么？

（2）学生应该怎么去学习，才能学得更好？

（3）从以往课程发展的经验中，我们得到了哪些启示？

（4）现在的课程要怎么改，才能使我们的学生学得更好？

虽然全面的课程分析总结不是个别教师可以完成的，但对以上问题的思考会影响教师的教育观念。在开展课程和教材评价时，教师的意见会备受重视，因为教师最了解学生对课程内容的看法，以及教材处理上的困难所在。例如，在评价语文教材时，研究人员可以请教师就教材的内容、组织编排、练习活动、辅助材料、外观等方面进行评议。具体到每个方面，应给出评价标准。如内容的评价标准为：深浅适当，以学生为本位，切合学生的生活经验，能引发学生的学习兴趣等。再如，语文练习的评价标准为：练习题能够配合教学重点，深浅配置适当，具有启发性和趣味性。② 对于这些问题，教师都是很有发言权的。

在教学过程中，教师也可以开展微观的课程或教材评价。如教学内容是否适当，是否考虑了农村或少数民族地区的特殊性；语文教材对听、说、读、写的要求是否得当；处理教材过程中有哪些困难。总之，教师在教学中遇到的问题都可以成为评价的议题。

日常教学活动中，教师“备教材”的过程就包含对教材的非正式评价过程，前面提到的评价标准应在备课中发挥作用。

四、小学教育评价的基本步骤

在实施教育评价时，需要考虑以下问题：评价的标准是什么？评价对象怎样选择？如何搜集评价资料？怎样分析和报告评价结果？评价的关键是建立评价目标，并在此基础上通过搜集和整理资料，判断目标的达成情况。比如想要评价小学生的作文能力，就要分析小学作文教学的目标，并在此基础上建立评价标准；然后选择一些学生，考察他们的作文水平；最后要比较学生实际作文水平与教学目标的差距，分析作文教学中存在哪些问题。

---

① 香港教育署课程发展处：《香港学校课程整体检视改革建议》，1999 年，第 3 页。

② 黄显华等：《香港中小学中文科课程与教学研究及发展计划报告》，香港中文大学，1998 年。

（一）建立评价目标

现代教育评价的总目标可概括成以下类别。①

1. 与学业成就直接相关的评价目标

（1）知识和技能目标。包括理解、知识、思考、技能及生活实践能力等。

（2）情意目标。包括态度、鉴赏、兴趣、习惯、品德等。

2. 与学业成就间接相关的评价目标

（1）学生的智能、性格倾向等。

（2）学生的环境。包括家庭状况、交友情形、学校条件、学校管理、教师、课程、教材等。

（3）身体的评价目标。包括身体和健康状况等。

在小学教育实际中，要着眼于学生的全面发展。尽管在短期内，不一定要经常、正规地开展综合评定，不一定要具体测评学生的综合素质，但对于全面发展内涵的正确把握，仍然会开阔教师的评价视野，也有助于为学生的发展提供导向性。

实际的评价活动往往只针对总目标中的某个方面，如“学习态度”。指标是目标一个方面的规定，是具体可以测量的，行为化的、操作化的目标，如在设计“学习态度”的评价指标时，首先要考虑学习态度应当从哪几个角度去考察，然后再具体分析这些内容的行为表现。例如，在小学数学教学中，教育工作者对学习态度设计了以下评价指标，② “听”“想”“作业”。“听”可以从视线、神志、小动作三个方面去觉察；“想”可以从举手次数、发言质量、参加师生间和生生间讨论的时间三个方面去考察；“作业”可以从书写形式、完成任务时间和结果质量三方面去检查。这样的指标具体、可测、有前瞻性。

（二）选择评价样本

在进行实地评价时，对象和场所的选择也很重要。比如，要开展全国小学生身体状况的评价，如何选样呢？选农村还是选城市，选南方还是选北方，选二年级还是选六年级？这些问题是需要慎重考虑的。首先涉及的是评价样本的选择问题。一般来说，样本的选择取决于评价的范围和目的。如果只是某个市或某个县的评价活动，就要在相应的总体范围内选择几所有代表

① 李聪明著：《教育评价的理论与方法》，幼狮书店1972年版，第52—53页。

② 张建中：《培养数学学习评价与调控能力初探》，载《上海教育》1997年第4期。

性的学校。选择了学校后，还要在每所学校里抽取有代表性的学生样本，如男女生比例应该适当。样本的代表性强不强取决于抽取方法，与样本量的大小并没有绝对关系。如果选择不得当，大样本并不一定好。如抽取了一个很大的小学生样本考察学生的身体素质，但其中主要是男生，则样本代表性不强。选样时，要考虑各种影响样本代表性的因素，让这些因素在样本中有所体现。抽样还要考虑可能性，必须在人力和财力允许的范围内进行评价。

评价场所对评价质量也会有影响。在评价教师的课堂教学质量时，选择哪个班、评价哪堂课、哪些人来听课都将会影响评价结果。教师在评价学生时，也要注意到评价情境对评价结果的影响。有些学生在自己喜欢的课程上表现出色，但在其他课程上却表现平平。而且，学生在课内外的表现也是不同的，课堂上并不出众的学生课外可能有多种兴趣，如阅读广泛或喜欢科技实验。为此，教师要从多方面了解学生，使评定更为全面。

（三）搜集评价信息

搜集评价信息的方法主要有观察、问卷调查和访谈等。这些方法在本书第十四章将有具体的介绍。以下简要介绍教师经常要使用的几种搜集评价信息的方法。

1. 观察

主要是在自然状态下的观察，以了解学生自然流露出的特点。成绩测验只能显示学习效果，但观察提供了学习过程中学生的学习状况，比如对学习的兴趣和态度，以及学习习惯等多方面的信息，简便易行，且获得的资料可靠性强。

2. 检查作业

包括检查学生的笔记、作业、日记和作文等。检查作业可以了解学生作业完成情况、有没有抄作业、写作业是否认真等课外学习习惯。对于高年级的学生，检查作业和笔记则是考察高层次思维能力的重要方法。

3. 考试

考试可以是口试或笔试，也可以是实践性测验。实践性测验有两大类：一种是完成实际课题，如语文课中的“采访”或写读书报告；另一种是现场表演或实际操作，用以考查音乐、体育、手工、珠算和劳动等方面的技能。学生可以分成小组完成实践性作业，如一位农村小学教师就把班上的学生分成五人一组，调查村子周围的辍学生的辍学原因及目前的工作和生活情况。

4. 家访

通过家访形式，教师与家长和学生交谈，深入了解学生的学习和生活环境。对学生课外学习环境和学习状况的了解，有助于全面了解学生。

5. 轶事记录法

这一方法是观察法的延伸，是将学生在自然状态下流露出的行为进行客观的记录。轶事记录法所记录的情境是一些典型行为，从中能够反映出学生的基本特点，特别是性格与品德方面的特点。方法是在卡片上记录观察到的现象，以下便是一个实例。教师如果能在日常工作中持续地做一些轶事记录，在评价学生时就有了生动的素材。

学生姓名：王建　观察者：李欣
时间：______　地点：______
事件：小明上课时一会儿和同桌说话，一会儿掉转头往后看，老师提问时，他把手举得很高。老师请别的同学回答问题，他也跟着大声附和。但真正被提问时，他却又答不上来。
解释：小明希望引起大家的注意，特别是得到老师的重视。他在家里很受爷爷奶奶宠爱，来学校后，感觉受到了冷落，就采取一些不适当的方式，让大家注意到他的存在。

教师如果能把工作中的典型案例记录下来，既便于更准确地了解评价学生，也为个案辅导提供了有用的信息。

6. 个案法

个案法选取的对象通常具有典型性，但是在教育评价的过程中，选取的“一般”对象能够较为全面地反映普遍现象。在选取的过程中需要慎重选择个案所指的“对象”，否则以此为基础获得的信息就缺乏可靠性和有效性。

7. 投射法

给学生一定的刺激（如设置情境、观看录像等），让学生流露出自然的反应，从而通过学生不同的反应来了解学生的个性和心理特征。在教育评价的过程中，教师可以通过投射法获取关于学生态度、意志、世界观等方面的信息。如教师可以利用主题统觉测验，根据学生编出的故事来了解学生的性格特征和心理活动的相关内容。

（四）报告评价结果

重要的评价在工作结束阶段应写一个评价报告，内容可详可略。评价报告应该具备以下内容：评价目标、时间、人员、方法、结果和建议。其实教师不一定要经常写这样的报告，但每个学期班主任都要给学生写评语。有的教师很善于用评语概括学生的全面发展，还尤为重视让学生增强自信，克服不足。但对于缺乏经验的教师，写评语是一件很困难的事情。例如，从哪些方面考察学生？考察的方法是什么？都需要用心考虑。为了写好评语，教师首先要弄清楚教育目标，其次要细心观察学生的各种表现，并把观察到的表现记录下来。观察也体现出教师对学生的关心，只有乐意观察才能搜集到丰富的感性资料。一般来说，综合表现要包含下列内容：①学业成绩以及学习过程中表现出来的品质和特点；②参加的课外活动以及个人兴趣及特长；③学业成绩以外的品质与技能。资料搜集工作要围绕这些方面进行。

在报告学生的表现时，最好将学生的能力情况，兴趣与态度，以及前一段时间的学习情况做一简单概述，说明其成长过程。如果能够从个体发展的观点看待学生，教师就不会把成绩看成评价学生的唯一因素。其实学生之间个体差异很大，学习成绩差的学生并不是方方面面都不行，只要教师细心留意，就能从每个孩子身上找到优点和特长。现代教育评价观认为，评价者和被评者应当加强沟通，如果学生能够对评定中不适当之处发表意见，则评定的激励功能就会加强。

某小学对教师写的评语进行了仔细的分析，发现教师在评语中涉及了七个方面：①学习；②个性；③智力与能力；④品德；⑤卫生；⑥文体；⑦健康状况与外貌特征。

五、目前教育评价的问题与发展

教育评价在我国的发展历史不长，再加上教育本身存在这样那样的问题，致使教育评价也在一些方面存在着偏颇。如过分重视考试分数，忽略了学生全面素质的发展。下面首先概述当前教育测验与评价中存在的一些问题，然后介绍正在推行的一些改革办法，最后探讨教育评价的发展方向。

（一）现存问题

教育测验和评价应当以激励学生和改进教学为目标。对这一观点，多数教育工作者都很认同。但在实际教学中，某些教师往往只采用测验一个尺度，从学业成绩一个方面衡量学生的发展水平，这样不仅会妨碍学生的全面发展，也会对教学改革形成阻力。当前教育测验与评价中存在的主要问题有以下几点。

1. 重知识轻能力

尽管从理念上看，学校要培养全面发展的人，但实际上，即使在小学阶段，以考试为中心的现象也很普遍。测验题只局限于知识的细枝末节，忽略了记忆以外高层能力的评定，从而在一定程度上助长了死记硬背的学风。其后果是学生学习负担沉重，影响了多元能力的发展。

从另一个方面看，小学是培养学习和生活习惯的重要阶段，小学生的能力发展包括了很多方面，如按计划做事、讲卫生、讲礼貌、重礼仪等，但传统的测验与评价方式难以考察到这些方面。

2. 片面追求分数

分数成为学习目标，不利于激发学生的内在求知动机。从教育心理学的观点看，学生的学习动机有内在动机和外在动机两种。外在动机是为了获得外在奖励而激发出的学习动机，比如为了获得高分而努力学习。内在动机是因为喜欢、有兴趣或活动本身的原因而激发起的学习热情。考试使很多学生为考试而学习，抑制了内在求知动机的发展。仅仅用测验分数评价学生，也容易挫伤困难学生的积极性。国外研究显示，那些比较聪明的学生在有评分的学校里学习态度更为积极，而那些学习比较慢的学生在不评分的学校里学习更积极有效。① 在小学低年级，分数对差生的不良影响尤为明显。②

3. 影响学生心理健康

学校在评价学生时，学业成绩往往是主要的评价标准。有些教师会因为学生成绩不好而当众批评学生，甚至羞辱学生，使学生的自尊心受到很大伤害。许多成年人在回忆自己的小学生活时，不能忘怀的是老师的一次表扬或一个意想不到的鼓励；同时久久不能遗忘的是老师的蔑视或嘲讽。生活中经常有这样的情形，学生考了高分，就被认为是好孩子，并获得奖励；而考得不好，就会受到老师和家长的责难。考试压力给学生带来沉重的心理负担，引起考试焦虑，危害学生的心理健康。考试竞争不利于学生间的互助与合作，还会导致一些不良习惯的产生，如抄袭、说谎、攻击性过强等。

4. 制约教学改革

由于测验对教育活动起着导向和控制作用，任何教育改革如果没有测验观念和测验内容及方法的变革都难以行之有效。在不合理的考试制度下，一

①② 参见冯施钰珩编：《评估与测验》，朗文出版社 1995 年版，第 80 页。

些好的教育思想、好的教材和教法无法在实践中推行的情况时有发生。如学校开展“愉快学习”教学改革，但评价时仍然盯着学生在传统测验中的得分高低，则改革必然受阻。因为改革意味着采取新措施，改革初期可能会对常规教学带来影响，不仅不能保证使学生取得更高的考分，有时还会因追求一些素质发展使学生的某些分数下降。正是因为这一原因，有些学校不敢改革，也不愿改革。

5. 评价的功能和目的被异化

教师通过评价最终是为了实现个人教学的转变与提升，以及学生的发展和成长。但是现行的教育评价更多的是为了证明某种现实情况，而非实现改变和进步。在教育评价的过程中，大多数教师还是习惯以终结性评价为主，形成性评价的使用相对较少，最后为评价而评价。另外，在评价过程中仍以考试、分数为主要的评价途径和方法，这就将评价异化为对学生的区分和定位，而不是关注学生的个性特点，选择合适的方法促进其发展。从某种程度而言，被异化的教育评价不利于教师和学生的成长，也不利于良好的师生关系的形成和维持。

（二）发展和改革的策略

现代教育评价具有以下特点：①注重评价的形成性功能；②注重定性与定量相结合的评价方法；③倡导自我评价；④尊重评价对象的感受。总之，评价不仅是为了鉴定、分等，而更要考虑实际教育效果，使被评者在评价过程中得以提高。为了推进素质教育的发展，学校和教师在评价学生时，测验观念、内容和测验方法都要有相应的变革。近年来，我国小学采取了多种评价措施提高教学质量，并取得了许多经验，我们可以借鉴其中的一些观点和方法。

1. 从侧重一元评价到多元评价

人类的才智是多方面的，绝对不仅仅是学业成绩所能反映的。在具体的评价活动中，以测验成绩为主要或唯一的尺度，这样的评价模式就是一元评价。现代教育评价倡导多元评价思想，也就是从多视角，采用多种方法评价学生。在多元评价思想下，教育关注学生整体能力的提高。推行素质教育，在评价方法上就要求实现从一元评价到多元评价的转变。

在进行多元评价时，要考虑学校是不是只注重考好分、能升学，而忽略了智力和能力的培养。小学教育不应该把学生的头脑填得满满的，压得死死的，而要让学生的想象力、创造力有丰富的发展空间。因此，对小学生怎么教，怎么要求，怎么测验，怎么评价是每位教育工作者都应该思索的问题。而这些问题的核心是应培养小学生哪些素质和能力。从教育理想上看，未来的教育应当让所有学生都有能力学习，并帮助他们充分发挥各自的特长。教育评价应有助于这些目标的实现。

教师不仅要树立多元评价的思想，实践中还要注意下列问题。

（1）重视高层次认知能力的考查。为了培养学生多方面的能力，教师应设计一些小课题，让学生以小组的方式完成，如新闻调查、科技报告等。实践性强的课题，能加强学生的以下能力：合作交流、分析和解决问题、安排筹划、总结报告、尝试学习以及从错误中学习等。在小学高年级，这样的实践和锻炼机会更是必不可少的。

（2）重视对学习过程的检测。要关注学生的平时表现，把评价渗透在教学过程中。教师要从自学、课堂提问、作业、单元测验等活动中考察学生的学习表现。

（3）注重对各种活动表现的检测。搜集学生在课外活动中的表现，如演讲、朗诵、书法、文体活动、智力竞赛中的表现等。

（4）用多种方法搜集评价信息。采用多种方法，从多方面搜集评价信息，如观察、家访、轶事记录法等，不要只着眼于测验。

当前在一些小学推行的“个人档案”，就是一种典型的多元评价方法。这种方法要求师生共同搜集与学生的表现和发展潜力有关的实际证据，比如学生的试卷、作品、小制作、活动表现、老师的观察记录等。这些信息帮助教师更全面地考察学生，学生也在此过程中提高了自我评价和自我管理意识。有的教师将“个人档案”分成“光荣的足迹”和“避免再发生的”两部分，以培养学生的荣誉感和自我检查心理。① 使用档案袋进行评价，能够促使评价实现内容的丰富性、评价主体的多元性（不仅有老师，还有学生自己、同辈群体、家长等）、评价过程的开放性、评价结果的形成性。

2. 从侧重总结性评价到形成性评价

从选拔适合教育的儿童到创造适合儿童的教育是评价观念的一大变革。总结性评价重在发挥鉴定和筛选功能，主要是为了衡量学生的好坏。相反，形成性评价所关心的是能不能指向提高——学校的发展、学生的进步等。如果不能实现这一功能，则是失败的评价。

---

① 于树华、缪素萍：《学生设立“自我档案”好》，载《上海教育》1995年第1期。

在当前的小学教育实践中，形成性评价是比较主流的评价方法，但在具体实施中，往往与总结性评价没有本质区别。比如形成性的评价表格评定时间要包括平时、期中、期末，包括教师对学生的评语，同学间的互评等多项内容，但如果只是在期末填写这些内容，本质上就还是总结性评价。尽管评价者不会承认评价只是为了总结，但实际上评价的形成性功能远远没有发挥出来。评价应该贯穿整个过程，平时应搜集信息，但实际情况是教师往往不注意这个问题，不注重分析和反馈，常常是等到上级官员来检查工作时，才匆忙补起来。事实上，教师已忘记了许多有价值的信息。为了真正实现形成性评价的功能，在搜集评价资料后，还应进行深入的分析，提供有效的反馈意见。比如对学习有困难的学生，除了解其学习状况以外，还应了解其学习兴趣、学习方法，在了解过程中找到改进的办法。形成性评价最后要落实到实际成效上，这些成效不仅是成绩的提高，还包括学习态度和学习习惯等测验所考察不到的进步。实施形成性评价还应当注意下列问题。

(1) 考试与考查相结合。减少总结性考试次数，多开展形成性的单元测验。总结性考试不利于激励学生的后继学习，妨碍了形成性测验功能的发挥，应尽量减少。反过来，要多进行“低起点，小步子，快反馈”的形成性测验，让每个学生都能不断提高。

(2) 评分与评语相结合。① 考试评分不能只给出一个分数，而应采用评分与评语相结合的方法，用评语把分数反映不出来的问题提出来。评语要以鼓励为主，不能有刺激性语言。

(3) 允许考第二次、第三次。② 考试不是为了难倒学生，而是为了激发学生的学习动机。考得不好，可以适当采用暂不计分的方法，鼓励学生再做努力，最后取得好成绩。

(4) 自评、互评与师评相结合。让学生参与评定过程，能增强他们的自我意识和独立性，促进学生在学习中的自我调控能力发展。

3. 从侧重区分性功能到发挥激励性功能

教师只有发现学生的优点和特长，评价才不会偏狭，评价的激励功能才能得到更好的发挥，因为优点也就是学生发展的生长点。教育心理学中的“期望效应”表明，教师对学生的看法、期望会贯穿于言行之中，影响到学生的学习积极性。那些被教师期待取得好成绩的学生，成绩果真颇佳；而那

---

①② 汪莹：《面向21世纪的小学教育改革》，载《上海教育》1997年第7期。

些被认为只能取得较低成绩的学生，成绩也确实较低。由于学生会朝着教师期望的方向发展，教师应坚持以找优点为评价的出发点，坚持以个体为主的评价标准，突出正面的鼓励性评价。上海市闸北八中推行的“成功教育”试验，其核心是创设成功机会，让学生尝试成功，鼓励性评价在其中起到了重要作用。①

小学生正处在心理和智力飞速发展的阶段，可塑性很强。教师要充分考虑学生特点，用发展的眼光看待学生，另外还要考虑到学生间的个别差异，不能对学生过于苛求。即使对表现较差的学生，只要他们取得了一点进步，也要给予表扬。当然，小学生因年龄小，有时候自我约束能力不够强，教师适当的批评和指导还是必要的。学生喜欢既有赞赏又能巧用批判的评价。对学习成绩好的学生，教师要鼓励他们拓宽兴趣，培养敢于求异的心理品质。对成绩差的学生，教师要多鼓励，让他们了解自己的长处，并逐步感受到进步的快乐。不管是对哪一类学生，评价都必须具体、中肯，特别是对后进生的缺点评价更应该注意实际效果，要避免用有损学生自尊心的负面评语。如“你思维慢，接受能力不强”，“我要提醒你，学习和做人来不得半点虚伪和懒惰”。总的原则是使学生真正意识到自己的不足，同时让他可以接受。

特级教师②

• 特级教师来了。谁也没有想到她进了一个全校闻名的后进班。

• 上课铃响后，所有听课的教师都进了教室。这间教室的讲台上散落着乱七八糟的粉笔，讲台上铺着一层白乎乎的粉笔灰。特级教师用目光巡视一周后，迅速收拾好讲台上散乱的粉笔，然后走下讲台，转过身去，面对着黑板，轻轻吹去了讲台上的粉笔灰。

• 讲课途中她出了几道题让学生做，之后她又讲解了这几道题的做法。讲完之后，她说了一句：“请做对的同学扬一扬眉毛，暂时没做对的同学笑一笑。”

• 所有的老师都知道了什么样的教师是特级教师。

为了让学生体验成功，加强评价的激励功能，可以采用以下具体方法。③

---

① 刘京海：《成功教育的基本模式》，载《上海教育》1997年第1期。

② 摘自2002年1月31日《南方周末》。

③ Open University，*Curriculum and Learning*，File 2，Open University Press，1991.

(1) 将课程分成小的单元，在每一单元内考核。由于单元内容比较少，教学目标比较容易把握，有利于激发学生的学习热情。

(2) 扩展评价的范围，如语文教学把说话、写字、课外阅读都列入评价范围，达到"东方不亮西方亮"的效果。①

(3) 记录学生学业以外的突出表现，增强学生的成功感。对于学业成绩较差的学生，这种方法尤其适用。比如有的学生虽然成绩不好，但动手能力强，就应该安排他们做一些操作性作业。有的学生成绩一般，但好奇心强，喜欢提问题，就要提供机会让他们探索一些问题。教师要挖掘学生的优点，用以激励学生。

(4) 注重学生发展过程中的纵向评价，让学生不断体验到自己的进步。

4. 平衡考试和日常教学评价，有效促进教学质量提升。

近年来，平衡总结性评价和日常教学检测与评价的思想引起更加广泛的重视。这是因为对于发展性评价，人们已有很大共识。关键是如何利用好评价，以促进学生的学习。具体策略上，就是将总结性评价结果变成一种基于证据的决策，教师以此为基础了解学生学习的整体状况，发现问题，形成改进策略。日常教学监测的系统性和专业性也需要加强，教师可以在出题、设计检测方案方面加强研究，提升专业技能。

思考题

1. 你怎样理解测验的信度和效度？在教学中，如何提高作文的评分信度？

2. 我国小学教育评价中主要存在哪些问题？如何改进？

教育实践活动

1. 设计一份课堂教学评价表。

2. 在教师指导下，试开展一次教育评价活动，并撰写评价报告。

---

① 刘京海：《成功教育的基本模式》，载《上海教育》1997 年第 1 期。

第十三章

教 育 法

【内容提要】本章主要论述了教育与法律的关系、现代教育的公益性质、学校中的法律关系以及法律责任与法律救济。通过本章的学习，我们将认识教育与法律的关系；掌握法律的基本特征和功能；了解我国的法律制度以及教育法的基本规定，特别是学校教育教学活动中的基本法律规范；在教育工作中遵守法律，并学会通过法律手段维护自己的合法权益。

第一节　教育与法律

一、法律的产生及功能

在现代社会，随着大规模的立法活动和法律功能的日益扩展，人们处处都可以感受到法律的存在，感受到法律与社会生存、发展的密切关系。可以说，法律的影响遍及社会生活各个领域，人们的行为无不打上法律的印记。那么，法律是什么？它有哪些功能呢？法律是由立法机关或国家机关制定，国家政权保证执行的行为规则的总和。一般来说，法律有如下基本特征：首先，法律是调节人的行为或社会关系的规范；其次，法律是出自国家的社会规范，也即它是由立法机关或国家机关制定的，这是法律区别于其他社会规范的首要一点；再次，法律是规定权利和义务的社会规范；最后，法律是由国家政权保证执行的社会规范，具有强制性。

作为一种社会历史现象，法律是在一定条件下产生和发展的。在人类漫长的原始社会里，没有国家，也没有法律，人们依靠道德和习惯来调整彼此的关系。到了原始社会后期，随着奴隶制的出现，人们之间平等的社会关系改变了，新的社会关系冲突要求新的社会组织和新的社会规范，于是国家和法律就出现了。

法律是人们行为时必须遵循的一种规范，我国古代的法家先驱管仲将其比作“规矩”。借助于这种“规矩”，一定的社会关系和社会秩序才得以建立和维护，社会的结构才得以完整和谐，整个社会机体才得以灵活运转。因此，法律是社会存在和发展必不可少的调控手段。

在人类文明进步史上，法律的上述功能不是一成不变的。在法律发展的早期阶段，法律与宗教、道德等社会控制手段没有根本的区别，它们共同调节和控制着各种社会关系，法律在其中所调整的范围是相当有限的。随着社会的逐步复杂化和社会管理功能的逐步分化，法律开始与宗教、道德等其他社会调节手段相分离，逐渐成为一种高度专门化的社会组织形式，并最终成为社会调控的主要手段。法律的这一变迁过程实质上就是法律社会化、社会法律化的过程。现代法制就是在这一过程中形成和发展起来的。

二、教育的国家化和教育法的产生

教育活动是在人类社会生产和社会生活中产生的，反映种族繁衍、社会延续需要的一种有意识、有目的、有计划的社会实践活动。但在人类社会的早期，教育与其说与生产力相关，倒不如说更直接地与政治联系在一起。因为在小农经济环境里，推动教育发展的主要动力是政治的需要，不同等级之间界限森严，教育的功能受到很大限制，进学校、受教育只是少数人的特权；教育规模小，主要是教师、学生及其家长之间的私人活动；国家尽管要影响和控制教育，但这种影响和控制一般都具有幕后的和间接的性质，而不是直接介入教育。在这种情况下，教育与法律之间并没有必然的联系，更无所谓教育法。

19世纪下半叶，由于资本主义高度发展，经济生活急剧变化，许多资本主义国家对原有的国家行政体制做出相应的变革，以便与社会经济发展相适应。从教育上看，由于教育向世俗化过渡和公共国民教育的迅速普及，教育开始成为对社会发展具有举足轻重意义的社会性事业，这就要求扩大国家直接干预和调整文化教育发展的职能，更有效地发挥国家管理教育事业的作用。因此，欧美资本主义国家纷纷把教育纳入国家活动之中，用行政手段发展公立学校体制，用法律的手段确立强迫性的国民教育制度。这样一种趋势，在教育史上被称作“教育的国家化”。

教育的国家化和国家教育权力的产生标志着教育权结构的一次历史性转换。在此之前，教育在很长时期内一直是父母的一种自然权利。学校产生以后，在很大程度上取代了原先由家庭执行的那部分教育职能，于是父母的教育权就部分地委托给了学校和教师，从而构成了学校、教师、父母和子女之间的具有私事性质的社会关系。进入现代社会以后，教育已经不可能在纯粹自发的和私营的基础上继续发展，随着生产力的提高、科技的进步以及生产和社会生活的高度社会化，教育领域不断扩大，其内涵日益纷繁复杂，这就使教育的国家责任成为一种历史的必然。通过法律的手段确立国家的教育权力，加强教育管理的集中性、统一性和权威性，建立一个强有力的行政系统，是有效实现教育的国家责任的客观需要。

现代社会的教育教学活动日益复杂，对人才的需求日益多样，从而要求打破传统的学校体系，与社会的人才需求结构相适应，把学校纵横联系、统一协调起来，建立统一的教学计划、教材和教学质量标准，形成一个幼儿教育、青少年教育、成人教育纵横贯通，学校、社会、家庭密切配合的一体化教育体系。显然，复杂的教育运行过程要做到有序化、科学化，仅仅依靠教师的努力是远远不够的。它要求教育工作必须依准于法，体现国家的整体利益，不允许任何人违背它；要求学校的教育教学活动应有一定的行动方式和程序，一切财物的使用和管理也应有一定的规格和使用规范。只有这样，才能保证学校教育目标、方向的正确以及教育教学活动的连续性和稳定性。教育法就是在这一基础上产生的。

教育法是现代教育发展的产物，是现代国家的一个重要立法领域，体现了一种社会进步。随着现代教育的发展，教育法不仅表现为法律数量的大规模增长，而且表现为法律地位的增强，法律调整范围的扩大，以及法律向教育领域的各个方面、各个层次进行的越来越大规模的功能扩张。

三、国外教育法发展的历史及其特点

国外教育法尤其西方国家教育法的发展经历了以下四个阶段。

（一）零星立法阶段

文艺复兴以后，欧洲的一些国家，特别是德意志的某些公国，就颁布了关于强迫教育的法令。但这些教育法令一般都具有宗教法的性质，还不足以称为现代意义的教育立法。随着现代生产力的发展，在许多先进国家逐渐出现了现代工厂制度。正是在现代工厂制度的推动下，产生了教育向现代化的过渡，并产生了现代意义的教育立法。因此，最早的具有现代意义的教育立法可见于工厂法之中。从 19 世纪初叶起，英、法、瑞士等国先后制定了一系列工厂法规，其中重要的条款几乎都涉及童工问题。马克思曾经针对英国工厂法中的教育条款特别指出："尽管工厂法的教育条款整个说来是不足道的，但还是把初等教育宣布为劳动的强制性条件。"①

（二）专门对普及义务教育进行立法阶段

大工业生产的发展使教育与生产劳动愈益紧密地联系起来，成为社会经济发展不可缺少的一个组成部分。因此，正是大工业生产发展为教育的普及创造了客观条件，并促成各国纷纷开始进行义务教育的立法。

---

①《马克思恩格斯选集》第 2 卷，人民出版社 1995 年版，第 212 页。

最初的普及义务教育立法主要是围绕初等教育的强制性、免费性和公共性三大主题展开的。它涉及通过法律确立的有关普及教育的各项重要问题上的权利与义务关系，如义务教育学校网的设立和管理，教育经费的来源和分配，学校与宗教以及政治集团的关系，家长、子女与学校的关系，等等，都必须保证强制性、免费性、公共性的实现。

（三）广泛进行教育立法的阶段

广泛地进行教育立法是随着资产阶级加强对行政控制的过程而出现的。这一转变从 19 世纪中期开始酝酿，20 世纪初开始，30—50 年代在主要的资本主义国家达到高潮。这一时期，在教育事务上，资本主义国家由过去的消极作为转变为积极作为，加强了对教育的全面干预和控制。国家逐渐开始通过法律手段更多地干预社会的经济、文化、教育和社会公共事业等方面，法制建设渗透到社会的各个领域。除了宪法和议会立法之外，行政立法在这一时期开始出现并获得了相当的发展，在数量上迅速超过了议会立法。由于法律与教育的接触面迅速扩展，并且大规模地向教育的各个层次渗透，导致许多原先不属于法律调节的社会关系开始进入法律调节的领域，教育立法的内容和技术日益复杂化。

（四）教育的综合法治阶段

第二次世界大战以后，世界各国的教育呈现出一幅突飞猛进的发展图景，人们将其比喻为“教育爆炸”：义务教育的年限一次次延长，高等教育出现了大众化的趋势；传统的学制开始向各个方向延伸，出现了回归教育、业余教育等新的教育领域，学校教育正在向终身教育的方向发展。教育的这些巨大变化使得教育活动中的各种因素及其相互关系呈现出一种复杂多变的局面，这就要求把教育看作一个整体和社会子系统，把教育立法看作一项综合性的法治工程，在加强教育立法的同时注重教育法治工程与整个社会工程的协调。

这一时期的教育立法表现为它自觉地、主动地适应社会整体发展的需要，全面地进入教育领域，系统地认识它所调整的对象，合理地调节教育领域中发生的各种关系。因此，教育法在广度和深度两个方面都有了飞跃性的发展。从广度看，教育已日益为各国立法所重视，教育法在全部法律中所占的比重越来越大。从深度上看，教育立法已深入到教育活动的各种内部和外部的社会关系之中，对教育的调节开始形成一个综合性的法治工程。

四、我国教育法制建设的现状与前瞻

新中国成立后很长一段时间内，我国对教育法制的建设缺乏足够的重视。20 世纪 70 年代末以来，我国教育法制化的进程不断加快，相继由国家最高权力机关及其常设机构颁布了七部教育方面的法律，它们分别是：1980 年颁布的《中华人民共和国学位条例》（2004 年修订），1986 年颁布的《中华人民共和国义务教育法》（2006 年修订），1993 年颁布的《中华人民共和国教师法》，1995 年颁布的《中华人民共和国教育法》（2015 年修订），1996 年颁布的《中华人民共和国职业教育法》，1998 年颁布的《中华人民共和国高等教育法》（2015 年修订），以及 2002 年颁布的《中华人民共和国民办教育促进法》（2016 年修订）。

改革开放以来，我国教育法制化进程不断加快，教育法规体系逐步完善。1995 年 3 月 18 日，八届全国人大三次会议通过的《中华人民共和国教育法》是我国教育领域的基本法律。该法完整地表述了我国的教育方针，明确规定了我国教育的基本问题。它的颁布和实施，将促使我国走上依法治教的道路。

除此以外，20 世纪 80 年代以来国务院还制定了十几部教育行政法规，如《残疾人教育条例》和《教学成果奖励条例》等，并对新中国成立以来制定的数百件教育行政法规进行了整理和汇编工作。各地有权制定地方性法规的人民代表大会及其常务委员会，也根据所辖地区教育发展的需要和可能，颁布了一系列地方性教育法规，大大丰富了教育法的内容。

我国已经建立了一个比较完整的教育体系，对社会主义现代化建设发挥着重要作用。同时，在总结新中国成立以来正反两方面政权建设经验和立法经验的基础上，教育法制建设已经走上正轨，一个以法治教的新局面正在逐步形成。

当然，从体系化的角度来看我国当前教育立法的现状，显然还没有完全形成一个内容和谐一致、形式完整统一的有机整体。但是，我国教育法体系的基本框架由此已经初见轮廓。根据制定机关的不同和法律形式的不同，这一法律体系可以划分为不同的部门。具体地说，我国的教育法体系由纵向五个层次和横向六个部门构成。

教育基本法位于我国教育法体系的第一个层次。它是以宪法为依据制定的基本法律，主要规定我国教育的基本性质、地位、任务、基本法律原则和基本教育制度等。教育基本法是全部教育法规的“母法”，是协调教育部门内部以及教育部门与其他社会部门相互关系的基本准则，也是制定教育部门其他法律法规的依据。作为教育领域的基本法律，教育基本法由全国人民代表大会制定。全国人民代表大会 1995 年审议通过的《中华人民共和国教育法》就是这样的一部法律。

部门教育法位于我国教育法体系的第二个层次，主要调整各个教育部门的内外部关系。根据规范内容的不同以及我国的具体国情和实际需要，大致由义务教育法、职业教育法、高等教育法、学位法、教师法和民办教育法六个部门组成，每一部门由全国人民代表大会或其常务委员会制定单行法律。属于这一层次的法律，均已由全国人民代表大会或其常务委员会制定通过。

教育行政法规位于教育法体系的第三个层次，主要是为实施教育法和各单行法而制定的规范性文件。此外，属于较为具体的问题，教育基本法或各单行教育法未予规范的问题，也可由教育行政法规加以规定。属于这一层次的行政法规由国务院制定和发布，它应是我国教育法的主体。

地方性法规、自治条例、单行条例位于教育法体系的第四个层次，由省级人民代表大会及其常设机构制定。这是根据所辖地区的实际情况制定的规范性文件。

政府规章是教育法体系的第五个层次，是由国务院各部委以及省级人民政府所制定的规范性文件。它不仅数量最多，而且规定得最为具体、详细。

第二节 现代教育的公益性质

教育公益性是当代教育发展的一个极其重要的问题，涉及了教育活动应坚持怎样的价值取向和行为准则的问题。只有准确把握社会变迁中的利益格局演变，深入理解当代教育的公益性质，才能真正坚守教育应有的价值导向。

一、教育公益性概述

（一）教育公益性的含义

公益性是对公益事业基本性质的概括，其核心是公益，即社会共同体内多数人的福祉和利益。如果某一行为的目的不是为多数人的福祉和利益服务，而是为满足一部分人的利益，则这一行为只具有私益性质。相反，某一行为的目的是为社会多数人的福祉和利益而不是为一部分人的利益服务，此即公益性质。具有公益性质的社会活动即所谓公益事业，指直接或间接为经济、社会和民生服务的部门、企业、社会群体和个人所实施的非营利活动。《中华人民共和国公益事业捐赠法》规定：公益事业包括开展非营利的救助灾害、救济贫困、扶助残疾人等困难的社会群体和个人的活动，教育、科学、文化、卫生、体育事业，环境保护、社会公共设施建设，促进社会发展和进步的其他社会公共和福利事业等。这些公益事业所提供的产品受其性质所决定，主要不是通过市场向社会提供，而是通过一种非市场的社会提供机制来提供。与此相连，社会公众对这些产品的获取也主要通过非市场途径而不是市场途径。

现代教育源于二百年前世界各国的社会现代化进程，是为普及教育而出现的一种新型的教育形态。世界各国教育发展的经验表明，普及教育主要不是依靠民间的、自发的力量，而是通过国家的力量实现的。国家在教育方面的作用就体现在建立一体遵行的公共教育制度、举办面向社会不特定人群的公立学校，向社会提供普惠性的教育服务。因此，公益性就是现代社会推行教育普及的一种理性选择，并成为人们理解和评价教育问题的重要价值尺度。教育公益性意味着平等、普惠、对所有的人一视同仁，体现着对社会的公共利益以及公民平等受教育权的尊重和保护。为此，教育公益性应体现以下原则：

一是普遍受益原则，表现为教育事业应以尊重社会成员共同利益，兼顾不同教育要求为圭臬，惠及社会的多数成员甚至所有社会成员。

二是不以营利为目的原则，表现为教育机构的非经济价值取向，强调所采取的任一行动都必须增进社会福祉、保障公众利益，而非为少数人谋取利益。

三是公正公平原则，表现为依照普遍受益的标准与规则分配受教育机会，协调全局与局部、社会与个人以及不同个人之间的相互关系，使每个人所获教育能各得其所。

2015 年，《中华人民共和国教育法》对于教育的公益性质做出了明确的规定。其中第八条规定："教育活动必须符合国家和社会公共利益。国家实行教育与宗教相分离。任何组织和个人不得利用宗教进行妨碍国家教育制度的活动。"这是从公益性角度对教育与宗教关系所做的规范，即通过教育与宗教相分离保证教育公益性的实现。第二十六条规定："国家制定教育发展规划，并举办学校及其他教育机构。国家鼓励企业事业组织、社会团体、其他社会组织及公民个人依法举办学校及其他教育机构。国家举办学校及其他教育机构，应当坚持勤俭节约的原则。以财政性经费、捐赠资产举办或者参与举办的学校及其他教育机构不得设立为营利性组织。"这是从公益性角度对学校与市场关系所做的规范，即学校作为一种提供公共物品的机构不得像企业一样以营利为目的。其他如第九条规定："公民不分民族、种族、性别、职业、财产状况、宗教信仰等，依法享有平等的受教育机会。"第十条规定了"国家根据各少数民族的特点和需要，帮助各少数民族地区发展教育事业。国家扶持边远贫困地区发展教育事业。"第十一条规定："国家适应社会主义市场经济发展和社会进步的需要，推进教育改革，推动各级各类教育协调发展、衔接融通，完善现代国民教育体系，健全终身教育体系，提高教育现代化水平。"第十二条规定："国家通用语言文字为学校及其他教育机构的基本教育教学语言文字，学校及其他教育机构应当使用国家通用语言文字进行教育教学。民族自治地方以少数民族学生为主的学校及其他教育机构，从实际出发，使用国家通用语言文字和本民族或者当地民族通用的语言文字实施双语教育。国家采取措施，为少数民族学生为主的学校及其他教育机构实施双语教育提供条件和支持。"这些规定从教育公益性出发，对不同社会群体的受教育机会、少数民族地区和边远贫困地区的教育发展、建立和完善终身教育体系、学校基本教学语言文字的使用等方面做出了明确的要求。

（二）教育的改革发展遭遇公益性问题

改革开放以前，我国的教育体制是一个与计划经济相适应的，由政府举办、计划调控、封闭办学、集中统一的体制。在这样一种国家与教育高度一体化的教育体制下，教育基本上表现为一种封闭的，与市场无涉的领域，表现为社会的上层建筑。始于1985年的我国教育体制改革针对的就是这样一种体制。在教育体制改革的过程中，公办学校既面对一系列前所未有的机遇，同时也在不断经受社会变迁所带来的挑战。特别是20世纪90年代以来，伴随着社会主义市场经济的发展，教育体制发生了极大的变化。1992年，中共中央、国务院颁发的《关于加快发展第三产业的决定》明确把对国民经济发展具有全局性、先导性影响的教育事业列为加快发展的第三产业。1993年，中共中央、国务院颁发的《中国教育改革和发展纲要》则据此明确提出“要建立适应社会主义市场经济体制和政治、科技体制改革配套的教育体制，要改革办学体制，改变政府包揽办学格局”的体制改革目标。由此教育界开始把教育公益性和营利性对应起来加以讨论。这场讨论正反观点纷呈，其中认同教育是产业，应兼有产业性和公益性两种属性的观点成为讨论中的主流观点。

受宏观的中国社会大变迁的影响，教育领域中的社会关系发生了两个对教育的基本面貌具有根本性影响的变化。

一个变化是就教育领域的内部关系而言的，是20世纪80年代以来中国教育体制改革对政府与学校关系调整的一个直接结果。在我国长期的计划经济体制下，政府作用的过分强化导致了社会自主力量的萎缩。因此，80年代中期开始的教育体制改革的基本问题就是如何去除政府对于教育的过度控制，形成一个既利于政府统筹管理，又能调动各种社会力量参与办学的积极性，学校又有较大的办学自主权这样一种新型的权力关系。这意味着政府必须转变职能，在加强宏观管理的前提下向学校放权，这势必会使教育领域内部的社会关系发生质变。就政府与学校这对关系而言，二者的主体地位及其职权职能都发生了极大的变化，原先相当大的一部分具有行政性质的法律关系开始发生性质上的变化。这种体制性的改革导致了政府与学校这两个主体之间的角色分化，在教育领域内部逐步演变为举办者、办学者和管理者三个主体之间的关系，从而深刻触动了传统的利益格局。上述变化尽管还处于萌芽状态，各方主体的地位及权责也还没有确定，但已经对教育公益性的传统认识提出了挑战。

另一个变化是就教育领域的外部关系而言的。社会由计划经济向市场经济的过渡导致计划经济时代的社会结构开始分化，出现了一个新的社会领域，即市场经济领域。市场经济的典型特征就是通过一种契约精神，使个人与社会、权利与义务之间求得平衡。调整这一领域运行的是建立在等价交换、公平竞争基础上的市场经济规则，而不是超经济的政治力量。

上述两个变化带给教育的影响就是在公办学校领域中出现了某种民营化、市场化的改革趋势，并导致教育面貌由此发生变化。一些试图突破旧体制，谋求新机遇的公办学校改革先行者们创造了一系列新的公办学校办学模式，在办学过程中或多或少地利用了市场机制，因而获得了比以前多得多的办学自主权。这些新办学模式突破了计划经济体制时期教育的国家垄断的制度藩篱，大大焕发了学校办学者和社会力量的办学积极性，由此教育发展的规模、速度都有了很大的改观，人民群众享受到了更多的受教育机会。但与此同时，民营化、市场化的教育改革使公办学校领域中出现了一系列新的情况，如择校、教育机会分配不公、教育发展不均衡等，对传统的教育公益性构成了巨大的挑战。

二、市场经济条件下如何坚守公办学校的公益性

为了改革传统的政府与公办学校关系，有条件地利用市场机制已成为世界各国公共教育改革的一项既定政策。然而随着市场对教育的介入，社会价值分配的合理性问题必定会凸显，如何体现教育机会的公平、坚持教育的公益性质，这已成为人们普遍关注的问题。尤其是公办学校在教育改革与发展中利用市场机制时，如何使其公益性得到保障，这已成为一个复杂的问题。尽管公办学校利用市场机制是世界各国的普遍做法，但市场并没有赋予每个人以同等的结果，市场取向往往会导致过分强调消费者个人的选择权，而作为整体的公共利益则容易被忽视。公办学校作为一类公共服务机构，在利用市场机制时对其作用应当有足够的估计，特别是它的活动及其成果由于涉及人与社会的存在和发展而不应简单地等同于社会的其他物品，否则教育这种公共物品就有可能蜕变成为私人物品，公办学校就有可能蜕变成为营利的工具。因此公办学校利用市场机制是有条件的，与企业和民办教育机构有着根本性的区别。

（一）重新理解教育公益性

随着市场对公办学校的介入，社会价值分配的合理性问题必然会在公办学校中凸显出来。为了防止公办学校在利用市场机制时发生性质蜕变，公益性既应是公办学校改革的目标取向，又应是一切改革的边界和底线，这意味着任何涉及公办学校的改革行动都应有利于保障而非损害教育的公益性质。以教育公益性为前提对公办学校改革做出明确的条件限制，有助于避免产生一系列社会问题，使公办学校的教育资源在物与物、人与物、人与人几个方面的结合都能体现公正公平，最终实现公办学校的公益性质。

由于政府是公办学校的举办者和管理者，因此政府的作用在坚守教育公益性的过程中是一个关键性的制衡因素。政府应在加大财政投入，规范教育收费，扶持贫困地区、民族地区教育，健全贫困学生资助制度，保障经济困难家庭、进城务工人员子女平等接受义务教育等涉及教育公益性的方面发挥调节作用，真正保障弱势群体的利益及其应享有的受教育权利。在建构适应社会主义市场体系的教育体系过程中，应营造基于公益性的公正公平的制度环境，促进受教育机会的公平分配。党的十七大报告针对近年来公办学校改革发展中的问题，强调了政府在坚持教育公益性方面的责任，各级政府也采取了一系列措施，大大促进了教育公益性的实现。这表明坚持教育公益性问题的关键性因素是政府。

教育改革发展的现实表明，市场对教育的介入只能是有条件的。事实上，单纯依赖市场提供一种渠道并不足以平衡社会对教育的供求关系，在这种情况下，对教育的市场介入应当做出限制，这种限制应具体地体现在如下三个方面。

首先，在制度安排上，不应简单地把学校这种社会组织与企业等同。为了更明确地规范公办学校的行为，必须对公办学校保持一种不同于企业等其他社会组织的法律监督。由于公办学校属于公益性机构，因此，在尊重其应有的教育功能，发挥其自主办学积极性的同时，必须对公办学校的权能做出必要的限制。政府对公办学校的影响不能因市场的介入而弱化甚至退出，相反，在这里政府的监控作用是相当重要的遏制因素。

其次，对公办学校的市场化办学行为必须做出明确的价值定位。公办学校必须首先满足社会成员对教育的多元化需求，实现社会的公益。为此必须制定明确的法律规范，使教育这种公共物品在严格的条件下经过转化，进入市场，实现市场运作。公办学校在介入教育市场时，其所具有的资格和能力与其他市场主体是不同的，因而所享有的权利也是不同的。特别是对资本的寻利性应做出必要的限制并保持有效的法律监督。所有这些特点的体现都必须通过一种确定性，即法律的形式来实现。

最后，对政府和市场的相互关系以及各自的作用领域应有明确的界定。在教育的发展过程中，市场和政府都会有“失灵”的情况，因此，二者不是互相排斥的关系，而是一种互相补充和交替发挥作用的关系。同时，在不同的教育领域，政府与市场的作用又是很不同的。例如义务教育是人人都必须接受的，只有经历了这样一个教育阶段，个人才能服务社会、实现自我价值。因此，义务教育的公共性程度就远远高于其他教育领域，是由国家承担主要责任的一个领域，应当强化国家的教育职能。在义务教育阶段，应当更多地体现实质上的社会公平，使人人都接受一种条件基本相同的教育。所以教育的供给在更大程度上只能依赖于国家。而义务教育以外的其他各级各类教育，如职业教育、高等教育等，并不是社会成员普遍享有的，在这里，所谓的教育公平主要体现为一种形式上的社会公平，即机会均等。机会均等保证受教育权利分配上的程序平等，并不保证结果的平等。

（二）公办学校与民办学校公益性的区别

2015 年，全国人大常委会对《中华人民共和国教育法》进行了重要修正，其中包括删除了“任何组织和个人不得以营利为日的举办学校及其他教育机构”。这表明，对教育公益性的理解有了重要的变化。

在我国，不同性质的社会组织可以根据两种标准进行归类。第一种是按行业标准归类。由国家设置、公共财政维持的，为不特定人群服务的公共服务机构，一般称为事业单位，这类社会组织所从事的行业一般为公益事业，比如教育、科研、文化、卫生事业，因此事业单位亦即公益性机构。这种定位的依据是《中华人民共和国民法通则》，该法设立的法人制度将法人按行业分为企业法人、机关，事业法人和社团法人三类。依据这一归类标准，我国的学校教育机构长期以来一直都被定位于事业单位。1995 年，《中华人民共和国教育法》第三十一条关于学校法人的规定，就是沿用了《中华人民共和国民法通则》的这一分类方法。1998 年 10 月 25 日，国务院公布的《事业单位登记管理暂行条例》规定，事业单位是指国家为了社会公益目的，由机关举办或者其他组织利用国有资产举办的，从事教育、科技、文化、卫生等活动的社会服务组织。在计划经济时期，由于事业单位都是由国家根据需要设置，向社会提供的都是公共物品或服务，因此可以顺理成章地把事业单位划归为公益性机构。

社会组织的第二种归类标准是营利与否，营利性机构归为营利性社会组织，而非营利性机构则归为公益性社会组织。1995 年，《中华人民共和国教育法》虽然规定了教育的公益性质，但这一规定的指向并不清楚。该法第八条规定："教育活动必须符合国家和社会的公共利益"，这里使用了一个笼统的概念即"教育活动"，结果公益性成了一个包括公办学校、民办学校和其他教育机构在内的全称概念。这样一种理解逻辑地导出了该法第二十五条有关"任何组织和个人不得以营利为目的举办学校及其他教育机构"的规定。但从 20 世纪 90 年代以来出现了一类新的事业单位，即民办事业单位，这类事业单位的举办主体是社会力量，经费来源于民间，从事的是公益性的教育事业，从而构成一类不同于以往的由国家设置的事业单位。民办学校就是典型的民办事业单位，由于这类学校的办学经费主要不是来自国家财政，而是依靠向学生收费、社会各界的捐赠以及其他经营性渠道获得，因此市场机制就是这类学校维持其运转的主要机制。在这种情况下把民办学校与公办学校等而同之，以营利与否为唯一标准来判断民办学校是否具有公益性就会有很大的局限性，甚至制约民办学校的发展空间。

2015 年，《中华人民共和国教育法》删除了"任何组织和个人不得以营利为目的举办学校及其他教育机构"，是因为民办学校的公益性与公办学校公益性的法定性质不同，民办学校是否公益性机构，取决于民办学校举办者的选择。按现行法律的规定，举办者可以做出两种不同的选择。一是选择举办公益性机构，在国外这类社会组织分别被定位为财团法人、基金会法人或者捐赠法人。在中国，这类公益性的民办学校被归入"民办非企业单位法人"。民政部 1999 年颁布的《民办非企业单位登记管理暂行条例》规定，民办非企业单位是指企业事业单位、社会团体和其他社会力量以及公民个人利用非国有资产举办的，从事非营利性社会服务活动的社会组织。该条例列举了民办非企业单位所从事的行业，其中就包括了教育。二是民办学校的举办者也可以选择举办营利性的教育机构，这时这一机构就不是民办非企业单位法人了，而应当在工商管理部门登记注册，在性质上应当属于企业法人。由于公办学校和民办学校在性质上的差异性，因此公益性对于这两类不同的学校机构而言显然具有不同的法律上的规定性。对于公办学校来说，从成立之日起就具有的公益性决定了必须对公办学校的行为做出某种必要的规限。各国通行的做法是在法律上或归属于捐赠法人、财团法人和公务法人，或不赋予法人资格，其目的都在于保证公办学校办学行为的公益性质。由此可见，公办学校的这种公益性是一种法定的、不由选择的性质。而民办学校尽管也可以具有公益性，但这种公益性质是由举办者自己选择的，是举办者意思表示的产物，因此是一种意定的性质。

第三节 学校中的法律关系

一、学校法律关系的基本特征

法律关系是人们在社会生活中，依照法律的规定在相互之间所结成的一定的社会关系。在学校领域内，法律所调整的社会关系是多种多样的，如学校与政府的关系、学校与社会的关系、学校与教师的关系、学校与学生的关系等。

（一）学校与政府

学校与政府之间的关系主要表现为政府依法对各级各类学校进行行政管理、行政干预和施加行政影响，学校则处于服从的地位，必须履行行政命令所规定的义务。同时，学校依法享有独立自主的办学权利并可以对政府行使以建议批评为中心内容的社会参与权和监督权。作为一种行政法律关系，这一关系的主体、权利和义务都是由行政法律规范预先确定的，当事人没有自由选择的余地。政府机关在与学校发生关系时以国家的名义出现并行使广泛的职权，在学校不履行规定的义务时，政府机关可以强制其履行；而如果政府机关不履行职责，学校可以请求其履行或通过向有关国家机关提出申诉或诉讼等方式解决。因此，学校与政府的关系具有不对等性，政府机关作为关系的一方，占据着主导地位，政府机关采取的与学校有关的行政行为，都不可避免地会对学校产生直接的权威性的促进、帮助或限制、制约作用。

（二）学校与社会

作为一种特定的社会组织，学校与社会存在着广泛的联系。学校与企事业单位、集体经济组织、社会团体、个人之间，既存在互相协作、互相支持的关系，又存在复杂的民事所有和流转上的关系。在这些关系中，学校是以独立的民事主体的资格参与其中的。这就在客观上要求法律确认学校独立的法人地位，规定学校与企事业单位、集体经济组织、社会团体、公民之间的权利义务关系，保护学校的合法权益，促进教育事业的顺利发展。在现阶段，我国学校与各种社会组织和个人之间的关系的法律调整，最突出地反映在财产关系、邻里关系和合同关系上。

（三）学校与教师

在学校内部，学校与教师之间的关系就其行政性质而言，是一种由权责分配和学校工作的特性所决定的管理关系。在这一关系中，二者所处的地位是不对等的，学校有权组织教育教学工作，监督和评价教师的课堂教学，对教师进行奖励和惩罚，教师在工作中必须服从学校的管理。但是，由于教师是具有较高文化程度和专业技能的社会群体，教学工作在很大程度上依赖于教师个体积极性的发挥，学校应给予教师以较大的自主权，实行教学民主与学术民主，并且根据学校民主管理的原则，让教师通过一定的形式行使民主权利，参与学校管理。

（四）学校与学生

学校与学生的关系，既是教育与被教育的关系，又是管理与被管理的关系。主要表现为，学校有权要求学生家长按法定的义务就学年限送子女进学校学习，有权要求学生接受为学生健康而采取的各种卫生保健措施，有权对学生进行学籍管理，决定其升级、毕业和升学，有权对学生进行奖励和惩罚等。同时，学校也负有保障学生健康和安全的责任，禁止对学生进行任何体罚和人格侮辱。学生及其家长也有权按照法律规定要求学校提供符合学生健康和发展标准的教育条件，保障学生的身心健康。学生在学校除了享有公民应享有的各种个人权利和自由，诸如言论权、出版权、结社权、请求公正处理权、隐私权外，按照有关法律规定还享有选择学校、免费学习、使用教学和物质手段、享受助学金和奖学金、参加学校社团、参与学校管理等特殊权利。在享有权利的同时，学生也应履行一定的义务，遵守学校规章制度，接受学校和教师的教育和管理等。

二、学校的法律地位及权利与义务

（一）学校的法律地位

作为一种社会组织，学校及其他教育机构与它们所处的内外环境构成了一系列社会关系。这些社会关系尽管错综复杂，但依据其特征可以分为以下两类：一类是以权力服从为基本原则、以领导与被领导的行政管理为主要内容的教育行政关系；另一类是以平等有偿为基本原则、以财产所有和流转为主要内容的教育民事关系。

教育行政关系是国家行政机关在对学校及其他教育机构进行行政管理的过程中发生的关系，是政府与学校之间的纵向关系。这类关系主要受行政法调整。教育民事关系是在不具有行政关系的学校及其他教育机构、行政机关、企业事业单位、社会团体、个人之间发生的社会关系。这类关系涉及财产、人身、土地、学校环境、联合办学、成果转让、校办企业的经营活动中的权益等，主要受民法调整。

因此，学校及其他教育机关在其活动时，根据条件和性质的不同，可以具有两种主体资格。当其参与行政法律关系，取得行政上的权利和承担行政上的义务时，它就是行政法律关系的主体；当其参与民事法律关系，取得民事权利和承担民事义务时，它就是民事法律关系的主体。

作为行政法律关系的主体，学校及其他教育机关应由行政法规定它的法律地位。我国宪法和有关法律、行政法规规定了社会组织作为行政法律关系的主体享有的权利和应该承担或履行的义务。一般说来，社会组织的权利有：①依法独立自主管理各自内部事务的权利；②依法捍卫自己合法权益的权利；③依法代表和维护自己所代表的那部分组织成员权益和要求的权利；④参与国家管理的权利；⑤依法对行政机关监督或诉讼的权利。在享有以上权利的同时，社会组织还应承担或履行下列义务：①接受中国共产党的领导；②遵守国家的宪法和法律、法令，执行行政管理法规；③接受国家行政机关委托代理执行的义务；④承担违法后依法受到处罚的义务；等等。行政法律关系的主要特征是单方面性，因此，学校及其他教育机构在同国家行政机关发生行政法律关系时，其地位是不对等的。只要是国家行政机关依法下达的行政措施，学校及其他教育机构应遵照执行，而不得各行其是。如果学校及其他教育机构认为某项行政措施有违背法律法规的地方，可以通过一定渠道向上申诉或依法提出行政诉讼。但在没有做出否决之前，仍然要遵照执行。教育法关于学校及其他教育机构的所有规定，无论是机构设置程序的规定，权利与义务的规定，还是运行和管理的规定，均体现了上述基本特点。

作为民事法律关系的主体，2015 年《中华人民共和国教育法》（以下简称《教育法》）第三十二条规定：“学校及其他教育机构具备法人条件的，自批准设立或者登记注册之日起取得法人资格。”学校及其他教育机构具有法人资格，这意味着其在民事活动中依法享有民事权利，承担民事责任。学校及其他教育机构作为独立法人身份在民事活动中享有哪些民事权利和应承担哪些民事责任，应当依照《中华人民共和国民法通则》以及其他有关法律和法规的规定来确定。一般说来，这种民事权利主要有财产权（包括财产的占有权、使用权、收益权和处分权）、债权、知识产权以及名称权、名誉权等。在享有民事权利的同时，学校及其他教育机构也要以独立法人身份依法承担一切因自己的民事行为引起的民事责任，主要包括违反合同的民事责任、侵犯其他社会组织和公民个人合法权利的民事责任等。这里需要指出的是，因为并不是所有的教育机构都具备法人条件、取得法人资格，所以不具备法人资格的学校及其他教育机构享有的民事权利比较有限，除享有名称权、名誉权、荣誉权外，在财产权方面只对举办者交由其管理的财产享有使用权和管理权，不享有其他财产权，不能对外签订合同，不享有债权，也不能以自己的名义接受捐赠。同时，这类机构对外也不能独立承担民事责任。总之，不具有法人资格的学校及其他教育机构，由于缺乏独立的财产权利做基础，从事民事活动的范围是十分有限的。

（二）学校的权利与义务

作为一种社会组织，学校及其他教育机构在不同的法律关系领域中，其所具有的资格与能力是不同的，因而其所享有的权利也是不同的。教育法规定的学校及其他教育机构的权利不同于民法上的或行政法上的权利，它是学校及其他教育机构在法律上享有的、为实现其办学宗旨、独立自主地进行教育教学管理、实施教育活动的资格和能力，一般称为办学自主权。根据《教育法》的规定，我国学校及其他教育机构享有的办学自主权主要包括以下几个方面：

（1）按照章程自主管理；

（2）组织实施教育教学活动；

（3）招收学生或者其他受教育者；

（4）对受教育者进行学籍管理，实施奖励或者处分；

（5）对受教育者颁发相应的学业证书；

（6）聘任教师及其他职工，实施奖励或者处分；

（7）管理、使用本单位的设施和经费；

（8）拒绝任何组织和个人对教育教学活动的非法干涉；

（9）法律、法规规定的其他权利。

享有权利，就要承担义务，《教育法》第三十条具体规定了学校及其他教育机构应履行的义务。这六个方面的义务，是与办学自主权相对应的，学校在贯彻办学宗旨、进行内部管理和组织教育活动中必须履行的义务，而不是作为社会组织的学校的全部义务。这些义务包括以下内容：

（1）遵守法律、法规；

（2）贯彻国家的教育方针，执行国家教育教学标准，保证教育教学质量；

（3）维护受教育者、教师及其他职工的合法权益；

（4）以适当方式为受教育者及其监护人了解受教育者的学业成绩及其他有关情况提供便利；

（5）遵照国家有关规定收取费用并公开收费项目；

（6）依法接受监督。

三、教师的法律地位及权利与义务

（一）教师的法律地位

教师的法律地位是法律所确认的教师的社会地位。根据《中华人民共和国教师法》（以下简称《教师法》）第三条规定，教师“是履行教育教学职责的专业人员”，“承担教书育人，培养社会主义事业建设者和接班人、提高民族素质的使命”。这一规定首次从法律上确认了教师职业的专业性，这与1966年联合国教科文组织通过的《关于教师地位的建议》中关于教师职业的定位是一致的，该建议提出，“教师的工作应被视为专业性职业”。我国法律赋予教师的重要地位凸显了教师职业的公共属性，强化了教师承担的国家使命和公共教育服务的职责。

近年来国家制定了一系列政策法规，强调公办中小学教师作为国家公职人员特殊的法律地位，明确中小学教师的权利和义务，强化保障和管理。

（1）完善中小学教师待遇保障机制。健全中小学教师工资长效联动机制，核定绩效工资总量时统筹考虑当地公务员实际收入水平，确保中小学教师平均工资收入水平不低于或高于当地公务员平均工资收入水平。完善教师收入分配激励机制，有效体现教师工作量和工作绩效，绩效工资分配向班主任和特殊教育教师倾斜。实行中小学校长职级制的地区，根据实际实施相应的校长收入分配办法。

（2）大力提升乡村教师待遇。深入实施乡村教师支持计划，关心乡村教师生活。认真落实艰苦边远地区津贴等政策，全面落实集中连片特困地区乡村教师生活补助政策，依据学校艰苦边远程度实行差别化补助，鼓励有条件的地方提高补助标准，努力惠及更多乡村教师。加强乡村教师周转宿舍建设，按规定将符合条件的教师纳入当地住房保障范围，让乡村教师住有所居。拿出务实举措，帮助乡村青年教师解决困难，关心乡村青年教师工作生活，巩固乡村青年教师队伍。在培训、职称评聘、表彰奖励等方面向乡村青年教师倾斜，优化乡村青年教师发展环境，加快乡村青年教师成长步伐。为乡村教师配备相应设施，丰富精神文化生活。

（3）维护民办学校教师权益。完善学校、个人、政府合理分担的民办学校教师社会保障机制，民办学校应与教师依法签订合同，按时足额支付工资，保障其福利待遇和其他合法权益，并为教师足额缴纳社会保险费和住房公积金。依法保障和落实民办学校教师在业务培训、职务聘任、教龄和工龄计算、表彰奖励、科研立项等方面享有与公办学校教师同等权利。①

（二）教师的权利义务

我国教师的权利与义务在《教师法》第二章中做了明确规定，是教师作为一名专业人员所享有的职业上的权利和应履行的职业上的义务，而并不是教师的所有权利与义务。

我国教师依法享有的权利如下：

（1）进行教育教学活动，开展教育教学改革和实验；

（2）从事科学研究、学术交流，参加专业的学术团体，在学术活动中充分发表意见；

（3）指导学生的学习和发展，评定学生的品行和学业成绩；

（4）按时获取工资报酬，享受国家规定的福利待遇以及寒暑假期的带薪休假；

（5）对学校教育教学、管理工作和教育行政部门的工作提出意见和建议，通过教职工代表大会或者其他形式，参与学校的民主管理；

（6）参加进修或者其他方式的培训。

我国教师应当履行的义务如下：

（1）遵守宪法、法律和职业道德，为人师表；

---

①《中共中央国务院关于全面深化新时代教师队伍建设改革的意见》，人民出版社2018年版。

(2) 贯彻国家的教育方针，遵守规章制度，执行学校的教学计划，履行教师聘约，完成教育教学工作任务；

(3) 对学生进行宪法所确定的基本原则的教育和爱国主义、民族团结的教育，法制教育以及思想品德、文化、科学技术教育，组织、带领学生开展有益的社会活动；

(4) 关心、爱护全体学生，尊重学生人格，促进学生的品德、智力、体质等方面全面发展；

(5) 制止有害于学生的行为或者其他侵犯学生合法权益的行为，批评和抵制有害于学生健康成长的现象；

(6) 不断提高思想政治觉悟和教育教学业务水平。

四、学生的法律地位及权利与义务

(一) 学生的法律地位

学生的法律地位因其不同的身份而具有不同的内容和特点。首先，作为社会中的一名成员，学生的身份是一名国家公民，其地位由《中华人民共和国宪法》及其他一系列法律、法规所确认。其次，作为学校这一特定环境中的一员，学生具有不同于一般国家公民的地位，其地位由《教育法》《义务教育法》及其他有关教育的法律、法规所确认，这种地位体现了学生作为“受教育者”这一角色的本质特征。再次，对于小学生而言，因其属于未成年人，因而还具有不同于已满18周岁的学生的法律地位，他们的这一地位已由《中华人民共和国民法通则》《中华人民共和国未成年人保护法》和《中华人民共和国预防未成年人犯罪法》等法律、法规或相关的条款所确认。因此，我们必须从不同的方面来看待学生的法律地位。

(二) 学生的权利与义务

通过上面对学生法律地位的分析我们不难看出，学生的权利与义务也是与其特定的身份和地位相对应的。一般说来，教育法讲学生的权利与义务，主要是从学生作为学校中的受教育者这一特定身份出发的。但除了这些权利以外，学生在学校内还享有一名公民或未成年人应享有的权利，如人身权、财产权、通信自由与通信秘密权等权利。

学生作为受教育者在《教育法》中享有的权利如下：

(1) 参加教育教学计划安排的各种活动，使用教育教学设施、设备、图书资料；

（2）按照国家有关规定获得奖学金、贷学金、助学金；

（3）在学业成绩和品行上获得公正评价，完成规定的学业后获得相应的学业证书、学位证书；

（4）对学校给予的处分不服向有关部门提出申诉，对学校、教师侵犯其人身权、财产权等合法权益，提出申诉或者依法提起诉讼；

（5）法律、法规规定的其他权利。

同时，根据《教育法》第四十四条，学生应当履行下列义务：

（1）遵守法律、法规；

（2）遵守学生行为规范，尊敬师长，养成良好的思想品德和行为习惯；

（3）努力学习，完成规定的学习任务；

（4）遵守所在学校或者其他教育机构的管理制度。

第四节　法律责任与法律救济

一、教育法规定的法律责任分类

（一）法律责任及其分类

法律责任是指因违法行为而必须承担的具有强制性的法律后果。实施了一定的违法行为是承担法律责任的必要前提。法律责任在教育法的理论结构中是一个十分重要的组成部分，它对于教育法的实施和监督具有重要意义。

根据违法行为性质的不同，法律责任可以分为行政法律责任、民事法律责任和刑事法律责任。行政法律责任是行为人因行政违法行为而应承担的法律责任，简称行政责任；民事法律责任是指由民事违法行为或特定的法律事实出现所导致的赔偿或补偿的法律责任，简称民事责任；刑事法律责任是指由刑事违法行为所导致的受刑罚处罚的法律责任，简称刑事责任。

（二）教育法规定的法律责任分类

教育法规定的法律责任包括在我国的教育法律、法规、规章等一系列法律文件中规定的法律责任，并不仅仅指《教育法》这一部法律中所规定的法律责任。这些法律责任主要集中在《教育法》第九章，《教师法》第八章，《教育行政处罚暂行实施办法》以及其他教育法律、法规之中。

教育法规定的法律责任数量较多，按不同的标准可以有不同的分类。

首先，根据违法行为性质的不同，法律责任可以分为行政法律责任、民事法律责任和刑事法律责任。由于教育法就其基本性质而言可以界说为调整教育行政关系的规范性文件的总称，因而具有行政法的属性，故其所规定的法律责任主要是行政法律责任。

承担行政法律责任的方式主要有两种。一是行政处分。它是国家行政机关依照行政隶属关系对有轻微违法失职行为的国家工作人员所实施的惩罚措施，包括警告、记过、记大过、降级、撤职、开除等。二是行政处罚。它是享有行政处罚权的主体依法对违反行政法律规范但尚不够刑事处罚的个人或组织所实施的惩罚措施。在教育领域，教育行政处罚的种类主要包括：警告；罚款；没收违法所得；没收违法颁发、印制的学历证书、学位证书及其他学业证书；撤销违法举办的学校和其他教育机构；取消颁发学历、学位和其他学业证书的资格；撤销教育资格，停考、停止申请认定资格；责令停止招生；吊销办学许可证；法律、法规规定的其他教育行政处罚。

其次，按照违法主体的不同，教育法规定的法律责任又可分为：①行政机关违法时应承担的法律责任；②学校违法时应承担的法律责任；③教师违法时应承担的法律责任；④学生违法时应承担的法律责任；⑤社会违法时应承担的法律责任。其中各主体的不同违法行为所应承担的具体法律责任形式在相关的教育法律、法规中都有明确规定，本书不再详述。

（三）学校事故及其法律责任承担

学校事故就其产生而言，可以分为两大类。一是意外事故。这类事故不是由于当事人的故意或过失，而是由于不可抗力或不能预见的原因而发生的事故，它们不属于由违法行为引起的事故，因而不具备法律责任的负责条件。二是过错事故。这类事故通常是指由于一方当事人（如学校、教师）的违法行为而导致另一方当事人（教师、学生）人身伤害后果的事件。与意外事故不同的是，违法行为是这类事故的必要条件。所谓违法行为，是指国家机关及其工作人员、社会团体、企业事业单位和公民违反法律规定，从而导致社会关系和社会秩序受到破坏的有过错的行为。它表现为违法者心有预计、明知故犯或者疏忽大意、不履行法定义务，或者超越了法律规定的权利界限，做了法律所禁止的事情或是没有做法律所要求的事情。

根据以上分析，学校事故中的意外事故，其产生的原因不是当事人的违法行为，不具备法律责任的负责条件，因此不在我们的讨论范围之内。如果是出于主观故意而违法，即行为人明知自己的行为会发生危害学生的结果，并且希望或放任这种结果的发生，在这种情况下，行为人的主观恶性程度要比过失违法严重得多，因而适用法律也就不同。这类事故，也不在我们的讨论范围之内。这里着重要讨论的学校事故是指在学校及其他教育机构内，以及虽在学校及其他教育机构外，但是在学校及其他教育机构组织的活动中发生的，由于学校、教师的疏忽没有预见或者已经预见而轻信能够避免导致学生人身伤害的事故。根据上述对学校事故的定义，目前发生在我国学校及其他教育机构中的学校事故，可以根据以下标准来进行分类和讨论。

第一，学校及其他教育机构和教师方面有无过错？是属于什么性质的过错？

第二，学校及其他教育机构和教师方面的过错与学生人身伤害事故之间有无因果关系？

第三，人身伤害事故后果的严重程度。

以上标准不仅是对学校事故分类的依据，还是判断学校在学生伤害事故中应否承担责任，以及承担责任的大小等问题时不应忽略的考虑因素。我国目前对学校事故中学校承担法律责任的明确规定，可见于《最高人民法院关于贯彻执行〈中华人民共和国民法通则〉若干问题的意见（试行）》第160条，该条规定："在幼儿园、学校生活、学习的无民事行为能力人或者在精神病院治疗的精神病人，受到伤害或者给他人造成损害，单位有过错的，可以责令这些单位适当给予赔偿。"该条确定了学校在学生伤害事故中的过错责任原则，即必须有过错才承担责任。

根据上面确定的标准，我们可以把纷繁复杂的学校事故区分为以下几种情况。

第一，学校及其他教育机构和教师在教育工作中无任何过错，对所发生的学生人身伤害事故不负法律责任。

1995年，天津市某中学教师王某起诉某中学，要求该中学对因过错造成其女死亡并导致原告人经济损失一事承担损害赔偿责任。天津市河北区人民法院受理这一起13年前的案子，并正式立案审查。13年前，当时15岁的原告之女王某在该中学初三就学。她因与同学发生纠纷，并对班主任白某和教导处主任郭某的批评不服，于1982年5月27日下午6点多在学校教导处服毒，经抢救无效死亡。这一案件的关键在于认定被告在教育工作中方法是否得当，解决学生纠纷时态度是否公正，以及王某的非正常死亡与被告的行为之间有无因果联系。一审判决认为，原告之女王某与同学张某、裴某因戏逗产生矛盾，当时第三人白某处理问题得当，并没有对王某打骂、体罚等情况。王某服毒死亡，亦非被告及第三人白某所致。原告虽主张王某死亡是因为白某、郭某教育方法不当，解决学生之间纠纷不公，致王某长期精神受压抑，造成其非正常死亡，但不能提供证据，经查不能证实，故原告要求被告赔偿的主张本院不予支持。

第二，如果学校及其他教育机构和教师在工作中有某些过失，但这些过失不是构成学生人身事故的原因，而是发生事故的一种条件，则学校及其他教育机构和教师应该承担部分责任。所谓构成事故的原因，是指直接造成事故后果的，与事故结果具有必然的联系。而条件只是促成事故结果的发生，为事故结果的发生提供了可能，与事故结果只有一般的联系，而无必然联系。

12岁的小学生荣海洋放学后和13岁的荣波等人一起在附近的荣苗小学操场上玩。当荣波攀爬篮球架时，球架突然倒地，将站在球架底下的荣海洋当场砸死。荣海洋的家长起诉荣苗小学，要求赔偿。《中华人民共和国民法通则》第一百二十六条规定："建筑物或者其他设施以及建筑物上的搁置物、悬挂物发生倒塌、脱落、坠落造成他人损害的，它的所有人或者管理人应当承担民事责任，但能够证明自己没有过错的除外。"对于本案来说，被告能否证明自己没有过错是关键所在。因为无过错责任的一个重要特征是举证责任倒置，即不承担民事责任应由被主张的人证明，不能证明的，即推定由其承担民事责任。原告律师指出，本案受害人和肇事人都是未成年人，对事故的发生会造成的后果根本无法预料。根据民法规定，学校作为篮球架的管理人负有管理本校设施以及教育学生的责任，因此不能推卸责任。法庭最后采纳了原告律师的意见，在追加荣波为第二被告后做出了如下判决：被告荣苗小学支付原告各项赔偿金3 500元；被告荣波支付赔偿金1 320元。(《律师与法制》1994年第1期)

第三，对于因学校管理失当等原因导致学生在校受到伤害或者给他人造成损害的，学校应承担部分责任。

1995 年 7 月，河南省虞城县法院审结一起 12 岁学童状告学校的损害赔偿案。马某是虞城县田苗乡杨余庄小学五年级学生。1994 年 11 月 5 日上早操时，马某因迟到插队时被同学推倒在地，造成左肘臂骨折，花去医药费用 1 300 余元，多次与学校协商要求其承担责任，赔偿医疗损失。而校方则认为，小学按时上操是正常的集体活动，马某迟到违反校规，学校不承担责任。马父遂以法定代理人的身份代儿子将校方推上了被告席。法院认为，马某被摔伤，系校方管理不当所致，应承担主要民事责任，马父作为监护人也应承担相应经济损失。经法庭调解，双方达成协议：学校赔偿马某医药费 1 000 元，诉讼费及其他费用由其父负担。(1995 年 7 月 15 日《中国青年报》)

第四，直接由学校及其他教育机构和教师在工作中造成的人身事故，应由学校及其他教育机构和教师承担法律责任。

1995 年 11 月 6 日晚，呼和浩特市天气奇冷，该市民族小学 500 多名小学生上完晚自习，由于天冷，宿舍第一次生起火炉，孩子们急于去宿舍烤火，一出教室便一窝蜂地朝宿舍跑。在经过宿舍区的门洞时，前面的孩子摔倒，后面的孩子仍往前拥，结果造成 7 名小学生被踩死、18 名小学生被踩伤的惨剧。根据检察机关的侦查，民族小学的管理工作存在很大漏洞，学校班主任教师和生活教师的责任范围一直不明确，学生下晚自习后从教室到宿舍区这段距离长期以来没有人负责，生活教师不到岗也是常事。检察机关认定校长、主管学生生活的副校长、学生生活教师负责人三人为这次事件的主要责任者，他们的行为已构成玩忽职守罪。(1995 年 11 月 28 日《中国青年报》)

第五，由于学校及其他教育机构或其工作人员明知或应该知道自己的行为会造成较严重或很严重的损害后果，却违反职责规定行为并造成事故发生的，应由行为人承担法律责任。

1996 年 3 月 12 日，乌鲁木齐市第二十二小学发生一起疫苗错接种事件，数十名学生出现不同程度症状，至 22 日有 62 名学生接受观察治疗。12日下午，该校组织四年级的93名学生到校医疗室注射流脑疫苗，事后发现有三支卡介苗被误当作流脑疫苗注射给了学生。当晚就有学生出现注射部位肿大、咳嗽、头昏、恶心等症状。据乌鲁木齐市卫生局负责人透露，这次第二十二小学组织的流脑疫苗接种违反了国家有关法规。疫苗的接种应由卫生防疫部门统一组织实施，任何组织和个人都不得自行接种疫苗。在这起事故中，学校及有关人员不仅要承担民事赔偿，根据事故的损害后果，还有可能受到行政的甚至刑事的法律制裁。(1996年3月22日《中国青年报》)

第六，对于在学校以外发生的学生伤害事故，如果活动是由学校组织的，并且学校确有过错时，则学校应负法律责任。

1995年5月，某市某小学二年级在学校的倡导和班主任老师的指导下，成立了一个“学雷锋小组”，有成员16人，均是不满10周岁的未成年人。某星期天，该小组组织全体成员到一“五保户”家做好事。事前未告知班主任及学校。在搞卫生中，女生赵小娟在擦洗房间的玻璃时，失足从椅子上摔下来，造成左脚骨折。赵小娟的家长要求学校进行经济赔偿。本案在辩论责任归属时出现分歧，有人认为该小组去“五保户”家做好事事先未告知学校及班主任，不属学校或班主任安排的活动事项，学校和班主任不存在管理上的问题。但该小组是在学校及班主任的倡导下成立，平时学校也经常要求学生多做好事，故本案虽发生在校外，学校也应负一定责任。(《律师与法制》1999年第5期)

第七，在学生人身事故中应负法律责任的幼儿园、学校及其他教育机构，如果其不具备法人资格，则其隶属的上级主管部门应负连带赔偿责任。

1994年8月5日中午，6岁的小宁宁在江苏盐城汽车运输总公司幼儿园里吃完饭后，就到自己座位上玩积木。这时，另一个小朋友嚷着也要玩，小宁宁拔腿就跑，碰倒了放在桌腿旁的一瓶珍丰牌啤酒，酒瓶爆裂，小宁宁倒在地上，右眼、面部、小腿多处被飞起的玻璃片划破，当即被送往医院救治。外伤缝合后，他的右眼因疤痕而闭合不全，角膜穿孔伤致疤痕形成，瞳孔呈不规则状，视力仅0.4，需做角膜移植手术。法院审理认为，原告是一名6岁幼儿，为无民事行为能力人，根据有关法律规定，在幼儿园内其监管职能应由幼儿园承担，幼儿园违反有关规定，将啤酒带进园里放在地上，使原告在玩耍时不慎碰倒，酒瓶爆裂致伤并留下残疾，幼儿园应负全部责任。因幼儿园不具备法人资格，其上级主管部门运输总公司应负连带赔偿责任。由于酒瓶倒地后才爆裂，又无足够证据证明产品有质量问题，故不予支持原告要求珍丰集团承担赔偿责任的请求。法院做出一审判决，判令被告幼儿园一次性赔偿人民币16 959元，并由运输总公司负连带责任。（1999年10月7日《中国青年报》）

以上列举了七种情况的学校事故，各有其不同的情节。对发生在学校的学生人身事故，应以事实和法律为依据，具体情况具体分析。必须严格区分有过失和无过失，造成事故的原因和条件，以及教育工作中的失误、故意和一般的工作改进之间的原则界限。既不应混淆是非责任，伤害学校和教育工作者的积极性，也不应放纵任何违法行为，而要分清法律责任，实事求是地妥善处理。那种把所有在学校发生的人身事故或与教师有关的人身事故都归由学校及其他教育机构负责，由其包下来的做法是不可取的。

二、法律救济

（一）法律救济概说

“有权利就必须有救济”“没有救济的权利不是真正的权利”。法律救济对于保障学校、教师、学生的合法权益，对于监督政府依法治教有着重要的现实意义。何谓法律救济？法律救济是指依据法律对权利冲突的解决。也就是说，当公民的权利受到侵害时，可以从法律上获得自行解决，或请求司法机关及其他机关给予解决，使其受损害的权益得到补救。

法律救济具有三个特征：首先，权利受到损害是法律救济存在的前提，如果权利未受损害，就无所谓救济；其次，法律救济具有弥补性，它是对受损害的权利的弥补；最后，法律救济的根本目的是实现合法权益并保证法定义务履行。

（二）法律救济的主要制度

法律救济的途径和形式是多种多样的，在我国主要有行政救济和民事救济两种。行政救济主要包括行政复议制度和行政诉讼制度。民事救济主要指民事诉讼制度。在教育领域内，还有两类特殊的法律救济制度，它们分别是教师申诉制度和学生申诉制度。我们在这里只介绍这教育法规定的两类特殊法律救济制度。

1. 教师申诉制度

教师申诉制度是指教师对学校或其他教育机构及有关政府部门做出的处理不服，或对侵犯其权益的行为，依照《教师法》的规定，向主管的行政机关申诉理由，请求处理的制度。

教师申诉制度是一项专为教师制定的与教师教育教学等权利有关的法律救济制度。它具有如下特点：首先，教师申诉制度是一项正式的法律救济制度；其次，教师申诉制度是一项专门性的申诉制度；再次，教师申诉制度是一种行政性的申诉制度。

我国教师申诉制度是依据1993年颁布的《教师法》而确立的。其具体内容为《教师法》第三十九条的规定："教师对学校或者其他教育机构侵犯其合法权益的，或者对学校或者其他教育机构作出的处理不服的，可以向教育行政部门提出申诉，教育行政部门应当在接到申诉的三十日内，作出处理。教师认为当地人民政府有关行政部门侵犯其根据本法规定享有的权利的，可以向同级人民政府或者上一级人民政府有关部门提出申诉，同级人民政府或者上一级人民政府有关部门应当作出处理。"

同时，为了保障教师申诉权的行使，《教师法》第三十六条规定："对依法提出申诉、控告、检举的教师进行打击报复的，由其所在单位或者上级机关责令改正；情节严重的，可以根据具体情况给予行政处分。国家工作人员对教师打击报复构成犯罪的，依照刑法第一百四十六条的规定追究刑事责任。"以上规定确立了教师申诉制度的法律地位，使其成为一项专门保护教师权益的法律制度。

2. 学生申诉制度

学生申诉制度是学生在接受教育的过程中，对学校给予的处分不服，或认为学校或教师侵犯了其合法权益而向有关部门提出要求重新做出处理的制度。它在性质上也具有法定性、专门性以及行政性的特点。

学生申诉制度建立的法律依据是《教育法》第四十三条有关学生申诉权的规定。该条规定：学生对学校给予的处分不服有权向有关部门提出申诉，对学校、教师侵犯其人身权、财产权等合法权益，有权提出申诉或者依法提起诉讼。根据这项规定，学生申诉的范围十分广泛，一般涉及学生的受教育权、公正评价权、隐私权、名誉权以及其他人身权及财产权受到学校或教师侵犯的行为。

学生提起申诉需要符合一定的条件。具体包括以下四项内容。

首先，提起申诉的人必须是不服学校处分或认为学校侵犯了其合法权益的学生本人，如果学生年龄较小，可由其监护人代为提出。

其次，必须针对特定的被申诉人，包括做出不利处分的学校或侵犯了其合法权益的学校或教师。

再次，提出申诉的事项必须在教育法律、法规等规定的受理范围之内。根据相关的法律规定，学生申诉的范围有以下几种：①学生对学校做出的各种违纪处分不服，如警告、严重警告、记过、留校察看、勒令退学、开除学籍等纪律处分及其他处分；②学校或教师侵犯学生人身权，如在教育管理中体罚或变相体罚学生，侵犯学生身体健康权，侮辱学生，侵犯学生人身自由权，随意剥夺学生荣誉称号侵犯学生荣誉权等行为；③学校或教师侵犯学生财产权，如违法乱收费、乱摊派、没收学生财物、罚款、强迫学生购买非必需教学物品或与教学无关的物品等；④学校或教师侵犯了学生通信自由与通信秘密权，对学生进行不公正评价，以及侵害学生受教育权等行为；⑤以上未列及的有关学生人身权、财产权受到侵害的其他行为，学生均可提出申诉。

最后，提起申诉必须遵循一定的程序。

思考题

1. 教育法是如何产生的？

2. 试述我国教育法制的现状和前瞻。

3. 谈谈教师的法律地位及其权利与义务。

4. 谈谈学生的法律地位及其权利与义务。

5. 什么是学校事故？学校事故可以分为哪几类？学校在这些情况下要承担怎样的法律责任？

教育实践活动

1. 请调查一所小学实施法律的情况。

2. 搜集最近的教育案例和教育纠纷数则，并进行分析。

第十四章 教育研究方法

【内容提要】本章主要阐述了教育研究的特点、类型、基本步骤、基本方法等重要问题。通过本章的学习，我们将认识教育研究对提高教师素质的重要意义，学会如何从小学教育实践中寻找课题、论证课题，以及怎样分析资料和撰写报告。

第一节　教育研究概述

一、教育研究的性质

（一）教育研究的特点

教育研究是对教育问题的一种认真、系统、持续的探究活动。这一过程必须遵从一些基本的规范。通俗地讲，教育研究就是针对问题系统地搜集资料、寻求答案的过程。① 作为一种探究活动，研究并不神秘。遇到问题，人们自然会去思考，去探究。假如班上有一名学生的学习成绩忽然下降，教师会感到困惑，并试图了解变化的原因及其辅导方法。这样一种从产生疑问到搜集信息以寻求答案的过程就是一个完整的探究过程。在探究问题时，可以凭经验来解决，也可以在别人的指点下获得灵感。但这些都不是研究，因为研究是一个持续深入的探究过程，且要凭借规范的方法。

开展教育研究，最基本的探究方式有四种：①熟悉并了解所要研究的问题，如小学生课外阅读情况；②将事情分类，形成类别体系，如家长在教育子女过程中，亲子关系的类型；③建立变量间的联系，如智商与学习成绩的关系；④找出事物的成因，如一些学生厌学的原因。在实际研究过程中，以上探究方式可以结合起来使用，同时实现多种探究目的。

教育研究是实践性很强的研究领域，教师在开展教育研究上具有独特的优势。尽管专业研究者因为受过理论和研究方法的训练，开展研究时比较得心应手，但他们所从事的研究主要是基础理论和宏观研究。这样的研究虽然能给教师提供考察问题的新思路，却不一定能直接指导实践。在开展应用型研究方面，广大小学教师具有很大的优势。教师每天接触学生，最了解教育教学中的问题，也最有可能把一些好的教育理念落实到实际工作中。

---

① 吴明清著：《教育研究：基本观念与方法分析》，五南图书出版公司 1991 年版，第 16 页。

教师开展教育研究，所面临的困难是工作忙碌，没有时间专门搞研究；而且会有惧怕心理，认为自己缺乏研究能力。其实，经过一些实际训练，了解了研究的程序和方法，教师完全能做好教育研究。

（二）教育研究的类型

教育研究可以从不同的角度，按照不同的标准进行分类。

按照研究成果的作用分类，可以分为基础研究和应用研究。基础研究的主要目的是扩展知识，应用研究的基本目的是解决现实问题。二者的区别在于前者对学术价值比较关心，后者更重视实际意义。

按照研究成果是否包含数量分析，可分为定量和定性研究。简言之，定性研究是用文字描述现象，定量研究则是用数字来说明问题。

按照研究的具体方法分，研究有很多类型，如实验研究、调查研究、行动研究和个案研究等。在小学教育研究中，常用的方法有观察法、调查法、实验方法和行动研究法。这四种研究方法均属于实证研究。所谓实证研究，就是在搜集实际资料特别是第一手资料基础上所做的研究。与理论研究不同，实证研究关注微观的实际问题，讲究细致的分析与描述，研究程序也更为规范。本章所讨论的内容均针对实证研究。

二、教育研究对提高教师素质的重要意义

教育研究对提高教师素质的重要意义主要体现在以下两个方面。

（一）在教育实际工作中的意义

1. 更深刻地了解教育现状

在实际工作中，教师要面对多种复杂的情境和问题。教师不仅要了解教材教法问题，还要了解学生的学习状况以及班级管理等方面的问题。如果教师能花一些时间探究工作中所遇到的问题，就会对问题的成因产生更为深入的认识，进而找到解决问题的思路和策略。叶圣陶先生曾经指出，教学效果不好的原因就在于没有认真做些研究，对学生的学习情况和发展水平缺乏了解。① 比如，对学习能力强的学生，要了解他们是怎么学的，学习能力是怎么高起来的？学习能力差的学生，学习上有什么问题，困难在哪里，这些问题和困难是怎么产生的？在实际工作中，教师应做有心人，细心观察学生在

---

① 中学语文教学研究会会刊编委会编：《语文教学研究》第一集，教育科学出版社1980年版，第5页。

课堂内外的表现，留意学生的变化，并在此基础上总结教学中存在的问题。

2. 激发问题意识

教育研究的重要目的是激发教师的问题意识，而不仅在于提供解决问题的对策。① 研究能够引起教师对教育问题的关心，刺激教师思考问题并寻求解决问题的办法。随着信息化时代的到来，教师的工作重点要从传授知识转向培养学生探索知识的能力。为了达到这一目标，教师要以身示教，培养自己的问题意识，并在工作中扮演“教师即研究者”的角色。同时，通过研究活动，教师也能够反思工作中存在的问题，强化自己的专业能力。

3. 改进教学

教育研究能推动小学的教改实验活动。现在流行的教学理论很多，其中哪些是有效可行的，哪些是有问题的，都需要教师针对自己的教学情境来加以分析，并在教学中进行实验尝试。教改实验能够让教师了解到教学中存在的问题，把握各种教法的特点，揣摩出适合自己的教学模式。课改过程中，开展教改实验也是学校的内在需要。近年来，不少学校已经提出要把教育科研、教改实验与日常工作结合起来，三位一体地进行工作，以提高学校的办学水平，寻找改进教学的策略。

教育研究能促进教师的教学创新活动。虽然可供选择的教学策略多种多样，但教师只有亲自尝试过，才能做到灵活运用，而尝试新方法的过程就是一个研究和改进过程。如在小学生写作训练中，可以采用多写多练、自由写作等方法培养低年级学生的写作能力，在获得了感性经验后，教师应根据学生实际情况和自身的特长做出改进，只有这样，才能真正自如地运用这些方法。

教育研究能帮助教师总结经验，克服不足。教师在长期的教学工作中，积累了大量的经验。遗憾的是，他们对这些经验总结得很不够。教育研究提供了一种剖析问题的方法，能够帮助教师从大量的感性经验中理清头绪，概括出精华所在，并在教学实践中进行验证和发展。

（二）在教师职业发展上的意义

提高教师的研究能力，是教师职业发展的必然需要。在信息化社会，终

---

① 陈伯璋著：《教育研究方法的新取向：质的研究方法》，南宏图书公司 1990 年版，第 84 页。

身学习的要求变得日趋明显。教师在其职业发展过程中，要不断提升自己的知识修养，提高教学与管理能力。为了更好地把握教材、了解学生，教师应加强研究意识，并通过研究促进自身的发展。

教育是一项很复杂的工程，同时又是一种艺术。教学本是生动有趣、极具探究性的活动，但年复一年地教同样的课程，教师会感到沉闷，缺乏新奇感。如果能够在教学过程中开展一些研究，教师将有机会重新审视自己的工作，并通过研究开阔思路，提升教育能力。

研究对教师职业的意义表现在以下四个方面：①研究给教师的工作注入了新的内容，提供了新的思考机会；②在参与教育研究的过程中，教师之间，教师与专业研究者之间加强了联系，教师的专业知识也得到拓展；③研究使教师学会在日常工作中发现问题，增强观察问题的能力；④研究开阔了教师的眼界，使教师的教育观念得到更新。这些影响能提高教师的专业素质，进而推进学校的教学创新活动。

在一项“主体性教育”的实验研究中，实验点的小学教师和研究人员共同设计主体性教育实验方案。教师还要在教学中落实实验方案，考察实验效果。在研究过程中，教师对主体性的概念有了新的理解，也总结出提高学生主体性的一些具体办法。① 实验取得了很好的效果。我们可以想象：如果没有研究的刺激，“主体性”对于这些小学教师而言也许永远只是一个抽象的字眼而已。

三、教育研究的基本步骤

研究问题虽然各式各样，但研究过程却是有一定共同的程序的。教育研究通常包括以下步骤：①提出课题；②查阅文献；③设计研究方案；④搜集和分析数据；⑤形成结论。下面结合“小学生听课效率调查”② 这一具体研究阐述教育研究的具体步骤。

（一）提出课题

提出课题的过程经历了以下三个步骤。

---

① 刘可钦：《主体性发展课堂教学的一些思考》，载《教育研究与实验》1998 年第 3 期。

② 参见陈静逊编著：《小学教育科学研究方法》，华东师范大学出版社 1990 年版，第 213 页。

1. 选择一个要探究的问题

问题通常来源于实践，如学生上课时不专心听讲问题。对问题的充分关注会变成一种研究动力。

2. 题目的界定和表述

将所关注的问题理清头绪，用明晰的语言描述出来。例如“小学生的听课效率调查”，就是在分析了学生上课不专心听讲问题后所确定的具体课题。从学生上课不专心听讲问题转到听课效率研究是从实际问题转到研究课题的过程。研究课题的特征是所涉及的概念更加清楚、明确。

3. 明确所要解决的问题

把课题内容分解成具体问题。有了明确的问题以后，研究任务就是对每个问题都要给出答案。例如，小学生的听课效率研究要解决以下三个问题：学生的听课状况如何？哪些教学方法和内容能激发学生的听课兴趣？影响听课效率的因素有哪些？

（二）查阅文献

通过阅读文献，了解相关概念的定义和常用的研究方法，为下一步搜集资料工作做好准备。如听课效率涉及心理学中的注意问题、情绪情感问题以及教师的教学方法和策略等文献。通过文献分析，教师能了解到小学生注意力的发展情况，以及课堂效率的影响因素。实际上，查阅资料贯穿于研究的全过程。为了有效地搜集资料，应复印一些好的文章，阅读时应及时做笔记。平时还要注意从报刊和杂志中搜集信息。如果平时能有针对性地搜集一些主题资料，如班主任工作、独生子女教育资料等，则开展研究时就比较有准备。

（三）设计方案

设计研究方案主要是选择研究方法的过程。其中决定如何搜集和分析调查数据是一个重要环节。搜集数据的方法主要有观察、访谈和问卷三种形式。除此以外，小学教育研究还可以通过测验、查看教学档案、召开座谈会、分析教材等取得研究素材。教师应充分利用身边的信息材料开展教育研究。“小学生的听课效率研究”是采用观察法搜集数据的。

（四）搜集和分析数据

搜集和分析数据的过程随研究的内容和方法而定。观察法、访谈法和问卷各有其特定的操作技巧和要求。在观察小学生的听课效率时，应集中了解学生的举手率、发言的数量和质量、注意力和情绪状况，了解学生对不同教学策略的反应。搜集了以上信息后，可进行定性加定量的分析。例如，计算出学生能够集中注意的时间，对比成绩好和成绩差的学生在注意力稳定性上的差别。另外，对造成学生注意力不集中的原因进行定性分析。

（五）形成结论

在分析数据的基础上概括研究结果，提出对教学的建议。该研究证明，学生上课时注意和情绪的变化受教师教学方法的影响很大，建议教师在刚上课和近下课的两段时间内，运用活泼多变的教学方法吸引学生。

在某一个具体的研究中，以上五个阶段不是孤立存在的，如查阅文献可以贯穿于整个研究过程，问题也可以在阅读文献的基础上加以调整。另外，搜集数据和分析数据还可以分成两个阶段，但这两个阶段不应该孤立进行。如在观察过程中就要进行分析，而不能等到观察彻底结束后才开始分析。

四、如何从小学教育实践中寻找课题

（一）选题方法

教师在工作中会遇到很多有趣的问题，其中一部分问题可能就是很好的研究课题。例如，在课堂教学中，如何组织教学，调动学生积极性？在班级管理中，怎样解决同学冲突，提高学生自我约束能力？再比如，自身职业发展中存在的问题，如新教师的角色调适，教学中存在的困难等。如果研究者难以从生活实际中发现课题，也可以通过文献阅读获得灵感。此外，研究者还可以从社会热点问题中寻找课题。下面列举一些从教材、教学过程、班级管理、学生发展和学科教学中提炼出的研究主题，以供参考。教师应当根据自己所教的学科找出探究的焦点，确定研究题目。

（1）教材：教材的适用性问题，教材是否切合学生的生活经验。

（2）教学过程：教学策略，学法指导，师生互动等问题。

（3）班级管理：教师管理班级的方法，不良环境对学生的影响，差生辅导等。

（4）学生发展：学习困难的成因，小学生语言表达能力的发展，电视暴力节目对儿童的影响，学生辍学原因等。

（5）学科教学：如学生的学习困难，某种教法（可自行设计）的有效性，学生课外阅读兴趣，低年级小学生听说训练，愉快作文，学生计算错误的成因等。

（二）问题的形成

由于教育问题涉及面广，可以选择的问题也多种多样，问题应该比较集中、具体，一般用简洁的疑问句提出。如，是什么？为什么？怎么样？用疑问句形式概括问题，能使问题清楚明了，便于把握。

例如，我们可以提出以下问题：

小学生喜欢什么样的教师？
为什么有的学生注意力很不集中？
一年级学生是怎样写作文的？

以上问题可以引发教师的思考，但最后选择哪个问题来研究还需要教师不断琢磨。这一阶段不能操之过急，因为提炼问题是研究可否顺利开展的关键。在选择课题时，要善于从大课题中提炼小课题。如素质教育是个大的课题，直接研究很难入手，就不如转换为如何通过写作文培养学生的创造力。研究中还要尽量避开过于抽象的问题，如“学生的本性是什么”就应该是哲学家研究的问题，而不适于大多数一线教师去思考、研究。

教师在实际工作中会经历一些很具体的教育问题。如在教学中怎样处理两极分化和个体差异问题，如何培养学生的良好学习习惯，这些问题看似简单，却反映了教育工作中特有的矛盾和冲突。以这样一些习以为常的问题为探究焦点，可以做的工作非常多，也能够形成一些富有新意的看法。

（三）好课题的标准

1. 有实际或理论价值

一个好的研究课题应该具备一定的理论或实际意义。教师应当根据自己学校的情况，找出有实践意义的课题。另外，研究最好能在某一方面弥补类似研究的不足之处，从而对学术研究有所贡献。

2. 问题具体清楚

研究题目不能太宽泛，不能贪大求全。题目太大，问题深入不下去，研究者只能粗略地发表一点看法。问题提出来以后，要经过仔细的分析，使笼统抽象的问题变得更明确。如“为什么学生学业负担过重”这个问题还不明确，因为负担有课内和课外之分。如集中在课外负担上，还应该考虑是仅关注学业负担，还是同时要考察音乐、美术、体育、舞蹈等课外学习负担。

3. 可操作性强

再科学、再有意义的课题，如果做不下去，就一定不是什么好课题。小学教师工作特别忙，也没有多少科研经费，应尽可能立足于自己的学校，以自己的教学为依托来开展研究。行动研究和小规模实验研究是小学教师比较容易开展的两种研究活动。

4. 具有时代特点

课题应能够结合教改热点，反映先进的教育思想。对于实验研究，这个问题尤其重要，比如在倡导素质教育的今天，我们就不应该提倡以增加学生负担为代价的实验研究。

5. 发挥教师特长

如果某教师作文教学很有特色，就应该开展有关作文教学方面的研究。反之，如果某教师在班级管理上颇有心得，就不如选择与班级管理有关的课题。

第二节　教育研究的基本方法

在小学教育研究中，观察法、问卷调查法、访谈法、实验方法和行动研究法是比较常用的研究方法。其中观察法、问卷调查法、访谈法还是搜集实证资料的基本方法。在实际教育研究过程中，我们可以综合运用这几种方法。

一、观察法

（一）观察法的特点

观察法是小学教师最为常用的研究方法。“观”是看；“察”是分析研究。① 观察法强调应在自然状态下，了解研究对象的行为表现。

观察是教学工作的一部分，在课上，教师要观察学生的听课反应，了解教学进度是否合适；在课下，教师要观察学生的行为表现，留意学生中存在的问题。但教育研究中的观察法具有特定研究目的，观察的过程也不是盲目

① 裴娣娜著：《教育研究方法导论》，安徽教育出版社 1995 年版，第 183 页。

的，而是有特定的规范和要求。

观察法最适于了解外显行为，而通过外显行为，可以发现行为背后的原因。观察学生在课堂上听讲情况，可以了解学生的学习兴趣、教师的教学质量。观察师生交流情况，可以了解师生的交往方式，还可以特别地考察教师怎样对待男女学生，怎样对待来自不同家庭背景的学生。观察校长一天的生活，能够知道校长在这一天遇到过哪些棘手的问题，这些问题又是如何解决的。

对于低龄儿童，观察法是很有效的一种研究方法。我国著名学前教育专家陈鹤琴教授就是通过观察自己的孩子，写出了著名的幼儿教育论著。苏联教育家苏霍姆林斯基为了研究道德教育问题，曾先后对 3 700 名学生做了观察记录，以了解“差生”“调皮学生”的特点，从中发现了教育“最难教育”学生的方法。

（二）观察的方法和技术

小学教师多采用参与活动的方式进行观察。即教师在自然状态下，以“局内人”身份进行观察，从而避免对所观察的活动产生人为的干扰。

教师在观察某个活动时，要关心发生了哪些事件，这些事件是在何时何地发生的，当事人是谁，事情经历了怎样的变化。为了使观察更有针对性，教师最好在观察前设计观察表。这样，观察什么、如何观察等都很清楚，结果还能当场记录，容易系统地取得所要的资料。观察表有两种形式：一种记录行为是否发生以及发生的次数，如学生在课堂上的举手次数，称行为检核表；另一种记录行为表现的强度，如课堂气氛的活跃程度，称评定表。对那些不容易直接观察到的行为，要设计一些具体的指标。如学生的“合作行为”有以下特征：主动帮助他人学习，答应他人的请求，接纳他人的帮助，与他人共用学习材料，与他人讨论学习方法和内容，等等。①

在多数情况下，研究者事先没有观察表，观察焦点也会在观察过程中变化。这种观察仍然应该有重点，如果想什么都观察，到头来就什么也抓不住。

观察活动经历了从感觉、知觉到了解的过程，及时的记录非常重要。记

① 吴明清著：《教育研究：基本观念与方法分析》，五南图书出版公司 1991 年版，第 315 页。

录类型有以下三种。

1. 描述记录

描述记录是用文字记述事件的发生、发展和结果。描述记录可以像写记叙文那样，记录整个活动过程，如果需要记录的头绪较多，可以选择几个典型事件进行记录。记录事件时，要注意两点：一要尽可能客观、真实；二要抓住典型特征，避免记“流水账”。另外，描述记录要和反思笔记分开，具体如表 14-1 所示。

表 14-1　描述记录示例

描述记录①	反思笔记
一天早上，正要进校门时，我看见不远处班上一名学生 P 正对着送他的父亲大发脾气，样子很凶。	印象中，学生 P 好像对老师有种恐惧感，从来不敢正面看我们，学生 P 在校内和在校外的表现怎么会相差这么大？

2. 行为检核表

为了核对所要观察的行为出现与否，应设计行为检核表。例如，为了观察小学生上课时的不专注行为，应分析不注意听讲的学生具有什么样的行为特征，然后将其归类，就可以形成小学生不专注行为检核表。其内容包括窃窃私语、干扰别人、打瞌睡、恶作剧、东张西望、离开座位、发呆、做小动作等。检核表把所要观察的行为分成具体细目，只要这些行为一出现，就可以在相应的条目上做出标记。这些指标应便于衡量。

3. 评定表

评定表用来判断某种行为的表现程度。如听课时，可以用以下评定表（见表 14-2）考察教师语言表达流畅、简洁的程度。

评定表在教学评价中运用得比较多，具体分几个等级可以按需要而定。为了提高评定的客观性，应具体指出各个评定等级的评判标准，以便于评定。此外，还可以多找一两个人同时评定，检查彼此的一致程度。

---

① 参见陈桂生主编：《到中小学去研究教育：“教育行动研究”的尝试》，华东师范大学出版社 2000 年版，第 73 页。

表 14-2 评定表

	1 很差	2 较差	3 一般	4 较好	5 很好
教学语言简练、明确					
表达流畅，有节奏感					
板书简要、工整，脉络清楚					

二、问卷调查法

（一）问卷的特点

问卷调查法是一种书面调查方法，是通过发放问卷的方式搜集资料，以了解被访者的意见和看法的研究方法。问卷调查的优点在于方便实用，短时间内能调查很多人，也便于分析整理。为了消除答卷人的顾虑，可以匿名作答。问卷调查的缺点在于，问题往往是表层的，不能深入了解研究对象的内在感受。另外，如果问卷设计得不好，或者回收率低，则虽然调查范围很广，结论却不一定准确。

问卷主要有两种类型。一种是针对某几个概念的测量，如教师教学观念调查，其调查内容比较集中，但必须涵盖各种不同的教学观念，题目也可以从现有的调查工具中选择。另一种是面上的现状调查，如师范生的学习和生活状况，这种调查是为了了解师范生学习和生活中的一些基本问题，以获得对事情的整体印象。如可了解师范生对课程安排是否满意，学习兴趣如何，生活上存在哪些困难，喜欢什么样的课外活动等。

问卷调查要选择一些能引起大家共鸣的话题，如学生课业负担、小学生承担家务情况、家长对子女的教育期望、教师工作满意度等。调查能揭示这些问题的整体状况，如大家都讲学生课业负担重，但到底有多重？调查能给出回答，而且还能回答与此有关的其他问题，如不同学校、不同年级有什么差别，学生和家长有何看法等。

教师应尽可能结合自己的教学工作进行调查研究，如在课下发放一份小问卷，了解学生对教学的看法，以便为改进教学提供认识基础。

（二）问卷编制

问卷调查表要包括标题、介绍词和题目三大部分。标题要简单明了，如

"家长教育观念调查""学生课外作业负担调查"。介绍词要讲明调查者自己的身份、调查的目的、填答方式以及保密性问题。下面是介绍词的一个实例：

尊敬的家长：

您好!

我们是××师范大学的学生，正在进行一项家长对子女教育期望的调查。在孩子成长过程中，家长花费了许多心血，对孩子的成长起到了重要的作用，我们特设计了以下问卷了解您对自己孩子的期望。问卷结果将反馈给学校和教育行政机构，为学校改进工作提出建议。问卷不用填写姓名，我们在分析结果时，将不涉及任何个人，只希望了解总体情况。

谢谢您的支持!

问卷中的题目可以是封闭式的，也可以是开放式的。封闭式题目要求答题者在给定的各种答案中进行选择，开放式题目可以由答题者自由发挥。通常是先出封闭式题目，然后再加几个开放题。

1. 封闭式题目，包括是非题、选择题、排序题

（1）是非题，列出两种极端情况，从中选择肯定或否定的回答。

例如：我每天按时做作业，从不用家长操心

是　　　否

（2）选择题，从多种选项中挑选最适宜的一个或几个。

例如：你平时做什么户外运动？（可以多选）

跑步　　爬山　　打球　　踢球

游泳　　骑车　　其他

你喜欢当老师吗？

很愿意　　愿意　　不愿意　　很不愿意

（3）排序题，问题后列有许多选项，要求按重要性评定次序，次序用数字表示。

例如：请将以下课外活动，依你喜欢的程度，由 1 到 8 顺序排列并

将序号写在选项前面的括号里。

（ ）体育　　（ ）画画　　（ ）书法　　（ ）弹琴

（ ）唱歌　　（ ）跳舞　　（ ）阅读　　（ ）游戏

2. 开放式题目，要求自行填写答案

例如：“您认为家长有必要陪伴孩子做功课吗?”

“请谈谈您对家校合作问题的看法。”

在设计选项时，要按照同一个标准划分类别，答案也要全面。措辞力求简洁明了，不能有含糊不清以致产生歧义的问题。

（三）问卷实施

下面以学生课业负担调查为例，介绍问卷调查的基本程序和应当注意的一些问题。

1. 提出问题

针对当前小学教育实际中所存在的课业负担过重问题，提出研究课题。

2. 查找文献

调查研究需要从两方面查找资料：一方面要了解课题的社会背景，如报刊中有关“素质教育”和“片面追求升学率”问题的讨论；另一方面要查找专业文献。

3. 设计问卷并进行小范围试测

问卷设计的好坏取决于对问题的定性了解，因此在设计问卷时应多向当事人请教。试测就是在正式发放问卷之前，找一些学生填答问卷，以了解问卷中存在的问题。

4. 分析试测结果并修改问卷

经过试测，能发现问卷中存在的问题。即使是基本的背景资料，如婚姻状况、父母职业类型、家庭收入水平，只有填答后才能知道设计是否周详。

5. 选择样本并发放问卷

调查研究要选择有代表性的样本，回收率也不能太低。发放问卷可以采用邮寄、当面填答和整群发放等方法。邮寄法花费大，回收率也比较低。如果问卷不长，可以在街边或村口让过往的行人当面填答。当面填答效果比较好，只是费时费力。教师可选择几个有代表性的班级集中发放问卷，这种方式回收率高、花费小、易于操作。

三、访谈法

（一）访谈的特点

访谈是调查研究中经常使用的一种搜集资料的方法。它与问卷调查相对应，问卷是书面的，访谈是口头的。访谈是通过面对面的谈话方式了解被访者对一些问题的看法的研究方法。

在一个对辍学生的个案调查中，研究者访问了个案王小刚的母亲、老师、同学、学校校长，试图了解王小刚的辍学原因。① 访谈资料说明，这个学生的辍学原因可能有两个：一是因成绩不好，对学习失去了兴趣；二是因受到老师体罚，不想上学。前一个原因，从各方面的访谈中都得到支持，但后一个原因是王小刚的“一家之言”。研究者进而反省了自己的询问方式，认为直接问王小刚“当时是什么原因不上学了？”可能会诱导他找出一两个事件作为退学原因。然而，导致王小刚辍学的原因可能更为复杂，做出退学决定可能是一个渐进的过程，而不是一定由一个事件所直接引发。下面以这项研究为例，与问卷调查对照，总结访谈的特点或优势所在。

1. 访谈较为灵活

被访者有不明白的问题，研究者可以详细说明。如果有需要深入了解的问题，还可以追问。例如，在访问王小刚的老师时，研究者问，学校是否有老师打学生的事情发生。被访者说有，并且讲了一个其他人的实例。研究者于是深入追问，了解到他本人刚工作时，也曾打过学生，原因是学生教不会，心里着急，但后来就不打了。

2. 能深入了解被访者的心理感受

王小刚在谈到辍学后的心情时，说：“我的心情不太好。当初不应该走。我觉得怄气，心里面实在不好受。”

3. 可观察表情、动作等体态语言

如报告中提到，王小刚谈到辍学后处境时表现出很伤心的样子。另外，王小刚的老师说到体罚问题时，看起来有点不好意思。这些非言语行为能够加深研究者对问题的了解，也使得报告更加生动、真实。

---

① 陈向明：《王小刚为什么不上学了：一位辍学生的个案调查》，载《教育研究与实验》1996 年第 1 期。

4. 在访谈过程中，被访者也是研究的参与者，在双向交流中双方加深了理解

有时，访谈还能促进问题的解决。这项辍学研究引起了学校对辍学问题的重视，并促成王小刚重返校园。即使这个问题没有彻底解决，访谈报告也可以起到宣传和警示作用，从而有助于问题的解决。

5. 回答率高

访谈不会受制于被访者的文化水平，即使被访者不识字，照样可以回答。再者，出于礼貌缘故，被访者一般不会当面拒绝访谈请求。

访谈的最大问题是容易有偏差，受到访问者背景因素和交流技巧的影响。采用相同的访问提纲，对于同一被访者，不同的访问者也可能会获得不同的信息，从而影响研究的可靠性。此外，被访者会觉得有些问题不便当面回答，比较敏感的话题甚至会引起被访者的反感。例如，研究行为不良的学生，需了解学生在家庭中的表现，但家长不一定愿意配合。

调查研究中的访谈和记者的采访表面上一样，但访谈法更讲究过程的规范性。例如，农村小学生的辍学问题研究，如果是记者采访，可以即兴而做。但调查研究中的访谈，事前要有认真的设计，调查过程要真实、可靠，还要能够为解决这一问题服务。

（二）访谈的类型

访谈的主要类型有以下三种。

1. 结构式访谈

结构式访谈有明确的访问提纲，提纲中的问题要按照固定顺序提出，就像是在当面回答问卷中的问题。

2. 无结构式访谈

这种情况只有访谈议题，没有访谈提纲，具体怎么谈在访谈过程中视具体情况而定。无结构式访谈有时也称为“深层访谈”，用于很深入的个案式访问，以了解个案的全面情况。

3. 半结构式访谈

由于结构式访谈非常死板，而无结构式访谈过于发散，于是就有折中的方法——“半结构式访谈”。也就是说，既要设计一些固定的访谈问题，又不拘泥于刻板的程序，题要根据情况顺势而定。在教育研究中，半结构式访谈用得比较多。

（三）访谈的过程

1. 提出所关心的问题

如对于学生辍学原因，研究者希望了解辍学生的个人特点、学校和家庭环境、导致辍学决定的主要因素，等等。

2. 设计访谈计划

包括找谁谈、怎么谈和谈什么三个方面。访谈对象可以根据需要选定，要选择既符合访谈目的又能提供丰富信息的人，样本也不用很大，有时可只选择一个个案进行研究，如“王小刚为什么不上学了?”就是这样的个案研究。一般来说，为了使访谈更集中，要考虑该问哪些问题以及怎么问比较合适。即使是无结构式访谈，访谈前也要有所准备。如果跨过制订访谈计划这一步，访谈就成为漫谈，搜集的信息就会很不全面，影响研究质量。

3. 实地生活或进行访谈

教师运用访谈方面比较有优势，因为同事间、师生间要经常交流，给访谈提供了机会，也使得访谈更为和谐。与观察法一样，访谈法看似简单，做起来却不易，需要一定的对话技巧。访谈者要在访问前设计好访谈提纲，要多问开放式问题，也就是没有固定答案的问题。访谈过程中，要认真倾听，并适时追问。访谈之后，要马上记录访谈内容，否则过后很容易忘记。条件允许时，最好能录音，这样访谈信息能完整地记录下来。如果担心录音会增强说话人的负担，使访谈失真，可以当场做一些简单记录，事后再详细补记。

4. 分析访谈资料

在定性研究中，不能等到搜集完数据后才开始分析数据，每当搜集到一些数据，就应进行分析。

四、实验方法

（一）教育实验法的特点

教育实验法就是设计某种新措施，如剪裁教材、改变教法，然后运用于实践中，考察其实际效果的研究方法。如果采用新措施以后，取得了显著效果，而且有理由相信其他因素不会造成这种变化，就可以说新措施是有效的。在教育实践中，如果想推行某种新的教学方法，应该先通过实验证明其有效可行。

就教学实验而言，实验法就是创设条件、对比新旧教法的过程。通常是选取条件相仿的两组学生，然后在一个组采用新教法，称为实验组；在另一个组采用旧教法，称为对照组或控制组。除所采用的教法不同外，要让实验组和对照组的学生在其他各个方面尽可能保持一致。如果能证明实验组的学生比对照组的学生成绩有显著的提高，就可以认为新教法能提高学生的成绩。也就是说，新教法（因）产生了好的教学效果。

教育实验的目的就是检测在采取了某项新教育措施后，是否产生了好的教育效果。实验方法能够揭示事物之间的因果联系。在教育研究中，常用学业成绩、错误率、完成作业时间等定量指标反映教学效果。

为了证明实验效果的确是新措施造成的，应排除无关因素的影响，如实验组和对照组的同学在年龄、性别、智力、学习基础等方面没有显著差别，而且实验组的学生不能得到特殊的照顾。假如实验组的学生整体上比对照组的学生学习基础好，那么即使实验取得了好效果，也不能说是新措施的作用。再比如，教师对实验组很重视，增加了补习时间，则很难说成绩的高低没有受到增加补习时间这一无关因素的影响。教育实验是在现实的学校环境中进行的，不可能完全排除无关因素的干扰。因此，在报告研究结果时，应分析、指出研究设计中可能存在的问题。

（二）实施过程

下面以教育心理学家罗森塔尔关于期望效应的实验研究为例，介绍实验研究的实施过程。

1. 提出假设

罗森塔尔假设：教师对学生的不同期望会影响学生的学业发展，或者说那些受到老师看重的学生真的会变得更聪明。这样一个从经验中得到的假设，如果不通过实验研究很难证实。

2. 选择实验对象

在研究中，罗森塔尔先对小学一到六年级每年级三个班学生进行一次“预测未来发展的测验”，实际上是一般的智力测验。然后随机地从每个班选择20%的学生作为实验组，另外80%的学生作为对照组。

3. 控制无关因素

由于实验组和对照组的学生是随机选取的，可以认为两个组的学生背景相同，从而控制了学生背景因素对实验的影响。另外，学生不知道自己在参与实验，教师不了解实验的目的，两个组的教师、教学状况也都相同。

4. 推行研究计划

罗森塔尔把实验组学生的名单交给教师，声称这些学生是按照智力测验得分选出的高智商儿童，并有意识地告诉每个班的教师，这些儿童很有发展潜力，学业上很快就有大的进步。名单中的学生有些属于教师意料之中的学生，有的却不然。

5. 对比前、后测成绩，检验假设

八个月以后，罗森塔尔再次进行了同样的测验，结果发现这些所谓的“未来的花朵”真的比其他学生有更大的提高，即实验组学生成绩增长比控制组学生快。研究者认为，教师受到实验者的暗示，对实验组的学生比较偏爱，而且也会有意无意地通过态度、表情与话语把这种期待传递给他们；而这些学生受到鼓励后，也会更有信心，并给教师以反馈，从而增强了教师对他们的偏爱。

五、行动研究法

（一）行动研究法的特点

行动研究法是由实际教育工作者（通常是教师）担任研究者，以学校或教室内亟待改进的实际教育问题为研究内容，而以改进这些教育活动为目的的研究方法。① 行动研究贯彻在实际工作中，是教师和教育管理人员为解决日常问题而开展的案例式研究。因为它在学校中易于推行，并能提升教师的研究能力，推动实际问题的解决，所以近年来受到了广泛重视。

行动研究倡导教师和专业研究者一起来研究，强调以共同研究的方式，分析实际发生的问题，并通过行动寻求解决问题的具体办法。在这一过程中，教师成为研究的参与者和行动的实施者。

行动研究的核心目的在于解决现实问题，而不在于发展理论。前面谈到应用研究的目的也是如此，那么行动研究与应用研究究竟有什么区别呢？总体而言，行动研究是应用研究的一种形式。但行动研究与一般的应用研究并不相同，它更关注当下的效果，即教学活动是不是有了改善。近年来流行的“教师即研究者”的说法，就是行动研究的基本特点。行动研究本身并没有自己专门的研究方法，而是可以综合采用观察、调查和实验等方法。行动研究对研究方法的要求不太严格，强调把研究工作和教师工作相结合，借以提高教师素质，改进教学效果。由于研究对象主要是自己的学生，行动研究不

---

① 陈伯璋著：《教育研究方法的新取向：质的研究方法》，南宏图书有限公司 1990 年版，第 71 页。

关心研究结果是不是具有普遍性。行动研究在实施上具有较大的灵活性，一切从实际需要出发，是教师比较容易开展的一种研究活动。行动研究的典型题目有“小学生上课不专注的原因及改进办法”“学业困难学生学习辅导”“采用激励性评价提高学生的学习动机”等。小学教育研究论文多数是对教学中某些创新活动的总结，因而具有行动研究的特点。

（二）实施过程

下面以一个实例来说明行动研究的过程。①

1. 发现问题

教五年级科学课的王老师，发现在开学后两个月的学习中，学生的成绩一直不理想，于是想通过行动研究了解问题原因，并设法解决问题。

2. 分析并确定问题

针对这一问题，王老师搜集了有关课堂学习效率等方面的文献，了解到影响学生学习效果的多种因素，如学生的学习动机、教师的教学方法等等。在此基础上，王老师请教了其他教师，发现学生对科学课的兴趣是学好科学课的关键。由此可见，从很多因素中聚焦研究问题是行动研究的核心步骤。

3. 制订并实施研究计划

在查阅文献和分析问题的基础上，王老师决定发放问卷以了解学生的学习兴趣。问卷显示，学生兴趣低落的原因主要在于上课缺乏实验、讨论，而且户外活动太少。也就是分析问题的具体成因，找到改进的方法。

4. 设计并实施行动方案

根据调查结果，王老师设计并推行了行动方案，即每周有两节实验课、一节讨论课，每两周有一次户外活动。

5. 评价行动方案

采用新办法一段时间以后，王老师再次进行了科学课测验，用以评估活动效果。

6. 修正行动方案并再次实施

如果评估证明，新方案取得了好的效果，就继续实施这一方案。否则要分析问题原因，以改进行动方案。

以上步骤看似简单，但操作过程中却需要教师对自己的工作进行批判性

---

① 陈伯璋著：《教育研究方法的新取向：质的研究方法》，南宏图书公司 1990 年版，第 76—77 页。

反思，需要认真经历从方案设计、实施到评估的过程，而且这一过程要不断进行。

（三）教师成为行动研究者

上一节呈现了一个小学科学教师的案例，从教育行动研究的角度看，这位教师带给我们的启发主要有以下几点。

1. 强烈的改进意识

教学中，出现教学效果不理想的情况是比较常见的。教师通常会想一些办法，但能够将问题作为行动研究的起点而开展深入探究的老师或许并不多。首先，有的老师会认为，这种事情经常发生，可能这个班的学生不好教；也可能自己这学期的教学状态不太理想。其次，可能教师也尝试着进行改变，但看不到效果，感觉比较灰心。而行动研究者的一个特质是知难而进，能够直面问题，寻求解决的办法。

案例中的王老师在两个月的教学中，感觉学生对知识的掌握不理想，而且一直没有找到好的办法解决这个问题。在这种情况下，王老师选择了行动研究方法，试图通过一个在研究中行动、在行动中研究的过程找到解决问题的对策。案例说明，王老师相信问题可以通过一个持续的探索和改进过程而得到解决。这样一种态度和信念，是行动研究的基础。也就是说，遇到问题时，不是仅仅从外部找原因，也不是以一种比较消极的态度对待问题，而是找到产生这种问题的根本原因及其解决办法。

由于行动研究能够帮助教师找到解决问题的办法，所以它也是教师比较认同的一种研究取向。但是实践中，教师又往往被一些困难卡住，难以深入开展行动研究。案例中的王老师通过学习文献及与同事交流，意识到学生成绩上不去的主要原因是没有调动学生对于课程的兴趣。而对学生的问卷调查又显示，学生兴趣不高的原因是上课缺乏实验、讨论、户外活动太少。所以，王老师对自己的教学方式进行了很大的调整，增加了讨论和实验，且两周一次户外活动。做出这样的改变并不容易，因为王老师需要准备实验材料，设计要讨论的问题等，尤其是户外活动的组织也需要事先的安排和现场的组织，安全方面也要有预案。可见，如果不是有强烈的改进意识，王老师不会下决心做出这些改变。

行动研究以解决实践中遇到的难题为目标，能够贴近实践者的需求，但也给实践者提出了新的要求，就是要不断在实践中进行反思，并且勇于探索有效的问题解决之道。

2. 批判性反思和自由对话

教育问题的成因，通常比较复杂，尤其是影响学生学习效果的因素，既有学校、教师，也有家庭和社会的影响。案例中的王老师，将问题聚焦到学生的学习兴趣，这是找到了主要的原因，也是抓到了主要矛盾。但影响学生学习兴趣的因素是非常多的，王老师此时聚焦于教学因素，找到了症结所在。或许没有调查之前，王老师觉得自己备课认真，讲授也比较生动，学生应该比较有兴趣。但实际上，学生的感觉不是这样。此时，就会产生批判性反思。王老师的调查，也是走近学生的过程，是一种与学生的对话交流。不仅可以使用问卷方法，还可以通过小组座谈、非正式聊天、参与式观察等方法了解学生的想法。这样的调研，不是把自己置身于问题之外，而是让学生清楚地感知到老师期望了解问题的根本，进而去解决问题。所以行动研究的研究不是一种脱离实践的抽象的研究，而是在具体情境下的一个真实的问题诊断和分析的过程。此时，参与调查的学生也成为行动研究的参与者，可以为问题解决提出自己的建议。

以上讨论说明，行动研究中的研究是一个转换视角认识事物的探究过程。教师不仅可以从学生那里获得有用的信息，也可以从同事、专家，甚至从自己的课堂实录或教学日志中获得启发。视角转换为反思提供了可能，但如何能实现这种转换呢？这就需要找到研究的伙伴，他可能是一位大学教师或教研员，也可能是同事或学生，甚至包括家长。

批判性反思与自由对话是行动研究的实质所在，自由对话为反思提供了可能，反思给自由对话带来活力。首都师范大学一位教授和北京一所小学的教师合作开展了一项行动研究，其过程如下。①

第一阶段：针对学生作业比较单调的问题，以建设绿色校园为主题，让学生开展了调查活动。结果发现，只有一个班做得比较好，因为教师对学生进行了网上辅导，所以这个班有五个同学做得很出色。为了推广这个班的经验，学校计划组织一次大课，让这个班做得最好的五位同学展示自己的成果，然后这个班的教师给学生进行如何开展调查并撰写小论文的辅导。

第二阶段：学校组织了针对五、六年级全体学生的成果展示。发言的五位同学有的研究了超市塑料袋的成本，有的研究清明节烧纸带来的空气污

① 景小霞等著：《在日常变革中追寻最好的教育——北京市万泉小学绿色教育生态实践之路》，北京师范大学出版社 2016 年版，第 127—128 页。

染，有的研究课间噪声的分贝。最初专家和教师感觉，展示活动中孩子们成了主人，认为这是一次具有突破性的变革行动。可是在活动的后半段，会场有些骚动，而且教师维持纪律效果也不佳，活动不得不草草收场。

第三阶段：通过正式和非正式的方法了解学生对于活动的反馈，结果发现一部分同学兴趣不高。例如，教师让小干部了解同学们的想法，结果发现，有说喜欢这次活动的，也有说不喜欢的。不喜欢的原因是：第一，时间长，失去兴趣了；第二，没有给其他班同学创造机会；第三，分析问题不全面等。之后，在专家的支持下，教师又进行了问卷调查。从问卷来看，由于教师之前给五年级学生解释了展示活动的目的，五年级认可的学生比例相对较高。这说明，事先介绍并说明活动的意义和安排，能够使效果更好。另外，也有相当一部分学生是认可活动的。他们还给出了如下改进建议。

(1) 增加一些互动环节，激发学生的兴趣，让会场更加活跃。

(2) 插入一些视频、动画，选择的内容要新颖，不要过于乏味、枯燥。

(3) 根据需要，论文讲解完毕后可以增加一些智力竞赛、知识问答等环节，让同学们充分认识、理解讲解的目的。

(4) 让更多的同学参加到讲解之后的讨论中来。

(5) 还可以选一些生活中的问题进行研究，比如追星问题、吃“辣条”问题等。

第四阶段：教师的反思与进一步的行动。老师们针对调查结果进行了讨论和反思，如：

> 孩子们提出的问题有多么尖锐啊？一定要都参加吗？是不是活动越大，越轰轰烈烈越好呢？我们只想看到表面现象，还是将事做实呢？于是，我们进行了相应的调整，将学生“大讲堂”，改为了学生“小讲堂”，我们将环境变得温馨些，采纳学生的建议：让学生自由选择、自由参加，让活动的形式更新颖些。

这个案例说明，行动研究需要一种对话交流的氛围。反思需要跳出自己的经验，不断发现问题、进行调整。行动研究表面上改变的是教师的行为，根本上改变的却是教师的观念和态度。通过行动研究，教师增强了对于学生更全面的了解，对于教育问题更加深入的认识，教师也成为一个研究型教师。

第三节　资料的分析与报告

一、定性资料的分析方法

定性资料一般是文字材料，可分成两类：一类是观察或访谈记录；另一类是教材、学生作业或档案资料。

对于观察和访谈资料，分析的方法是：先将内容记录下来，然后反复阅读，了解其中所涉及的概念和联系，从中找到对问题的一些看法。上海市青浦县（今上海市青浦区）数学教学改革实验小组通过调查 7 名后进生，总结后进生形成过程中教与学的发展情况如图 14-1 所示①：

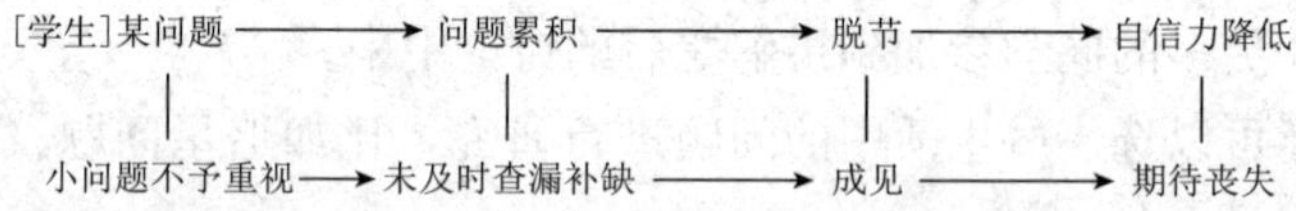

图 14-1　差生的形成过程

图 14-1 清楚地反映了学生学习困难的成因，具有很好的概括效果。如果研究者一时找不到好的概括方法，可以把内容按主题串起来。

报告观察和访谈资料的另一种方法是采用讲故事的方式，把其中有意思的内容完整地报告出来，给读者一个很立体的故事。比如后进生成因也可以用个案报告的方法，揭示后进生学习中遇到的特殊问题。个案报告是小学教育研究中非常有效的一种报告方法，其特点是能反映对象所处环境以及问题的演变过程。

分析教材和档案资料，可以考察其中到底包含了哪些内容，这些内容又是怎样阐述的。在研究小学教科书中隐含的性别观念时，研究者会把教材中有关男、女角色的内容抽取出来，看看教材中的人物是不是以男性为主，且

① 上海市青浦县数学教学改革实验小组：《上海市青浦县数学教学改革的研究方法》，见瞿葆奎主编，叶澜、施良方选编：《教育学文集·教育研究方法》，人民教育出版社 1988 年版，第 748 页。

男性和女性在职业角色上有何不同，以考察教材中是否存在性别偏见。教师还可以通过分析学生作文，研究学生的写作风格和写作中存在的问题。有一位老师在批改学生的考场作文后，归纳了以下几个问题：①空洞说教多；②似曾相识多；③错字病句多；④卷面不清多。

二、定量数据的分析方法

对于定量研究，统计分析是必不可少的程序。在进行统计分析时，如果条件允许，最好能采用计算机处理数据。SPSS 软件（社会科学统计处理软件）是教育研究中常用的一种分析数据的工具。如果条件不具备，也可以用手工进行一些简单的计算。

在小学教育研究中，描述统计用得比较多。描述统计就是将问卷数据进行分类整理，将数据中呈现的一些规律找出来。比如在很多研究中，学习成绩都是一个变量，那么经过描述统计处理，就可以求出分数的分布状况、全班的平均成绩和标准差、语文和数学成绩的相关系数等。以下介绍描述统计的几种方法。

（一）统计表

统计表是用表格形式记录各种情形出现的数量，是既实用又方便的统计方法。

在一项关于优差学生心理特征比较的研究中，研究者调查了学习成绩优和差的学生各 40 名，然后用图表形式对比了这些学生的心理特征。① 如表 14-3 所示，优生和差生在心理特征上有很明显的差别。40 名差生中只有 1 名注意力集中，而多数优生能集中注意力；其他好的心理特征上也有类似情形。优生存在的问题是有骄娇二气、固执任性的人数比较多。

表 14-3　优差学生心理特征的比较

心理特征	优差学生（80 人）	
	优生（40 人）	差生（40 人）
	人数	人数
注意力集中	36	1
学习动机明确	36	18

---

① 古茂盛：《对学习成绩优差生的心理分析》，载《教育研究》1983 年第 12 期。

续表

心理特征	优差学生（80人）	
	优生（40人）	差生（40人）
	人数	人数
课外阅读广泛	32	7
遵守纪律	32	7
有自制力	33	4
有骄娇二气	18	3
固执、任性	9	7
不爱劳动	13	19

又比如，在小学生学习效率研究中，观察者要记录学生的举手次数，在分析时就可以算出全班学生在举手率上的不同表现。例如，有多少人一次都没有举手，有多少人每次提问都举了手。

（二）平均数和标准差

平均数和标准差是最重要的统计量。平均数反映了数据的集中趋势，标准差则反映了数据的差异程度。在分析一组数据时，仅掌握其平均水平是不够的，还要了解这组数据之间的差异程度。

举例来说，某班40名学生，其数学成绩有高有低，怎么说明这个班的数学水平呢？平均数是常用的衡量指标，如可以说“该班数学平均成绩80分，是全年级中表现最好的一个班”。如果甲乙两班平均成绩都是80分，则两个班的学业表现一定相同吗？其实不一定，如甲班学生的成绩可能从60分到100分，相差悬殊；而乙班学生的成绩却集中在80分左右。由此可见，光靠平均数，并不能完全说明问题。平均数只反映了一组数据的集中趋势，数据间的差异或离散情况还要靠标准差来说明。甲班成绩分散，标准差会比较小。反之，乙班成绩集中，标准差会比较大。

（三）相关系数

相关系数反映了两个变量之间的变化关系，相关可分为三种类型：正相关、负相关和零相关。正相关表示两个变量的变化趋势相同，即一个变量增加时，另一个变量也随之增加，如智商和学业成绩的关系。负相关表示两个变量的变化方向相反，也就是说，一个变量增加时，另一个变量反而降低，如练习时间和错误率。零相关表示两个变量间的变化关系无规律可循，如身高与学业成绩。相关系数用 r 表示，其值在 -1 到 1 之间。$r>0$ 为正相关，$r<0$ 为负相关，$r=0$ 为零相关。

三、教育研究报告的写法

（一）研究报告的基本要求

1. 表述简洁

研究者要在简短的篇幅里把事情讲清楚，文字要准确、简明。要善于对材料进行取舍，把最能说明问题的材料简明扼要地报告出来。为了做到清楚简明，应注意使用主题词、主题句。在写作时，最好设计论文提纲。提纲能帮助我们理清头绪，使文章前后贯通、易于阅读。

2. 观点明确

研究报告应有理有据、观点明确。结论要以客观事实为依据，令人信服。为此，必须做到观点和材料的统一。与散文和随笔不同，研究报告要言之有物，不能笼统地发表看法。在研究报告中，还应特别注意引文注释问题。研究总是在前人基础上开展的，借鉴已有材料是论文写作的基本要求。论文应列出所引用的资料，这样既尊重了别人的研究成果，也便于查证。有时候因为引用不慎，会造成以讹传讹的现象。能合理并认真地引用别人成果，是开展研究的基本要求，也是论文写作中应该引起足够重视的问题。

3. 突出创新

文章要有创新，否则就没有特色，重点也不可能突出。所谓创新，不是说方方面面都要有新意，但总要有自己的独特之处。例如，采用了第一手资料，得到一个新结论，提出了一个有价值的建议，或者在现有文献基础上进行了深入的分析和概括。

（二）研究报告的结构

由于研究课题不同，采用方法、研究的深度和侧重点各有不同，研究报告的体例和形式因此会有所不同。下面介绍现行教育专业论文所要求的基本格式。

1. 题目

用一句话点题，反映主要研究问题，如“学生辍学成因分析”“王小明为什么不上学了”。题目要简明扼要，紧扣研究内容，揭示研究主题。

2. 绪论

绪论的作用是说明所要研究的问题，以及研究的目的和意义。撰写绪论时，研究者要问自己：这项研究是在研究什么？研究的目的是什么？研究有何意义？绪论部分要说明“研究什么”“为什么研究”。尽管研究者知道自己在“研究什么”“为什么研究”，但真要说得很清楚并不容易。为了说清楚“研究什么”“为什么研究”，一般要介绍开展这项研究的实际背景、所要回答的问题、研究的目的和意义。有关辍学问题的研究应首先介绍有关辍学问题的统计资料以及新闻媒体的相关报道，说明问题的严重性，引出开展这项研究的必要性，在此基础上，讲清所要研究的焦点问题和研究方法，如辍学原因的个案分析。

3. 文献综述

如果涉及的文献比较多，可以单列文献综述。但如果是很实际的问题，文献其实是对背景的说明，应放在绪论中讨论。在撰写文献综述时，要紧紧围绕所要研究的问题，介绍相关的概念和结论。

4. 研究方法

撰写研究方法，是为了交代研究的过程，这样，别人可以衡量结论的可信度，也可以了解如何开展类似的研究。否则，就是“黑箱作业”，即使结果再好，别人也不敢相信。撰写研究方法时，要指出实际的做法，如采用了哪种研究方法？搜集了哪些数据？这些数据是怎样搜集的？即便方法上有不完善之处，也不要刻意隐瞒。教师开展研究的主要目的是改进工作，不要因追求方法上的完备而不敢开展研究。

5. 结果和讨论

报告要有重点，不可平铺直叙。要把握哪些是最重要的结论，也就是说，报告结果要客观、真实。同时，最好能用图表把结果直观地表示出来。陈述结果之后，要进行分析和讨论。讨论时，要以结论为基础，让事实说话，不要随意发挥。最后，还要提出对教学的启发和建议。这些建议要具体、平实，富有新意。如有关偏远农村学生辍学问题的研究，如果只提出“应改善农村学校的办学环境”，就太粗略，也缺乏新意。不如实实在在地指出一些切实可行的办法，如校园某些安全隐患的消除方法。有些报告会提出进一步研究设想，如开展类似研究时应改进的地方和需要注意的问题。

教师在撰写论文时，不一定要完全遵循以上格式。其实不同类型的研究报告方式上会有差异，侧重点也不同，如调查报告和实验报告的要求就不一样。教师应针对所采用的研究方法，根据实际情况做出调整。

教师在撰写论文过程中，最重要的就是要对自己的教学实践进行描述和反思，这是最鲜活的第一手资料。为什么要开展某一项研究？这可能和自己某一次的经历有关，如看到某个学生好几次欺负另一个学生，这是为什么？这个学生的生活中出现了什么问题让他表现出了暴力行为？老师的疑惑转化成了研究问题，于是开始关注校园欺凌现象，并期待能帮助自己更好地应对和解决欺凌事件。这样，问题的提出部分就有事例来说明，便于读者了解研究的情境。之后，在研究的设计部分，也要写得比较具体，每一个步骤都清楚明了，所要进行的某种干预行动更要介绍得很具体。研究就是采用某种有针对性的行动解决一个教育教学中现实存在的问题，研究思路清晰了，就要把研究过程中的第一手资料记录下来，如跟学生的座谈纪要、对某个学生的家访记录、观察轶事记录等。这些资料也可以放在研究过程中，教师撰写的日志之中。教师通过日志把自己研究过程中所看到、听到的，以及自己的一些想法和思考记录下来，撰写论文时就有了丰富的资料。对资料的分析，也是一个联系文献进行思考的过程。分析后，得出几条具体实在的发现，就是研究的成果。假如教师发现欺凌的受害者不懂得怎么反抗，这就可以是一条发现。基于此，就可以进行有针对性的干预。研究结论不能太空泛，应该是从研究资料中直接就能推出来的，在逻辑上也有一定的合理性。

思考题

1. 教育研究对提高教师的素质有何重要意义？
2. 如何进行论文选题？
3. 什么是行动研究？行动研究应当注意哪些问题？
4. 研究报告写作的基本要求和结构是什么？

教育实践活动

1. 组织全班进行一项专题性的教育小调查，调查问题如学生上网情况，新课改实施中教师遇到的困难等。

2. 两两结对子进行相互采访，了解师范院校的学生对未来教师职业的期望。